以 知 为 力　识 见 乃 远

中国社会史

梁庚尧 著

中国出版集团 东方出版中心

图书在版编目（CIP）数据

中国社会史 / 梁庚尧著. 一上海：东方出版中心，
2024.3
ISBN 978-7-5473-2361-8

Ⅰ.①中… Ⅱ.①梁… Ⅲ.①社会发展史 - 中国
Ⅳ.①K20

中国国家版本馆CIP数据核字（2024）第051235号

上海市版权局著作权登记号：图字09－2020－1172

本书简体中文版由台湾大学出版中心授权出版

中国社会史

著　　者　梁庚尧
责任编辑　陈义望　戴浴宇
封扉设计　甘信宇

出 版 人　陈义望
出版发行　东方出版中心
地　　址　上海市仙霞路345号
邮政编码　200336
电　　话　021-62417400
印 刷 者　上海盛通时代印刷有限公司

开　　本　890mm×1240mm　1/32
印　　张　14.875
插　　页　2
字　　数　326千字
版　　次　2024年3月第1版
印　　次　2024年3月第1次印刷
定　　价　98.00元

目　录

序

　　本书是我在台湾大学历史系讲授"中国社会史"课的讲稿，这门课最早源自杜正胜先生、刘石吉先生和我在台湾东吴大学历史系合讲的"中国社会经济史"，三人原是台大历史系的大学同班同学。我从1977年开始在台大历史系任教，1978年应台湾东吴大学历史系张元主任及杜、刘两先生之邀，至台湾东吴大学历史系参与"中国社会经济史"课的讲授，当时杜先生在台湾东吴大学历史系任教，刘先生任职于"中研院"三民主义研究所（即今人文社会科学研究中心），并在台湾东吴大学历史系兼课。讲授内容的大致分配，是杜先生讲上古至魏晋南北朝，我讲唐、宋、元，刘先生讲明、清及近代，不同阶段之间也难免有所重叠。在台湾东吴大学历史系断续讲这门课至1981年为止，其间又曾应台湾辅仁大学历史系王芝芝主任之邀，三人至台湾辅仁大学历史系讲授过这门课一年。

　　在台大历史系讲授"中国社会史"课始自1984年。当时因蒋孝瑀主任的安排，由杜正胜先生和我合开，杜先生讲上学期，我讲下学期，这时杜先生已转到"中研院"历史语言研究所任职。课名之所以改为"中国社会史"，是由于系里已另有同事讲授"中国经济史"一课，避免重复的缘故。课名既有更改，我讲授的重点也因此略有调整。除日间部外，又同时在夜间部（后来改称进修推广部）开出这门课，始终由我单独讲授。日间部的课，有一段时间杜先生因事忙，无法来台大兼课，也改由我单独讲，后来又恢复为两人合开。由于在日间部只有杜先生和我两人合开，在夜间部只由我一人讲授，所以我必须准备的范围，也就比原初在台湾东吴、辅仁两校讲课时扩大了很多，从上古一直到近代。这就是这本出自授课讲稿的书，内容之所以会纵贯近代以前整个中国史，远超出我自己研究范围的原因。

我由于言辞、思考比较迟拙，上课都准备有事先写好的讲稿，历年不时补充修改。2013年我从台大历史系退休前，方震华先生、陈雯怡、吴雅婷两女士于4月间来访，陈女士提出他们想在我退休后出版我授课的讲稿。任职于台大出版中心的汤世铸先生于6月间得知此事，大力促成。又书稿的整理，得方震华先生和毛元亨先生的协助，毛先生出力尤多，于此一并致谢。方先生和汤先生曾在二十多年前一起修习我讲授的这门课，如今两人已各有所成。此外，我也要感谢台大出版中心编辑们的认真与细心。

本书内容主要撷取自学界的研究成果，虽然经过我的组织，宋代的部分也写进了一些自己的研究心得，但全书在性质上是一本编纂的教材。讲授课题的选择既囿限于个人识见，在全面性上仍有所不足；各课题也由于受时代环境、历史资料及既有研究成果的影响，论述重点往往偏于某一特定地域，各个不同地域未能同时兼顾。书稿经方震华先生和毛元亨先生整理后，我自己又修订过一次，然而学海无涯，个人所知、才识均有限，书中疏漏错误之处必多，有待读者指正。

梁庚尧序于2014年9月

第一讲

早期农村的发展与国家的形成

一、早期农村的兴起

从新石器时代开始，中国区域之内有了农业村落，渔猎虽然在当时人的生活里仍然占有相当的分量，但是农业已经是他们的主要生活方式。由于从事农业，而有了固定的居所，聚落由此而形成，社会组织也开始逐渐复杂起来。较早的新石器时代遗址，如河南新郑的裴李岗和河北邯郸的磁山，时间约在公元前6000年左右，遗址有房基、窖穴、陶窑和墓地，遗物有农业生产工具、小米（粟）及家畜骨骼，已经是典型的农村了，这虽然不能说是中国农业社会的开始，却是有关中国农业社会的较早资料。较晚的新石器时代遗址，数量众多，显示了这一个传统的绵延与扩大。

（一）地理位置

中国早期农业，起源于利用环境，而非征服自然，所以村落多位于邻近小河的台地、丘陵上，而不在大河附近。就华北来说，农业的起源，与黄河无关，新石器时代村落的遗址，绝大多数都是沿着黄河的支流或者支流更小的支流，只有甘肃、山西沿着黄河上中游有些古文化遗址。这些小河旁边的丘陵和台地，一般高出河面数米到数十米，便是当时人居住与耕垦的地方。在这样的环境中，一方面有颇宽广的平地可供耕种，一方面靠近水源，取水方便，另一方面又不受水患，可以安居。以陕西渭水流域新石器时代文化遗址的地理环境来说，大致可以分为三种类型：（1）土丘式的遗址，略呈起伏，渭河以南较多，而且多在河流中游的两岸，以沣河沿岸的遗址最具代表性。（2）渭河北岸的黄土原地，特点是上面平坦，下为陡崖。（3）泉源遗址，分布在距河水较远的泉水旁边，以泾河沿岸较为典型。

不仅华北地区新石器时代文化遗址是如此，淮水和长江流域的新石器时代文化遗址也相近似，多在近水的台地和丘冈上。例如发现于浙江余姚的河姆渡文化，时间约在公元前四五千年，是江南已知较早的新石器文化，根据推断，当时的地形应该是背对丘陵，而面向一片低洼的沼泽地带。

（二）农业与养畜业

中国早期农业所栽培的作物，由于南北自然环境的不同，而分成两大系统。在华北，早期的农业是旱地陆种农业，与灌溉无关，主要栽培粟，包括古书中所说的黍、稷在内。在新石器时代的原始耕作技术条件下，耐旱和自生力强的粟，是最适宜黄河流域自然环境的作物。许多新石器时代的遗址，都曾经发现这一种谷物，例如约在公元前4000多年，处于仰韶文化阶段的陕西西安半坡遗址，在几个不同的地点发现了谷物已腐朽的颗粒，有的贮藏在窖穴里，有的盛在陶罐埋于地下，有的随葬于墓坑之中，它们全都是粟，其中一个窖穴所保存粟的朽粒，有数斗之多。

长江流域最早的农作物，则是稻米，高温多湿正适合它的生长。长江流域的新石器时代文化遗址，多发现有稻谷的痕迹。最早的是河姆渡文化，在发掘范围内普遍发现稻谷、谷壳、稻秆、稻叶的堆积，据鉴定属于栽培稻而非野生稻。早期的稻作，也与灌溉无关，而是利用自然的沼泽地带。新石器时代南方农业起源之早，不逊于北方，但是南方气候温暖而又多沼泽、森林，以渔猎、采集为生十分容易，相对来讲，南方农业的地位也就不如北方那样重要，南方文化也因此演进较慢。

早期的农村除耕种作物之外，又饲养家畜，以获得肉食，新石器时代文化遗址所发现的动物骨骼，多以猪为主，无论南北都一样。半坡村落遗址位于渭河支流浐河的东岸，距离河床约800米，是一处高于河床约几米的阶地。在这处遗址发现的动物遗骸中，以猪的骨骼和牙齿为最多，它们绝大多数是半岁左右的幼年猪，少量是一二岁的少年猪，二三岁的成年猪已很罕见，老年猪则完全没有。河姆渡遗址也发现了大量猪的骨骼，其中幼年猪与少年猪占54%，成年猪占34%，老年猪占10%，这种比例说明两个现象：（1）由于老年猪比例甚小，甚至没有，可知这些猪是家畜，养来作为食用。（2）由于幼年猪与少年猪所占比例之高，可知这时农家余粮尚少，缺乏饲料，绝大多数猪不能等到其成年便被宰杀。

（三）社会结构

早期农业村落之内，已经具备四种主要的成分：房基、窖坑、陶窑和墓地。窖坑贮藏食物和用具，显示当时已经有余粮储存以备长远之用，这是社会组织演进的动力。陶窑说明了陶器的出现，这是新石器时代才兴起的手工业，对人类的生活有重大的影响。从房基与墓地，可以进一步观察当时的社会结构。

以半坡遗址为例，半坡房屋的形状或方或圆，有半地穴的，也有在地面上的，房屋面积大约20平方米，仅容二至四人居住，大概是由一夫一妻及子女所构成的家庭。房屋排列相当密集，分布似有一定的规律，例如西部和南部多圆形房子，北部多方形房子，分别聚集，可能是几个不同的家族。整个村落的范围约有三万平方米，有人估计应有200多座房屋，居民约有五六百人，也有人估计没有这么多，大约只有120多座房屋，居民只有300多人。不论居民多少，他们是属于同一个氏族，具有共同的血缘。遗址中最引人注目的是唯一的一座大方屋，面积约有160平方米，注入地下约半米，已发掘出来的住屋，门都朝向大方屋开，在当时使用石头工具的低度生产水平之下，建筑这样大的一座房屋，绝非某一个人或家族力所能及，而是整个氏族合力兴建。这座房屋可能是全村居民集会活动的场所，在房屋区之外，有一道深、宽都是五六米的壕沟，这应该是村落的防卫设施，可能村落和村落之间已偶有冲突发生，但也有可能是用来防备猛兽的袭击。

壕沟的外面，是氏族的公共墓地，一共发现了174座成人墓。成人尸体埋葬的方式，多是仰身直肢，一人一坑，也有以同性死者合葬，但是绝不以异性死者合葬。儿童墓则有76座，夭折的儿尸盛以陶瓮，埋葬在住宅旁边和附近。儿童与成人待遇的差别，可能反映当时有依年龄分组的年龄层级制度，只有成人才有资格作为村落中的成员，参与村中的公共事务。成人的埋葬方式，配合上仅容一夫一妻及子女居住的小屋，则可能说明半坡氏族实行偶婚制，但尚未进入专偶婚制。本氏族所有女子的丈夫，都是来自外族，死后归葬其出生氏族，而本氏族所有的男子都要到外氏族去求配偶，他们死后虽归葬本族，却与本氏族的女子都无夫妻关系，所以没有男女在一起的夫妻合葬墓。这一个阶段，虽然已形成相当稳定的偶婚夫妻，却不专限于固定的配偶同居，居住以妻方为主，属于母系社会的阶段。半坡及其他仰韶文化遗址的妇女坟墓，随葬品常比较多，也可能说明这一个事实。这是古书中所说的"民知其母，不知其父"的时代。从墓葬又可以看出，每个成人或儿童，死后都安排大致相同的墓圹葬具和葬品，这些葬品大多是少数几件的生活用品或装饰品，几乎没有生产工具。这说明在当时低下的生产水平之下，人们从事共同的劳动，生产工具是属于氏族共有的，也还没有明显的贫富分化。

半坡氏族有他们共同的图腾崇拜，这个图腾可能是鱼。半坡的彩陶绘有大量鱼的图像，他们不但绘制简单的鱼像，也把鱼纹以各种方式分解和组合，创造出样式繁多的几何形图案。最引人注意的，是一片陶片上的人面鱼，轮廓是鱼头，里面却是人脸，它表示了人、鱼两者的特殊关系，或者寓有"人源于鱼"的意义。

二、社会组织的演进

从仰韶文化进展到龙山文化，社会组织逐渐复杂起来。村落内部由于财富的增加而有了贫富的分化，男性因主导生产活动而社会地位提高，村落和村落间由于彼此接触而有了联盟或对抗的关系。内外各种因素的影响，使得统治阶层逐渐出现，政治组织也开始萌芽。

（一）社会贫富的分化与父系社会的形成

随着生产工具的逐步改良，对于耕作技术掌握的逐渐纯熟，农业生产量随之增加，社会相对富裕起来，财富的分配也就不再像早期那样平均。分布在山东半岛及其邻近沿海地区的大汶口文化（青莲岗文化），时间约从公元前四千多年往下延伸到公元前二千多年，被视为山东龙山文化的前身，已经有了这种迹象。大汶口文化出土的农业工具数量相当多，显示农业有了相当的进展，饮酒的器具常成套地出土，似乎已有某种程度的余粮可供酿酒。墓中有母猪头、下颚的随葬，意味着家猪养畜量的增加。制陶工艺也有很大的进步，末期已有轮制陶出现。因此，山东泰安大汶口坟墓中的随葬品比起半坡大为增加。以陶器来说，半坡的71座墓中有77件，而大汶口125座墓中有1 015件；以装饰品来说，半坡只有31件，大汶口则有290件；以工具来说，半坡只有两件，大汶口则有491件；其他如猪头、下颚、龟甲、象牙器、骨雕等，则更是大汶口所有而半坡所无。

但是大汶口各坟墓中随葬品的数量却颇为悬殊。根据117座墓葬统计随葬品，全无者少于6%，一至五件者约50%，六至九件者约25%，十件以上者也约25%。可知拥有一至九件者占大多数，但是在拥有十件以上者之中，却不乏达到五六十件甚或百件的，最多达到180多件。这些随葬品不仅数量多，而且种类复杂，制作精致。其中一座墓仅陶器便有83件之多，其中陶瓶有38件，另外有石制的生产工具、装饰品、骨器、象牙器、玉器等，尤其是象牙器和玉器，充分显示这一座墓主人生前的富裕，大量的陶器也超出了一般生活的基本需要。

随着生产逐渐发达而来的另一个现象是母系社会往父系社会的转变。可能由于男性担负了较多的生产工作，使得社会中心从女性转向男性。大汶口的坟墓中，装饰品多见于女性墓或男女合葬墓中女性的一侧，生产工具则多见于男性墓。在半坡所无的男女合葬，到大汶口也有了。在这一类墓中，男子常居于墓的正中央，女子却在其左侧，随葬品也多偏置于男性一侧，说明了男女主从角色的差别。到了更晚，发现于甘肃宁定齐家坪，约在公元前2000年左右，与陕西龙山文化有关系的齐家文化，男女合葬的方式对于男性地位表现得更明显，墓中男性仰身直肢，女性则面向男性，屈肢侧卧于其左侧，或者两女性屈肢侧身相向而将男性夹在中间。

（二）统治阶层的出现与政治组织的萌芽

从仰韶文化开始，村落大概已经不是孤立的社会单位，而与其他村落发生各种或和谐或冲突的关系。一些时代较晚的仰韶村落遗址，并没有本村的墓地，而是与其他村落共享一块墓地，这可能反映了由于人口的增殖而导致当时村落居民的向外迁移，也令人联想到村落之间必须要维持某种协调的关系。半坡时代村落外围有壕沟，到了龙山文化村落的外围已经筑有夯土墙，这说明村落对于防卫的需要增强，也说明村落和村落之间的战争是愈来愈频繁而激烈。对外关系无论是维持协调或发生冲突，都需要有人主持领导，因此有村落领袖人物的出现。尤其是战争，需要有强而有力的领导人才，更容易促进权力的集中。在这些情况之下，统治者和被统治者的分别逐渐明显。大汶口文化里贫富的分化，应该就是这种过程的初步反映。承袭大汶口文化的山东龙山文化，时间约在公元前2000年前后，更有许多象征身份、权威的器物出现。像胶县三里河遗址发现的成组玉器、质量特殊的高柄杯，日照县两城镇发现的玉锛，同县安尧王城遗址发现的玉斧。

不仅村落内部有了统治阶层的出现，村落和村落之间也互相结合，进一步发展成为部落和部落联盟，有了部落领袖和部落联盟的领袖。传说中的五帝时代，在夏代之前，和考古学上的龙山文化期相当。近人解释古史传说，认为古代中国有偏西的华夏集团，偏东的东夷集团和偏南的苗蛮集团，便是几个大的部落联盟。华夏集团中有黄帝部落，以云为图腾，有炎帝部落，以火为图腾，有共工氏，以水为图腾；东夷集团有太皞部落，以龙为图腾，有少皞部落，以鸟为图腾，蚩尤也属于这一个集团；苗蛮集团则有祝融八姓，有三苗氏，有驩兜。各个部落之下，又有分支，像少皞氏之下有凤鸟氏、玄鸟氏、伯赵氏、青鸟氏、丹鸟氏、祝鸠氏、鸤鸠氏、鸧鸠氏、爽鸠氏、鹘鸠氏等氏，祝融氏之下则有己、董、彭、秃、妘、曹、斟、芊等姓。这些现象，说明一个分层的政治组织已经渐具雏形。这时的图腾，已经不仅仅是具有村落氏族时代的血缘意义，也兼具有统治符号的政治意义，涵盖的范围超出一个单纯的血缘团体之外，黄帝的官名皆以云，少皞氏的以鸟名官，都是图腾政治意义的反映。图腾再往下发展，便是姓氏。

政治组织出现之后，行政机构也开始萌芽。黄帝在击败同一集团的炎帝，再击败另一集团的蚩尤之后，权力大为增加，于是设官，"官名皆以云，命为云师。置左右大监，监于万国"（《史记·五帝本纪》）。万国是形容黄帝统治下村落的众多，这时虽已有官名，可是除了左右大监之外，皆不得其详，显然行政机构仍十分简单。而左右大监对于万国只是监临而已，各个部落仍有它们独立的地位。以后行政组织逐渐复杂起来，帝尧命羲仲、羲叔、和仲、和叔四人分往四边观察天象，命鲧治水，又有四岳，当是管理四方的四个大部落首领。帝舜时又增设十二牧，朝廷之中则有禹为司空，负责治水；弃为后稷，教民耕种；契为司徒，主管教化；皋陶为士，主管刑罚；垂为共工，主管百工技艺；益作朕虞，掌理畜牧；伯夷作秩宗，掌理祭祀礼仪；夔典掌音乐、教育儿童；龙担任纳言，负责发布命令。这些传说数据，虽然不能尽信，却多少反映了社会演化的轨迹，统治者管的事务愈来愈多了。

行政机构已经有了，统治者的权威仍然有限。黄帝只是"监于万国"，帝尧也只能"协和万邦"。尧、舜禅让的传说，反映这时的政治领袖必须由部落之间推选。这毕竟仍在部落联盟的时代，国家尚未成形。

三、夏、商时代国家的形成

夏、商时代可以说是中国国家形成的初期，以部落联盟的形态为基础，发展出权力比较集中的中央政府，统治者和被统治者的关系，比起从前更加确定。根据古史传说，大禹死后，他的儿子启被拥戴继位，从此开始传子不传贤的局面。这意味着政治领袖的力量，已经强大到可以有效地控制其他部落，使他们不敢向统治部落挑战，而将君长位置的承袭，限制在一姓一家之内。中央政府设置于都城，统治者居住于宫殿，这是国家形成后才有的现象，也是政治权威提升的具体表现。从夏代开始，有城市与宫殿的兴起，但是一直到商代末期，古代社会的特色仍然存在，国家的统治，以氏族为基础，并未贯彻到个人，权力的集中比起后世仍然有限。

（一）城市与宫殿的兴起

考古发掘出来最早的古城，是在河南省登封县告城镇王城岗的两个小城堡。现存夯土墙基最长不及100米，时间约在4 000多年以前，比夏朝开国略早。这里是夏朝发迹的地方，传说禹都于阳城，清人考订阳城在告城镇，传说与考古资料恰相吻合。给我们更丰富资料的是河南偃师二里头遗址发掘出来的一处大型宫殿基址。二里头文化分布在豫西、晋南，范围与夏人活动的地区相合，年代被推定在公元前2080—前1620年，也正是传说中夏朝的时代，许多学者都相信二里头文化就是夏朝的文化。二里头所发现的宫殿遗址，时间已在二里头文化的晚期，约当夏商之际。殿堂是一座30.4（东西）乘以11.4（南北）平方米的大建筑，坐落在方形的夯土基址上，殿基面积为36（东西）乘以25（南北）平方米，高出地面约0.8米，夯土土方达二万立方米之巨。殿堂是面阔八间，进深三间的木结构，成列的柱洞有石础为底，屋顶大约是草顶。堂前的大庭，面积五六千平方米，可以容纳万人。宫殿四周有完整的围墙及廊庑建筑，宫殿正门在庭内，是一座面阔八间的牌坊式建筑。整个宫殿的布局，称得上是宏伟壮丽。这一座建筑，仅仅夯土基址，便必须十万工日才能完工，能够动员这样多的人力，非有强大的政治权力不可。二里头文化的一般平民，大约仍居住在半地下式草顶的浅窖穴之中，两相比较，更显示出这座宫殿所象征的政治意义。

二里头文化处在从新石器时代转变到铜器时代的阶段，晚期出现了许多制作精致的青铜器和玉器，这些贵重的手工艺品自然由统治者所享用。在宫殿台基的周围，有许多夯土台基、屋基、窑址、水井和骨、石、玉、铜器作坊，显示在这一个以宫殿为中心的城市中，有许多不事农作的专业工匠，以他们特有的技艺来侍奉专事统治的贵族。城内人口所需的粮食，仰赖王朝所控制的众多农村的供应。这一种聚落形态，和早期农村已大不相同。

　　二里头的宫殿气象宏伟，却没有发现城墙，虽然相信应该是有城的。在河南郑县的二里岗，发现了3 500年前早商城市的遗址。这一座城市，有些学者认为是商汤的都城亳。郑县商城规模颇大，城墙周长约七公里，城内面积约有300万平方米，据估计，城墙用土量约87万立方米，需用1 300万个人工。如动员上万的人力，也要四年左右才能完成。这样大的工程，说明政府的动员与组织能力已经达到相当高的水平。在城内东北部有数处大型夯土台和房基，四周有不少玉器出土，当是宫殿所在。

　　河南安阳小屯的殷墟是最早发掘的商代城市，这里是公元前1300年以后商代的首都，范围约有24平方公里以上，小屯为王宫所在，隔洹水以北的西北岗，则分布着陵墓。小屯本区之内，分布着王宫、宗庙与举行仪式的场所。陵墓区有11座大墓和1 222座小墓，每一座大墓，需用7 000人工做挖土的工作，可见规模之大。墓中有丰富的随葬品，并且殉人，从随葬器物质量的差异和数量的多寡，可以看出当时贵族已有不同阶层之分。像武丁的元妃妇好墓，只是一中型墓，出土的青铜礼器即有200多件，玉器、骨器各有500多件。商王墓中殉葬的人数多达500至1 000人，包括商王的亲属、乐人、庖人、侍从、奴婢、卫士、兵团。商王室的墓呈亚形，墓坑中心的木室也呈亚形，象征商王对四方的权威。想象中的天下由东、西、南、北四方构成，君王居中，上通天帝，下抚四方。这种亚形的建筑结构似古代的明堂，明堂在古代是君王祭祀祖先、天帝和颁布政令之所。商王墓中的木室，已经具有明堂的轮廓。

从二里头到殷墟，都出土了青铜器。学者认为，青铜器在中国古代是作为一种政治权力的象征而存在的；而古代的政治与宗教密不可分，青铜器也是通天的工具，掌握了青铜器，有能力通天，便能掌握政治的权力。青铜器又代表了财富，财富的集中有赖于政治的力量，也显示政治权力对资源的掌控，而掌控了资源更有助于权力的集中。

在传说中，神农氏君民并耕而食，舜耕于历山、渔于雷泽、陶于河滨、作什器于寿丘，所反映的是部落统治者和被统治者间没有很大的距离；而到商代晚期，明显的等级制度已经形成，社会结构发展到这一种程度，统治机构已经愈来愈成熟。

（二）氏族与国家

国家虽然已经成形，但是对外而言，当时中国区域内的国家组织并非只有一个，譬如夏、商便是可能曾经同时存在的两个王国，与商朝并立的也有许多方国。对内而言，王的控制力仍然受到氏族的限制，必须通过氏族组织来进行间接的统治，王的权力不能直接达到每一个个人。

商代中期以后已经有比较成熟的文字，有助于我们了解当时国家的社会基础。在甲骨文中，可以见到许多氏族的名号，至少有200个以上，每个氏族有他们本身的徽识。《左传·定公四年》也说到周公封建，分给鲁公以殷民六族：条氏、徐氏、萧氏、索氏、长勺氏、尾勺氏，分给康叔以殷民七族：陶氏、施氏、繁氏、锜氏、樊氏、饥氏、终葵氏。商代的氏族，已与早期村落的纯血缘团体有所不同，而是一种政治社会组织，其内部结构，根据《左传·定公四年》所说的"帅其宗氏，辑其分族，将其类丑"来看，包括宗氏、分族和类丑三种成分，宗氏是氏族长的嫡系亲属，分族是氏族长的旁支亲属，类丑则是替氏族长从事生产劳动的被统治者，类丑和宗氏应当没有血缘联系（但是他们却同属一族）。虽然如此，他们既然为宗氏所统治，也可以假借统治者的血缘，而成为其族属。论商代氏族的血缘性，只能就统治者着眼。

　　氏族是商代社会的基本单位。商王派人去开发新耕地，是以族为单位派遣出去的，由于当时生产力尚不算高，所以必须从事集体的耕作。商代的军队也以族为单位组成，卜辞中有"王族""小王族""多子族""三族""五族"，就是由与王、王子或其子孙有血缘关系组成的军队，或某三个、五个氏族构成的军团。某些氏族专门从事某种手工业生产的工作，如前述的索氏（绳工）、长勺氏、尾勺氏（酒工）、陶氏（陶匠）、施氏（旗帜工）、繁氏（马缨工）、锜氏（锉工）、樊氏（篱笆工）、终葵氏（椎工）。官职则由某些氏族世代担任，这些氏族也称作百姓。氏族的基本成员称为众，有人认为此字甲骨文的字形象征着多数人在太阳下劳动，解释为奴隶；但实际上从文献上看，盘庚迁都，尚须向众解释原因（见《尚书·盘庚》），可见众的社会地位不低，解释此一字形为日光普照之大众也许更为恰当。

　　这许多氏族，有些是商王族的分支，有些则是商王族之外的既存势力，他们都有土地，有人民。商王族核心，据晚近的新说法，又可以分为甲、乙、丙、丁、戊、己、庚、辛、壬、癸十组，其中又以乙、丁两宗最强，其他各宗依附于此两宗而成为两大集团，商王王位便由这两个集团轮流担任，可知商王王位的继承，受王族各宗势力均衡的影响，而非以单一的嫡系相传。王族的分支以及王族以外的氏族，他们或在朝世代任官，或被封为诸侯，他们活动的范围，有的在以王都为核心的内服，有的在靠近边界的外服，外服之外，便是与商对立的方国。氏族具有相当独立的地位，对于商王构成制衡的力量，商王平时须将占卜的结果通知各氏族长，有重大事故时须征求各氏族的意见。《尚书·盘庚》提到盘庚迁都前后，由于一些氏族不愿意迁移而群起反对，盘庚不得不召集他们来劝告、威胁，迁到殷后又予以慰勉。商王族之外的氏族，与商王之间固然没有血统的联系，即使是商王族的分支，这种联系也不强。商王子分封出去，自成氏族之后，便另成一股政治社会力量，过了数代，与王朝发生争端，兵戎相见，甚至以不同的国家来看待。周代封建，继承晚商的政治社会结构，却特别强调血统的联系，应当是有鉴于商代之失，而国家的纽带因此得以进一步加强。

参 考 书 目

一、专著

何炳棣：《黄土与中国农业的起源》，香港：香港中文大学出版社，1969年，第107—125页。

李宗侗：《中国古代社会史》，台北：台湾"中国文化大学"出版部，1987年第四版：第一、二、三、四、五章。

林寿晋编：《半坡遗址综述》，香港：香港中文大学出版社，1981年：第二、三、九、十章。

萧璠：《先秦史》，台北：长桥出版社，1979年：第一、二章。

二、论文

丁山：《甲骨文所见氏族及其制度》，附于陈梦家：《殷墟卜辞综述》，台北：大

　　通书局，1971年。

杜正胜:《筚路蓝缕——从村落到国家》，收入其著《古代社会与国家》，台北:
　　允晨文化实业股份有限公司，1992年。

杜正胜:《夏代考古与早期国家》，收入其著《古代社会与国家》。

杜正胜:《中原国家的起源及早期的发展》，收入其著《古代社会与国家》。

杜正胜:《夏商时代的国家形态》，收入其著《古代社会与国家》。

徐旭生:《我国古代部族三集团考》，收入杜正胜编:《中国上古史论文选集（上
　　册）》，台北:华世出版社，1979年。

张光直:《从夏商周三代考古论三代关系与中国古代国家的形成》，收入其著
　　《中国青铜时代》，台北:联经出版事业公司，1983年。

张光直:《殷礼中的二分现象》，收入其著《中国青铜时代》。

张政烺:《卜辞裒田及其相关诸问题》，收入其著《甲骨金文与商周史研究》，
　　北京:中华书局，2012年。

张政烺:《古代中国的十进制氏族组织》，收入其著《甲骨金文与商周史
　　研究》。

萧璠:《殷墟甲骨文"众"字试释》，《食货月刊（复刊）》第10卷第12期，
　　1981年。

第二讲

封建社会秩序及其解体

一、周初封建的本质

夏、商时代国家机构虽然已经形成，但是组织仍然十分松懈。周代建立、实施"封建亲戚，以藩屏周"的封建，国家组织的内部联系才进一步加强。封建的实施，实际上至少可以上溯到商代。从甲骨卜辞看，商代显然是有过封建的，不过卜辞中的许多侯伯，或许只是传统氏族势力，商王是他们所承认的共主，只有当商王向外扩张，征伐不服的方国时，才会将商族子弟分封出去镇戍新征服的地区。而周初的封建，却以本族势力的扩张为主。另一方面，周初封建的社会基础，仍然继承商代社会而来，以氏族为基础。

（一）武装殖民

周人崛起于陕西渭水流域，武王挥师东向，灭了殷商，周公继起，平定三监与武庚的联合叛乱，向东方的发展，大概最终成王、康王之世才算完成。在不断东进的过程中，周人面临了必须解决的问题——如何巩固政权，以及如何统治被征服的人口。周族的人口原本不多，长期征战的过程中不能没有损失，当武王伐纣时，他自己承认对方人多势众，双方众寡悬殊，新征服的东方，不仅人多，而且有强固的氏族传统。氏族的内部结合使得被统治者是以群体而存在，而非个人。个人容易控制，群体则自成一股力量，不易驾驭，这使得统治的问题更为困难。

周人所采用的方法，便是武装殖民，也就是史书上所说的封建。平定三监与武庚的联合叛乱之后，周人开始大规模地东进殖民，对东方的土地实施军事占领。首先在洛邑（雒邑）经营成周，作为东进的大本营，有不少殷商贵族被迁移至此，受到严密的监视。从成周往东进，则分封姬姓子弟于各个战略要点上。《左传·僖公二十四年》载富辰言："昔周公吊二叔之不咸，故封建亲戚，以藩屏周。管、蔡、郕、霍、鲁、卫、毛、聃、郜、雍、曹、滕、毕、原、酆、郇，文之昭也。邗、晋、应、韩，武之穆也。凡、蒋、邢、茅、胙、祭，周公之胤也。"除了姬姓子弟之外，与周人有婚姻关系的姜姓，也封了不少封国。

姬、姜二姓的封国，代表了周人势力的扩张，在东方新领土上担负起军事镇压的任务。殷商的大族被打散，分别隶属于各封国之下，各地的原住氏族，也在武力的威吓下接受新领主周人的统治。《左传·定公四年》载祝佗言："分鲁公以大路大旗，夏后氏之璜，封父之繁弱，殷民六族，条氏、徐氏、萧氏、索氏、长勺氏、尾勺氏，使帅其宗氏，辑其分族，将其类丑。……分之土田陪敦，祝宗卜史，备物典策，官司彝器，因商奄之民，命以伯禽，而封于少皞之虚。"伯禽受封于鲁，以周人而领有殷民六族，并且分有土田陪敦，陪敦即附庸，为当地的原住氏族，亦即商奄之民。在新占领的土地上，周族分遣出去的支派，统治着殷遗民与土著氏族，建立起坚固的城垒，作为镇戍的据点。许多据点彼此互相支持掩护，达成控制东方、藩屏周室的任务。周人将血统的联系作地理的扩大，使得国家的纽带比起殷商时代有更进一步的加强。

（二）怀柔安抚

武装殖民只是周初封建本质的一面，另外一面则是对旧氏族的怀柔安抚。氏族社会的传统仍然存在，周人只能因其势而统治。即使在成周受到严密监视的殷商贵族，也仍然保有自己的田宅、领地和臣属。周初的封国中，上述的"封建亲戚"只是类型之一，是封建的核心，另外还有三种类型，都是对旧有氏族势力的承认。一是褒封古代共主的苗裔，如神农之后封于焦，黄帝之后封于祝，帝尧之后封于蓟，帝舜之后封于陈，大禹之后封于杞。一是若干原先臣服于商人、转而归顺于周的古国，这一类古国都不大，可是数目却颇多。最后则是在周人东进过程中，和周人合作而且立功的异部族，他们有的是商王族的后裔，也有东方的其他氏族，他们在周人统率下担任职事，参与征伐，立功之后，周人赐予人民、土地，并且授以官职，但他们多封于周王畿所在的关中地区，周人有意让他们脱离本根，便于监视。陕西曾经出土大批窖藏铜器，铜器上的铭文说明主人多是殷商旧族。例如微史家族便是其中之一，这个氏族原属商王族，后来归顺武王，子孙曾随同康王征伐，在周室世代担任史官。这些旧族虽然受到分化与监视，但是周人仍然承认他们原有的社会地位。

姬、姜二姓封国统治之下的人民，也仍然保存他们原有的氏族传统，例如分隶于鲁国的殷民六族，氏族长仍然能够"帅其宗氏，辑其分族，将其类丑"。周人对于这些旧族的统治，充分地尊重他们原有的习俗。《左传·定公四年》载祝佗的谈话中，提到封于鲁的伯禽，领有殷民六族；封于殷墟（卫国）的康叔，领有殷民七族（陶氏、施氏、繁氏、锜氏、樊氏、饥氏、终葵氏），"皆启以商政，疆以周索"；封于夏墟（晋国）的唐叔，领有怀姓九宗，职官五正，"启以夏政，疆以戎索"。周索、戎索是被统治氏族向周人提供本地产品的方式，因地而制宜，各有不同。至于商政、夏政，则说明了周人对于被统治氏族的怀柔政策。康叔统治卫国，奉周公之命，因袭殷政以治殷民，并且起用殷商旧氏族来推行政令，也就是《尚书》中所说的"殷遗臣""大家""老成人"；而鲁国国内，除了周社之外，又有亳社，是殷人祭祀之所。这些也许就是商政的内容。怀姓九宗是晋地的氏族，他们所统治的戎狄是夏人的后裔，由于他们的文化经济停滞不前，所以到周代已被视为戎狄，职官五正是怀姓九宗之内主事的官职，唐叔仍然维持他们的地位，由他们来主政，这也许就是夏政的内容。

二、封建社会秩序的演变

封建不仅是一种政治结构，也是一种社会经济结构。从统治的贵族，到被统治的野人，都有一定的社会地位，遵守一定的社会秩序，而这一个社会秩序，又和经济形态密切相关。封建社会秩序从比较上说，是稳定的，是静态的，但是随着历史的发展，也不能没有演变。

（一）统治贵族阶级

在封建贵族阶级的社会秩序里，周王与诸侯，诸侯与卿大夫的关系，一方面是血统的衍生与宗族的分支，另一方面也是一种主从关系。血统的衍生与宗族的分支，表现于周人的昭穆制与大小宗制。昭穆制只论辈分，不论亲疏，太祖之后，一代为昭，又一代为穆，再一代为昭，后一代复为穆，昭穆循环。就权力的分配来讲，具有氏族共权的特色。周族灭商的时候，社会演进已经超过这个阶段，氏族长已有相当的权威，但是面对东方的广土众民，不得不起用比较疏远的族人，共同进行武装殖民，所以"文之昭""武之穆""周公之胤"和其他同姓宗亲，都有封国。当分封不能再无限制进行时，昭穆制便与封建失去关系，只能用来维系氏族成员的共同意识，代昭穆制而起的是大小宗制。大小宗之制见于《礼记·大传》："别子为祖，继别为宗，继祢者为小宗。有百世不迁之宗，有五世则迁之宗。百世不迁者，别子之后也。宗其继别子之所自出者，百世不迁者也；宗其继高祖者，五世则迁者也。"那些受封的诸侯和卿大夫，都可以别子为祖，继别为宗而百世不迁；而其他许多不能分封的贵族子弟，便只有"继祢者为小宗"，五世之后便与当权的宗族失去联系，而沦落为庶人。诸侯、卿大夫在自己的国或采邑内为大宗，但是相对而言，诸侯又以周天子为大宗，卿大夫又以诸侯为大宗。通过大小宗的联系，以宗周为首脑，使得周族不致因分封而分裂成为许多不相联属的政治社会单位。

如果离开宗法制度，各级贵族都各自拥有土地和人民，自成一个政治社会实体。周天子、诸侯和他们的臣属之间的关系，可以说是一种主从关系，借着锡命（策命、册命、敕命）礼来肯定。诸侯受封时，必行锡命礼，周天子赐以人民、土地、国号、告诫的文辞，与各种象征受封的服饰礼器，亦即所谓"赐姓""胙土"与"命氏"。主从关系建立之后，还要一次又一次地重新加以肯定。每当诸侯朝觐周天子，都有锡命，予以训诫，赏以礼物。在封建制度之下，贵族是世官的，贵族子孙继承他们祖先的封国或职务，也同时继承祖先所有的土地和人民，每当贵族子孙继立的时候，也必须以锡命礼来重新肯定对周天子的臣属关系。不仅周天子对臣下行锡命礼，诸侯对臣下也可以行锡命礼。封建贵族之间的关系，建立在一层一层的主从关系之上。

诸侯对于周天子一般性的义务，只是军赋与贡献，他们在封国内，各有本身的权力，非周天子所能干涉。卿大夫对于诸侯，也有相似的情形。也就是说，各级贵族具有相当的独立性，权力被逐级分割，土地和人民也被逐级分割。各级贵族领有自己的土地和人民，拥有自己的权力，自成一个政治社会实体，但是他们之中仍然有等级之分。诸侯与卿大夫固然是不同等级，诸侯间或卿大夫间也分高下。传统五等爵的说法虽然受到近代学者的怀疑，但是从墓葬习俗，可以看出严整的封建等级化以及与此相关的礼仪，在西周中叶以后渐渐发展成形。西周早期的墓葬，固然有大中小型之分，然而从随葬品看不出有秩序的礼仪差别。西周中期以后，墓葬中各种铜器出土的数量和组合，逐渐形成一定的比例。例如鼎都是奇数，有九鼎、七鼎、五鼎、三鼎、一鼎的分别，和文献的记载相符合，代表不同等级贵族的身份，其他器具，也都和鼎数相应而有增减。封建礼仪的确立，显示整个封建系统已经固定下来，但这也是封建贵族没落的开始。

（二）国人与野人

贵族统治下的人民，有国人与野人的分别，他们的社会地位有所不同，但是无论国人和野人，都是贵族的人力资源，贵族生活依赖他们来养卫。周人在东方武装殖民，建立城墙作为镇戍的据点，城墙之外郊远的地区称为野。居住在城中的人民称为国人，居住在野的人民则称为野人，他们的来源不同，也有不同的权利与义务。

国人的构成分子，有一部分是周人，他们可能和统治贵族之间有疏远的血统关系，另外一部分则是归附于周的殷商大族和其他氏族。国中划分为里，国人依族群的不同而居住于不同的里中，里的首长称为里君，他们既是一里之君，同时也是一族之长。国人依工作性质的不同，有士、工、商三类。士是国人的主体，有食田，大部分必须亲自耕作，在作战时被编组为军队，他们也可以受教育。士之中有小部分受敕命担任贵族政府中的低层职务，他们不必亲自耕田，可以算是最下层的贵族，其他的士就只能算是庶人了，也被称作民。至于工、商则食于官，为贵族服务。国人与野人社会地位的最大不同，在于国人有参政的权力，这种权力源于早期的氏族共权。国人聚族居于里中，约五十家，有里墙圈围，由里门（闾）出入，他们共耕均赋，同祭合饮，因此有共同的意识，自成一股社会力量。由于他们与统治贵族有或远或近的关系，所以他们可以参政，虽然不是实际的执行权力，但是能对国家大事如迁都、和战等表示意见，甚至于干预君主的废立。统治贵族必须得到国人的支持，统治才能稳定。这种习俗，一直到春秋时代仍然如此。也就在春秋时代，里之上开始有新的行政区"乡"的出现，里的独立自主性逐渐丧失。

野人是当地的原住民，他们也是"民"的一部分，居住于野中的邑里，这一类野人所居的聚落，也有称为社的。一个贵族，往往领有数十甚或数百邑。邑也如里一样，有墙圈围，由邑门出入。野人到邑外的田地耕作，田地里有庐，是他们休息的地方。对于他们的耕作，贵族派有田畯监督。田地的边界，称为封疆。封疆多利用天然的形胜，有山溪森林之险，不足则辅以人工的植树和垒土，无树林山溪之处就要封，所以称为封疆。封起来之后仍然设有门，可以通越，称为关。封疆将邑与邑隔开，在两者之间，还有广大的未耕地。此外，封疆也有防备野人逃亡的作用，贵族在封疆上派人监守，称为候。若是野人逃跑，空有土地无人耕种，贵族的生活就没有着落。邑中的野人，大约只在三四十家左右，多的也不过百家，他们的生活习俗，也和里民一样，共耕均赋，同祭合饮，形成一个内部凝固的整体。他们没有参政的权力，但是他们与贵族感情的好坏，也足以影响贵族的实力。

无论国人或野人，耕种都是他们的主要工作，农业是当时最主要的经济活动。当时由于生产技术的低落，农业生产仍然以共同劳动为主。西周时期常见的生产工具，大致上主要仍是木制或石制的耒、耜。青铜农具虽然屡有发现，但是数量不多，在当时农具中的地位如何，尚难断定。农耕时彼此互助，土地也无所谓私有，赋税的征收必须以里、邑为单位，而非个别的家庭或个人。井田之说虽然颇多争论，但是《诗经·小雅·大田》中有"雨我公田，遂及我私"的诗句，公田、私田之存在应无问题。这是野的税法，野人耕种私田，收获归他们消费，耕种公田，收获归贵族所有，也就是所谓的"助"或"藉"。"助"意为野人助耕公田，"藉"则有贵族借民力以助耕的意思，所指都是同一件事。无论公田、私田，都是共有的田地。国中税法，则不相同，他们的负担，以军赋为主，负担军旅之需，不必助耕公田。

三、封建社会秩序的解体

周人以封建维系对于天下的统治，一方面依赖宗法的感情，一方面也仰仗周王的实力，在这两股力量的支撑下，形成一个阶级分明而又秩序井然的社会。但是宗法的感情不可能长久不变，周王的实力也会消失，于是贵族的社会秩序首先发生变动。由于贵族社会秩序变动的影响，再加上当时生产技术的突破，使得社会基层国人与野人的氏族结构也遭受破坏。社会的流动加速，社会基础由氏族而变为个别的家庭，经战国而到秦汉，形成所谓编户齐民的社会。

（一）贵族宗法组织的瓦解

周初封建，以封人为主，分封的贵族，屡有迁移，并未固定于某地。但是当武装殖民完成之后，封地的性质逐渐增强，封地固定之后，以国为中心，不断地向外扩张疆界。封建最初只是一个据点，贵族的领地彼此不相衔接，然而当疆界不断地向外扩张之后，领地便难免相邻，于是彼此之间便不免有争端。这是封建本身所隐含的一个问题。封建贵族阶级固定下来之后，礼成为贵族生活的重要部分，不同的阶级有不同的礼，愈高级的贵族，礼愈隆重，难免繁文缛节、奢侈浪费。为了充排场，最后不得不以所领的山林、田地或其他权利，和主管生产的小贵族交换他们所需要的物资。出土的铜器铭文，便有大贵族矩伯以田地向主管制皮作裘的小贵族裘卫交换皮饰的记录。虽说"普天之下，莫非王土；率土之滨，莫非王臣"，但从西周中叶之后，贵族之间已有土地交换转让的现象，最初必须经王室执政大臣的许可，后来连这种形式的认可也免除，诸侯将所属田地赐给臣下的情形也屡次发生，于是贵族内部发生地位的升降。这是封建本身所隐含的另一个问题。

西周末叶以来，贵族经过好几代，血统关系已远，感情早已脆弱，周王实力也大不如前，于是这些问题便都表面化，严重起来了，一方面有国与国之间的战争，一方面各国内部有国君与卿大夫的斗争，或是卿大夫彼此之间的斗争。在春秋时期长期的混乱中，许多贵族因为政争失败而丧失了他们全族的政治地位，甚至降为奴隶，如《左传·昭公三年》所载的"栾、郤、胥、原、狐、续、庆、伯，降在皂隶"，也有一些贵族甚至庶人、奴隶的社会地位上升，甚至于掌握了原来所没有的政治权力，如《左传·哀公二年》晋赵鞅的誓言："克敌者，上大夫受县，下大夫受郡，士田十万，庶人、工、商遂，人臣、隶、圉免。"依据他的誓言，原本不能仕宦的庶人变成可以出仕，微贱的人臣、隶、圉也免除微贱的身份。这样一来，整个井然有序的宗法组织已经瓦解。

一方面因为宗法组织的瓦解，另一方面也因为卿大夫争权给予国君痛苦的经验，所以到了战国时期，在生存竞争中存留下来的国家，都极力摆脱贵族政治，往君主集权的方向走。君主用人，唯才是尚，而不论出身。从春秋末年以来教育逐渐推广，也使这种改变成为可能。国君不再将土地、人民与权力分割给贵族，他所统治的疆土不再分为许多个别的政治社会实体，各自独立，而是由上而下划分成具有隶属关系的行政系统，由中央而县而乡而里，整个系统都控制在君主的手里，这一个趋势发展到秦代，便是皇帝集权。

（二）基层氏族结构的破坏

　　基层邑里的社会，原本是静态的，但是从春秋以来发生的种种变化，使得静态的社会动了起来，氏族结构也因此遭受破坏。春秋以来，各国或由于战争的需要，或由于统治者生活的奢侈，常加重赋役的征敛，《论语·颜渊》载有若劝鲁哀公行十分取一的税法"彻"，鲁哀公说："二，吾犹不足，如之何其彻也？"有若回答："百姓足，君孰与不足？百姓不足，君孰与足？"这段记载正反映了这种情形。在这种情形下，野人也开始要负担军赋了。最先只是作"丘甲"或"邱赋"，在战略要地起用野人当兵，然后是"用田赋"，所有土地的劳动者都要当兵。国人在贵族斗争中，不断地转移领主，新领主对待他们也如野人一样，他们除了原有的军赋之外，还有其他的赋役负担。由于赋役负担的加重，人民开始有流亡的现象，到了战国而愈加严重，《孟子·梁惠王》说当时君主"夺其民时，使不得耕耨，以养其父母，父母冻饿，兄弟妻子离散"，又说梁惠王"凶年饥岁，君之民，老弱转乎沟壑，壮者散而之四方者，几千人矣"。人口的流动，自然打破了原来邑里氏族结构的共同性，产生许多游离在团体之外的家庭或个人。

　　生产技术的突破，也促成了基层氏族结构的破坏。春秋战国之际，铁制农具开始使用，冶铁业自西周以来一直不断发展，春秋以后进步尤其快速，终于将木、石以及青铜制的农具逐渐淘汰；其次，新型的农具犁，以及和犁配合的牛耕技术，也出现在春秋末年。铁制农具远较木、石制造的农具锋利，犁的构造也比耒耜更易于翻转和压碎泥土，牛耕则显然较人力耕作有效率得多。在有利的工作条件之下，农人逐渐有能力独立经营，而不必与邑里之内的其他居民合作，土地私有的观念开始萌芽。有了这种观念之后，他们就可能不愿再尽力为贵族耕种公田，而致力于提高自己的生产量。贵族为了保障税收，只好废除助耕公田的税法，而改按农民所耕种的田亩面积来征税，鲁国在春秋末年"初税亩"，首先展开了这一个既是赋税制度，也是社会制度的转变。原有邑里之内同耕共赋的风俗从此消失，个别的家庭成为社会的基本单位。

（三）编户齐民社会的成立

上层的宗法组织既已瓦解，基层的氏族结构又已破坏，于是以氏族为基础的封建社会秩序不得不解体。代之而起的是一个由皇帝个人统治，而以个别家庭，也就是所谓编户齐民为基础的社会。这是古代社会的终结，但是从另一个角度看，这也是国家内部联系的更进一步加强，是以往历史的延续与发展。

所谓编户，是指所有户口都登记于政府的户籍中，政府通过户籍控制每一个家庭，作为赋役的依据。封建社会之下，人民分属于贵族，赋役负担又是集体性的，因此没有类似后世的户籍，户籍的出现，大概要到春秋中晚期以后，由于扩大征兵与赋税改革，而有登录每一个家庭的必要。到了秦汉，户籍制度已完全确立。《史记·秦始皇本纪》有秦王政十六年（前231），"初令男子书年"的记载，男子必须在户籍上登记他们的年龄。汉代的户籍，称为户版，主管户籍者则为户曹。所有的户口，既都登记于政府户籍之上，就最高统治者来看，他们的地位都是相等的，是国家组成的一分子，没有阶级之分，这便是齐民。封建社会解体的过程中，贵族沦亡，庶人上升，国人、野人的界线消除，一切阶级界线都被打破，一切的权力分割也都消失，最后只有皇帝一人掌握了所有的权力，其他所有人便只能是身份相等而同受皇帝统治的齐民。社会上只有齐民，没有集团的力量，统治者的权力大为增强。

但是编户齐民社会的成立，却仍有一个曲折的过程。秦代的社会，虽然已与封建社会截然有异，贵族阶级已不存在，然而编户之民，却仍然有等级之分。秦的社会等级，至少可以分为有军功爵的役人者、一般的人民以及沦降为刑徒的役于人者三等。从军而立功者由政府授以爵位，有二十等之多，他们可以役使刑徒。从军者多是秦人，因此有爵位的人大概极少有六国之民。刑徒则是犯罪受罚者，他们或担任国家的劳役，或为有爵者所役使，秦律严苛，所以沦为刑徒的人为数不少。至于一般的人民，应当是秦代社会的主要成员。虽然有社会等级之分，但是三者是可以互相升降的，平民立军功可以获授爵位，有爵位者犯罪可以变成刑徒，刑徒可以因赀赎或期满而恢复平民的身份。

这种社会等级的划分，到了汉代便不存在了。汉代除了由王亲国戚、功臣勋旧构成的新贵族之外，全国人民至少在法律地位上说，都是编户齐民。汉代刑徒数量已大为减少，刑期也大为缩短。汉初对于人民普遍赐爵，例如新帝即位，或国有大庆，都有如此的措施，人人都有爵，爵位因此变得无足轻重。汉初的新贵族，到汉武帝的时代也大体消失，或失去其存在的意义。社会等级划分的大体泯除，到这时才算完成。

参 考 书 目

一、专著

李宗侗：《中国古代社会史》，台北："中国文化大学"出版部，1987年第四版；

第六、十、十一、十二章。

杜正胜:《周代城邦》,台北:联经出版事业公司,1979年。

杜正胜:《编户齐民:传统政治社会结构之形成》,台北:联经出版事业公司,1990年。

许倬云:《西周史》,台北:联经出版事业公司,1990年第三版:第四、五章。

萧璠:《先秦史》,台北:长桥出版社,1979年:第三、四章。

瞿同祖:《中国封建社会》,台北:里仁书局,1984年。

二、论文

杜正胜:《封建与宗法》,收入其著《古代社会与国家》,台北:允晨文化实业股份有限公司,1992年。

杜正胜:《西周封建的特质》,收入其著《古代社会与国家》。

胡厚宣:《殷代封建制度考》,收入其著《甲骨学商史论丛·初集》,台北:大通书局有限公司,1972年。

徐复观:《西周政治社会的结构性问题》,收入其著《周秦汉政治社会结构之研究》,台北:台湾学生书局,1975年。

徐复观:《封建政治社会的崩溃及典型专制政治的成立》,收入其著《周秦汉政治社会结构之研究》。

许倬云:《由新出简牍所见秦汉社会》,《"中研院"历史语言研究所集刊》第51本第二分,1980年。

许倬云:《春秋战国间的社会变动》,收入其著《求古编》,台北:联经出版事业公司,1982年。

齐思和:《周代锡命礼考》,收入其著《中国史探研:古代篇》,台北:弘文馆出版社,1985年。

齐思和:《战国制度考》,收入其著《中国史探研:古代篇》。

齐思和:《孟子井田说辨》,收入其著《中国史探研:古代篇》。

第三讲

士人阶层的兴起与士族的形成

一、士人阶层的兴起与扩大

在封建社会秩序瓦解的过程中，一个社会阶层兴起，这便是在以后中国历史上占有重要地位的士人阶层。士原是封建社会中国人的骨干，他们大部分自耕食田，在作战时被编组成军队，少部分则在贵族政府中担任下级的职务，可以接受教育。封建社会秩序中的士阶级，正处于统治贵族与被统治的野人的交汇点，因此当封建社会秩序瓦解，阶级升降进行时，便成为贵族下降与一般民众上升汇聚之处，随着历史的演变而成为一个新兴的社会阶层，与以往的士阶级相比，具有不同的特性。

（一）士人阶层的兴起

古代教育限于贵族与国人，春秋末年，孔子开始自由讲学，将学术传播到民间，扩大了教育的范围，这也就是士人阶层兴起的开始。过去在阶级结构中具有固定地位的士，从此转变成为具有游动性质的士人。过去的士，受文武合一的教育，大部分务农从军，此后的士人却主要延续文事的传统，或仕宦，或教学。孔子本人，便是新兴士人的一个最佳典型。

新兴的士人之所以自成一个特殊的社会阶层，在于他们拥有知识。贵族阶级结构崩坏之后，知识不再由具有特殊身份的人所独享，而是广泛地向民众传布。孔子倡导"有教无类"，他的学生来源复杂，有贵族子弟，大多数出身于平民，甚至有出身微贱的仲弓。他们的出身不同，却都在受过教育之后拥有知识。孔子之后，这一类的私人讲学愈来愈多，他的弟子继续讲学事业的，譬如子夏在西河，曾子在武城。其他如墨子有弟子300人，形成一个以钜子为中心的集团；孟子以"得天下之英才而教育之"为一乐；《孟子》书中有"陈良之徒陈相"的故事，又有为神农之言者许行，"其徒数十人，皆衣褐"。平民为求仕进，弃农事而专务学问，在当时记载中不乏其例，例如《韩非子·外储说左上》所载赵襄子时，中牟有身修学博的两位士人中章、胥已出仕，于是中牟之民"弃其田耘，卖宅圃而随文学者，邑之半"。又如《吕氏春秋·博志》所载的宁越，原是"中牟之鄙人"，"苦耕稼之劳"，因而弃耕从学，"十五岁而周威公师之"。不论出身，只要拥有知识，便是士人阶层的一分子。《吕氏春秋·尊师》：

> 子张，鲁之鄙家也，颜涿聚，梁父之大盗也，学于孔子；段干木，晋国之大驵也，学于子夏；高何、县子石，齐国之暴者也，指于乡曲，学于子墨子；索卢参，东方之巨狡也，学于禽滑黎。此六人者，刑戮死辱之人也。今非徒免于刑戮死辱也，由此为天下名士显人，以终其寿，王公大人从而礼之，此得之于学也。

这些人的出身都不好，可是都经由求学，而成为"天下名士显人"。教育的扩大，使得新兴的士人阶层成为一个以特长决定地位的社会阶层，而非以出身决定地位的社会阶层。

士人拥有知识，他们的目的是为了出仕。孔子本人最大的抱负是在政治上一展长才，他平日和学生的问答讨论，都属于广义的政治教育范围。孔子虽然认为士必须具有很高水平的品德，可是他也告诉学生说，好好学习，"禄在其中矣"。孔子自己出仕过，他的学生也有好几个做过邑宰。孟子对"士何事？"的问题虽答以"尚志"，但他更清楚地说"士之仕也，犹农夫之耕也"。战国时代的士人，有许多已失去恒产，所谓"无恒产而有恒心者，惟士为能"，所以"仕非为贫也，而有时乎为贫"，士人不出仕便无以为生。当时政治组织的变化，也使得他们能够获得出仕的机会，贵族政府已经成为过去，君主集权代之而兴，君主不再将权力与贵族共享，而要由自己单独掌握。为了让国家在生存竞争中生存，君主唯贤是用，于是士人能够以其知识服务君主，领取俸禄来维持生活，也可以在政治上施展抱负。孟子周游列国，"后车数十乘，从者数百人"，这么多弟子跟着他走，目的可能便在于借着老师的声望而获得官职。

（二）游士与养贤

自春秋末年以后，随着教育的扩大和君主的求贤，士人的数目不断增加。新兴起的士人阶层，脱离了原有邑里氏族结构的限制，而成为社会上的游动分子。他们为求获得君主的赏识与重用，往往离乡背井，周游于列国之间；他们出仕，也没有国界的限制。孔子、墨子、孟子等大学者，都曾带领着他们的学生周游列国，其他战国时代的士人，也几乎没有不游动的。苏秦、张仪固然是明显的例子，秦国所重用的士人也大多来自东方。新兴的士人，以他们的知识才能，待价而沽，在当时的国际政治市场上博其买主。士人之所以成为游士，一方面由于当时列国并立，对于人才竞相争取，另一方面也由于士人没有家族和田产的羁绊。苏秦的故事是后面一种情况的最佳说明。苏秦最初游说无成而归，"妻不下纴，嫂不为炊，父母不与言"（《战国策》卷三）。等到后来为从约长，并相六国，道过雒阳，"车骑辎重，诸侯各发使送之甚众，拟于王者。周显王闻之恐惧，除道，使人郊劳"，这时"昆弟妻嫂，侧目不敢仰视，俯伏侍取食"，苏秦回顾以往他们的态度，叹息说："此一人之身，富贵则亲戚畏惧之，贫贱则轻易之，况众人乎？且使我有雒阳负郭田二顷，吾岂能佩六国相印乎？"（《史记·苏秦列传》）可见苏秦不但和家族关系不密，而且也没有田产。这正是当时社会的特色，士人没有家族和经济势力的支持，以个人的身份活跃于社会上。但是在贵族势力衰退，国君竞相争取的情况下，他们的气势却日渐高涨。

士气的高涨，表现于国君的礼贤。士人之中，有些不以入仕为满足，不甘屈身为臣，而以道的承担者自命。他们激烈地拒绝一切政治权威，如《孟子》书中的陈仲子，"以兄之禄为不义之禄而不食"；如庄子，更强烈到要取消一切社会的活动。至于温和的则自诩为王侯的师友，王侯在士气高涨的情势下，也接受了他们这种高自位置的态度，而有礼贤之举。譬如魏文侯，礼遇子夏、田子方、段干木；鲁缪公以友待子思，而子思自居为师，因此不悦。这种礼贤的措施逐渐制度化，就有了齐国的稷下学士。齐宣王喜欢文学游说之士，"驺衍、淳于髡、田骈、接予、慎到、环渊之徒七十六人，皆赐列第为上大夫，不治而议论"（《史记·田敬仲完世家》），称为稷下学士，又称为稷下先生，最盛时达到数百上千人。齐宣王所以如此做，是为了"览天下诸侯宾客，言齐能致天下贤士也"，这反映了当时各国君主正在展开一场揽贤的竞赛。因此，其他各国也可能有类似稷下学士的制度。驺衍为稷下先生，而他"适梁，惠王郊迎，执宾主之礼；适赵，平原君侧行撇席；如燕，昭王拥彗先驱"（《史记·孟子荀卿列传》），说明了国君礼贤的普遍性。而燕昭王不惜纡尊降贵，执帚为驺衍作前驱，可见这场揽贤竞赛的激烈。

国君礼贤，多以当时知识界的领袖人物为对象，以他们的议论来提高自己的声望。但是士人阶层人数众多，还有许多没有声名的士人，他们也成为各国权贵争取的目标，因而有养客的风气。以养客闻名的，有齐国孟尝君、赵国平原君和廉颇、魏国信陵君、楚国春申君、秦国吕不韦、燕国太子丹等人。他们所养的客，流品复杂，有文士，有侠客，也有鸡鸣狗盗之徒，不完全是士人。春申君、孟尝君都有客三千余人，可见所养人数的众多。对于这样众多的客，权贵供养他们，有等级之分，例如孟尝君的客舍便有传舍、幸舍、代舍的分别，有名的冯谖故事，说到冯谖最初被置于传舍，他弹剑而歌："长铗归来乎，食无鱼。"孟尝君知道了，迁之于幸舍，他又弹剑而歌："长铗归来乎，出无舆。"孟尝君知道了，迁之于代舍，可是他又弹剑而歌："长铗归来乎，无以为家。"这次孟尝君不高兴了。可知不同的等级，有不同的待遇。这也说明养客也已经制度化。权贵养客，是为了壮大自己的声势，建立自己的实力基础，以便在必要时有人来为他效命。像毛遂自荐于平原君，与平原君一起出使楚国，终于使楚王答应发救兵。吕不韦的门客，则为他编写了一部《吕氏春秋》。士人投入权贵的门下，有许多是为了解决衣食的困难，因此有"食客"之称，也有许多是为了获得仕宦的机会。

二、士人地位的下降与回升

封建社会解体，使得贵族丧失了原有的政治社会基础，但是养士风气的盛行，形成一种新的社会结合，使得战国晚期各国的权贵又具有新的社会力量，作为争夺权力的资本，甚至可以上逼国君。因此，到秦统一天下，站在巩固皇帝权力的立场，禁止游士的存在，接着又有焚书坑儒之举，造成了知识的无用。汉朝初年，游士虽然一度活跃，但是士人入仕没有一条正常的途径，直到汉武帝的时代，独尊儒术，以察举取士，士人地位才又再回升，重新获得掌握政治权力的机会。虽然士人的地位已经回升，可是游士的活动却不再存在。

（一）士人地位的下降

秦国的富强，得力于任用来自东方的士人，但是自吕不韦事件之后，政策有了改变。吕不韦原为阳翟大贾，至邯郸经商，见到秦国在赵国的人质秦昭襄王孙子楚，以为"奇货可居"，活动子楚还国为王太孙，最后继位为秦庄襄王，吕不韦成为相国。秦庄襄王死，秦王政继位，吕不韦继续独揽大权。吕不韦养门客三千，大多是三晋人，又以他的舍人嫪毐为长信侯，由嫪毐专决国政，终于酿成了嫪毐的叛乱。乱平之后，秦王政顾虑吕不韦门客的众多，仅免除他相国的职位，不敢采取进一步的行动，两年之后，吕不韦才自杀。吕不韦死后，他的宾客数千人暗中葬之于洛阳北芒山，可见势力之大。吕不韦免相之后，若干宗室大臣主张将外来的士人一律驱逐出境，因此在秦王政十年（前237）有逐客令，后来客卿李斯上书说明客卿之功，才取消这一个命令。但是到了十二年（前235），又借着窃葬吕不韦的理由，大肆驱逐来自东方的士人。云梦秦简中有《游士律》，可见秦代对于游士的加强控制，"游士在亡符，居县赀一甲，卒岁责之"，"有为故秦人出，削籍，上造以上为鬼薪，公士以下刑为城旦"。外国的游士住在某县而没有通行证，罚购一甲的钱，到年底征收。秦籍的游士出国，削籍，有上造以上爵位的受鬼薪之刑，公士以下则受城旦之刑。鬼薪、城旦都是重度的劳役刑，城旦的刑度又重于鬼薪。在《游士律》之下，士人已不可能有从前的声势。

游士活动虽然已受禁止，但是秦廷仍然有博士一职，职掌"通古今""承问对"，士人在政府中仍然有他们的地位。博士一职，由战国时代的稷下先生演变而来，不过意义已不相同。稷下先生并非官职，含有与国君为师友的意义，博士则只是官僚系统中的一环，与皇帝分属君臣，他们的言论，必须仰承皇帝的意旨。秦始皇三十四年（前213），竟因博士齐人淳于越主张恢复封建制度，为丞相李斯所反对，而引致焚书之举：

今皇帝并有天下，别黑白而定一尊。私学而相与非法教，人闻令下，则各以其学议之，入则心非，出则巷议，夸主以为名，异取以为高，率群下以造谤。如此弗禁，则主势降乎上，党与成乎下。禁之便。臣请史官非秦记皆烧之。非博士官所职，天下敢有藏诗、书、百家语者，悉诣守尉杂烧之。有敢偶语诗书者弃市，以古非今者族，吏见知不举者与同罪。令下三十日不烧，黥为城旦。所不去者，医药卜筮种树之书。若欲有学法令，以吏为师。（《史记·秦始皇本纪》）

士人阶层的存在，以知识为其特色，知识既被禁止，代之以法令，士人也就失去其存在的凭借。到了第二年，又有坑儒之举，侯生、卢生批评秦始皇，说他"博士虽七十人，特备员弗用，丞相诸大臣皆受成事，倚办于上"。秦始皇大怒，坑杀了460多个儒生于咸阳，这是焚书事件的自然发展，也是士人地位下降的表征。

（二）士人地位的回升

秦末一统政府崩溃，群雄并起，法令枷锁解除，再加上现实需要，游士之风再起，如张耳、陈余、蒯通、陈平、郦食其等人都是。汉朝建立，遵循秦法，秦代的《挟书律》，一直到汉惠帝四年（前191）才废除，但是即使在废除以前，汉朝政府对于学术思想也是不太过问的，所以士人又活跃起来。汉初封建与郡县并行，汉武帝以前，王国势力颇盛，而诸王也纷纷招致游士，扩张势力，先有吴王濞，揽有邹阳、严忌、枚乘等人；梁孝王继起，诸人又归附于梁；又有淮南王安，招致宾客方术士数千人，河间献王德也盛招经术士。游士的活跃，几乎要回复到战国时期的状况。

但这只是地方诸王国中的状况，可以说是战国时期游士风气的回光返照，当时的历史趋势是朝向集权一统的政府发展。汉初的中央政府，士人没有一条正常的入仕途径，谈不上有地位。政府的组成分子，除了宗室之外，主要是新贵和富人。至于高级官员，依汉初"非有功不得侯"、非封侯不拜相的惯例，多为功臣及其后裔。其次的官员，则多由郎、吏出身。汉初的郎官制度，继承秦代而来，是皇帝家臣，职掌宿卫宫闱，给事近署，进身多由荫任与赀选，"吏二千石以上视事满三年，得任同产若子一人为郎"（应劭注《汉书》引《汉仪注》），"赀五百万得为常侍郎"，非新贵子弟即为豪富，因此深具贵族性。当时人也目之为封建贵族阶级中的士，而非以知识为其特性的士人。至于吏，大约自秦以来，也以出身于富人为多，所以韩信以家贫无行，不得推择为吏。然而游士活动的盛行，显示士人阶层的活力，中央政府要维持国家的统一，消弭分裂的势力，必定得给他们一条政治的出路。

因此在汉武帝时代消除地方势力的同时，有独尊儒术的实施与察举制度的扩大。察举制度在汉武帝以前已经存在，汉高祖曾下诏举贤人，汉文帝曾下诏举贤良能直言极谏者，但均偶一为之。汉武帝建元元年（前140）又下诏举贤良方正直言极谏之士，得董仲舒。由于董仲舒的建议，而罢黜百家，只立五经博士；又由于董仲舒的建议，而改变政府用人的制度：

> 夫长吏多出于郎中、中郎。吏二千石子弟选郎吏，又以富訾，未必贤也。……臣愚以为使诸列侯、郡守二千石各择其吏民之贤者，岁贡各二人，以给宿卫，且以观大臣之能。所贡贤者有赏，所贡不肖者有罚。夫如是，诸侯、吏二千石皆尽心于求贤，天下之士可得而官使也。（《汉书·董仲舒传》）

于是有郡国岁贡孝廉的制度，又有不举者严罚的诏令。其后公孙弘又请：

> 为博士官置弟子五十人，复其身。太常择民年十八以上，仪状端正者，补博士弟子。郡国县官有好文学、敬长上、肃政教、顺乡里、出入不悖所闻，令相长丞上属所二千

石。二千石谨察可者，常与计偕，诣太常，得受业如弟子。一岁皆辄课。能通一艺以上，补文学掌故缺，其高第可以为郎中，太常籍奏。(《汉书·儒林传》)

于是社会上的读书人有了政治出路，政府的性质也转变成为士人政府，经由孝廉与文学入仕的途径，即使高阶层的官员，也由士人担任。但是在一统集权政府的控制之下，士人只能为一个政府服务，而不再是过去不受束缚的游士了。

三、士族的形成与发展

汉武帝时代以后，士人所以不再成为游士，不仅在于一统集权政府的完成，使他们无处可游，更由于士人逐渐地发展出家族与经济基础，他们已经具有深厚的社会根基，不再以个人的身份在社会上活动，而是背后有整个家族的力量在支持。这些家族，可以称为士族。贵族政府崩溃，士人政府代起，就君主一方面看，意义是权力的集中，从此不必再分权给贵族；就官员一方面看，意义却是权力的开放，职位不再由少数的贵族世袭，而向社会开放。但是当士族形成之后，他们却又以强大的社会力量，垄断了仕途，并且吸收依附人群，扩大影响范围，这便是以后魏晋南北朝门第社会的渊源。

（一）士族的形成

自汉武帝时代以后，由于朝廷利禄的引诱，士人数量急剧地增加，求学的风气愈来愈盛。一方面博士弟子员额日增，由汉武帝时代的五十人增至西汉末的三千人，再增至东汉时代的三万人，而且郡国也开始设立学校；另一方面，私人教授也愈来愈普遍，"传业者浸盛，支叶蕃滋，一经说至百余万言，大师众至千余人"（《汉书·儒林传》）。在士人数量激增的同时，士族也逐渐形成，成为自西汉末年至东汉时期的社会力量。

汉武帝时代以前，除了中央政府与地方王国的政治势力之外，基层的社会力量是地方的豪强，主要包括富商、游侠与六国后裔，他们无法进入仕途，取得政治的权力，可是却在汉初放任政策之下，大力发展他们的社会经济力量，形成对于集权政府的威胁。汉武帝时代所推行的一些措施，如徙郡国豪杰及富人于茂陵，设置刺史举发强宗豪右田宅逾制、欺凌寡弱，实施盐铁酒专卖，颁告缗令，诛抑游侠及任用酷吏等，曾给予地方豪强重大的打击，打击政策一直维持到宣帝的时代。但是自从汉元帝时代以后，政治作风趋向宽弛，豪强势力又再复兴。汉初的豪强，大概只有六国后裔是有家族的结合，而西汉末年的豪强，却普遍以豪族的形态存在，并且在政府用人制度的引导下，朝向士族的方向发展。

由缺少家族联系的豪强发展到豪族，关键在族姓制度向民间的普及。在封建社会里，只有贵族有姓氏，经由姓氏而有血统的联系，一般民众，只是依附于贵族而结为社会组织。封建社会解体之后，一方面贵族的姓氏逐渐向民间普及，另一方面，在这一个过程尚未完成之前，许多从基层邑里组织游离出来的民众，他们是没有姓氏的，因为没有姓氏，所以只能以家庭形态存在于社会，不能因血统的联系而形成家族。一直到西汉初年，仍然如此。所以当秦末群雄起兵时，只有齐国田氏有强宗可资凭借，其他都是只身而起。汉初姓氏的可变性很大，例如英布又名黥布，田千秋又名车千秋，张孟又名灌孟，这是姓氏普及尚未完成阶段的现象。到西汉晚期，这一个演变过程已经完成，民间的姓氏已经确定，于是可以通过血统关系的延伸与扩大，而结合成家族。

地方豪族以他们的财势，培养子弟读书，使他们进入仕途，获得政治势力之后，再进一步扩张家族的财势。从西汉到东汉，可以看到不少地方豪强发展成为士族的例子。譬如齐国诸田，汉初被徙于关中，多务商贾，其后裔第五氏（第五伦、第五种）代为士族；汉武帝时代的游侠郭解，他的后裔郭梵、郭伋在两汉之际，已经跻身官僚，郭伋每得赏赐，"辄散与宗亲九族"（《后汉书·郭伋列传》）；又如班固家族，汉惠帝时班壹以财雄边，其子孺为任侠，此后便世代仕进，至东汉班彪、班固父子，成为世学名家。

政治势力是扩张财富最好的支持力量，豪族未必都能成为士族，但士族却往往可以更为富有，西汉末年，鲍宣已指当时"居尊官""食重禄"的人，志在于"营私家""广田宅"（《汉书·鲍宣传》）。掌握权力和掌握财富的人，都愿意把这种基业传给子孙。而当时的教育虽然日渐普遍，却仍有很大的限制，基本的原因在于印刷术尚未发明，书籍流通必须靠抄写，非有雄厚的财力不能使子弟受高深的教育。在以儒学为入仕标准的情况下，居于社会少数的士族，占尽便宜，往往能世代入仕，经累积而形成一股不可忽视的社会力量。

（二）士族的社会力量

士族的社会力量，在两汉之际已经表现出来。当王莽政权崩溃时，起兵群雄的社会背景已和秦汉之际大不相同，他们不再是

只身而起，而是多有家族的背景，或为士族大姓，或为宗室。实
际上，许多宗室也已朝士族的方向发展，例如汉光武帝刘秀本人
便曾就读太学。刘秀和他的哥哥刘縯起兵，以他们的家族为实力
基础，所谓"南阳诸刘举宗起兵"，追随刘秀起兵的，如寇恂、
耿弇、冯异等人，也大多是士族，他们都是举宗从征。东汉政权
的基础，便是建立在士族大姓之上。

东汉以后，士族的社会力量更为显著。察举之制，在东汉继
续施行，自西汉以来，除孝廉之外，尚有贤良、茂才等项，但只
有孝廉是常科，其他是特科。孝廉原来分为举孝、察廉两途，东
汉已合而为一，同时按郡国人口多少，分配有定额。分析东汉孝
廉的身份背景，最引人注意的，便是他们的家世背景。统计365
名家世可考的孝廉中，出身于仕宦家族（父、祖、兄弟及其他成
员）有139名，亦即占52.4%。在这139名孝廉中，有三代及三
代以上累世官宦的，达76名。以官阶来比较，家族中有人官至
二千石及二千石以上的，达97名。可见这些孝廉不仅有一半以
上出自官宦之家，而出自官宦之家的，又大多来自累世高官的家
族。从时代来看，时间愈晚，来自宦族的孝廉所占比例愈高，光
武帝时代不过是27.2%，明、章两帝都是44.4%，和、安两帝都
是50%，至顺帝时高达80%。可见士族的势力不断在发展，以他
们良好的经济条件和教育环境，再加上察举时的"权门请托"，
逐渐垄断了仕途。

东汉时士族的社会力量，不仅在于家族本身，更在于外围
的依附人群，亦即所谓门生、故吏、宾客之徒。士族既以学问见
表，往往收学生传授学问，汉代以亲授业者为弟子，转相传授者
为门生。一些依势趋利的人，未必习某人之学，也自称为他的门
生，为之奔走。官员常授经讲学，官位愈高，门生分布也常愈

广。曾在某一长官之下任过职的人，在长官去职之后，仍然保持他们上司下属的关系，称为故吏，甚至于当以前的长官去世后，为之服丧。职位愈高的官员，曾经做过他下属的人愈多，故吏的势力也愈大。至于宾客，则是为了谋求经济庇护、政治出路而投靠到大族家中的人，他们与主人之间多少有一点人身隶属的关系。除此之外，察举时孝廉和举主（拔擢孝廉的地方官）之间，则存在类似君臣父子的关系。有这么多人来奔走服役，使得士族的势力大增。

士族势力成长之后，婚姻观念逐渐有了变化，谱系追溯也日受重视。在婚姻上，逐渐讲究对象的出身，虽然尚不如两晋南北朝时严格，但已讲究门当户对，若干名族自成一婚姻集团。如汝南袁氏、弘农杨氏、沛郡桓氏、颍川李氏、颍川钟氏等族的关系较密；而陈留蔡氏、太山羊氏、鲁国孔氏的关系较密。大族之间并且借婚姻的结合，谋取共同的政治利益。谱系的追溯则反映了族姓意识的成长，东汉末年有关士族、人物的碑记有许多以相当篇幅追溯先世，甚至超过全文的三分之一。谱系追溯的风气，其实也是家族内部聚结的反映，经由共同祖先的确认而促进不同房支的族裔相结合。此外，家族内部的聚结也反映在家族合葬的风气，以及家族对地方建设的共同参与上。而在家族的共同活动中，领导人往往是官位最显赫的人物。

汉顺帝以后，也就是桓帝、灵帝时，士族和宦官之间展开激烈的斗争，士族虽然暂时受到压制，但是他们的社会基础已经深厚。当汉末中央政权崩溃时，宦官已被士族设计铲除，而地方长官州牧、郡守，却多出身于士族。例如袁绍家世贵显，四世五公，便是最明显的例子。他们的社会力量经过长期的发展，终于演变成为大大小小的割据势力。

参 考 书 目

一、专著

陶希圣:《辩士与游侠》,台北:台湾商务印书馆,1976年第二版。

刘增贵:《汉代婚姻制度》,台北:华世出版社,1980年:第六章。

瞿同祖著、邱立波译:《汉代社会结构》,上海:世纪出版集团、上海人民出版
社,2007年:第一部分第五章。

二、论文

余英时:《古代知识阶层的兴起与发展》,收入其著《中国知识阶层史论·古代
篇》,台北:联经出版事业公司,1980年。

余英时:《东汉政权之建立与士族大姓之关系》,收入其著《中国知识阶层史
论·古代篇》。

邢义田:《东汉孝廉的身份背景》,收入其著《秦汉史论稿》,台北:东大图书
股份有限公司,1987年。

邢义田:《东汉察举孝廉的年龄限制》,收入其著《秦汉史论稿》。

徐复观:《中国姓氏的演变与社会形式的形成》,收入其著《周秦汉政治社会结
构之研究》,台北:台湾学生书局,1975年。

许倬云:《西汉政权与社会势力的交互作用》,收入其著《求古编》,台北:联
经出版事业公司,1982年。

劳干:《汉代察举制度考》,收入其著《劳干学术论文集·甲编》,台北:艺文
印书馆,1976年。

劳干:《汉代的豪强及其政治上的关系》,收入庆祝李济先生七十岁论文集编辑
委员会编:《庆祝李济先生七十岁论文集(上册)》,台北:台湾"清华学
报社",1965年。

杨联陞:《东汉的豪族》,台湾《清华学报》第4卷第11期,1936年。

蒙思明:《六朝世族形成的经过》,《文史杂志》第9卷第1期,1941年。

刘增贵:《从政府对豪族的态度论汉代豪族性质的转变》,《史原》1981年第11期。

刘增贵:《从碑刻史料论汉末士族》,收入傅乐成教授纪念论文集编辑委员会
　　编:《傅乐成教授纪念论文集:中国史新论》,台北:傅乐治,1985年。

严耕望:《秦汉郎吏制度考》,《"中研院"历史语言研究所集刊(第23本上
　　册)》,1951年。

第四讲

道教的社会根源

一、神仙与方士

　　道教和佛教是中国传统社会的两大宗教，佛教传自印度，而道教则产于中国本土。道教的形成在汉、晋之间，但其内容，却有许多在道教形成之前就已存在于中国社会，是民间生活的一部分。也就是说，道教是将中国古代民间信仰与原始宗教活动聚集在一起的一个宗教，有其深植于中国本土社会的根源。

　　道教的重要内容之一，是企求长生不死，亦即成为神仙。神仙之说，最晚起自战国，至秦汉之际由于方士的鼓吹，而弥漫于社会。战国时代《庄子》一书中，经常提到真人、神人、至人等理想人格，他们"大泽焚而不能热，河汉冱而不能寒，疾雷破山，（飘）风振海，而不能惊"，而且"乘云气，骑日月，而游乎四海之外，死生无变于己"（《庄子·齐物论》），可以说是超乎人生现实世界之外。而在这些理想人格的称谓中，以"真人"一词出现得最多，"真"字则更为常见。"真"字在汉代许慎的《说文解字》中，被解释为"僊人变形而登天"，"僊"字是"仙"的

47

古代写法。"僊"字在《庄子》书中曾经出现两次，其中一次说"千岁厌世，去而上僊，乘彼白云，至于帝乡"，具体描写了登天的过程。神仙的观念，在《庄子》书中可以说已经浮现。除《庄子》之外，《楚辞》篇章中也有不少乘云驾龙、遨游天际以及餐风饮露的描写，向往着一个超脱人世、飞升天界的旅程。《楚辞》固然是楚国的作品，《庄子》的思想也被认为与楚人接近，神仙之说自然有可能是南方社会的风俗。

但是推广此一信仰的，却是战国末年到秦朝这段时间，渤海沿岸的燕、齐方士。《史记·封禅书》：

> 自齐威、宣之时，驺子之徒论著终始五德之运，及秦帝而齐人奏之，故始皇采用之。而宋毋忌、正伯侨、充尚、羡门子高最后皆燕人，为方僊道，形解销化，依于鬼神之事。驺衍以阴阳主运，显于诸侯，而燕齐海上之方士传其术，不能通。然则怪迂阿谀苟合之徒自此兴，不可胜数也。自威、宣、燕昭使人入海，求蓬莱、方丈、瀛洲，此三神山者，其传在渤海中，去人不远，患且至，则船风引而去。盖尝有至者，诸僊人及不死之药皆在焉，其物禽兽尽白，而黄金银为宫阙。未至，望之如云；及到三神山，反居水下。临之，风辄引去，终莫能至云，世主莫不甘心焉。及至秦始皇并天下，至海上，则方士言之不可胜数，始皇自以为至海上，而恐不及矣，使人乃赍童男女入海求之。船交海中，皆以风为解，曰未能至，望见之焉。其明年，始皇复游海上，至琅邪，过恒山，从上党。归后三年，游碣石，考入海方士，从上郡归。后五年，始皇南至湘山，遂登会稽，并海上，冀遇海中三神山之奇药。不得，还至沙丘崩。

　　根据这一段记载，方士之术起自宣扬五德终始说的驺衍，战国晚期燕、齐一带的方士传其术，而且这些方士逐渐多到不可胜数。他们所讲的，是"形解销化，依于鬼神之事"的方僊道，又讲渤海之中有蓬莱、方丈、瀛洲三座神山，上面住有僊人，有不死药。齐威王、齐宣王、燕昭王等君主都相信方士这一套话，派人入海寻找神山，始终都是能望而不能至。秦始皇统一天下之后，东巡沿海，也有一大群方士向他宣传这一套话，秦始皇也相信了，同样派人入海求神山和不死药，神山也同样是可望而不可见，到他死前，仍然不放弃这一希望。

　　燕、齐滨海，无涯的海洋和海上若隐若现的岛屿，无疑都是引发想象的来源。战国末年以后，燕、齐一带方士成群地出现，无疑也说明神仙之说已在东方沿海一带盛传。《封禅书》中提到燕人宋毋忌、正伯侨、充尚、羡门子高等四人，能够为形解销化的方僊道。所谓形解销化，也就是后世道教突破生死观的尸解仙观念，尸解指解脱形体，放出灵魂，蜕化飞升而成仙。有学者认为，尸解的观念，来自西羌的习俗。比较原始的尸解方法有火解和兵解两种，火解源自西羌火葬的习俗，西羌盛行火葬，"其亲戚死，聚柴薪而焚之，熏上，谓之登遐"（《墨子·节葬下》）；被俘虏时，则"不忧其系累，而忧其死不焚也"（《吕氏春秋·义赏》），意义当在灵魂可以乘火上天而得永生。"登遐"后世写作"登霞"，意指仙人飞升。传说中的许多仙人，也常是火化之后，遗留骨骸而升天。兵解指用兵器自求解脱，也与西羌习俗有关，西羌"以战死为吉利，病终为不祥"（《后汉书·西羌列传》）。大概是战死者躯体破碎，灵魂得以立时逃出而升天，所以吉利；病死者躯体完整，灵魂被困在内，许久不得自由，所以不祥。由火葬登遐和战死吉利而形成了不死的观念，而传说中的不死民、不死之野、不死山、不死树、不死药，也都在西方。西方人相信天在昆仑山上，升天也就是升山，所以具有升高之意的"僊"字，别体作"仙"。齐人原本属羌族，把这些观念都带到东方来。这一个说法，未必可以完全排除东方沿海景象对生命幻想的刺激，是神仙信仰的一个起源；但却足以说明，古代神仙信仰曾普遍发生于各地，而且植根于社会习俗之中。

　　汉武帝时代，是继秦始皇之后，另一个方士活跃的时期。首先有一个方士李少君，受汉武帝宠信，汉武帝相信他的话，开始祠灶。此事缘于李少君说祠灶可以使丹砂化为黄金，用黄金为饮食器可以益寿，益寿而后可以见海中蓬莱仙者，见之而封禅，便可以不死。封者祭天，禅者祭地，封禅的目的在成仙登天。汉武帝又派人入海求蓬莱神山，及其中的神仙安期生。入海求仙的活动承袭自战国、秦代，而丹砂可以化为黄金且能够益寿的说法，则是新出的观念，成为以后道教炼丹服食的起源。不久李少君病死，汉武帝却认为他化去，于是"海上燕、齐怪迂之方士多更来言神事矣"。然后又有一个方士谬忌，向汉武帝说"天神贵者太一，太一佐曰五帝"，开启了汉武帝对太一的祭祀，汉武帝后来又崇拜神君，"神君最贵者太一，其佐曰大禁、司命之属，皆从之"。太一应当源自《楚辞·九歌》里的东皇太一，司命也见于《九歌》，都是楚国的天神，有学者认为是以北极星为中心的天神崇拜。至于司命等又称为五帝，则应当是配合当时盛行的五德终始说而重新作的安排。汉武帝以后盛行的太一信仰，以紫为颜色，称为紫宫，祭祀则衣紫衣，设紫坛，而以太一为诸神之首的天廷，则是宫廷化的紫宫、紫府。这样的一个神廷构想，也为后来的道教所吸收。汉末以后的道教典籍，如《太平经》《抱朴子》，都曾提及紫宫、紫府。道教有各种不同的神谱，其中一种便以"上上太一"为首，是道之父、天地之先，常住在紫云之中、华盖之下。

又有方士少翁、栾大，分别以天神可致、不死之药可得向汉武帝进言，都得到宠信，但结果都以其言不验而伏诛。元鼎元年（前116），在汾阴县掘到一个大鼎，汉武帝和群臣都认为是祥瑞。于是又有方士公孙卿因此事而献书，说受此书于申公，申公是齐人，已死，和安期生通，受黄帝言。书上说"汉兴，复当黄帝之时"，又说"汉之圣者，在高祖之孙且曾孙也"，意思是指汉武帝。然后便讲到鼎的事情，"宝鼎出而与神通，封禅，封禅七十二王，唯黄帝得上泰山封"，而"汉主亦当上封，上封则能僊登天矣"。同时又指出，"天下名山八，而三在蛮夷，五在中国，中国华山、首山、太室、泰山、东莱，此五山，黄帝之所常游，与神会"，然后又编造出黄帝学僊的故事，最后"黄帝采首山铜，铸鼎于荆山下，鼎既成，有龙垂胡髯，下迎黄帝"，于是黄帝升天而去。汉武帝听了十分向往，于是有元封元年（前110）封禅泰山的活动。而汉武帝之所以封禅，是"欲放黄帝，以上接神僊人、蓬莱士"，儒术不过是采以文之而已。自从公孙卿献言之后，神山不仅远在海外，中国内部也有了名山，可作成仙之所，所以汉武帝又好几次巡游各地山岳。他也和秦始皇一样，东巡沿海，并发船入海求蓬莱神山。当时"上疏言神怪奇方者以万数""言海中神山者数千人""遣方士求神怪采芝药以千数"，可是"终无有验"。汉武帝虽然已经厌怠，对方士仍然羁縻不绝，"自此之后方士言神祠者弥众"。

上面根据《史记·封禅书》，大略地说明了汉武帝时代方士与求仙的活动。当时不仅皇帝对于方士之言深感兴趣，不少诸侯也是如此。像李少君便"其游，以方徧诸侯"。其中最著名的是淮南王安,《汉书·淮南王安传》说他"招致宾客方术之士数千人,作为内书二十一篇,外书甚众,又有中篇八卷,言神仙黄白之术,亦二十余万言"。所谓黄白之术,黄即黄金,白即白银,亦即变化丹砂之术。淮南王安是汉武帝的诸父,和汉武帝同时。汉武帝以后的皇帝,如汉宣帝、汉成帝、王莽,都喜好神仙方术。方士的活动,在西汉一代可以说是盛极一时。道士的称呼,便是渊源于方士,方士亦即方术士,而方术又可以称为道术,所以方士又称为道人、道士。道士之称,虽然起源于汉代,至晋朝之后,才完全以道士取代方士的称呼,起初以道人、道士泛指僧道,到南北朝才以道人专指沙门,道士专指黄冠。

二、神仙信仰的普遍

方士活动的对象,主要是皇帝与诸侯,也只有皇帝与诸侯,才能够从事大规模的求仙活动。但是汉代神仙思想的盛行,不限于最高的统治阶层,而是普及于士大夫和一般民众。《汉书·艺文志》里所收录的神仙家著作,已有十家205卷;而《山海经》《列仙传》等讲述神仙传说故事的名著,也出现在汉代;西汉末年以后流行于社会的谶纬,也有神仙、仙药、仙山的记载。社会上一方面流行着一些神仙传说,另一方面,当时人也相信,他们同时的人有些具有神仙变化之术。

汉代社会里流行最广的神仙传说,是西王母、东王公、赤松子和王子侨。西王母的传说起源甚早,西晋时出土于汲郡魏安厘王冢的《穆天子传》,是战国时期的作品,已有周穆王西游访西王母的故事。西王母原本可能是西边荒远之地的一个部族名称,君长也称作西王母。在传说里，西王母最初是一个住在昆仑山上，半人半兽的神人，有三只青鸟为她取食，又有三足鸟供她役使；以后又变成是一个采不死树的果子，炼制不死药的神仙；再往后又变成是西方的一个王母，确定了女神仙的身份；到汉魏之间，西王母已经成为群仙的领袖，而且是三十多岁的绝世丽人，有一班侍女服侍她。在传说中最早和西王母并提的是后羿，后羿向西王母请不死之药，嫦娥偷来吃了而奔月。后来汉人又制造出一个东王公，东王公可能是由周穆王转化而来的，据说住在东荒山的大石室中，人形鸟面而虎尾，头发皓白，乘一黑龙。西王母每年登稀有鸟翼上会东王公。赤松子传说是神农时的雨师，能入火自烧，常至昆仑山上，止于西王母石室中。王子侨传说是周灵王的太子，入山学道，30年后骑白鹤停驻缑氏山头，望之不得，数日而去。

汉代民间有西王母祠，出土汉墓中的石刻画像，也有西王母、东王公，以及两人在稀有鸟翼上相会的图像。出土汉镜中有关西王母、东王公、赤松子、王子侨的资料则更多。汉代的画像镜里的西王母，有青鸟、三足鸟陪侍，又有代表祥瑞的九尾狐，还有手持树枝状仙药的玉兔，早期的画像镜中，后羿常和西王母一同出现，后期则改为东王公。又有的画像镜，是东王公、西王母和赤松子、王子侨一起出现。这些情形，反映了这几位神仙的传说，在社会上流传的广泛。汉代画像石和画像镜上，又常有神仙升天和他们在天上、神山生活的情形。画像石中所见神仙升天常是乘龙、骑鹤或乘坐白鹿所拉的车，也有些仙人浑身上下长满了羽毛，画像镜中也有这一类羽人。画像镜有些有铭文，讲到"上有仙人不知老"，他们"徘徊名山采芝草，渴饮玉泉饥食枣"。仙人所住的名山，在画像镜上提到的，有泰山、华山，他们在山上，"食玉英，饮醴泉，驾蛮龙，乘浮云，白虎引，直上天"，有的镜铭中还有"饵黄金"。芝草又名灵芝，据说服食可以成仙；玉泉也就是醴泉，相传是仙人的饮料；玉英则是白玉中涌出的润膏，相传黄帝曾经服食。这一些汉代社会流行的神仙传说，很多都为后来的道教信仰所吸收。好几个道教的神谱，都有东王公、西王母，东王公在道教里又称为东王父，而王子侨、赤松子则成为东王父的左右。神山在道教中也愈变愈多，不仅是成仙之后所游之处，也是上天遣群仙统治之所。灵芝、黄金则都成为道士认为服食之后可以延年益寿，甚至长生不老的药物。

汉代人现实生活里的神仙变化，最有名的是费长房和左慈的故事，均见于《后汉书·方术列传》：

> 费长房者，汝南人也，曾为市掾。市中有老翁卖药，悬一壶于肆头，及市罢，辄跳入壶中，市人莫之见，唯长房于楼上睹之，异焉。因往再拜，奉酒脯。翁知长房之意其神也，谓之曰："子明日可更来。"长房旦日复诣翁，翁乃与俱入壶中。唯见玉堂严丽，旨酒甘肴盈衍其中，共饮毕而出。翁约不听与人言之。后乃就楼上候长房曰："我神偓之人，以过见责，今事毕当去，子宁能相随乎？楼下有少酒，与卿为别。"……视器如一升许，而二人饮之终日不尽。长房遂欲求道，而顾家人为忧。翁乃断一青竹，度与长房身齐，使悬之舍后。家人见之，即长房形也，以为缢死，大小惊号，遂殡葬之，长房立其傍，而莫之见也。于是遂随从入深山。
>
> 左慈，字元放，庐江人也。……（曹）操怀不喜，因坐上收欲杀之，慈乃却入壁中，霍然不知所在。或见于市者，又捕之，而市人皆变形与慈同，莫知谁是。后人逢慈于阳城

山头，因复逐之，遂走入羊群。操知不可得，乃令就羊中告之曰："不复相杀，本试君术耳。"忽有一老羝屈前，两膝人立而言曰："遽如许。"即竞往赴之，而群羊数百皆变为羝，并屈前膝人立，云"遽如许"，遂莫知所取焉。

这两则故事甚至写入了史书之内，可见当时在社会上必定盛传一时，许多人信以为真。而变化形体，也是日后道教典籍中所盛言的神仙修养。

除此之外，修道成仙方法中的炼丹服食与辟谷导引，也已见于汉人的现实生活中。前面说过方士李少君曾向汉武帝说可以使丹砂化为黄金，用黄金为饮食器，可以益寿；《淮南王书》中，也大谈神仙黄白之术。不管李少君也好，或《淮南王书》也好，都没有提及服食丹砂。首先说到服食丹砂的，是西汉末年的刘向。相传是他所作的《列仙传》中，记载了任光、主柱、赤斧等几个人，都炼丹服食，又有汉哀帝的祖母傅太后，也对炼黄金作延年药很感兴趣。西汉末年以前，炼丹服食可以延年成仙的说法，想必已在社会流传，所以前述汉镜铭文中，有"饵黄金"的词句。而前述能变化形体的左慈，是东汉末年有名的方士。道教丹鼎一派的祖师，东晋初年的葛洪，在他的著作《抱朴子·金丹》中，便说到他自己的炼丹术传之于郑君，郑君是葛洪从祖仙公的弟子，而仙公又受炼丹术于左慈，左慈则由神人授之《金丹仙经》。至于辟谷导引，则渊源更早。最早谈到辟谷导引的，是战国时代的《庄子》，《庄子·刻意》："吹呴呼吸，吐故纳新，熊经鸟申，为寿而已矣。此道引之士，养形之人，彭祖寿考者之所好也。"《逍遥游》则讲到"藐姑射之山，有神人居焉。……不食五谷，吸风饮露"。汉朝初年的张良，"愿弃人间事，欲从赤松子游耳，乃学辟谷、道引轻身"（《史记·留侯世家》）。辟谷导引所以能延寿成仙，可能由于认为飞升成仙必须身体轻，食谷使人身体重，所以要辟谷。而轻身的最好方法则是食气，也就是导引。所谓"吹呴呼吸，吐故纳新，熊经鸟申"，应该就是效法熊、鸟活动的深呼吸术，这种深呼吸术又称为步引或行气，到后来又称为胎息。导引不仅可以轻身，又可以使四肢灵活，便于迎风自举。导引在汉代实际上已成为社会上一种流行的运动方法。长沙马王堆汉墓出土的帛书中便有一幅导引图，描绘了不同年龄的男女所作导引的44个姿势。图上并且有文字说明，说明：第一，运动的姿态；第二，模仿那种动物的动态；第三，动作所针对的病症。东汉末年，名医华佗整理社会中流行的导引运动而成一套五禽戏，模拟虎、鹿、熊、猿、鸟的活动。汉末的方士左慈、郄俭、甘始等人，都以辟谷导引闻名。

三、巫与巫术

道教的另一项重要内容，是以符箓咒语来请神驱鬼、祈福消灾治病，此一内容，在中国社会的根源可以说是更深更远，来自自古已有的巫与巫术。

巫起源于人、神之间的交通。《国语·楚语》载观射父之言："古者民神不杂，民之精爽不携贰者，而又能齐肃衷正，其智能上下比义，其圣能光远宣朗，其明能光照之，其聪能听彻之，如是则明神降之，在男曰觋，在女曰巫。"是这一个角色最好的说明。甲骨文中已有"巫"字，而甲骨文中所见巫的行事，都和祭祀或交通鬼神之事有关。由于交通鬼神是古代社会中极其重要的事情，所以巫在古代社会中也扮演了十分重要的角色。有学者认为古代君主和官吏都出自巫，或至少有巫的本领，商王同时也是一名巫者，是群巫之长。巫术是一种统治的工具，青铜器、玉器是行使巫术时所用的法器；而古代天文历法、音乐舞蹈、诗歌、绘画、医术、占卜等技艺知识，都与巫的活动有关。周代以后，巫的活动继续存在，但已经逐渐丧失了早期那种重要的地位。从春秋战国的一些记载里，可知各国有掌管占梦、求雨、祓殡等事的巫官，他们听命于国君，所言不验时会获罪被杀。民间也有以巫为业的人，他们以人神媒介的角色博取民众信仰，却未必能得到有识的地方官的敬重。在有名的河伯娶妇的故事里，魏文侯时的邺令西门豹，便将一个年已七十的女巫，和她的十个女弟子，投之于河中。这个女巫平时一向和地方上的三老、廷掾合作，以河伯娶妇为名，向民众聚敛钱财，又将地方上的未婚女子选取作河伯之妇，浮送河中，以至淹没。所谓河伯娶妇，实际上是从殷商以来已有的用人牲祭河神的一种传统，用意在祈祷河水不要泛滥。巫在这里居于河神和民众之间的媒介角色。但是这种传统在西门豹的眼里已经是一种陋习，而巫对他来说更是民众的大害。不过也有一些地方，巫风仍然很盛，像楚地一直到汉代，当地人仍然"信巫鬼，重淫祀"（《汉书·地理志·楚地》），战国时期自然更不必说。《楚辞》中的《九歌》，有学者认为便是屈原根据巫在歌舞祭典上事神的唱词改编而成的，《九歌》之中不断出现的灵字，都是巫。

　　汉代也设有巫官，奉祀各地特有的鬼神，在政府官员中地位不高；在民间，也仍然有以巫为业的人，而且颇众。政府官员和知识分子对巫采取轻贱排斥的态度，但是巫的活动在社会上仍然盛而不衰，对民众的生活也有相当的影响力。对于汉代巫者的活动，我们知道的更加详细。他们仍然扮演交通鬼神的角色，能够降神，使鬼神附于巫者之身，而藉巫口说话；又能视鬼，使鬼神自现形体；又能够占卜，推断鬼神的意念和人事的吉凶；而祭祀鬼神，也仍然由巫来掌管。其次，他们有能力解除灾祸，所用的方法有祝移，亦即用咒术将一个人所遭受的祸害转移到其他人的身上；另一个方法是解土，亦即动土木工程之后，解谢土神，以免因触犯土神而带来灾祸。第三，他们也以巫术为人治病，或驱除疫疠，他们相信疫疠是有疫鬼在作祟。岁末有驱疫的"大傩"活动，即是巫的职事。第四，在战争时，他们也活跃在军队里，一方面咒诅敌方，使敌方失败，另一方面也以法术求取己方的胜利。第五，如果有水旱等天灾，也要靠他们祈雨、祈晴或祭祀水神、河伯。第六，他们也能咒诅，将祸事转移到别人身上，如前面所说的祝移，还有战争中的诅军。汉代诸侯王中还有人利用巫者咒诅皇帝，争夺皇位，因而受刑。而因咒诅牵连最广的案件，则是汉武帝晚年的巫蛊之祸，太子被诬陷埋木偶咒诅汉武帝，导致太子发兵谋反，牵连被杀、自杀的达数万人。第七，妇人也常为了自身的地位运用巫术，或者以咒诅争宠，或者由巫行求子之祭。第八，由于丧葬之事是否得宜，会影响生人或死人的祸福，所以丧葬仪式的安排与执行，也有赖巫者的指导。上面所说的这些活动，许多也就是汉代所谓的方术，因此方士和巫之间，未必就能明确地划分。而这些巫的活动，很多也就是后世道士的活动。道教渊源之一五斗米道的领导人张修，出身于巴郡巫人，五斗米道也在当时称作米巫，道、巫间的关系，于此可见。

　　上面所说巫者的各种活动中，值得注意的一项是为人治病。行医是巫者的一项古老的传统，先秦典籍中每每巫医连言，例如《论语·子路》里，便记载了孔子的话："南人有言曰：人而无恒，不可以作巫医。"巫、医后来逐渐分离，所以战国时期的神医扁鹊说病有六不治，其中之一是"信巫不信医"。但是民众治病仍然有许多人求之于巫，而祝祷、驱疫等巫术，也依旧是治病的方法。汉代医书《内经》里说："岐伯曰：先巫者，因知百病之胜，先知其病之所从生者，可祝而已。"又说："古之治病，惟其移精变气，可祝由而已。"祝由科之名，便是由此而来。《山海经》中又载群巫所居的灵山出产百药，而这些巫都能操不死之药，因此巫医传统在汉代又和神仙不死之说发生关联。道教的形成，也和巫医传统有关。根据道教经典的说法，五斗米道的兴起，正是疠气纵横之时，按之历史事实，也正是如此。而张修吸引群众的方法，便是以祝祷为人治病。和张修同时，道教另一渊源太平道的领导人张角，也采用同样的方法吸引群众。《三国志·魏书·张鲁传》裴松之注引曹魏时人鱼豢所作的《典略》：

> 熹平中，妖贼大起，三辅有骆曜。光和中，东方有张角，汉中有张修。骆曜教民缅匿法，角为太平道，修为五斗米道。太平道者，师持九节杖为符祝，教病人叩头思过，因以符水饮之，得病或日浅而愈者，则云此人信道，其或不愈，则为不信道。修法略与角同，加施静室，使病者处其中思过。又使人为奸令祭酒，祭酒主以《老子》五千文，使都习，号为奸令。为鬼吏，主为病者请祷。请祷之法，书病人姓名，说服罪之意。作三通，其一上之天，着山上，其一埋之地，其一沉之水，谓之三官手书。使病者家出米五斗以为常，故号曰五斗米师。

这一事实，说明了巫医的传统是促成道教形成的重要因素。

　　另外一项值得注意的活动是丧葬之事。东汉坟墓出土了许多镇墓文，是用朱书或墨书写在陶瓶上面。这些文字反映了汉代巫者的活动，也显示了巫、道之间的关系。巫者为死人构建了一个死后的世界，镇墓文中有"生人上就阳，死人下归阴"的话，死人的世界在地下，属阴间。从西汉以来，人们常说死后归下里，下里即地下之里，是鬼魂所聚的地方，到东汉时改称为蒿里，蒿里一词源自和泰山相连的蒿里山，而主管下里或蒿里的，则是泰山神，亦即镇墓文中的泰山君或泰山府君。死人在蒿里也编入户籍，由泰山神掌管，泰山神不仅管死人，也管活人的寿籍。泰山神之外，北斗也是主管人生死的神灵。地下和人世一样，也有官吏组织，包括二千石、冢丞、冢令、亭长、父老、伍长、游徼、狱史、卒史等组织，死人受他们统治，这些地下官吏也像人世官吏一样，有敲诈勒索的弊病。而同时主宰人世和地下的，则是天帝，亦即天上的君主，天帝有时直接下命令给地下官吏，有时则派使者去执行有关任务，使者称作黄神越章，可能就是泰山神，泰山神据说是天帝之孙。这一套死后的世界，也大多由后世的道教所继承。例如泰山神成为道教中的东岳大帝，向北斗禳祈以延寿，成为道教一项重要的宗教仪式。黄神越章打鬼的讲法，也保留在道教之中。至于天帝，在汉代又称天帝神师，到东汉末年简化为天师，便是五斗米道的后身天师道"天师"一名的来源。道士代天师行法术，也可以称为天师道士或天师。

　　还有其他早期巫者的活动，留存在道教的仪式法术中。例如道士祀神的醮，便可能源自楚巫的祀神仪式，宋玉《高唐赋》中写过"醮诸神，礼太一"。道士在祭神时特有的缭绕步法，称为禹步，传说是因为禹治水小腿受伤，"步不能过，名曰禹步"。这也源自早期巫的步法，所谓"巫步多禹"（扬雄《法言·重黎》），道士作法时，要演唱，汉代的巫者也能弦歌，而镇墓文也常是韵文。道士画符驱邪镇魔，同样是渊源有自，镇墓文上便常画有符箓。前面讲过后汉的费长房追随卖药的老翁求道，最后功亏一篑，于是辞别回家，临走前，老翁"为作一符，曰以此主地上鬼神"。汉末五斗米道的张陵造作符书，太平道的张角则用符水为人治病。符箓有时以印章的方式表示，汉巫也常用印章驱邪，传世的汉印中，便有不少刻有天帝神师、黄神越章、天帝杀鬼之印等字。总而言之，道教的内容，吸收了汉代以前巫与巫术的传统，而这一个传统的生命，要比道教的另一个根源，也就是神仙之说，要更为深厚，更为悠久。神仙之说在唐代炼丹术证明失效之后已经渐次没落，而巫术传统则一直仍然存在于今天的道教活动里。道教盛行之后，社会上也继续有许多不具道士身份的巫在活动，以巫术为生。

参 考 书 目

一、专著

周策纵：《古巫医与"六诗"考：中国浪漫文学探源（中篇）》，台北：联经出版事业公司，1986年。

林富士：《汉代的巫者》，台北县板桥市：稻乡出版社，1988年。

张金仪：《汉镜所反映的神话传说与神仙思想》，台北：台北"故宫博物院"，1981年。

许地山编：《道教史："道"的源起与发展》，台北：久大文化股份有限公司，1987年：第六、七章。

傅勤家：《中国道教史》，台北：台湾商务印书馆，1988年：第五章。

葛兆光：《道教与中国文化（上编）》，台北：东华书局股份有限公司，1989年。

蒲慕州：《追寻一己之福：中国古代的信仰世界》，台北：允晨文化实业股份有限公司，1995年：第三章。

萧登福：《先秦两汉冥界及神仙思想探原》，台北：文津出版社，1990年。

二、论文

吴荣曾：《镇墓文中所见到的东汉道巫关系》，收入其著《先秦两汉史研究》，
　　北京：中华书局，1995年。

李丰楙：《不死的探求——道教信仰的介绍与分析》，收入蓝吉富、刘增贵主
　　编：《中国文化新论·宗教礼俗篇——敬天与亲人》，台北：联经出版事业
　　公司，1982年。

张光直：《商代的巫与巫术》，收入其著《中国青铜时代（第二集）》，台北：联
　　经出版事业公司，1990年。

陈国符：《道藏源流考》，台北：祥生出版社，1975年：附录二道藏札记、附录
　　四南北朝天师道考长编、附录五中国外丹黄白术考论略稿。

陈盘：《战国秦汉间方士考论》，《"中研院"历史语言研究所集刊》1948年第
　　17本。

闻一多：《神仙考》，收入其著《神话与诗》，台中：蓝灯文化事业股份有限公
　　司，1975年。

瞿兑之：《释巫》，收入杜正胜编：《中国上古史论文选集（下册）》，台北：华世
　　出版社，1979年。

第五讲

土地私有制度的曲折发展

一、春秋晚期以来土地私有制度的形成

封建社会中的土地制度，从民众为贵族助耕这方面来看，可以说是贵族所有，从邑里居民同耕共赋这方面来看，也可以说是邑里共有，土地私有制度尚未存在。随着封建社会秩序的解体，贵族所有或邑里共有的土地制度也为之破坏，土地私有制度代之而兴。

春秋以来农业技术的发展，应该是促成这个变化的重要原因之一。在有利的工作条件之下，农民逐渐有能力独立经营，而不必与邑里之内的其他居民合作。爰田制的发展，便是这种变化的说明。春秋中期，晋惠公"作爰田"，战国中期，秦孝公用商鞅，也"制辕田"，辕田即爰田。爰之义为"易"，孟康注《汉书》说："三年爰土易居，古制也。末世浸废，商鞅相秦，复立爰田。上田不易，中田一易，下田再易，爰自在其田，不复易居也。"《周礼·大司徒》则记载："不易之地家百亩，一易之地家二百亩，再易之地家三百亩。"古代农业行粗耕，因此有休耕的

制度，在邑里之中，共同耕赋的居民，每隔一段时间，便要一起迁移到另外一块土地上进行耕作，也就是所谓的"爰土易居，古制也"。但是随着农业技术的发展，农民已经可以独立耕作了，他们在自己的土地上进行休耕，需要再易的耕地，经营的面积比较大；需要一易的耕地，经营的面积次之；不易之地则最小，但是面积最大的耕地也不过三百亩。百亩之地正适合一夫经营的能力，于是不必再因大面积的休耕而与其他居民一起"爰土易居"，只需"爰自在其田，不复易居"。晋国在春秋中期已完成这项发展，秦国则可能因为位置偏僻，采用进步的农业技术较慢，一直到战国中期商鞅相秦时才完成。

农民有能力独立耕种之后，土地私有的观念开始萌芽。他们对于自己所得的部分格外尽力，而不愿努力为贵族助耕，公田的收入因而减少，形成对于贵族的威胁。贵族为了保障赋税的收入，只好废除助耕公田的税法，而改按农民所耕种的面积来征税。鲁国在春秋晚期，也就是鲁宣公十五年（前594），"初税亩"，首先有税制的改革，《左传》说："初税亩，非礼也，谷出不过藉；以丰财也。"《公羊传》解释税亩为"履亩而税"。也就是说，新的制度为了增加财入，采取丈量田亩面积而征税的方法，而这是不合于封建社会里借民之力以耕的制度的。农民有一块自己直接耕种的土地，向政府登记了他的名字，承担这一块土地的赋税，可以说是土地私有权的初步发展。自从鲁国初税亩之后，各国陆续有类似的变革。楚国"书土、田""量入修赋"，也就是登记土地、田亩，然后征收军赋，意义当和鲁国的初税亩相同。郑国子产主政，使"田有封洫，卢井有伍"，从政一年，民众骂他，"取我田畴而伍之"，到了三年，民众转而赞美他，"我有田畴，子产殖之"，既然称"我"，则田产显然已有了私有权。

战国初年，李悝为魏文侯作尽地力之教，说到农民"一夫挟五口，治田百晦，岁收晦一石半，为粟百五十石。除十一之税十五石，余百三十五石"（《汉书·食货志》），则很清楚是农民私有的土地了。

至于商鞅在秦国坏井田、开阡陌，那是更晚的事情了，不过将东方已有的变革推广到秦而已。

春秋晚期以来国君对于人民的授田，也对土地私有制度的形成有推波助澜的作用。国君对于人民的授田，一方面是争取人民的支持，鼓励人民奋勇作战。例如春秋中期晋惠公的作爰田，便是导因于赏赐。战国时代，各国普遍地以田土来奖赏军功，吴起在魏国，对有军功者"赐之上田、上宅"，商鞅在秦国，对有军功者"各以差次名田宅"。另外一方面，各国为了尽地利、安民生，也延续了封建社会中授田的传统，发展出一种全民授田的制度。国君能够对全国人民实施授田，必须具备两个条件，第一是掌握大量的土地，在这一方面，由于贵族的没落与消失，他们原有的土地都已落入国君的控制。第二则是国君直接统治全国的人民，在这一方面，由于编户齐民社会的成立，也已不成问题。湖北云梦睡虎地秦墓出土的秦简，有《魏户律》，记载了魏国对人民分田的事实；秦简又有《田律》，则记载了秦国人民在受田之后所应负担的赋税。不仅对本国人民授田，对于新来定居者当也不例外。所以《孟子·滕文公上》记载许行自楚之滕，见滕文公说："愿受一廛而为氓。"一廛是一夫受田的面积。人民受田之后，登记上政府的田籍，政府以田籍为依据，向人民进行各种征课。春秋晚期以来各国的授田，虽是延续封建社会的传统而来，在实质上却有很大的不同，那便是人民从政府手中取得这一块田地之后，就不必再归还政府了，成为人民私有的财产，土地私有制度由此而确立。

由于土地私有制度形成，所以有了田产的买卖，也有了田产的继承。《韩非子·外储说左上》记载中牟之民为了求学，在"弃其田耘"后，又"卖宅圃"；《史记·廉颇蔺相如列传》记载赵括"日视便利田宅，可买者买之"；《史记·白起王翦列传》记载王翦向秦王请美田宅园池，"为子孙业"，这些都是战国晚期的事。有了田产买卖，就有人累积土地，也有人丧失土地，累积土地的人没有能力完全自己耕作，而丧失土地的人则要谋生活，于是就有了受雇于主人、为之耕作的庸客。也就是《韩非子·外储说左上》中所谓的"卖庸而播耕者"；陈涉少时，也"尝与人佣耕"。土地因买卖而主人不断更换，再加上各国鼓励开垦荒地，也促使私有土地不断扩大，于是田籍便需要整理，才能作为纳税的依据。所以在秦始皇三十一年（前216），有"使黔首自实其田"的诏令，这正是土地私有制度完全确立的反映。

二、汉代土地私有制度的发展

汉代延续自战国以来的土地制度，人民对于土地拥有私有权。在土地私有制度之下，土地兼并兴盛，造成社会问题，因而有限田的言论出现。王莽的时代，甚至更进一步推行王田，将土地收归国有，但是不旋踵而失败，东汉又恢复实施土地私有制度。

汉代土地私有制度已经完全确立，田产的买卖与继承在史书上屡有记载。买卖时双方订有契约，许多汉代的买地券流传至今，是土地私有制度的最佳佐证，这些买地券，最早可追溯至汉武帝时代，晚者在东汉末年，而以东汉时代的为多。买地券中记载的主要项目有：（1）买卖契约订立的年、月、日；（2）买卖双方的本籍、姓名、性别；（3）土地的价格、位置（四至）、面积；（4）证人；（5）土地上的作物。地券对于土地属于何人所有，使用"所名有"一词，"所名有"，亦即汉代史籍上的名田，意指田地登记于某一姓名之下。田地一旦登记属于某一姓名，就为该姓名所占有，所以名田又称占田，田地可以由个人名有，也可以由数人集体名有，但都是土地私有。地券上买卖田地有四至，表示土地私有权的范围。田地买卖有价格，如果买主"丈田不足"，契约有时会注明"计亩还钱"。买卖双方必须摆酒宴请证人作证，酒钱由买卖双方均摊。这些都是土地私有的表现。有时候，业主是因为开垦而获得耕地，并没有买卖的情形，但也要模仿土地买卖契约，刻石立碑，说土地是由东王公、西王母、山公、土公等神话人物手中买来，这无非表示社会对于私有权的尊重。

　　在土地私有制度之下，并非全国所有的土地都属于私人所有，汉代政府仍然拥有相当数量的国有土地。可是这些土地也不断经由政府的分配而转变成为私有土地。由于土地兼并与人口增殖，社会上无田的贫民逐渐多起来，从汉武帝时代开始，为了缓和这一个社会问题，经常有将国有土地分配给贫民耕种的措施。汉武帝建元元年（前140），便曾经废罢养马苑，将苑地赐给贫民，以后常以郡国公田或少府所领的陂湖、园地赐给贫民，直到东汉仍然是如此。

　　由于有土地买卖而有土地兼并，土地兼并的结果，是"富者田连阡陌，贫者无立锥之地"。没有土地的人，必须向拥有大量土地的人求生活，所以社会上除了地主和自耕农之外，又有雇农和佃农。雇农在战国的记载中已经出现，到汉代可能更普遍。一些成名的人，少时曾有过庸耕的经验，如第五访"少孤贫，常佣耕以养兄嫂，有闲暇则以学文"（《后汉书·第五访列传》）；又如桓荣，"贫窭无资，常客佣以自给"（《后汉书·桓荣列传》），是否佣耕，不得而知，但客佣二字相连，颇值得注意。汉代许多拥有大量土地的富家，常有"宾""客"依附，从事生产，这些宾、客，可能有不少是雇佣的关系。例如西汉初年，马援于北地田牧，"宾客多归附者"，到东汉初年，又以"所将宾客猥多，乃上书求屯田上林苑中"（《后汉书·马援列传》）；东汉末年，范滂"将人客于九江田种畜牧，多所收获以解债"（应劭《风俗通义》卷五）。这些宾客、人客，可能包括雇农和佃农两种人。佃农见于记载，始于汉代。《汉书·食货志》载董仲舒的话"或耕豪民之田，见税什五"，很明显地是指佃农缴纳分租给地主。汉代政府也常常将公田租借给贫民耕种，称之为假，到了后来，私有土地的租佃关系也称为假。汉代史料中常见有"客耕"，有的是指佃农而言。例如《后汉书·郑玄列传》说郑玄"家贫，客耕东莱"，又说他"假田播殖"，对比之下，可知是指佃耕。

土地私有制度之下的兼并现象，从汉初以来已经逐渐成为一个严重的问题。例如萧何为了多买田地以自污，所以以贱价强买田宅数千万。权势之家不仅强买，而又强夺。汉武帝时，淮南王安太子与衡山王均有夺民田的记载。此外，汉初对经济采取放任政策，商业高度发展，商人也以其财富转向农村中兼并土地，也就是晁错在汉文帝时上疏所说："此商人所以兼并农人，农人所以流亡者也。"（《汉书·食货志》）西汉刚进入土地私有制度，对于土地分配不均也特别敏感，所以人们从古代的土地公有制度批评当时的现象，首先有限田的建议。董仲舒向汉武帝提出"古井田法，虽难卒行，宜少近古，限民名田，以澹不足，塞并兼之路"(《汉书·食货志》),也就是立定人民拥有田产的一个最高限额,但是没有被汉武帝所接受。不过汉武帝为了打击商人,曾颁布不准商人名田的诏令。汉武帝的时代以后,士族兴起,士大夫获得政治地位之后,进一步扩展家族的经济势力,所以土地兼并之势仍然炽盛。如张禹富贵之后多买田,至四百顷,匡衡盗取公田也至四百顷。商人势力在西汉后期复兴,他们再度投入土地兼并的行列。面对这种形势,汉哀帝时,又有师丹提出限田的主张。汉哀帝采纳他的建议,交给大臣拟定了以三十顷为名田的最高限额,并且重申商人不得名田的禁令。但是汉哀帝本人竟赐给他的宠臣董贤田地二千余顷,这一个限田方案,自然不可能实施。

过了不久,王莽篡位,推行他理想中的复古改革。重点之一,便是实施土地国有制度,新的制度以复行井田为标榜:

今更名天下田曰王田,奴婢曰私属,皆不得卖买。其男口不盈八,而田过一井者,分余田予九族、邻里、乡党。故无田今当受田者,如制度。敢有非井田圣制,无法惑众者,投诸四裔,以御魑魅,如皇始祖考虞帝故事。(《汉书·王莽传》)

这可以说是土地私有制度确立以来的一个大改变。但是这时政府手中并没有掌握大量的国有土地,要人民将私有的土地交出来给国家,由国家再分配,自然会引起强烈的反抗,所以最终失败,不得不面对现实,承认土地的私有权。

东汉时期,土地兼并继续发展。汉光武帝对于土地问题,只求田必有税,实施检核,竟遭致豪民的起兵反抗。奉命检核的官吏，面对的情况是"颍川、弘农可问，河南、南阳不可问"，原因在于"河南帝城多近臣，南阳帝乡多近亲，田宅踰制，不可为准"(《汉书·刘隆传》)。土地兼并的发展，已经完全不是政府所能控制，政府只有不断地以国有土地转让给贫民，来缓和社会的冲突。东汉晚期，外戚、宦官掌权，他们利用权势侵占土地的情形更为严重。而社会上一般的现象，也是"井田之变，豪人货殖，馆舍布于州郡，田亩连于方国"(《后汉书·仲长统列传》)，当时的学者们如崔寔、仲长统、荀悦等，虽然屡有井田、限田的言论，但政府再也没有采用。直到汉末兵乱四起，田野荒残，才又给土地国有制度创造了有利的条件。

三、三国时期国有土地的扩大

汉末先有流寇之乱，继有军阀割据，不断的战争对于农业造成很大的破坏，耕地因之而荒芜，农民、地主也因之而逃亡。大量无主荒地的产生，使得国家所能控制的土地大为增加。然而农业生产衰退之后，军粮如何供应，成为一大问题。因此组织人力，投入国有土地的生产，成为政府的重要政策。魏、蜀、吴三国，都曾实施的屯田，便是在国有土地之下的农业生产政策。三国之中，尤其以魏国为盛。也可以说，屯田政策的推行，反映了国有土地的扩大。

屯田之制，始于西汉。早在汉文帝的时代，晁错已提出屯田实边的主张；到汉武帝时，几次出征匈奴，从匈奴手中取得河套和河西的土地，进而扬威西域，于是开始大规模地移民屯田。农民和驻军，在政府的管理下，由政府供给牛、犁等生产工具，分配规定数量的田地，在开垦有成之后向政府缴纳田租。三国时代的屯田，可以说是延续这一个传统而加以扩大，适应当时国有土地扩大的形势，将原来汉代行之于边郡的屯田转行于内地。

三国时期的屯田以曹魏为最盛，原因在于曹魏控制的区域受战争破坏最大，国有土地也最广。所谓"承大乱之后，民人分散，土业无主，皆为公田"（《三国志·魏书·司马朗传》）。曹魏的屯田，开始于曹操的时代，汉献帝建安元年（196），曹操采用枣祗、韩浩等人的建议，开始推动屯田。《三国志·魏书·武帝纪》裴松之注引《魏书》：

> 自遭荒乱，率乏粮谷，诸军并起，无终岁之计。饥则寇略，饱则弃余，瓦解流离，无敌自破者，不可胜数。……民人相食，州里萧条。公曰："夫定国之术，在于强兵足食。秦人以急农兼天下，孝武以屯田定西域，此先代之良式也。"是岁乃募民屯田许下，得谷百万斛。于是州郡例置田官，所在积谷。

可知曹操推行屯田的目的，在于强兵足食以定国。屯田最先行于许下（许昌附近），其后推广到各地，各州郡都设置有田官，这是属于民屯。另外有军屯，也开始于曹操的时代，到司马懿掌权时代，采纳邓艾的建议，推动更加积极。《晋书·食货志》：

> 北临淮水，自钟离而南，横石以西，尽沘水四百余里，五里置一营，营六十人，且佃且守。兼修广淮阳、百尺二渠，上引河流，下通淮颍，大治诸陂。于颍南、颍北，穿渠三百余里，溉田二万顷。淮南、淮北皆相连接，自寿春到京

师，农官兵田，鸡犬之声，阡陌相属。

军屯的地域主要在淮南，也就是曹魏的南疆，与吴国接壤的地方。在这里屯耕的军队为了增产，又广开灌溉水渠，规模甚大。淮南的军屯与淮北的民屯连接在一起，成为一片广阔的农业地带。

屯田由政府设官管理，所置田官，有典农中郎将、典农校尉、典农都尉等。每一屯田组织，实际上亦即一地方行政组织，而与一般郡县组织有别。至于军屯，自然与军事组织合而为一。屯田的农民，在军屯为士兵，在民屯则或来自强制迁徙，或来自招募，称为屯田客，或称典农部民。屯田客与政府之间的关系，是租佃的关系，屯田客租种国家的土地，而向政府缴纳佃租。佃租采取分租的方式，有官牛、私牛的分别，以私牛佃者，官私对分，以官牛佃者，官六佃四。屯田客除了为政府耕种外，没有一般民众所负担的徭役、兵役与租调。

魏国之外，吴、蜀两国也有屯田，也可以分为军屯、民屯两类。吴国设有典农都尉，于无锡、会稽以西屯田。设屯田都尉之所，原有的县级行政组织都省罢，也就是以屯田组织取代原有的行政组织，这是民屯；军屯则在长江以北与魏国接壤的地区。蜀国似以军屯为主，诸葛亮曾屯田于渭滨，姜维曾屯田于沓中。比较起来，吴国屯田之盛次于曹魏，而蜀国则仅屯田于边地而已。

魏、吴两国屯田虽广，但是私有土地仍然存在。这从三国后期权贵侵占屯田与君主对臣下的赏赐，可得而知。曹魏在司马懿主政之后，指控何晏等人专政，"共分割洛阳、野王典农部桑田数百顷"（《三国志·魏书·曹爽传》），典农部桑田亦即屯田。以后司马氏执政，又经常赐给公卿大臣租牛客户，租牛客户就是向政府租牛的屯田户，公卿大臣有私有田地，这些租牛客户才能发生作用。吴国对于功臣，也经常赐以田地与户口，如孙权曾赐吕蒙寻阳屯田六百户；蒋钦卒，孙权赐其妻子芜湖民二百户、田二百顷。另一方面，三国时代也仍有一些小土地所有者，他们隶属于州郡，以曹魏来说，这些州郡领民向政府负担租调、徭役与兵役，和屯田客只纳佃租不同。三国时期土地的荒芜，虽然具备了实施土地国有制度的条件，也有人建议借此机会恢复井田，但是屯田只是国有土地的扩大，而非一个全国普遍施行的土地国有制度。

四、西晋时期私有土地的复盛

曹魏的屯田，到了晚期逐渐被破坏。权贵的侵占与君主的赏赐，使得屯田面积逐渐减少，国有土地转为私有土地。屯田户也有被征发服兵役、徭役的情形，破坏了屯田户只从事农耕的制度。在曹魏灭亡的前一年，终于颁布了废罢屯田官的诏令，"诸典农皆为太守，都尉皆为令长"（《三国志·魏书·三少帝纪》）。晋武帝即位的第二年，也就是泰始二年（266），重申前令，"罢农官为郡县"（《晋书·武帝纪》）。于是屯田组织恢复成为一般的行政组织。但是军屯似乎仍然存在，没有废除，两年之后，傅玄曾经上疏批评屯田的租额太高，"持官牛者，官得八分，士得二分；持私牛者及无牛者，官得七分，士得三分"（《晋书·傅玄传》），应指军屯而言。大概要到太康元年（280）平吴之后，军屯制才完全废除。此后中国历代也都曾实施屯田，但是规模都不及三国时代之大，也不具备三国时代所特有的社会意义。

屯田虽然废除，过去实施期间也确曾收到恢复农业生产的成果，但是西晋初期荒芜的田地仍然很多，需要致力于开垦以增加粮食的供应。魏晋之际屯田租额的提高，有可能造成耕作者耕作意愿的低落，使政府收入减少。因此，西晋的荒田开垦政策改弦易辙，以私有土地来提高人民耕作的意愿，这便是占田制。

占田法的颁布，在晋武帝太康元年平吴以后。内容见于《晋书·食货志》，与户调式一并记载：

> 又制户调之式：丁男之户，岁输绢三匹，绵三斤，女及次丁男为户者半输，其诸边郡，或三分之二，远者三分之一。夷人输賨布，户一匹，远者或一丈。男子一人占田七十亩，女子三十亩。其外，丁男课田五十亩，丁女二十亩，次丁男半之，女则不课。男女年十六已上至六十为正丁；十五已下至十三，六十一已上至六十五为次丁；十二已下、六十六已上为老小，不事。远夷不课田者输义米，户三斛，远者五斗，极远者输算钱，人二十八文。其官品第一至于第九，各以贵贱占田。品第一者占五十顷，第二品四十五顷，第三品四十顷，第四品三十五顷，第五品三十顷，第六品二十五顷，第七品二十顷，第八品十五顷，第九品十顷。

占田法一方面是授田，一方面也是限田。对于官员来说，以限田的意义为重，一品官允许占田最多五十顷，以下每降一品减少五顷，到第九品十顷为止。但是这种限制，实际上是空文。在史书上可以找到一些占田过限的例子，如张辅为蓝田令，夺西州大姓强弩将军庞宗田二百顷，分给贫民，可知庞宗的田产必在二百顷以上，远超过一品官的限额。又如王戎，"广收八方园田水碓，周徧天下"（《晋书·王戎传》）。再如石崇，"水碓三十余区，仓头八百余人，他珍宝、货贿、田宅称是"（《晋书·石崇传》）。但是对于原有田产不及限额的官员，则未必没有授田的意义，他可以占有未开垦的荒地，到限额为止，然后运用政府所给予的荫人特权，获得开垦的劳动力。据《晋书·食货志》记载，荫人包括亲属、衣食客和佃客在内，其中佃客的规定是"官品第一、第二者，佃客无过五十户，第三品十户，第四品七户，第五品五户，第六品三户，第七品二户，第八品、第九品一户"。由于受荫者可以不负担对国家的税役，所以这个规定一方面是限制官员们庇护过多逃漏税役的户口，但另一方面，对于那些原有田产不及额的官员，则是一种鼓励，让他们能够以特权吸引劳动力，开垦较多的荒田。

对于一般人民来说，则以授田的意义为重。可是政府并不固定授予数量多少的田产，而是凭人民的耕作能力去开垦，而以男子七十亩、女子三十亩，亦即一夫一妇百亩为最高限度。就这一点讲，也可以说是限田，但这也可能是耕作能力的最高限度，政府只是就人们的耕作能力立定一条界线而已。占田的目的，在于开垦，政府督促开垦的方法，在于课田。课田面积有一定的最低限额，以丁男来说，为五十亩，以丁女来说，为二十亩，也就是一夫一妇七十亩。一个一夫一妇的家庭，他们如果耕种的面积不到七十亩，他们也必须负担七十亩地所该负担的赋税，这对他们来说，是一种惩罚。相反地，如果他们有能力耕种占田的最高限额一百亩地，他们也只需要负担七十亩地的赋税，另外三十亩地不必负担赋税，这对他们来说，是一种奖励。在七十亩到一百亩之间，耕种得愈多，奖励也愈高，至于课田田租的比率，是五十亩收租四斛，也就是一夫一妇的家庭，不论耕作面积多寡，一律缴纳田租五石六斗。

占田法鼓励人们开垦荒地，并且转变为私有的田产，到了东晋，占田制没有继续实施，但私有土地制度却继续发展。东晋成帝咸和五年（330），明令度田课税，清楚地说明了私有土地制度的存在。而在北方，经过五胡乱华的动乱，荒地大增，到了北魏，便有土地国有制度的均田法出现。

参 考 书 目

一、专著

李剑农：《先秦两汉经济史稿》，台北：华世出版社，1981年：第十六章。

李剑农：《魏晋南北朝隋唐经济史稿》，台北：华世出版社，1981年：第二章。

杜正胜：《编户齐民——传统政治社会结构之形成》，台北：联经出版事业公司，1990年：第四章。

邹纪万：《两汉土地问题研究》，台北：台湾大学出版委员会，1981年。

赵冈、陈钟毅：《中国土地制度史》，台北：联经出版事业公司，1982年：第一章。

刘道元：《中国中古时期的田赋制度》，台北：食货出版社，1978年：第二章。

二、论文

何兹全：《三国时期国家的三种领民》，收入其著《何兹全文集（第一卷）·中国社会史论》，北京：中华书局，2006年。

谷霁光：《秦汉隋唐间之田制》，收入于宗先等编：《中国经济发展史论文选集（上册）》，台北：联经出版事业公司，1980年。

唐长孺：《西晋田制试释》，收入其著《魏晋南北朝史论丛》，北京：中华书局，2011年。

马非百：《秦汉经济史资料（五）人口及土地》，《食货半月刊》第3卷第3期，

1936年。

高敏:《关于曹魏屯田制的几个问题》,收入其著《魏晋南北朝社会经济史探讨》,北京:人民出版社,1987年。

高敏:《东吴屯田制略论》,收入其著《魏晋南北朝社会经济史探讨》。

高敏:《关于西晋占田、课田制的几个问题》,收入其著《魏晋南北朝社会经济史探讨》。

鞠清远:《曹魏的屯田》,《食货半月刊》第3卷第1期,1936年。

韩复智:《三国时代的经济思想与政策》,收入其著《汉史论集》,台北:文史哲出版社,1980年。

韩复智:《东汉的土地问题》,收入其著《汉史论集》。

第六讲

古代城市的性质

一、封建时代城市的性质

中国古代的筑城活动，可以上溯到夏商时代，考古发掘出来的夏商城市，都是政治的中心。西周推行封建，对于筑城活动有促进的作用。封建本质的一面，是武装殖民。而城便是周人在各地武装殖民的据点。周人每征服一地，必定筑城，派兵镇戍，以城为中心，统治被征服的人民。此外，封建时代的政治军事与宗教密不可分，城又是宗庙与社坛之所在。因此，封建时代的城市，兼具有政治、军事与宗教的性质。封建时代的城市中也有工商业者，也有市场，但是居住在城中的国人，却以从事农耕为他们的主要经济活动，工商业者食于官，为贵族服务，城市的商业性在这时尚未显著。

封建贵族所居住的城市，称为都。《左传·庄公二十八年》："凡邑有宗庙先君之主曰都，无曰邑，邑曰筑，都曰城。"只有拥有宗庙先君之主的都邑，才建有城；其他一般的邑，是田野间野人居住的聚落，邑外所围的墙，称为筑，自然远较城为简陋。封君所居之地，皆可称为都，而国君所在之都，又可称为国。国与都的大小，有一定的制度，所谓"先王之制，大都不过三国之一，中五之一，小九之一"。如果"大都耦国"，则是"乱之本也"。随着西周疆土不断开拓，国与都的数目自然不断增加。国君与大夫，便分别在国与都中，统治他们的土地与人民。周人筑城，多选择近水的高地，具有居高临下、易守难攻的军事作用。考古发掘出来的岐、丰、镐、东都等地，都具备这样的地理条件。如果缺乏有利的自然形势，便开掘护城河。《易经·泰卦》已经城、隍对称，隍就是护城河。

城市中的重要建筑物，有宫室、宗庙、社坛及库台。这些建筑物，与城中的活动息息相关，反映出城市的性质。宫室与宗庙，在古代是同一栋建筑的两个不同的部分，前面称庙，后面称寝，寝庙常常连言。后人解释："庙藏神主，寝藏衣冠""寝以安身，庙以事祖"。寝便是宫室，是生人居处之所；庙则是宗庙，是设置祖先神主之处。寝庙整栋建筑也可以称之为宫，最大的一间室，亦即前堂，谓之庙，宗庙是宫室的一部分。西周时期，天子多在宫室的前堂，亦即宗庙，举行册命礼，这是整个封建制度的枢纽。受命者回去之后，也将册命安置于宗庙之中。册命礼是政治的，而在宗庙举行，所以也是宗教的。封建时代的军事，也与宗教密切相关。战事之前，贵族先在庙堂策划，即所谓庙算，然后军队的统帅受命于宗庙，班师后献俘、献馘或者赏赐也在宗庙。

联系贵族的中心是寝庙，联系国人的中心则是社坛。社坛是城内的一堆土，土上植有树。国中之社称为大社，其他较小的城也各有社。社是属于国人的，他们有定时的社祭。国人大多从事农耕，所以最隆重的社祭是秋收祭典，大家共同庆祝五谷丰收。但是社也并非和贵族全无关系。每当出征，军队的统帅受命之后，必须祭社，然后分食祭肉。班师后，不听命的战士和俘虏都在社行刑。贵族听狱讼，也是在社。

城中另外一种重要的建筑，是高台，又称府，或称库。府指储藏钱财宝货之地，库指储藏甲兵车马之所。财货甲兵大概多藏在高台之上。史书上讲，商纣被周武王打败，逃到朝歌，登上鹿台自焚。鹿一作廪，可知是储藏粮食的高台。而周武王命令南宫忽"振鹿台之钱，散巨桥之粟"（《逸周书·克殷》），可知鹿台又储存有钱财。纣王逃到鹿台，可能是要登高据险以自守，最后发现局势已经无可挽回，于是自焚。考古发掘出来的战国临淄小城内有桓公台，台基呈椭圆形，一面是砌成阶梯的缓坡，另外三面是峭壁，坐落于宫殿区中间。封建时代城中的高台，大概与桓公台相类似。高台之上又建筑有榭，是供贵族游憩之所，所以台、榭常常合称。寝庙、社坛与高台三种建筑，配合上城墙与护城河，说明了封建时代城市军事、政治与宗教的性质。

二、春秋时期城市的扩张

西周时期城市的等级制度，亦即前述国、都大小的先王之制，到了春秋时期，由于封建制度的逐渐解体，不可能再继续维持。诸侯、大夫彼此之间的冲突不断增加，由于军事上的需要，城市不断扩张。春秋时期城市的扩张表现在两方面，一是新城市的大量兴筑，一是外郭的出现。

（一）新城市的大量兴筑

封建时代城的建筑限于国君所居的国，与卿大夫所居的都，到春秋时期，由于战争的需要，这一个限制已经无人理会。《春秋左传》中记载各国的筑城，绝大多数是由于军事的因素，或是为了侵略征服，或是为了抵御入侵，而地点多在军事要冲，而与是否为国君或卿大夫所居之地无关。《春秋左传》中的筑城记录，以鲁国为最多，这自然因为《春秋》是鲁国历史的关系。而鲁国的筑城记录，多集中在春秋前期与末期，前期是为了抵御齐国的入侵，末期则是为了抵御晋国的入侵。以郎为例，春秋初期，不出十年之内，鲁国两度城郎，而郎地在此前后约25年之间，一度成为齐桓公出狩（搜阅）之所，一度成为齐、郑、卫三国联军攻鲁的战场，一度成为鲁与陈、蔡会师伐郕之所，一度成为齐、宋联军侵鲁驻军之地，可知是一个军事重镇，而鲁国所以在短短的时间内两度城郎，自有缘故。鲁国国力不足以与齐、晋相比，但是在山东半岛南部却是一个侵略者，鲁文公伐邾，取风姓小国须句，"遂城郚"，是为了防止邾国前来争夺郚地；鲁国季孙行父师师城郓，则因为郓是鲁、莒两国所争之地，筑城以偪莒。这两次筑城，都有开疆拓土的军事意义。

齐、晋、楚等大国也纷纷在军事要冲与边疆地带筑城，这几个国家的筑城，开疆拓土的意义自然更为显著。以楚国为例，楚国在边疆上大量筑城，已到了春秋晚期。东南的吴国原本依附楚国，此时叛楚。面对逐渐构成边防严重威胁的吴国，楚国开始在东方边疆上筑城，首先筑有钟离、巢、州来三城，以后随着两国的对抗不断地增筑。而筑城的目的，是"将以害吴也"。到了春秋末年，楚国不仅在东边的边境上有很多城，而且是"四境盈垒"了。

战争愈来愈频繁，也愈来愈激烈，不仅在军事要冲与边境之上筑城，而境内的小邑也相继筑起城墙。邑是乡野中人民聚居之处，按照制度是不能筑城的，但是邑原来也有简陋的防御工事，所谓"邑曰筑，都曰城"，只不过筑的工程无法与城相比。进入春秋中期以后，许多小邑也都因为战事而筑城。例如鲁国的高鱼，只不过是一般的鲁邑，可是有库台，也有城墙，当齐大夫乌余来袭时，必须"以登其城，克而取之"。还有孔子父亲叔梁纥的故事，晋率诸侯围攻偪阳，偪阳只是一个小邑，可是"城小而固"，偪阳人开启城门引诱诸侯军士进入，准备闭门加以歼灭，叔梁纥就在危急的时刻，撑住正要落下的城门，挽救了士卒。

本来不应筑城的地方纷纷筑起了城，而原来卿大夫所居的都，也不断地增筑扩大，愈来愈坚固，以利于防守，没有人再遵守《左传·隐公元年》所载祭仲对郑庄公所讲的"先王之制"："大都不过三国之一，中五之一，小九之一。"春秋初期，这一个规制尚未完全丧失权威，贵族之中颇有因为扩大城池而导致丧身之祸的。卿大夫采邑的城池坚固，对于卿大夫本身来说并不是好事，但是逐渐情况不同了。有些贵族的采邑已经强大到有足够的自卫力量，敢于宣布与国君脱离关系，而另外寻找保护国，也就是所谓的"奔邑"。例如宋国萧封人以萧奔鲁，邾大夫庶其以漆闾丘奔鲁。也有些贵族的采邑甚至无惧于激怒大国的国君，单独与之作战。例如宋国萧邑之于楚庄王，楚庄王伐萧，萧人囚楚国两名贵族，楚庄王要求萧人不杀，楚立即退兵，但是萧人竟然把他们杀了。如果没有强固的城池，萧人怎敢如此。更有些贵族的采邑，他们的坚固强大，已非国君所能征讨。鲁国三桓的都城就是一个例子，其中叔孙氏的郈城十分强固，鲁国本国的军队攻打不下，借用齐国的军队也徒劳无功；春秋末年，孔子针对这种状况，提倡恢复古制，推动堕三都，结果是不了了之。采邑军事力量的强大，已经超出国君控制能力，更不必说要加以处罚了。

（二）外郭的出现

春秋以前的城市都是只有一重城墙的，从春秋时代开始，城市有了两重城墙。外面的一重城墙，称之为郭。内城与外郭的共同存在，说明了城市范围的扩大。这一个新的进展，不仅有文献数据的根据，从考古发掘也可以得到证实。

（1）郑国都城：《左传》记载楚子元伐郑，入纯门，再入县门，纯门是外郭门，县（悬）门则是内城门。考古发掘的新郑"郑、韩故城"也分为主城与外郭两部分。（2）齐国临淄城：《左传》记载临淄城有西郭、南郭、东郭、北郭，考古发掘的齐国临淄城也分为大小城。（3）魏国安邑城：是春秋末年以至战国中叶的魏国都城，考古发掘有大中小三重城墙，中城是秦汉遗址，大小二城则是春秋战国间的外郭与内城。这是最明显的三个例子。春秋中叶以后，已经以城郭合称，鲁国臧文仲就说过"修城郭"这样的话。各国也有不少以东郭、南郭为名的人，如《左传》中有南郭偃、东郭姜、东郭贾，南郭且于等。郭也被用作动词使用，意指筑郭，如春秋末年，楚国"郭巢""郭卷"。这些事实，都说明春秋时期外郭的存在已经是一个很普遍的现象。

外郭的出现，含有浓厚的军事性。例如楚国在"城巢"二十年之后"郭巢"，正当春秋晚期吴、楚冲突的时期，而巢地正在吴、楚冲突最剧烈的地区之内，城之不足，继之以郭，使防御能够更加坚强。而所以需要筑郭来加强防御，原因是城市的人口增加，有必要扩大城的范围，使城市人口获得安全的保障，《谷梁传·隐公七年》所谓："城为保民为之也，民众城小则益城。"春秋以降城市人口增加的原因，可以分别从以下两方面来看。

第一，由于战争或亡国而导致的人口迁徙。这种情形，或者是自愿的，人群寻求强国的庇护而使得人口集中；或者是强制的，战胜国有计划地将败亡者的人口迁移，以增强自己的实力。第二，是由于封建社会秩序的解体，过去那种对于迁徙自由的限制解除了。过去民众居于邑里之内，同耕共赋，以团体而存在；如今基层邑里的氏族结构破坏，赋税制度改变，有了私有土地制度，个别的家庭和个人成为社会的基本单位，他们不再受到团体的束缚，可以自由地迁徙。这也是城市人口增加的一个重要来源。

城市人口增加，需要有足够的粮食供应，当时的经济条件，正足以满足这一需求，农业技术的突破与新耕地的大量开发，使得粮食生产增加。随着粮食的运销，商业活跃起来。日益增加的城市居民，也需要消费比较多的生活日用品甚至奢侈品，于是城市中也有了生产或贩卖这些物品的工商业者，他们不仅为统治者，也为一般民众服务。过去城市居民以农耕为主要经济活动的情况，如今逐渐改变，城市工商业开始兴起。

三、战国城市工商业的兴起

在封建社会崩解的过程中，城市的宗教性质消退，而军事性质增强，随着城市工商业的兴起，城市又具备了新的特性。战国时代的城市，可以说是兼具政治、军事、商业三种性质的城市。尽管战国时代的城市已经具有商业性，而且有一些城市成为重要的商业中心，但是在战争激烈的战国时代，城市基本的性质仍然是军事的和政治的，而非商业的。

（一）春秋战国的商业发展

从春秋以来，由于列国之间外交、会盟、战争活动的频繁，开拓了不少的水陆交通线，构成商业发展的有利条件。封建社会秩序逐渐崩解，贵族没落，专业的政府人员出现，基层邑里的民众游离出来，城市人口增加，这些现象都使得对商品的需求增加；农业与手工业技术的进步，也使得商品的供给可以增加，商业于是逐渐发达起来。工商业不再以贵族为服务的主要对象，而扩大到一般民众，他们也不再"食于官"，而是独立营生。春秋末年以后金属硬币的使用逐渐普遍，正是商业逐渐发达的反映。

商业的发达，表现在各地区物品的交流，齐国的鱼盐、鲁国的纺织品、楚国的"梓皮革"或"羽毛齿革"，都是地方性的特产，其他各地也都有本地特有的产品，可以供给其他地区的需求。从春秋中期以来，已经可以见到一些来往于国家间的商人，譬如郑国的弦高，带着车队赴周贸易，途中遇到秦国的军队前往征伐郑国，于是从车队中提供十二只牛犒赏秦师，并且急速派人传报郑国。又如另一位不知名的郑国商人，曾经在楚国打算将被俘的晋国荀罃藏在褚絮中走私出境，但没有成功，后来荀罃被释放，回到晋国，遇见这位商人，待之甚厚，但是这位商人不愿意居功，便离开晋国，到秦国去了。这些来往于各国之间的商人，扮演了沟通各地域产品有无的角色。

由于郑国位居交通的要冲，所以成为最早的商业中心，早期见于史籍的商人，多是郑国商人。随着商业的逐渐发展，其他地区也出现了新的商业中心。例如曹国的陶，原来寂寂无名，可是到了春秋末年，由于吴国开辟了鸿沟、邗沟与黄沟，使江、淮、济、泗几条河流可以交通，这里位于水道网的枢纽，忽然成为繁荣的商业中心。范蠡在帮越王勾践灭吴之后，改行从商，定居于陶，自号陶朱公，便是因为"陶为天下之中"。所谓"天下之中"，指交通与商业中心而言。又如卫国的濮阳，由于位于交通要道，附近物产丰富，在战国时期也成为一个重要的商业中心。《盐铁论·通有》追述战国的大都市："燕之涿、蓟，赵之邯郸，魏之温、轵，韩之荥阳，齐之临淄，楚之宛丘，郑之阳翟，三川之二周，富冠海内，皆为天下名都，非有助之耕其野而田其地者也，居五诸侯之衢，跨街冲之路也。"说明这些都是位于交通要冲，因商业而繁荣的大城市。

（二）战国城市的商业

随着区间贸易的发达，商业中心的出现，城市内部的商业也繁荣起来。新迁来城市的人口，他们不太可能在城外取得一块耕地，因此其中有不少人便以业商为生。他们大多在城门内外的大路上营业，所以城市的市场应该起源于大路旁边。郑国的市场称为"逵市"，逵是可以并行九辆战车的道路，齐国的市场称为"庄""岳"，庄也是可以并行六辆战车的道路，都足以说明这一点。最初也许只是少数人在路边趁着地利之便做买卖，逐渐市场发展成形。一个城市也由于有好几个城门，不止一处市场，引起了统治者的注意，必须加以控制。于是设置市吏，负责清扫道路，防备盗贼，管理营业等工作。市场的商业愈来愈繁盛，商人收入丰厚，于是政府开始向商人征收市税，市税成为战国时期国君的新税源，有助于君主集权的发展。

市场最初有固定的集散时间，所谓"朝则满，夕则虚"（《战国策》卷十一），只是交易的场所，而非居住的地区。逐渐有了固定的摊位，称为肆，逐渐也有了同类商店集中于一处的惯例。市的范围确立以后，也仿照邑里的规模，把市场用墙围起，开门以供出入，于是有了市门。随着贸易量愈来愈大，需要房舍供远道而来的商人休息，需要仓库存放货物，也需要有人提供给商人衣食住行以及娱乐，于是在市场旁边，有了长期定居的聚落，形成所谓"市廛"，与原初比较简陋的市场已大不相同。战国时代的商人，喜欢以囤积居奇致富，大量的商品、车马与人员出入于城市，导致了市廛的不断扩大。市廛的居民有市籍，他们是以地缘或业缘而形成的结合。这种特色，见于当时城市中的里名。东闾（里）、北里、南里、左里、右里，这是以该地的方位为里名，又有匋（陶）里、豆里（造笾豆竹木器）、蕈里（织席子），这是以职业为里名，这与封建时代以氏族组织为基础的邑里已有所不同。市场是人来人往之所，到了战国时期，市便取代了以往的社坛，成为行刑之处。

随着商业的发展，城市活跃起来了。《史记·苏秦列传》记载苏秦描述临淄的繁荣：

> 临淄之中七万户，臣窃度之，不下户三男子，三七二十一万，不待发于远县，而临淄之卒，固已二十一万矣。临淄甚富而实，其民无不吹竽鼓瑟，弹琴击筑，斗鸡走狗，六博蹋鞠者；临淄之涂，车毂击，人肩摩，连衽成帷，举袂成幕，挥汗成雨，家殷人足，志高气扬。

临淄城是否如传文所描写，有七万户人口如此之众，是可以怀疑的；然而那种人车拥挤，家殷志扬，与各种娱乐俱备的情形，则确实是一个城市在商业繁荣之后所应有的景象。

（三）战国城市的手工业

在封建时代的城市里，已有官营手工业存在，供应贵族所需要的各种器具，这一个官营手工业的传统，一直延续到战国时期，尚仍存在。但是另一方面，私营手工业也在战国时期兴起，而且使得作坊的分布，从城内延伸到郭内。

临淄、邯郸、洛阳等战国城市，都发掘出不少手工业作坊遗址，包括炼铁、冶铜、铸钱、制骨、制陶、制石等，这些遗址多在外城，也就是郭之内。从器物上的铭刻或印记，可以分辨出是官营作坊的产品或私营作坊的产品。例如标识有"郡""郡守""县""令"的，是属于官营作坊的产品；只标有姓名或里名的，则属于私营作坊的产品。私营作坊仍然在政府的监督下经营，所以要标上里名、人名，以防止粗制滥造。

私营工业的出现也与郭的形成有关，新迁到城外的人口，无田可耕，于是以手工业为生。他们经营的手工业，最初也许以民生工业为主，如烧陶、纺织，供应城市新增人口的需要，也与官营的礼器、兵器不相冲突，所需要的资本也不大。逐渐民间商业茁壮起来，也有一些商人有足够的资本从事兵器的制造。战国时代齐、秦两国都有以甲兵赎罪的刑律，自然有私营的兵工业，才有地方可以购得甲兵。私营工业的出现，是促进城市商业发展的一股力量，而商业的发展，也导致城市手工业有更大的进展。

四、秦汉以后城市的里制与市制

战国时代的城市虽然已具有商业性，但是基本的性质仍然是军事的和政治的，这一个特色，表现在城市中的里制与市制上。封建时代的里，外面围有围墙，仅能由里门出入。春秋以后，里中氏族结构虽已破坏，但里的规制则仍然延续下来。战国时代新兴的市，也模仿里的规制，外面围有围墙，仅能由市门出入。里墙与市墙的存在，显示统治者对于城市居民的活动是从军事政治的观点看，以安全的考虑为先，而加以种种限制，商业虽然已在发展，但是却仍然不能突破这一层控制。这种情形，一直延续到秦汉以后，要到唐宋时期才逐渐有所改变。

秦代天下一统，从春秋战国以来不断发展的郡县制度确立，在春秋战国时期兴筑的许多城市，分别变成郡城与县城，它们以都城为中心，构成了一个全国性的行政网，从都城到郡城到县城，都是行政中心。城市的商业性仍然存在，但是更浓厚的却是政治军事性。秦代张耳、陈余曾经"变名姓，俱之陈，为里监门"（《汉书·张耳陈余传》），郦食其"家贫落魄无以为衣食业，为里监门吏"（《史记·郦生陆贾列传》），既然有里监门吏，可知以里门与里墙控制城市居民活动的制度仍然存在。

目前学界对于汉代城市的里制知道得较多。汉代城市居民居住在里中，里围有墙，南北或东西有门，称为闾；里中也有墙，把里分隔为两部分，中间有门，使两部分可以相通，这一道门称为阎。全城由东西或南北向的许多街道，分隔为若干里，例如长安城，据《三辅黄图》所载，"长安闾里一百六十，室居栉比，门巷修直"，有160里之多。居民出入必须经由里门，居民不能够当大街开门，里门有吏监守，可以检查出入之人。里有社会等级之分，等级不同居住在不同的里中。例如汉平帝元始二年（2），"起五里于长安城中，宅二百区，以居贫民"（《汉书·平帝纪》），《汉书》又记载长安有"穷里"，当即是贫民聚居之里。

又有"戚里"，是皇帝姻戚所居之里。万户侯以及若干显贵，他们的住宅称为宅，或称为第，不在里中，出入可以不受里门的限制，而是当着大街开家门。第依显贵的程度而有高低之分，最显贵的是甲第，集中在北阙，独立于160里之外。东汉的都城洛阳、曹魏的都城邺，也都有里、有市，邺城的里中也有所谓"戚里"，是王侯贵族的居住区。

汉代城市的商业，也仍然沿袭战国时代的旧例，集中在一个固定的市区中。例如长安城有九市，每市各占四里。市也如里一样，有墙，有门，《史记·货殖列传》所谓"刺绣文不如倚市门"。同类商店集中在市内的同一地点，称为肆，又称为列，或合称列肆。政府设有官吏管理市的营业，长安东西市规模特大，称为市令，其他城市的市则设有市长，市门也设有监门。

汉代以后的城市，例如六朝时代的建康，也有里、有市。但对于里的规制有比较详细记载的，却是北魏的平城与洛阳。平城是北魏早期的首都，平城初建时，模仿邺、洛阳与长安的制度，汉代城市的里制，也为平城所承袭，但是称为坊。"坊"有"方"的意思，也有"防"的意思，一方面表达其形状，一方面也显示其设立有安全的考虑。《南齐书·魏虏传》："其郭城绕宫城南，悉筑为坊，坊开巷，坊大者容四五百家，小者六七十家，每南（闭）坊搜检，以备奸巧。"既然可以"闭坊搜检"，自然坊有墙、有门，可以控制居民的出入。北魏孝文帝迁都洛阳，洛阳有计划的大规模建筑坊里，"于京四面，筑坊三百二十，各周一千二百步，……虽有暂劳，奸盗永止"（《魏书·太武五王列传》）。筑坊可使奸盗永止，可见具有与平城"每南（闭）坊搜检，以备奸巧"同样的意义。《魏书》所说的320坊，杨衒之《洛阳伽蓝记》称为320里，"方三百步为一里，里开四门，门置里正二人，吏四人，门士八人"（《洛阳伽蓝记》卷五《城北》），可知政府设有管制里民活动的吏士。北魏洛阳的里，也有社会等级之分，例如城内的延年里、永和里，是达官显宦居住的地方，称为贵里；城西的寿丘里，则为皇宗所居，民间号为王子坊；外夷前来归附的，居住在归德、慕义、慕化等里（城南）；工商货殖之民则聚居在城西十里，因职业的不同而又各居于不同的里中。

　　自北魏城市中的里又称为坊之后，逐渐坊便取代了里，成为城市住宅区划的通称。北齐的京城邺，四面有诸坊。隋代新建的首都大兴，也有民坊，皇城之南"东西十坊、南北九坊，皇城之东西各一十二坊，两市居四坊之地"（《唐六典》卷七），"闾巷皆中绳墨，坊有墉，墉有门，逋亡奸伪，无所容足"（《唐两京城坊考》引吕大临《长安图》）。隋炀帝一度又将坊恢复称为里，但是到了唐代，仍然通行称坊。

　　汉代的市制，也经过魏晋南北朝，一直沿用到隋代。所以隋都大兴城中，"两市居四坊之地"。隋的东都洛阳有丰都市，"东西南北，居二坊之地，四面各开三门，邸凡三百一十二区，资货一百行"（韦述《两京新记》）。可知隋代的市也如同坊一样，有墙，须经由门出入。汉代的同业商店区肆、列，到了隋代改称为行，而肆则成为店铺的称呼。所以丰都市有100行，也有的记载说是120行，有3 000余肆。至于邸，则当是堆积货物或商人投宿的处所。这种行市的制度，也延续到唐代。

参 考 书 目

一、专著

李剑农:《先秦两汉经济史稿》，台北：华世出版社，1981年：第七、十五章。

逯耀东：《从平城到洛阳——拓跋魏文化转变的历程》，台北：东大图书股份有
　　限公司，2001 年：第四章。

二、论文

何炳棣：《北魏洛阳城郭规划》，收入其著《何炳棣思想制度史论》，台北："中
　　研院"、联经出版事业公司，2013 年。

杜正胜：《周秦城市——中国的第二次"城市革命"》，收入其著《古代社会与
　　国家》，台北：允晨文化实业股份有限公司，1992 年。

马先醒：《汉代长安里第考》，收入其著《中国古代城市论集》，台北：简牍学
　　会，1980 年。

张春树：《汉代边地上乡和里的结构》，收入其著《汉代边疆史论集》，台北：
　　食货出版社，1977 年。

许倬云：《周代都市的发展与商业的发达》，收入其著《求古编》，台北：联经
　　出版事业公司，1982 年。

刘淑芬：《六朝建康与北魏洛阳之比较》，收入其著《六朝的城市与社会》，台
　　北：台湾学生书局，1992 年。

刘淑芬：《中古都城坊制初探》，收入其著《六朝的城市与社会》。

第七讲

人口的大变动与市场的萎缩

一、人口的锐减

自春秋中叶以来，中国有户口普查，从汉代开始，有全国性的户口数据留存下来。汉代的户口，在西汉末年达于顶点，汉平帝元始二年（2），有 12 233 000 户，59 594 978 口。东汉的户口始终不能赶上西汉的水平，但是在汉桓帝永寿三年（157），也仍然有 10 677 960 户，56 486 856 口。然而从汉末以后，户口发生急剧的变化，数量大减，经过魏晋南北朝到隋唐，依旧没有恢复汉代的水平。根据《通典·食货典》"历代盛衰户口"条，列举魏晋南北朝时代若干户口数字于下，以见人口锐减的情形。

年　　代	户　数	口　数
魏元帝咸熙元年（264）	663 423	4 432 881
蜀后主炎兴元年（264）	280 000	940 000
吴大帝赤乌五年（242）	520 000	2 300 000
晋武帝太康元年（280）	2 459 804	16 163 863

　　可知三国鼎立时，各国拥有的户数不过数十万户而已，而且这已是到了各国末期经过一番休养生息的数字，在初期人口必定更少。所以在曹魏有人如此说："今大魏奄有十州之地，而承丧乱之弊，计其户口，不如往昔一州之民。"（《三国志·魏书·杜畿传·子恕附传》）到西晋统一，极盛时的户口也只不过是太康元年（280）的245万多户，不及汉桓帝永寿三年（157）的四分之一。经过五胡乱华，到南北朝时代，见于记载的人口如下：

年　　代	户　　数	口　　数
南朝宋孝武帝大明八年（464）	906 870	4 685 501
陈武帝（557—559）	600 000	940 000
北朝北魏孝明帝正光（521—524）以前	500 000	2 300 000
北齐末（578）	3 032 528	20 006 880
北周末（580）	3 590 000	9 009 604

　　可知南朝人口仍然甚少，而北朝户口较多，已经超过西晋太康元年（280）户数的一倍以上。但是到隋统一南北朝，隋炀帝大业二年（606）户口最盛，有8 907 536户，46 019 956口，仍然没有恢复汉代户口的水平。

　　魏晋南北朝时代户口的锐减，原因复杂。户口的逃漏与隐冒，是造成这种现象的因素之一。上述户口数字，都是政府户籍上的户口数字，而当时有许多户口是没有向政府申报户籍的，也就是说，实际的户口要比政府户籍上的户口来得多。这些没有申报户籍的户口，他们大多投庇于大族或寺院，成为大族与寺院私领的户口。人口投庇于大族，自三国时代已经显著；人口投庇于寺院，则兴盛于南北朝佛教势力达到高峰的时期。所以会造成这种现象，一方面是由于许多人口在战乱时期必须寻求有力者的保护，以求生存；另一方面也由于大族与寺院享有庇荫人口的特权，投庇于其下可以逃避政府的重税重役。因此在魏晋南北朝时期，普遍存在着"或百室合户，或千丁共籍"（《晋书·慕容德载记》）、"挟藏户口，以为私附"（《晋书·山涛传·子遐附传》）的情形。在北方要到北魏孝文帝实施三长制与均田法之后才好转，将不少人口从大族之下拉出来，由政府授田而成为国家的公民；而南方没有实行类似的政策，尽管曾经搜查逃户，情况仍很难有所改善。比较南北朝的户口，北朝比南朝多出甚多，部分原因便在于此。

但即使有逃漏与隐冒的情形存在，由于从汉末以来长期的战乱，人口也应该确实严重地减少。从汉末的黄巾之乱、军阀混战，到三国之间的战争，然后是西晋的八王之乱，再来是五胡乱华，又有南北两方之间的战争，以及南北两方内部的战乱，长时期的战争对于人口有极大的摧残作用。在残酷的战争里，首先被牺牲的是军队里的将士，和追随军队的民众。检索从汉末到南北朝的战争记录，可以发现隔不了多久，便会有一次死亡万余以至数万的战争，甚至死亡多至十余万人的战争也出现过。例如汉献帝初平四年（193），曹操大战陶谦于彭城，陶谦兵败，死者数万，泗水为之不流。建安五年（200），曹操大战袁绍于官渡，袁绍兵败，曹操尽坑之，前后所杀八万人。西晋八王之乱时，诸王讨伐赵王伦，晋惠帝永宁元年（301），六旬之中数十战，死者十余万人。晋怀帝永嘉五年（311），石勒追击晋军，晋军兵溃，死者十余万人。五胡乱华以后，北方胡人自相残杀，后赵石勒与前赵刘曜战于洛阳，刘曜兵败，被斩首五万余级。东晋孝武帝太元八年（383），前秦苻坚调发大军数十万攻晋，在淝水战败，因自相践踏以及逃跑时饥冻而死者十之七八。类似这些战役的情形，不断重复发生，对于这一个时期的人口不能没有影响。

影响更大的，是战争对于一般人民的伤害。汉末董卓、曹操和其他军阀之间的混战，造成人口的大量死亡。在关中地区，董卓的将领李傕、郭汜"放兵略长安，老少杀之悉尽，死者狼藉"，当时三辅民众尚有数十万户，李傕等"放兵劫掠，攻剽城邑，人民饥困，二年间相啖食略尽"（《三国志·魏书·董卓传》）。在关东地区，"诸将不能相一，纵兵钞掠，人民死者且半"（《三国志·魏书·司马朗传》）。曹操用兵，屠杀尤其残酷，达到"鸡犬亦尽，墟邑无复行人"（《三国志·魏书·荀彧传》裴松之之注引《曹瞒传》），"所过多所残戮"（《三国志·魏书·武帝纪》）的地步。五胡之乱发生，刘曜攻陷洛阳时，纵兵烧掠，杀王公士民三万余人，进围长安，城中食尽，米每斗售金二两，人相食，死者大半。当时人民被屠杀的惨况，史书上形容是"流尸满河，白骨蔽野"（《晋书·食货志》）。石勒由于早年在饥荒中曾被汉人掠卖为奴隶，"两胡一枷"（《晋书·石勒载记》），以防逃逸，所以对汉人怀恨甚深，杀戮十分残酷。其侄石虎更有过之，每次攻陷城垒，是"坑斩士女，匙有遗类"（《晋书·石季龙载记》）。当石虎死后，黄河北岸晋遗民20余万口想要渡河归附东晋，可是东晋救援不至，20余万人尽为胡人所杀。而汉人也对胡人展开报复，冉闵在邺，大杀羯胡，死者20余万，以致高鼻多须，滥死者半。北魏太武帝于宋文帝元嘉二十七年（450）调发大军攻宋，进至长江，遭受强烈的抵抗，在撤退时，沿途大肆屠杀，"自江、淮至于清、济，户口数十万，自免湖泽者，百不一焉"（《宋书·索虏传》）。梁武帝太清二年（548），发生侯景之乱，侯景包围建康台城130多天，城中男女十余万人、甲士二万余人，死者十之七八；城外居民也因为侯景手下士卒的掠夺，而死者十之五六。王僧辩率领荆州兵平定侯景之乱，然而他手下的士卒也同样大肆抢掠，"王师之酷，甚于侯景"，事定之后，建康都城的户口，不过"百遗一二"（《南史·侯景传》）。这只是比较显著的一些例子，类似的事情，不知道有多少。

除了战争的伤害之外，疾疫与饥荒也造成了很多人口的死亡。早在汉末大乱爆发以前，社会上已流行着令人恐惧的疾疫，到大乱爆发以后，灾荒和疾疫更是不断地发生。东汉自安帝末年开始，便不断地流行疫病；到桓帝以后，流行的频率更高；一直到曹魏时代，仍然因为疫病而"家家有强尸之痛，室室有号泣之哀，或阖门而殪，或举族而丧者"（《后汉书·五行志》）。五胡相争的初期，关中地区也是连年大疫，死者十三四。饥疫每每连年，在魏晋南北朝许多次的饥荒里，自然也都有疾疫伴随着发生。魏晋南北朝时代的饥荒，有相当大的成分是战争所造成的，由于战争破坏了水利设施与农业生产，饥荒随之而生；另一方面，也由于这一个时代正好是处于长期干旱的时期之中，不断的旱灾对饥荒更有推波助澜的作用。饥荒对人口影响的情形，如西晋永嘉年间（307—312），"幽、并、司、冀、秦、雍六州大蝗，草木及牛马毛皆尽，又大疾疫，兼以饥馑"，而造成"流尸满河，白骨蔽野"（《晋书·食货志》），西南的宁州也"频岁饥疫，死者以十万计"（《资治通鉴》卷八十六）。以后河西的姑臧，也曾饿死十余万人。东晋晚年，"三吴大饥，户口减半，会稽减什三四，临海、永嘉殆尽"（《资治通鉴》卷一一二），逃荒的百姓"顿仆道路，死者十八九"（《晋书·桓玄传》）。侯景之乱也造成了江南的大饥荒，"百姓流亡，死者涂地"，"千里绝烟，人迹罕见"（《南史·侯景传》），可见当时饥荒造成人口损失的严重。

二、人口的流徙

魏晋南北朝时期人口大变动的另一个重要现象，是人口的流徙。主要由于战争与饥荒的影响，造成北方人口大量自居地往外乡逃移，时间之长，规模之大，在中国历史上很少见。而魏晋南北朝时期户籍人口数的锐减，也多少与人口的流徙有关。流徙的户口，政府是很难控制的。魏晋南北朝时代人口流徙的狂潮，大致可以分为三个阶段，第一个阶段是汉末到三国初年，第二个阶段是西晋永嘉之乱以前，第三个阶段则是永嘉之乱以后。

在第一个阶段里，人口的大量流徙主要是受到战争的影响。流徙的民众，主要走以下几个方向：（1）由中原流入东北以及塞外，如逃往幽州。刘虞为幽州牧，"青徐士庶避黄巾之难，归虞者百余万口，皆收视温恤，为安立生业，流民皆忘其迁徙"（《后汉书·刘虞列传》）。从幽州又有辗转前往辽东的，如在辽东讲学的邴原、国渊、管宁等人。司马懿平辽东之后，下令"中国人欲还旧乡者，恣听之"（《资治通鉴》卷七十四）。可知有不少人逃亡到这里。此外，又有逃亡入南匈奴、鲜卑、乌桓等边塞民族境内的。（2）由关中流入西南的荆州、益州。如《三国志·魏书·卫觊传》载卫觊《与荀彧书》："关中膏腴之地，顷遭荒乱，人民流入荆州者十万余家。"汉末刘表治理荆州，保境爱民，崇奖学术，士人前来荆州者尤其多。南阳、三辅的民众，流入益州者也有数万家，益州牧刘焉收之为兵，称为东州兵。刘备从荆州入蜀，又有一大群荆楚人士追随他。（3）由中原流入东南。汉末大乱，"徐方士民多避难扬土"（《三国志·吴书·张昭传》），可知扬州成为避难之所。又有许多人进一步渡江，吴的名臣不少来自中原，他们多是携家带族而来，如鲁肃率领男女三百余人渡江。曹操企图将江北居民内徙，反而导致民众的惊恐，渡江而南的有十余万家之多。一直到三国分立的局势已经确定，流徙的狂潮才歇息下来。

在第二个阶段里，主要是因为饥荒的关系而导致人口大规模的流徙。自晋惠帝永熙元年（290）以来，华北几乎无年不旱；元康四年（294）以后，旱灾愈来愈严重，尤其是在西北的秦、雍二州。西晋时代的华北，由于边塞民族的内徙，是一个华夷杂居的局面，散布着氐、羌与匈奴各族部落。华夷之间，原本已有生存竞争，灾荒的影响使得生活更为困难。流徙的狂潮，从旱灾最严重的秦、雍二州爆发，然后造成一连串连锁的行动。首先在晋惠帝元康八年（298），关西民众因饥荒而流移就谷，进入益州、梁州就食的有数万家、十余万人，流徙至豫州的也有四五万之众。并州的民众也跟着流徙到豫州、冀州等地就食，至少有数万家、十余万人。当秦、雍的流民进入益州之后，迫使益州的民众也开始往外流徙，"或南入宁州，或东下荆州"（《资治通鉴》卷八十五）。流入荆州的，便有十余万户，五六十万人之多。进入宁州的流民，遇上大饥疫，死者以十万计，又为当地蛮夷所迫，于是更往南逃入交州。除此之外，冀州民众也有五六万人流徙入兖州。这一连串的流徙行动，参与的民众当在两百万人左右，数目不可不说是惊人。北方民众大量往外流徙的结果，使得华北人口变得更为稀少，提供了胡人活动的场地，于是紧跟着便有永嘉之乱与五胡乱华发生。

第三个阶段的人口流徙狂潮可以说是紧接着第二个阶段而来的，主要是受到战争的影响。永嘉之乱以后，民众的流徙，大概走以下几个方向：（1）由中原流入东北。不少民众避难往辽西、辽东与高丽，这一个地区当时在鲜卑慕容氏的控制之下。《晋书·石勒载记》说："时司、冀、并、兖州流人数万户在于辽西。"《全晋文》卷一四九载《封裕谏慕容皝疏》也说慕容氏控制之下的地区："九州岛之人，塞表殊类，襁负万里，若赤子之归慈父。流人之多于旧土，十倍有余。"慕容氏并且为流人设立侨郡县。在慕容廆时代，以冀州人为冀阳郡，豫州人为成周郡，青州人为营丘郡，并州人为唐国郡。到慕容皝时，又罢诸郡，而以渤海人为兴集县，河间人为宁集县，广平、魏郡人为兴平县，东莱、北海人为育黎县，吴人为吴县。避难者之中，有不少士人，对于前燕的建国有很大的贡献。（2）由中原流入西北。永嘉之乱前后，西北的凉州在凉州刺史张轨的治理之下，政治安定，远离战区，所以避难于凉州的民众也为数不少。洛阳沦陷之后，"中州避难来者，日月相继"（《晋书·张轨传》）。张轨为安置流人，分武威置武兴郡，又分西平置晋兴郡。张轨之后，张氏数代经营凉州，即十六国中的前凉，对于避难河西的士人，能够礼而用之，所以凉州号为多士。（3）由中原流入江南。这是当时最大的一股流民。从永嘉之乱以后，一直到南朝初年，不断地有北方人民为逃避战乱而投奔到江南来，东晋及南朝政权，便是建立在这一股流民之上。东晋也设立侨州、侨郡来安置南渡的流民，侨州有十几个，侨郡上百个，而侨县则有数百个，大部分都在荆、扬两州，其中又以扬州，亦即长江下游地区为多。据《宋书·州郡志》所载侨州郡县户口，有90万人，但这只是户籍上的户口，如果再考虑荫附的无户籍人口，实际上南移的人口要比90万多出很多。（4）以上各股流民，都有一定的目的地，尚有一股流民，没有固定的目的地，辗转流徙于黄淮流域，内部有强固的联结，经常与胡人战斗，也就是史书上所说的"乞活"。乞活流民的出现，在永嘉之乱爆发以前，是以并州人为主的队伍，因饥荒追随东瀛公腾至冀州就食，然后又追随东海王越与胡人作战。西晋灭亡以后，分为数股，继续与胡人攻战，其中一股先后以陈午、陈川为首，活动在黄河以南，建立坞堡，与胡人相拒，成为东晋的屏蔽。乞活后来或为胡人所吞并，或南入东晋。（5）还有一些不能远徙的民众，他们也逃离家园，在乡里附近寻找一处有山水之险的地方建立坞堡以自卫。关于坞堡，将在后面谈论。

　　当时流民的移徙，不少是有组织的，以地方上的大族为核心，依附着邻里乡党，成为集团，而以大族中有声望地位的人作为领袖，称为行主。例如祖逖，原是范阳地方的大族，轻财好侠，喜欢施散谷帛，赒济贫乏，很得乡党宗族的尊敬。洛阳沦陷之后，祖逖率领亲党数百家南下到淮、泗避难，成为南徙人潮的一支。在逃亡的路途上，祖逖对同行的人照顾备至，再加上他有权谋勇略，所以被众人推举为行主。这一个流移集团，以后便成为祖逖北伐的基本队伍。

　　魏晋南北朝时代，人民流徙规模之大，不仅在于人民的自动逃亡，统治者强制性的迁移也扮演了重要的角色，使得更多的人民离开了自己的本乡。强制迁移的原因，多半是为了充实根本，对象或者是战败者的部众，或者是统治者本身治下的人民。例如曹魏时代曾经徙冀州民众五万户实河南，又曾经徙汉中百姓八万余口于邺，又曾将攻略所得的吴、蜀人口徙于三河（河内、河南、河东）、三辅（京兆、冯翊、扶风）等地。永嘉之乱以后，这一类强制性的迁移更为常见，不仅汉人常被胡人强制迁移，战败的胡族也常被战胜的胡族强制迁移，每次少则数千户，多则十余万户。例如刘曜曾经多次徙民于长安，最多一次达二十余万口。石虎曾经徙雍、秦华戎十余万户于关东。苻坚灭前燕，徙鲜卑四万余户于长安，又徙关东豪杰及诸杂夷十万户于关中。姚兴徙民于长安，前后至少有六万余户。北魏建都平城，曾经先后十一次向平城移民，共计四十余万口，十四万九千余家。西魏灭梁，从江陵俘虏百官士民而归，没为奴者达十余万。这些强制性的人口迁移，数目都相当多，配合自动流徙的人口，使得魏晋南北朝的人口在地域间具有很大的流动性。

三、市场的萎缩

由于战争与饥疫的破坏，以及人口的锐减与流徙，造成了生产的衰退，商品销售的市场也因此有明显的萎缩。市场的萎缩，首先表现在城市的破坏上。

自汉末以来，许多作为消费中心的重要城市，都遭到战火的摧残，虽然屡经重建，但是旋踵而又破坏。汉末的战争，使得"城邑空虚，道殣相望"（《三国志·吴书·朱治传》），洛阳是"宫室烧尽，街陌荒芜"（《三国志·魏书·董卓传》），长安则"城空四十余日"（《后汉书·董卓列传》）。经过曹魏、西晋的重建，到永嘉之乱，同样的现象又再重演，"百郡千城，曾无完郭者"（《晋书·孙楚传附孙绰传》），洛阳是"旧都宫室，咸成茂草，坠露沾衣，行人洒泪"（《晋书·刘曜传》），长安则"城中户不盈百，墙宇颓毁，蒿棘成林"（《晋书·孝愍帝纪》），晋阳是"府寺焚毁，僵尸蔽地"（《晋书·刘琨传》）。以后从五胡十六国到北朝时期，洛阳、长安、邺等大城都是屡建屡毁，不能保持长时期的富实。

市场的萎缩，也表现在货币使用的变化上。从春秋末年以来，钱币在市场上逐渐通行；到了汉代，钱币的使用已经很普遍，是市场上主要的交易媒介。但是汉末以后，钱币作为交易媒介的功能却突然消退，取而代之的是谷米、布帛等实物货币。这一个变化，开始于董卓的破坏五铢钱，此后钱货不行，曹魏文帝黄初二年（221），明令"使百姓以谷帛为市"《晋书·食货志》，谷帛从此在市场上取得了主要交易媒介的地位。市场上虽然不是完全没有钱币流通，但是数量很少，政府也极少有铸造钱币的措施，甚至政府想强行推动钱币的使用，也无法成功。这种情形，一直要到南北朝时期，才逐渐有所变化，政府开始铸造钱币，钱币在市场上的流通量逐渐大起来。这种情形，在南朝尤其显著，但是绢帛等实物货币在市场上仍然有雄厚的势力，一直要到唐代中叶以后，情形才完全改观，钱币在市场上又恢复占有绝对的优势。

在市场萎缩的同时，社会上形成了许多一个一个孤立的单位，在经济上可以说基本上是自给自足的。在汉代，为了供应市场的需要，而有单一作物的大规模生产：

> 安邑千树枣；燕、秦千树栗；蜀、汉、江陵千树橘；淮北、常山已南，河济之间千树萩；陈、夏千亩漆；齐、鲁千亩桑麻；渭川千亩竹；及名国万家之城，带郭千亩亩锺之田，若千亩卮茜，千畦姜韭。此其人皆与千户侯等。然是富给之资也，不窥市井，不行异邑，坐而待收，身有处士之义而取给焉。（《史记·货殖列传》）

这种情形，在魏晋南北朝时期已经很少见。自给自足的社会单位，在北方是坞堡壁垒，在南方则是田园别墅。

坞、堡、壁、垒、营都是魏晋南北朝时期混乱中的地方自卫组织，一般以坞堡两字概括。这种组织的存在，可以上溯到两汉之际，到了汉末三国，突然增多，如许褚聚少年及宗族数千家，共坚壁以御寇，满宠曾经为曹操攻下二十余壁。永嘉之乱以后，中原大乱，一些不能远徙的民众，为求自保，纷纷聚结于坞堡之中，这些坞堡，主要散布在黄河流域，例如关中地区，就有坞堡三千余所之多。坞堡的主要功能在于自卫，所以多选择在有山水之险的地方，一方面利于防守，一方面有水源供应，附近必须有可供耕作的空旷平地，才能生产粮食，供应坞堡中人口的需要，平时在坞堡外耕作，有事时便退入坞堡之内自守。典型的例子是下鱼城，永嘉之乱时，当地人民曾经登此避贼，这里四面绝崖，只有两条险峻的道路可以攀登，山上周回约二里，有林木池水，人们耕种于山下。其他见于记载的坞堡，也多在形势险要的地方。

坞堡的组织，大多以大族为核心，而依附以邻里乡党及前来投奔的流民。例如前述的许褚，便是聚少年及宗族数千家于壁中。三国时代的田畴，是举宗族及附从数百人，入徐无山中避寇，数年之后，百姓前来归附的至五千余家。西晋末年的庾衮，则是率同族及庶姓保于禹山。永嘉乱后，郗鉴也是得宗族乡曲共推为主，千余家避难于鲁之峄山。坞堡的首领称为坞主，和行主一样，他们也常是大族中有声望地位的人。例如庾衮是"宗族乡党莫不崇仰"（《晋书·庾衮传》），郗鉴则因仁德为众所推举。坞主对于坞中的民众，可以设立法令，加以约束。例如田畴，"乃为约束相杀伤、犯盗、诤讼之法，法重者至死，其次抵罪，二十余条。又制为婚姻嫁娶之礼，兴举学校讲授之业。班行其众，众皆便之"（《三国志·魏书·田畴传》）。又如庾衮，与众人相誓："无恃险，无怙乱，无暴邻，无抽屋，无樵采人所植，无谋非德，无犯非义，戮力一心，同恤危难"，于是"分数既明，号令不二，上下有礼，少长有仪。"(《晋书·庾衮传》) 一个坞堡，就有如一个具体而微的政府。

坞堡的作用在于避难御寇，与外界隔绝，生活上的必需品很明显地要能自给自足。商业活动自然不会完全没有，但是大部分的时间或许类似陶渊明《桃花源记》所描写的武陵桃源。《桃花源记》是一篇寓意之作，近代学者却认为在寓意之中，实以中原地区的坞堡为现实背景。桃花源中"有良田、美池、桑竹之属，阡陌交通，鸡犬相闻。其中往来种作，男女衣着，悉如外人"。招待客人，可以"设酒杀鸡作食"，可是"与外人间隔"，"不知有汉，无论魏晋"(《陶渊明集》卷六)。无疑是一个经济上自给自足的孤立社会。如果认为《桃花源记》有现实背景的看法正确无误，那么这种社会单位确实普遍地存在于当时的北方。田园与别墅，是魏晋南北朝时代大族所拥有的田庄，特色是从事多种作物的生产，足以供给大族私家生活的各项需要，因而成为一个经济上自给自足的社会组织，大族家中有许多依附的部曲、佃客，为他们在田园中从事各项生产。早在三国时代，吴国许多大族的田园，已经是"僮仆成军，闭门为市，牛羊掩原隰，田池布千里"(葛洪《抱朴子·吴失》)，既然闭门为市，可知生活必需品是不必外求的。西晋时代，这一类田园也存在于北方，例如石崇有别庐在河南县界的金谷涧中，其中有果树、药草、农田、羊、鸡、猪、鹅、鸭、水碓、鱼池，莫不毕备。五胡乱华以后，北方陷于混乱，坞堡成为普遍的社会组织，田园与别墅便在南方的东晋南朝发展。南方典型的田园别墅，见于《宋书·谢灵运传》所载的《山居赋》。谢灵运是东晋名将谢玄的孙子，谢玄在会稽始宁县经营别墅，谢灵运继续加以经营，这里一方面是"傍山带江，尽幽居之美"，可以供消闲游赏，另一方面也从事多方面的生产："蔚蔚丰秫，苾苾香

秔。送夏蚤秀，迎秋晚成。兼有陵陆，麻麦粟菽。候时赧节，递
艺递熟。供粒食与浆饮，谢工商与衡牧。"又有果园，"北山二园，
南山三苑，百果备列，乍近乍远"。此外竹木、蔬菜、鱼、鸟、药
材等生产，也都俱备，正由于各项生产俱备，所以生活必需品能
够不假外求，"谢工商与衡牧"。谢灵运的别墅，并非个别的例子，
在《山居赋》的注里，谢灵运便提到邻近许多大族的别墅。田园
别墅在经济上可以自给自足，但是产品却非完全不出卖，他们大
多栽种大量的果树，自己消费不完，也销售到市场上。

这种自给自足的经济生活，在南北朝时代甚至成为士大夫生
活的一种理想。颜之推《颜氏家训·治家第五》：

> 生民之本，要当稼穑而食，桑麻以衣。蔬果之蓄，园
> 场之所产；鸡豚之善，埘圈之所生。爰及栋宇器械，樵苏脂
> 烛，莫非种殖之物也。至能守其业者，闭门而为生之具以
> 足，但家无盐井尔。今北土风俗，率能躬俭节用，以赡衣
> 食，江南奢侈，多不逮焉。

颜之推初仕于梁，后入北齐，已到南北朝后期，而所见南北
"闭门而为生之具以足"的情形都相类似。这是在市场萎缩情形
下所有的现象，等到商业复兴，市场逐渐扩大，这种现象自然也
就慢慢不再存在。

参 考 书 目

一、专著
王仲荦：《魏晋南北朝史（上册）》，北京：中华书局，2007年：第三章第一、

三节、第五章第二节。

吕思勉：《两晋南北朝史（中册）》，台北：台湾开明书店，1969年：第十七章
　　第三、四节。

李剑农：《魏晋南北朝隋唐经济史稿》，台北：华世出版社，1981年：第一章。

金发根：《永嘉乱后北方的豪族》，台北：台湾"中国学术著作奖助委员会"，
　　1964年。

唐长孺：《三至六世纪江南大土地所有制的发展》，收入其著《唐书兵志笺正
　　（外二种）》，北京：中华书局，2011年。

二、论文

史念海：《晋永嘉流人及其所建的壁坞》，《责善半月刊》第1卷第12期，1940年。

全汉升：《中古自然经济》，收入其著《中国经济史研究（上册）》，香港：新亚
　　研究所，1976年。

何兹全：《魏晋时期庄园经济的雏形》，收入其著《何兹全文集（第一卷）·中
　　国社会史论》，北京：中华书局，2006年。

周一良：《乞活考——西晋东晋间流民史之一页》，收入其著《魏晋南北朝史论
　　集》，北京：北京大学出版社，2010年第二版。

武仙卿：《魏晋时期社会经济的转变》，《食货半月刊》第1卷第2期，1934年。

唐长孺：《南朝的屯、邸、别墅及山泽占领》，收入其著《山居存稿》，北京：
　　中华书局，1989年。

陈寅恪：《桃花源记旁证》，《清华学报》第11卷第1期，1936年。

陈啸江：《三国时代的人口移动（补三国志初稿之一）》，《食货半月刊》第1卷
　　第3期，1935年。

刘掞藜：《晋惠帝时代汉族之大流徙》，《禹贡》第4卷第11期，1936年。

蔡学海：《三国的人口问题》，《东海大学历史学报》1978年第2期。

戴振辉：《东晋元魏诸代户口的逃隐和搜括》，《食货半月刊》第2卷第8期，
　　1935年。

谭其骧：《晋永嘉丧乱后之民族迁徙》，《燕京学报》1934年第15期。

第八讲

门第社会势力的形成与衰落

一、曹魏西晋门第势力的形成

自从封建社会崩溃以后，社会上大体已经没有世袭的贵族，也没有明显的阶级界线。但是到了士族形成，他们以知识的独占，进一步垄断仕途，形成一股强大的社会力量。魏晋以后，更由此而发展成门第社会，少数的大士族，也称为世族或门第，长期垄断了政府中的高级官位，士庶之间又有了明显的界线。史家称这类门第为"变相的封建势力"，意味着又回到过去那种身份世袭的时代。

魏晋南北朝时期的门第，有许多都可以追溯渊源到汉代的大士族。渊源虽然可以追溯到汉代，但是门第势力的形成与确立，却是在魏晋时期，主要由于九品中正制度的作用，使得若干大士族能够取得近似世袭的政治地位，而形成前后延续好几百年的门第。

汉末的割据势力大多都是在士族的支持下成立的，曹魏也不例外。曹操的父亲曹嵩是汉桓帝时代宦官曹腾的养子，出身于宦官之后，一方面由于宦官势力与士大夫势力的对立，一方面由于曹操企图恢复中央集权，所以曹魏初期对于士族采取抑制的政策。他曾经下诏禁止朋党交游，又曾经四次下令宣布重才能、轻德行的选举标准，都和这一个政策有关。孔融也因为是名士宗仰的对象，为曹操所忌而被杀。虽然如此，经过东汉时期的发展，士族已经具有深厚的社会基础，他们的势力不是可以轻易铲除的，曹操想要增强自己的统治力量，必须取得他们的合作，从士族之中获取政治人才。最早投靠曹操的是荀彧，他推介了许多人才给曹操，其中大部分是颍川的大姓，例如荀彧本人和荀攸、荀悦，以及钟繇、陈群，都出身汉末的高门；非颍川人如司马懿、杜畿等，也都是出身大族。以后曹操继续通过各种途径，吸收大姓名士，作为曹魏政权组成的中坚。

　　然而人才的选拔仍然需要一个制度化的途径，于是在曹丕篡汉前夕，也就是汉献帝延康元年（220），有新的选举制度创立。此一制度为吏部尚书陈群所建立，历史上称为九品中正或九品官人法。汉代的选举制度，亦即察举孝廉，其特色是乡举里选，由地方上推举人才。东汉的察举，往往受乡里清议的左右，而乡里清议又掌握在士族的手中。九品中正制度一方面取代了汉代的察举，另一方面也承袭了汉代察举的某些特色。《通典·选举典·历代制中》：

> 魏文帝为魏王时，三方鼎立，士流播迁，四人错杂，详核无所。延康元年，吏部尚书陈群以天朝选用，不尽人才，乃立九品官人之法。州郡皆置中正，以定其选，择州郡之贤有识鉴者为之，区别人物，第其高下。

又：

按，九品之制，初因后汉建安中，天下兵兴，衣冠士族多离本土，欲征源流，虑难委悉。魏氏革命，州郡县俱置大小中正，各取本处人任诸府公卿及台省郎吏有德充才盛者为之，区别所管人物，定为九等。其有言行修着，则升进之，或以五升四，以六升五；傥或道义亏阙，则降下之，或自五退六，自六退七矣。

汉代的乡举里选，到了汉末以后，由于战争的影响，士人多已离开乡土，无法继续实施。也就是上引《通典》中所说的"士流播迁，四人错杂，详核无所"，或"衣冠士族多离本土，欲征源流，虑难委悉"。因此改行九品中正制度，由中央政府设置州郡县中正官，以中央官兼任，来评选人才。但是另一方面，九品中正制度仍然承袭了汉代察举重视乡里清议的特色，所以中正官是以"本处人任诸府公卿及台省郎吏有德充才盛者为之"，根据中正官的意见来品第人才的高下。政府仍然认为本乡人对于流移在外的本地人才概况比较熟悉，要仰仗他们来提供意见。只不过这一个承袭是表面上的，内在的性质已有转变。过去乡里清议之权掌握在民间，而这时中正品第之权则已转而操之于政府了。在同一时期，孙吴也有类似的新制度，称为大公平或中正，也是主持州郡人物的评议，同样由朝廷的官员兼任。

据杜佑《通典》的说法，州郡县都设有中正，县中正在魏晋时期无考，州中正和郡中正的设置则不在同时。延康元年所设的是郡中正，郡中正之上的州中正则迟至曹魏齐王芳正始、嘉平年间（240—252），州中正又称为大中正或州都。中正官之下辖有访问、清定等官，协助中正品评人物。访问的职务是探访人物的品状，协助评定人物，清定则当是中正评定人物的主要助手。中正评定人物所依据的资料主要有三种：（1）簿世：指谱牒家世，政府搜集有数据，用人之前必须查索他的父祖官名。（2）状：指对个人才德的评语，常常是很简单概括式的几个字，如"天材英博，亮拔不群"或"德优能少"，状以才能为主。（3）品：品与状的分别，据《文献通考·选举考》"举官"条的说法是："未仕者居乡有履行之善恶，所谓品也；既仕者居官有才能绩效之优劣，所谓状也。"可知品是以德行为主。曹魏的最后一年，也就是咸熙二年（265），下诏令诸郡中正以六条举淹滞："一曰忠恪匡躬，二曰孝敬尽礼，三曰友于兄弟，四曰洁身劳谦，五曰信义可复，六曰学以为己"（《晋书·世祖武帝》），主要也以德行为主。所以品、状常不一致，西晋时刘毅便批评："今品不状才能之所宜，而以九等为例。以品取人，或非才能之所长；以状取人，则为本品之所限"（《晋书·刘毅传》）。品分为九等，而状则受品的限制。即使状的评定很高，任官也不能超出本品所应有的官位之上。郡中正评定人物以后，上之于州大中正，由大中正加以审核，然后由州大中正上于中央政府的司徒，经过司徒最后审核，决定一个人所属之品，再转至尚书省的吏部尚书，由吏部尚书决定授予何种官品的官职。中正所评之品与所任官品有密切的关系。例如中正评为一品者，起家可拜三、四或五品官，评为二品者，可拜五、六或七品官，评为三品者，可拜六、七或八品官。中正评品也大致表示个人一生官品的最高局限。中正品第人物照例三年调整一次，加以升降，也就是前引《通典》所说的"或以五升四，以六升五""或自五退六，自六退七"。

中正官所评定的对象，仅限于士人，而一个人是否为士人，在汉末时，已经由大族所把持的乡里清议来决定。所以中正官所评定的对象十分有限，不及于庶人，而且受到大族意见的左右，继承了汉末选举制度的缺陷。但是在九品中正制度实施的初期，仍然是簿世、状、品三种数据同时并重，亦即家世、才、德三者并重；可是逐渐愈来愈重视家世，到了西晋时代，家世已经几乎是唯一的标准。所以会发生这一种现象，主要是因为负责评品人才高下的司徒、大中正、中正等官，都是由中央政府高级官员来担任或兼充，整个选举机构掌握在权贵的手里，而评第人才高下的参考主要在于德行，缺乏客观明确的标准。西晋司马氏政权的建立完全靠大族的支持，使得权贵垄断选举的情形更加严重。西晋时，中正的评品只有二品才能算是上品，一品徒有其名，除皇家子弟外无人能得，三品以下则已是卑品，而二品几乎完全为权贵子弟所独占。所以当时人批评说：“今台阁选举，涂塞耳目，九品访人，唯问中正，故据上品者，非公侯之子孙，即当涂之昆弟”（《晋书·段灼传》），“今之中正，不精才实，务依党利，不均称尺，务随爱憎。……是以上品无寒门，下品无势族”（《晋书·刘毅传》）。通过九品中正的作用，门第的势力于是确立。九品中正制虽然给世族以保障，但世族本身亦必须累代有佳子弟，世代位至显宦，才能维持门第势力于不坠。

　　由于门第势力的确立主要是出自九品中正的作用，所以大族的活跃虽然可以上溯到东汉，可是魏晋以后延续几百年历史的门第，却大部分都是在曹魏、西晋时代曾经担任过高官的家族。汉代的大族，若在曹魏时代不曾显贵，他们的家族地位便没落了。在汉代并非大族，甚至出身卑微，只要在曹魏时代因缘际会获得特殊的政治地位，便能获得政治上世袭的特权，而成为以后重要的门第。当然也有很多的门第，他们的显赫可以从魏晋一直上溯到东汉。总之，“公门有公，卿门有卿”现象的确立，关键是在魏晋时期。

二、东晋南朝门第势力的发展与僵化

永嘉之乱之后，晋室南迁，北方沦于胡族统治之下，于是门第在南方与北方分途发展。在南方，门第有侨姓与吴姓的分别，侨姓与吴姓的名称，出于《新唐书·柳冲传》载柳芳《氏族论》："过江则为侨姓，王、谢、袁、萧为大；东南则为吴姓，朱、张、顾、陆为大。"侨姓指自中原南迁的世族，吴姓则指东南本地的世族，他们在三国吴国的时代已经具有势力，一直绵延到东晋以后。柳芳所述侨姓的几个大族中，萧氏实际上在东晋时只是寒族，到南朝成为外戚与皇室之后，才显赫起来。吴姓的几个大族之中，朱氏的兴隆只在吴国的时代，东晋以后已默默无闻。东晋南朝的侨姓与吴姓，自然不限于上述几族。

东晋皇室在南方立足，全靠门第的支持，仅依赖侨姓世族仍然不足。来到南方，这里原是吴国的旧地，不免有"寄人国土"之感，所以必须争取吴姓世族的合作。侨姓与吴姓关系的协调，便成为南方门第势力发展的第一个问题。对于中原的世族来说，吴姓是亡国之民，他们对于吴姓是瞧不起的。这种态度在西晋时便已显露无遗，晋武帝时，广陵人华谭为扬州刺史嵇绍所荐，举秀才至洛阳，被讥刺为"吴楚之人，亡国之余，有何秀异，而应斯举"(《晋书·华谭传》)。他们受到冷淡的待遇，甚至动辄得咎，即便是吴姓大族如陆氏子弟，也不例外。然而时易势移，当中原人士逃难到了南方，他们必须求取南方地方势力的接纳。晋元帝徙镇建康，"吴人不附，居月余，士庶莫有至者"(《晋书·王导传》)。于是王导定计，亲自前往拜访南方的名士顾荣、贺循，以号召人心，并且引用"南土之秀"于朝廷，将政权与南方门第分享，终于得到他们的合作。但是侨姓与吴姓固然可以合力支持东晋皇室，他们之间却非已无隔阂。在东晋初期、中期，吴姓的政治地位确实比西晋时代有所改善，但是在朝廷的重要职位中，他们所占的比例仍然远不如侨姓，到了东晋末年，情形更坏。在言谈中，侨姓也不时表现出他们的优越感，吴姓基于自卫的心理，甚至拒绝侨姓的请婚，表示"薰莸不同器"。即使在侨姓积极拉拢吴姓的东晋初年，仍然发生了吴姓大族周玘、周勰的叛乱。周玘临死时对儿子周勰说："杀我者，诸伧子，能复之，乃吾子也。"（《晋书·周处传》）伧子是吴人对中原人的贱称，可知吴姓心中确实有遭受压抑的感觉。

　　侨姓和吴姓地位是不平等的，而在侨姓门第之中，也有地位高下之分。早过江和晚过江是判定门第地位的标准之一。杨佺期的先世从汉太尉杨震到他的父亲杨亮，先后九世都以才德著名，杨佺期"矜其门地，谓江左莫及"，可是"时流以其晚过江，婚宦失类"（《资治通鉴》卷一一〇），桓玄甚至视之为寒士。而侨姓地位最高的王、谢二家，他们门第所以高，和两家在东晋时的表现有关。王导在东晋南迁之初，为晋元帝定计，使东晋政权能够安定下来，又使南渡的人士，忘掉身在异乡，安顿身心，是公认的中兴第一功。谢安则在晋孝武帝时打赢了淝水之战，击溃前秦苻坚的大军，解决了东晋建国以来最严重的一次外患危机。他们对于东晋政权的贡献，导致他们崇高的政治社会地位。

　　门第与皇室的关系，也是一个重要的问题。西晋门第所拥有的只是政治的权力，军权是由宗室掌握的，而东晋门第不仅通过九品中正制度掌握政权，而且也拥有地方军权，使得皇帝的权力大为削弱。东晋初年，王导在中央政府任宰相，王敦则掌握荆州的兵权，当时已有"王与马，共天下"的谚语。这种情形，并不是个别的。掌握东晋地方兵权的都督与刺史，绝大多数都是由世族担任，又以侨姓世族为多，而且若干世族掌握军权，常可达百年以上之久。东晋的皇室，只能靠着不同世族之间军事力量的平衡而存在。除了王氏之外，庾氏、谢氏、桓氏三家，都曾经同时掌握中央的政权与地方的兵权，除了政权与军权之外，世族也削弱了皇帝对于人民统治的权力。早在西晋时期，大族已拥有荫人的特权，庇荫的对象包括亲属、佃客、衣食客，受庇荫者可以免除对国家的税役。这种特权，到了东晋仍然存在，而且更加扩大，以致"都下人多为诸王公贵人左右、佃客、典计、衣食客之类，皆无课役"（《隋书·食货志》）。除了合法的庇荫之外，非法的庇荫更多。这种情形，使得皇帝所能统治的人民大为减少。即使东晋世族所拥有的各方面权力几乎已将皇室架空，但皇室在社会中仍然有崇高的地位，门第与皇室通婚，可以抬高本身的地位。例如庾氏、褚氏都因为联姻皇室，而成为东晋的高门。

门第虽然是一个类似世袭的特权阶级，然而在东晋初期与中期他们表现出充沛的活力，有能力建树功业。从东晋末期以后，他们逐渐走向僵化，只讲空虚的地位，摆无谓的身份，对于军事、政治一无所长，终于盛极而衰。南朝的时候，世族与寒门之间已经划有明显的界线，世族不屑于与寒士为伍，"服冕之家，流品之人，视寒素之子，轻若仆隶，易如草芥，曾不以之为伍"（《文苑英华》卷七六〇载《寒素论》）。史书上记载的许多世族有意摆身份的故事，便多发生在南朝。例如宋孝武帝母路太后的侄子路琼之，和王僧达邻居，路琼之拜访王僧达，王僧达对他很不礼貌，路琼之诉于太后，太后想加罪王僧达，可是被宋孝武帝阻

止说："王僧达贵公子，岂可以此事加罪？"(《宋书·后妃传》)

梁武帝时，中书舍人纪僧真得到宠幸，纪僧真出身于武吏，求作士大夫，梁武帝表示他不能做主，要纪僧真去见江敩、谢瀹。纪僧真到了江敩家中，才坐下，江敩便命令左右将自己的座位移开，纪僧真垂头丧气地回来见梁武帝说："士大夫故非天子所命。"(《南史·江敩传》)

门第通婚也有固定的对象，社会地位不同，是不通婚的。像侨姓高门王、谢、袁三家便经常通婚，尤以王、谢二家通婚频繁。吴姓中张、陆、顾、孔、沈五家也通婚频繁，尤其是张、顾、陆三家之间。世族不乏与皇室通婚的例子，但是第一流的高门却公开地表示本身的地位并不借着与皇室通婚而建立。皇帝也无法左右门第通婚的对象，东魏大将侯景投奔到梁，梁武帝对他几乎有求必应，只有侯景请求与王、谢两家通婚，梁武帝表示无法办到，要他于朱、张以下求之。世族也有为了钱财而与寒门通婚的情形，却为世族清议所不容。例如王源嫁女与寒门满氏，便招致沈约上章弹劾，请求将王源官职革除，禁锢终身。

由于门第的地位以家世来决定，所以重视谱牒，谱学因此成为专门之学。贾弼之、贾匪之、贾渊三代世传谱学，贾弼之在东晋孝武帝太元年间（376—396）曾经撰十八州士族谱，共七百余卷，藏于秘阁，南朝宋刘湛、齐王俭、梁王僧孺均曾据其书撰定百家谱，王俭撰谱时曾经得到贾渊的协助。因为九品中正评品人才全凭家世，所以谱牒不仅是家族本身的事情，也是政府所必备。谱牒之不足，又标榜以郡望，表示来自某一个地方的某家才是世族，例如琅琊王氏、陈郡谢氏、陈郡袁氏、济阳江氏、颍川庚氏等。任官则有流内、流外、勋品之分与清流、浊流之分。流内九品只有世族才有资格获得任命，勋品设于南朝宋时，是为有功劳的寒人而设的，他们不能进入九品之内。梁又设流外七班，也是为寒微士人而设。流内、流外、勋品的分别在于官品，清流、浊流的分别则在于官职。清官是士族子弟所任的官职，浊官是寒士所任的官职。如司徒、左长史、尚书吏部郎、秘书郎、著作郎等都是清官，清官地位高，升迁又快，然而居官者不管事务，委之于下属。南朝时"甲族以二十登仕，后门以过立试吏"（《南史·武帝萧衍上》）。世族子弟年纪很轻便入仕为秘书郎、著作郎等清官，所谓"上车不落则著作，体中何如则秘书"。

在养尊处优与脱离现实的情况之下，南方门第逐渐丧失了支撑他们的内在力量。门第的延续，家学是一个很重要的因素，但是到了南朝的时候，这个特色已经不存在。《颜氏家训·勉学》：

> 梁朝全盛之时，贵游子弟，多无学术，至于谚云："上车不落则著作，体中何如则秘书。"无不熏衣剃面，傅粉施朱，驾长檐车，跟高齿屐，坐棋子方褥，凭斑丝隐囊，列器玩于左右，从容出入，望若神仙。明经求第，则顾人答策，三九公燕，则假手赋诗。

腐化到了如此，所以南朝世族中再也找不到类似东晋王导、谢安等功臣。不仅不能建树功业，而且他们不在意朝代的更替，他们只关心门第本身的利益。

在门第僵化的同时，南朝皇室逐渐扩张本身的军、政实权，寒士也逐渐掌握世族所不屑于处理的军政实务。到了梁武帝时的侯景之乱，南方门第遭受到致命的打击，人物散亡，从此一蹶不振，再也无法恢复从前的光辉。

三、北朝隋唐门第势力的演变

留在北方的门第，他们撑过了五胡十六国的混乱，政治社会
地位获得胡族君主的承认。不仅如此，胡族在汉化的过程中，本
身也接受了门第的观念，以求与汉族社会相协调。于是到北朝时
期，北方门第有郡姓、虏姓的分别，郡姓与虏姓的名称，也出自
《新唐书·柳冲传》载柳芳《氏族论》：

> 山东则为郡姓，王、崔、卢、李、郑为大；关中亦号郡
> 姓，韦、裴、柳、薛、杨、杜首之；代北则为虏姓，元、长
> 孙、宇文、于、陆、源、窦首之。虏姓者，魏孝文帝迁洛，
> 有八氏十姓、三十六族九十二姓。八氏十姓，出于帝宗属，
> 或诸国从魏者；三十六族九十二姓，世为部落大人，并号河
> 南洛阳人。郡姓者，以中国士人差第阀阅为之制：凡三世有
> 三公者曰膏粱，有令仆者曰华腴，尚书、领、护而上者为甲
> 姓，九卿若方伯者为乙姓，散骑常侍太中大夫者为丙姓，吏
> 部正员郎为丁姓。

这一段叙述，说明了郡姓与虏姓的分别，郡姓是汉人世族，
虏姓也就是国姓，是改汉姓之后的鲜卑贵族；同时也指出了北方
门第与南方门第的分别，北方门第的高下地位由政府来规定，这
是南方门第所没有的现象。

郡姓与虏姓的成立过程，也就是汉人世族与胡人贵族之间的
协调过程，是北方门第势力演变的重要问题。五胡乱华时，胡族

君主一方面对于汉人大肆残杀掳掠，另一方面，当他们面临着统治的问题时，便发现不得不与汉人士族合作，才能弥补他们缺乏统治中国经验的缺陷。所以在五胡十六国时期，不少胡族君主对于留在北方的士族都相当尊重，并且承认他们从魏晋以来所获得的特权。例如石勒曾经清定五品，然后又续定九品，典定士族，承认了士族在选举方面的特权。前燕容纳的汉族流民最多，对于士人也最尊重，选举之法，因循魏晋，曾经"定士族旧籍，分辨清浊"（《资治通鉴》卷一〇八）。后赵石勒也同样曾经"典定士族，副选举之任命"（《十六国春秋·后赵录三》），争取汉人士族的合作。士族为了求取家族的延续，有不少出来协助胡族君主统治，但是他们的心中毕竟有所不甘。例如卢谌、崔悦、荀绰、裴宪、傅说等名族子弟，虽然都在石勒的朝廷贵显，可是"恒以为辱"。卢谌并且嘱咐诸子，在他死后，只可以记载他曾经任过晋司空从事郎，而不愿意留下出仕胡族的记录。可见汉人士族与胡人君主之间终究是有隔阂的。

这种隔阂一直延续到北魏，便爆发了崔浩之狱。北魏拓跋氏从建国之后便与中原大族合作，尤其是崔宏、崔浩父子，两人协助草创制度，贡献尤其多。他们以门第的身份，为北魏君主立法，自然会采用有利于门第延续的制度，所以九品中正制从北魏道武帝的时代便已实施，州郡皆设有中正。但是北魏毕竟是鲜卑人所建立的国家，鲜卑贵族在政权中拥有相当的势力，汉人门第势力的发展必然受到限制。崔浩是一个门第观念很深的人，自认是北方高门，对于地位稍低的世族，他都会有轻视的心理。他理想中的政治是一个以世族为中心的政治，所以他企图"齐整人伦，分明姓族"。他推荐了大量世族人才进入北魏太武帝的朝廷，甚至为了使他们能够出任郡守，而与太子发生争执，结果是崔浩的要求成功了。崔浩的努力，扩大了北魏政权中门第的势力，但是也造成了鲜卑贵族和汉人世族之间的对抗。两者的对抗，终于导致了北魏太武帝太平真君十一年（450）的崔浩之狱，崔浩以修国史"备而不典"的罪名被杀，并且株连到他的姻亲卢、郭、柳等几个北方大族。虽然学者指出崔浩修国史"备而不典"的罪名并非无所凭据，而且他在有意无意之间否定了北魏的正朔，触犯了大忌；但是他"齐整人伦，分明姓族"的企图，仍然是此一事件发生不可忽略的重要背景。此一事件对北方的门第势力来讲，是一次重大打击，说明在胡人君主统治之下，门第长期累积的社会力量无法与统治者的政治力量相对抗。

北方门第势力虽然遭受打击，但是并没有消失，北魏君主仍然必须仰赖汉人世族的协助来统治，世族整体的政治地位依旧有保障。门第观念在社会上也依旧存在。北朝的门第和南朝门第一样，讲究身份与婚姻，而郡望也是门第身份的重要标志。清河崔氏和博陵崔氏同为门第，但是清河崔氏的社会地位较高，所以便瞧不起博陵崔氏。婚姻则讲求门当户对，地位相等的大族相互通婚，像清河崔氏、荥阳郑氏、太原王氏、范阳卢氏、陇西李氏之间常相嫁娶，广平游氏、河间邢氏、博陵崔氏、顿丘李氏、渤海高氏之间也常相嫁娶。对于谱牒的编修，北朝门第也同样重视。不过北朝门第并没有像南朝门第那样因僵化而走向腐化，主要原因在于北朝门第在胡族统治的压力下，必须奋力挣扎，有所表现，才能求生存，逆境反而有助于他们维持充沛的活力。

北魏孝文帝推动汉化，终于为鲜卑贵族与汉人世族之间的隔阂找到了解消的途径，那便是将鲜卑贵族融入汉人的门第社会里。北魏孝文帝对于门第有特殊的喜好，在与臣下言谈之间，曾经表示赞成"自近代已来，高卑出身，恒有常分"（《魏书·韩麒麟传》)。迁都洛阳以后,于太和十九年(495)下诏定四海士族,按照汉人士族祖先官位的高下,划定他们的社会等级,于是有膏粱、华腴、甲姓、乙姓、丙姓、丁姓的分别。这应即是所谓的四海大姓,他们的社会地位是全国性的,其中甲、乙、丙、丁又合称为四姓。皇亲国戚、部落大人等鲜卑贵族,在改从汉姓之后,也按照他们官职的高低,划分等级,穆、陆、贺、刘、楼、于、嵇、尉等八姓,视同汉人士族的四姓,勿充猥官;至于拓跋宗室元氏及比八姓更为亲贵的长孙、宇文、源等姓氏,大概就相当于汉人士族中的膏粱与华腴了。由于北魏孝文帝的定士族,于是有了郡姓与虏姓的分别。门第这时不仅仅是社会公认的事实,也成为政府的一个制度。但是门第的地位既然由政府来规定,也就说明了皇帝权力的伸张,门第的势力不可能有更进一步的发展了。

在定士族的前后,北魏孝文帝采取的其他措施,一方面强化了胡汉世族的关系,另一方面也削弱了汉人世族的社会基础。北魏孝文帝促进拓跋氏宗室与汉人世族之间的婚姻关系,他自己娶崔、卢、郑、李、王五姓女为妃,又为自己五个弟弟聘汉人世族女为妻。北方的汉人门第,原来是不屑于与外族统治者通婚的,但是孝文帝却用政治的力量将这种禁忌打破。此后郡姓与虏姓子女之间的相互嫁娶愈来愈多,通过婚姻的关系,虏姓融入北方的门第社会里。另外一项重要措施,是三长制与均田法的实施。北方的大族,庇荫人口的情形也十分严重,立三长制之前,"民多荫附,荫附者皆无官役"(《魏书·食货志》);三长制与均田法实施之后,这些荫附的人民都出而受田,脱离大族的控制,成为国家的编户。

北魏以后,北方门第的势力在皇权控制之下继续存在着,他们通过九品中正制度获得选举上的特殊利益,却不可能像东晋门第那样威胁到皇权。到了隋代，九品中正制度废除，他们的特权保障已经没有了，可是北方门第比起南方门第有他们优异之处。他们长期以来，一直维持着良好的家学与家风，即使没有九品中正制度的保障，也无损于他们的社会地位，可是唐代的统治者却已与北魏孝文帝不同，不但不支持他们的社会地位，反而要压抑他们的社会地位了。唐朝初年，崔、卢、郑、李等大族是社会争相通婚的对象，甚至不惜花费大笔聘金以求娶得他们的女儿。唐太宗对这种现象深感不平，于是在贞观六年（632）下诏高士廉等修《氏族志》，修成之后，崔（民）干仍居第一，太宗大怒，下令"以今朝品秩为高下"，而将崔（民）干降为第三姓。但是房玄龄、魏征、李勣等名臣，仍然求和这些旧族通婚。这一件事情，一方面说明旧门第的社会地位并不因唐太宗的压抑而降低；另一方面，却也显示出崔、卢、郑、李等大族也无法自守过去那种严格的婚姻界线，他们不惜为了钱财而将自己的女儿嫁给新兴的权贵，这是门第趋向衰落的征兆。唐高宗时期，又改修《氏族志》为《姓氏录》，完全以仕唐官品为高下，甚至士卒以军功致位五品。这同样是采取压抑门第的态度，比起《氏族志》尤有过之。对于这样的《姓氏录》，"搢绅耻焉，目为勋格"（《新唐书·高俭传》），把勋格和南朝的勋品对比，便可以了解旧门第，亦即所谓"搢绅"不满的原因何在。

　　通过科举考试制度的实施，唐代皇室有意提拔一批新的人才，取代旧门第来协助统治，可是这也同样对旧门第的政治地位没有产生严重的影响。旧门第以他们良好的家学，在科举考试中占有优势。但这也显示了一个转变，他们必须参与公开的竞争了，当他们不能再保持优越的竞争条件时，亦即当知识的传播逐渐普遍之后，门第的势力必然趋向衰落。

参 考 书 目

一、专著

方北辰：《魏晋南朝江东世家大族述论》，台北：文津出版社，1991年。

毛汉光：《两晋南北朝士族政治之研究》，台北：台湾"中国学术著作奖助委员会"，1966年。

毛汉光：《中国中古社会史论》，台北：联经出版事业公司，1988年。

王仲荦：《魏晋南北朝史（上册）》，北京：中华书局，2007年：第二、五、六章。

王伊同：《五朝门第》，香港：香港中文大学出版社，1978年。

田余庆：《东晋门阀政治》，北京：北京大学出版社，1989年。

何启民：《中古门第论集》，台北：台湾学生书局，1978年。

宫崎市定著，韩升、刘建英译：《九品官人法研究——科举前史》，北京：中华书局，2008年。

逯耀东：《从平城到洛阳——拓跋魏文化转变的历程》，台北：东大图书股份有限公司，2001年：第二、五章。

苏绍兴：《两晋南朝的士族》，台北：联经出版事业公司，1987年。

二、论文

毛汉光：《五朝军权转移及其对政局之影响》，收入其著《中国中古政治史论》，台北：联经出版事业公司，1990年。

何启民：《鼎食之家——世家大族》，收入杜正胜编：《中国文化新论·社会篇——吾土与吾民》，台北：联经出版事业公司，1982年。

谷霁光：《六朝门阀》，《武汉大学文哲季刊》第5卷第4期，1936年。

武仙卿：《南朝大族的鼎盛与衰落》，《食货半月刊》第1卷第10期，1935年。

范家伟：《北魏正朔与崔浩国史之狱》，收入周梁楷主编：《结网二编》，台北：东大图书股份有限公司，2003年。

唐长孺：《门阀的形成及其衰落》，收入其著《山居存稿续编》，北京：中华书局，2011年。

唐长孺：《九品中正制度试释》，收入其著《魏晋南北朝史论丛》，北京：中华
　　书局，2011年。

唐长孺：《南朝寒人的兴起》，收入其著《魏晋南北朝史论丛续编·魏晋南北朝
　　史论拾遗》，北京：中华书局，2011年。

唐长孺：《东汉末期的大姓名士》，收入其著《魏晋南北朝史论丛续编·魏晋南
　　北朝史论拾遗》。

唐长孺：《士族的形成和升降》，收入其著《魏晋南北朝史论丛续编·魏晋南北
　　朝史论拾遗》。

唐长孺：《士人荫族的特权和士族队伍的扩大》，收入其著《魏晋南北朝史论丛
　　续编·魏晋南北朝史论拾遗》。

唐长孺：《论北魏孝文帝定姓族》，收入其著《魏晋南北朝史论丛续编·魏晋南
　　北朝史论拾遗》。

刘淑芬：《六朝会稽士族》，《"中研院"历史语言研究所集刊》1985年56本第
　　二分。

郑钦仁：《九品官人法——六朝的选举制度》，收入郑钦仁编：《中国文化新
　　论·制度篇：立国的宏规》，台北：联经出版事业公司，1982年。

第九讲

身份制度的盛行

一、奴婢

魏晋南北朝时期，不仅门第的身份固定，社会上还有许多其他身份固定的人群，是一个身份制度盛行的时代。这些身份固定的人群，他们的渊源同样可以上溯到汉代，而发展则可以下延到隋唐。

奴隶在中国自古以来即已存在。商、周两代的奴隶，主要来自俘虏和罪犯。但是并非所有战败者都会成为俘虏，像殷人入周以后仍然保持相当高的社会地位，也并非所有俘虏和罪犯都会成为奴隶，因此奴隶的人数必定有限。当封建社会秩序崩溃时，有一些贵族降为奴隶，像晋国"栾、郤、胥、原、狐、续、庆、伯，降在皂隶"；也有一些奴隶获解放，像晋国赵鞅伐齐，宣称立功者"庶人、工、商遂，人臣、隶、圉免"，可知奴隶确实存在。封建社会崩溃，但是使用奴隶的习惯仍然存在。秦代的奴隶，或者来自罪犯的家属，当时大量存在的隶臣妾，实际上是有固定刑期的刑徒，他们在服刑期满之后可以改变身份，不再受役于人；但是刑徒如果又犯了过失，他的妻儿会被收系拍卖，这便类似奴婢了。也有的奴隶来自自卖，汉高祖曾经下诏"民以饥饿自卖为人奴婢者，皆免为庶人"（《汉书·高帝纪》）。这样的自卖风习，不会在汉初才出现，应该在秦代便已存在。到了汉代，对于奴婢的实际情形有了更多的认识。汉代的奴婢，俘虏并非主要来源。汉武帝时，汲黯曾经建议"得胡人，皆以为奴婢"（《汉书·汲黯传》），便被汉武帝斥责。投降于汉的匈奴人，往往得到很好的待遇。汉代奴婢的主要来源，可以分官奴婢和私奴婢两方面来说。官奴婢主要来自罪犯的家属，像七国之乱平定后，叛逆者的家属很多便沦为官府的奴婢；此外，政府也以免役的特权或官位的利益来吸引富家捐献奴婢给政府；当富家因罪而被抄家时，他们家中的奴婢也转为政府所有。私奴婢的主要来源则来自贩卖，包括为了生活而自卖、被人拐卖，以及政府出售官奴婢。因为饥寒交迫而自卖的情形，大概最多。此外，又有由赘子转变而成的。穷人向富人借贷，以儿子作抵押，称为赘子。如果三年不能赎回，赘子便转变为奴婢，这可以说是变相的自卖。至于受权势之家强迫成为奴婢的，也为数不少。西汉官奴婢总数有十万余人，私奴婢数目不详，权势之家有多至数百人或上千人的，但这是特殊情形，总数应不会太多。因为奴婢价格相当昂贵，居延汉简中记载有小奴二人值三万，大婢一人值二万，分别相当于三百亩和二百亩田的价格，不是轻易买得起的。

奴婢的主要工作，是在官府和家庭中服役，从事生产工作的也有。他们从事生产工作，既包括手工业与矿业，同时也有农业生产。王褒的《僮约》，记载了一个奴婢在家庭可能从事的各种工作。奴婢的身份是世袭的，他们的子女仍然是奴婢，所以有"家生奴""家生婢"。但是他们也并非完全没有改变身份的可能，他们可以自赎，政府偶尔也会下诏免奴婢为庶人。汉代奴婢与庶人的法律地位自然是不平等的，但是奴婢也并非完全没有保障。奴婢的工作，似乎应该明载在契约上，像《僮约》中寡妇杨惠为了招待王子渊，要便了去酤酒，便了说契约上只说守家，不肯做。王子渊一怒之下，把便了买过来，在契约上详细写明了各项应做的工作，使便了无话可说。奴婢的生命，受到法律的保护，杀奴婢不得减罪。奴婢本人可以有私人的财产，所以"百姓或无斗筲之储，官奴累百金"（《盐铁论·散不足》），他们甚至可以买地，现今可见汉代官奴的买地券。虽然奴婢常被主人作为礼物转赠给别人，但是不把奴婢看做人而视为物的观念，还没有确定下来。《后汉书·刘宽列传》记载刘宽派奴买酒招待客人，过了很久，奴竟喝得酩酊大醉而回。客人气愤之下，骂了他一声"畜产"，刘宽紧张得怕奴自杀，特别要人看住他。刘宽认为："此人也，骂言畜产，辱孰甚焉。"这和《唐律疏议》上规定："奴婢贱人，律比畜产"，表现出明显的差异。

魏晋南北朝时代奴婢的数量，比起汉代而言大量增加。原因在于：第一，战争频繁，俘虏数量很大。而在这一个时期，俘虏常被用作奴婢，不管胡人政权或汉人政权都是如此。例如西魏灭梁，从江陵俘虏到的百官士民十余万人，都没为奴婢。其他战役俘虏的数量也许没有这样大，但以俘虏作奴婢或充军赏的情形经常发生，奴婢的来源可以说是源源不绝。第二，由于战争、灾荒、疾疫的影响，人民生活困苦，自卖为奴的情形也特别严重。西晋元康七年（297），由于关中饥荒，而"诏骨肉相卖者不禁"。永嘉（307—312）以后，"丧乱弥甚，雍州以东，人多饥乏，更相鬻卖，奔迸流移，不可胜数"（《晋书·食货志》）。除买卖之外，又有所谓贴，以人抵押借钱。第三，东晋南朝往南方发展，南方土著常被掠卖，海外黑人奴隶也被作为商品而输入，即所谓高梁生口和昆仑奴，增加了奴婢的供应量。第四，北魏孝文帝以后施行均田法，奴婢和良民一样可以受田，但是奴婢所应负担的赋税甚轻，八名奴婢只负担相当于一夫一妇的户调，增加了富人蓄养奴婢的意愿。

奴婢的供应量增加，价格相对低廉。陈武帝破齐军，以赏俘贸酒，一人才得一醉。奴婢价格低廉，用于农业生产的情形也跟着大量增加。两晋南北朝的记载，常以奴婢数与田亩数对举。例如东晋刁协兄弟子侄，"有田万顷，奴婢数千人"（《晋书·刁协传》），宋沈庆之"广开田园之业"，"奴僮千计"（《宋书·沈庆之传》）。不仅富家使用大量奴婢于农业生产上，中产之家也是如此。颜之推《颜氏家训·止足》："常以二十口家，奴婢盛多，不可出二十人，良田十顷。"所以在南朝有"耕当问奴，织当访婢"（《宋书·沈庆之传》）的讲法；在北朝也流行"耕则问田奴，绢则问织婢"（《魏书·邢峦传》）的谚语。这种讲法，在奴婢少用于农业生产的汉代是不可能存在的。但是奴婢并非这一个时期唯一或最主要的农业劳动力，自耕农仍然存在，富家的田园之中，除了奴婢之外，还有相当数量的佃客与部曲从事生产。

魏晋南北朝的奴婢，自然是属于社会地位最低的人群，但是他们和汉代的奴婢一样，也不是完全没有改变身份的可能。主要的途径，仍然是赎取和政府下诏解放。奴婢不因政府下诏解放，而立即恢复良民的身份的情况也有，如：两晋政府曾多次发奴为兵，如晋元帝时戴若思发扬州奴为兵，达万人之多。奴婢变为兵户之后，身份已经提高，但是社会地位仍然低下，而且世袭不变。奴婢有时又被解放为客或部曲，客和部曲的社会地位同样不及良民。

　　奴婢数量的扩大，到北齐开始有所转变。北齐的均田法令限制奴婢受田的数量，不过限制很宽，亲王限三百人，庶人限六十人。到了隋唐，再也没有奴婢受田的规定。既然无利可图，人们蓄养奴婢的意愿自然大减。同时隋唐统一之后，战争减少，社会安定，奴婢来源也随之减少，唐代政府并且禁止南方边区的贩奴活动。又订有略人法，略卖人为奴婢者，绞；和同相诱者，减一等。又不许亲长卖卑幼为奴婢，只许立契约自卖。唐代又限奴，王公之家不得过二十人，职事官一品不得过十二人，九品官不得过一人，这比北齐的规定要严格多了。在这些情况下，唐代奴婢的数量应该比魏晋南北朝时减少了很多，但是官私奴婢却依旧存在，唐律对于奴婢的身份也有明确的规定。《唐律疏议》卷六："奴婢贱人，律比畜产"；卷十四："奴婢既同资财，即合由主处分。"可知奴婢在法律上并不被视为常人，而是主人的畜产或资财。这种观念，大概是经过魏晋南北朝演变而来的，演变的详情，已不可得知。《唐律疏议》卷十五："其生产蕃息者，谓婢产子，马生驹之类。"可知奴婢的身份是世袭的，婢所产子就有如马生驹一样，是主人的资财，也就是仍然是奴婢。奴婢的户籍，附于主人家中，法律对他们的保障，已比不上汉代。在财产方面，奴婢是不合有资财的，也就是不能拥有自己的财产。在生命方面，奴婢有罪只要禀告官司，主人便可以自己杀戮，即使不请官司而杀，主人也不过杖一百。奴婢是主人的资产，所以他的行为必须受主人的支配，奴婢之女嫁人，要听主人的处分，私嫁与人有罪。奴婢的放免，不能立即免为良民，以官奴婢为例，是"一免为番户，再免为杂户，三免为良人"。番户即官户，和杂户在唐代仍然属于贱民。私奴婢则自赎免贱，本主可以留为部曲，本主不留者，才任其所乐，部曲在唐代也属于贱民。总之，经过魏晋南北朝的演变，奴婢在唐代的社会地位比起汉代更为低落，但是这也到了奴隶制度逐渐衰退的时候了。

二、客与部曲

客与部曲的社会地位要比奴婢略高，但是他们与主人之间同样存在着一种人身依附的关系，有别于一般良民。客的名称可以上溯到汉代，有时也宾客连称，它的含义十分广泛，有的是想从主人那里谋求政治或经济利益的人，有的是从事生产活动的佃农或雇农。宾客或客原先和主人之间并没有隶属的关系，但是由于他们在生活上依靠主人，使得他们的身份降低，逐渐有以"奴客"或"僮客"并称的情形，以客与奴、僮并举，显示客与主人之间的人身依附关系已经形成。在东汉末年，豪强所拥有的客数目愈来愈多，像糜竺"祖世货殖，僮客万人，赀产巨亿"（《三国志·蜀书·糜竺传》），这种关系也愈来愈强烈。这一类依附于豪势之家的人群，在东汉末年又被称作"徒附""私客"，附与私都意味着人身依附的关系。东汉末年以后，由于战乱的关系，更多的人民转而成为豪势家中的客，他们受豪家庇护，逃避国家的赋税与兵役，追随主人征战于各地，听命于主人从事生产活动。私人的客之外，魏、吴两国推行屯田，为国家屯田的农民也称为屯田客或租牛客户，两国都曾经将屯田客或租牛客户赏赐给大臣，这正显示着客已丧失了独立的身份。

人民不断流入豪势之家，影响到国家存在的基础，所以当西晋政权建立之后，便禁止募客。但是事实已经形成，西晋政府仍然不得不予以承认。在颁布户调式与占田法的同时，也颁布了荫客之制，给予官员庇荫衣食客、佃客的特权。衣食客六品以上三人，七、八品二人，九品一人，佃客则一、二品者五十户，三品十户，四品七户，五品五户，六品三户，七品二户，八、九品一户。这一个制度，一方面是对特权的承认，另一方面也是对特权的限制。东晋元帝大兴四年（321），颁布了第二次的给客制度，官品第一、二品者限额略减，以下各品则比起西晋来又有增加。根据《隋书·食货志》所载，"官品第一、第二，佃客无过四十户，第三品三十五户，第四品三十户，第五品二十五户，第六品二十户，第七品十五户，第八品十户，第九品五户"。衣食客的限额与西晋相同，另外有典计，一、二品三人，三、四品二人，五、六品一人，通计于佃客数中。《隋书·食货志》并且说："客皆注家籍。"可知客没有独立的户籍，而是附于主人的家中。受庇荫的客，是不必负担国家的课役的。从两次给客制度，可知这时的客主要是佃客，他们虽然依附于主人，为主人从事农业生产，可是按照规定，"其佃谷皆与大家量分"（《通典·食货典》）。他们所从事的是个别的农业经营，也有自己独立的财产。衣食客的性质不详，可能是由主人供给衣食，充当主人的随从或办理杂务。至于典计，则可能是为主人掌管田园。此外，在南朝又有一种十夫客，例如郭原平，为了营建亡父的坟墓而"自卖十夫，以供众费"，他"执役无懈，与诸奴分务，每让逸取劳"，除了为主人工作外，"所余私夫，佣赁养母，有余聚以自赎"（《宋书·郭原平传》）。可知十夫客也和奴婢一样，是自卖的，在主人指挥下和奴婢一同工作；但是又有不同于奴婢的地方，他不完全属于主人，有自己的余暇，可以同时受雇于他人，积蓄自己的财产。十夫应指一个月之内以十天终身为主人所役使，其余的时间就是私夫，可以自己营生。

政府对于豪势之家养客的法令限制，实际上没有太多的效果。从东晋到南朝，大量逃避赋役的人民流入豪家，成为他们的私附，南朝豪家中大量的奴婢、奴僮，有一部分可能实际上是客。北方的情形也相同，永嘉之乱以后，各地坞堡林立，坞堡内部以地方大族为核心，再聚结以投靠的民众。到了北方恢复安定，这些投靠的民众就成为大族的荫附，不负担官役。北魏前期的地方组织宗主督护制，便是建立在这样的一个基础上。北方的荫附，和南方的客相当，与庇护他们的大族存在着一种人身依附的关系。到三长制与均田法实施后，荫附出而受田，但相信仍有不少这类人群，以奴婢的名义留在主人家中，耕种主人以奴婢的名义领取的田地。当均田法执行比较松懈时，也必然继续有民众投庇到大族的家中。

相当于客的又有部曲。部曲在汉代原是军队的编制，大将军所领有营，营下有部，部下有曲，曲下有屯。到汉末以后，地方大族常以宾客组成私兵，也称作部曲。由于部曲由宾客组成，所以两词可以互换，例如《三国志·魏书·李典传》载李典从父干"合宾客数千家在乘氏"，到后来李典以"宗族、部曲三千余家，居乘氏，自请愿徙诣魏郡"。部曲既是私兵，也同时从事耕作，所以李干"以众随太祖（曹操），破黄巾于寿张"，李典则"率宗族及部曲输谷帛供军"，然后又转战各地。但是在两晋南朝，部曲和客的用法有明显的分别，客主要指大族田园上的劳动者，部曲则主要指军队。例如永嘉乱后的坞主、行主，他们属下的私兵都称为部曲。庾衮在禹山，"勒部曲，整行伍"（《晋书·庾衮传》）；祖逖北伐，"将本流徙部曲百余家渡江"（《晋书·祖逖传》）。东晋南朝的将领也常私自募兵，称为部曲，这些部曲名义上是政府的军队，但实际与私兵无异，他们随主帅任所的转移而转移，主帅卸任时也往往携带他们还家。在这种情况下，他们也很有可能从军队而变为农业劳动者。部曲使用于农业生产，见于《梁书·张孝秀传》，张孝秀罢官以后，"有田数十顷，部曲数百人，率以力田"。这时已经到了南朝后期，但是这种现象也许不是从这时才开始有的，应该在较早时就已经存在。这一类自动投靠的客与部曲，在两晋南朝时身份是否世袭，史无明文。但至少可以看出来，当部曲的主人去世之后，有些部曲仍与他的后代保持相同的关系。例如齐的张瓌，"宅中常有父时旧部曲数百"（《南齐书·张瓌传》）；梁的沈众，有"家代所隶故义部曲"（《陈书·沈众传》）。北朝也有部曲的名称，有时是主人以部曲自随，有时则部曲被用来分配或赏赐。北朝后期，似乎部曲也和奴婢一样，用在农业生产上。隋炀帝时，"除妇人及奴婢、部曲之课"（《隋书·食货志》）。在均田法中，授田是和租课连在一起的，奴婢在隋代免除租课的负担，也不再受田，部曲的情形既和奴婢相同，那么在隋代以前，部曲应该也是可以受田的。当然他们所受的田，实际上为主人所有。

客与部曲虽然与主人有人身依附的关系，但是这种关系似乎是松懈的。像南朝的部曲，在主人死后，可以自由离去，不愿意离去的，可能是因为生活上的关系，所以客与部曲的社会地位比奴婢来得高。东晋时曾免奴为客，北周也规定奴婢放免之后，"若旧主人犹须共居，听留为部曲及客女"（《周书·武帝纪》），便是这一个事实的说明。北周的这一个诏令，是部曲、客女这两个名词首次共同出现。两晋南北朝的客与部曲这两类人群，用同一个名称合并在一起了，男的称为部曲，女的称为客女，以后唐律便沿用了这两个名词。

唐律上的部曲（包含客女），身份要比两晋南北朝时来得固定。《唐律疏议》卷二十二："自幼无归，投身衣饭，其主以奴蓄之。及其长成，因娶妻。此等之人，随主属贯，又别无户籍。若此之类，名为部曲。"可知唐代的部曲是指由主人自幼收养的人，本身没有户籍，户籍附在主人家中，这和两晋南北朝的客与部曲，是为了生活与安全而投靠主人，仍然有一脉相承之处。《唐律疏议》卷十七："奴婢、部曲，身系于主。"可知部曲也和奴婢一样，是受主人控制的。但是两者又有不同，《唐律疏议》卷十八："部曲既许转事，奴婢比之资财。"部曲并非主人的财产，他们有独立的人格，可以转事他人。只是部曲既受主人养育，在转事新主人时，新主人必须酌量偿还旧主人衣食之资。按照规定，部曲也和良人一样，可以有自己的资财。奴婢结婚的对象只限于奴婢，而部曲结婚的对象则不限于良人或客女。但是部曲转事他人，也只能是部曲，他的子孙仍然是部曲，身份的固定，和奴婢相同。

唐代除了部曲之外，又有身份相类似的官贱民：官户和杂户。官户、杂户都是犯罪没官者及其子孙，官奴婢初次解放为官户，再次解放为杂户，第三次解放才为良人。官户又称番户，隶属司农，在州县没有户籍。按照唐律的规定，官户的法律地位与部曲相同，官户须要在司农司分番，也就是轮流服役。分番的时间，是一年三番，番皆一月。服役期间，领取公粮，官户可以受田，是百姓口分田的一半，这是部曲所没有的待遇。但是官户必须"当色为婚"（《唐律疏议》卷十四），也就是只能同官户结婚，这是不如部曲的地方。杂户的地位比官户高，在州县有户籍，他们受田和百姓相同。但是杂户也不是完全自由的人，他们"散配诸司驱使"（《唐律疏议》卷十二），服役的时间是二年五番，比官户短，可是婚姻方面也必须当色为婚。官户、杂户的番役，主要是"男子入于蔬圃，女子入厨膳"（《唐六典》卷六），但这并不占去他们所有的时间，一年之中，他们有相当长的时间可以用来经营自己的田产。

唐代部曲的身份虽然固定，但是也有理由相信，他们的数目比起两晋南北朝时期要减少了很多。因为这时的部曲只不过是出身于"自幼无归，投身衣饭"的孤儿而已，不再是来自成批逃避战乱与赋役的人群。部曲制到了唐代，也已处在一个逐渐衰退的时代了。

三、世业、世兵与世吏

除了奴婢、客与部曲之外，在魏晋南北朝时期，还有一些人群，他们或者必须世代从事某项职业，或者必须世代服兵役，或者必须在官府中世代充吏职。这些不同的人群，社会地位有高低的差异，但是他们的同时存在，说明这是一个身份固定的时代，不论社会地位高低，都表现出类似的特色。

魏晋南北朝时期由政府强制世业的人群，主要是手工业的工匠。汉末的大乱，使得手工业生产停顿，手工业者也已流散，但是统治者对于手工业的生产有迫切的需要，所以很快官府手工业便首先恢复了。官府手工场中最主要的一个问题，便是工匠来源的问题。一般技术的工匠可以使用奴婢和刑徒，至于特殊的技术则有赖于专门的工匠。为了保障专门工匠的来源，从三国时起，便有强制征发工匠的制度。这一类受政府强制征发到官府工场中工作的工匠，称为百工技巧或百工。百工的身份与一般百姓不同，比较低微，服色、车乘都有特殊的制度。晋朝规定，"诸士卒、百工以上，所服乘皆不得违制"（《晋书·李重传》）。魏晋时期士卒身份世袭，地位低微，百工与士卒连称，大概百工的情况也和士卒相似。百工受政府控制，是以家为单位的，政府征发时，由百工的家庭提供人力，家庭中的其他人，仍然可以从事私人的生产。东晋时，王羲之曾经在一封写给谢安的信中，提到"百工医寺，死亡绝没，家户空尽，差代无所"（《晋书·王羲之传》）。清楚地说明，百工是世袭的，如果死亡绝后，便差代无所了。

北朝的北魏，也有百工技巧，又称为技作户。他们的身份低微，由特设的机构管理，各有专业，如绫罗户、细茧户等。北魏建都平城时，曾经徙山东百工技巧十余万口充实京师，可见人数颇为不少，也可见这一个制度在北魏以前已存在于北方。北魏太武帝曾经在太平真君五年（444）下了两道诏令，对于工匠作严格管制，其中之一是"自王公以下至于庶人，有私养沙门、师巫及金银工巧之人在其家者，皆遣诣官曹，不得容匿"，另一道是"其百工伎巧、驺卒子息，当习其父兄所业，不听私立学校"（《魏书·世祖纪下》）。可知北魏要将手工业完全由政府控制，而且以法令规定手工业者的子弟必须习其父兄之业，不可以入学读书，使手工业者成为世袭。

不论南北，对于手工业者的控制都逐渐松弛。南朝在齐时，开始实施番役制度，每年有规定的服役时间，有番假可以休息；北朝后期，也采取了轮番制。官府对于手工业者控制放宽，也意味着民间手工业开始发展。唐代的官府手工业，继承了南北朝后期的番役制度。工匠番役仅二十日，称为短番匠。如果不愿应役，可以出资雇其他上番的工匠代为应役。这一类代役的工匠，由于服役满二十日之后仍然继续在番，所以称为长上匠。但是巧手不准纳资，"有阙则先补工巧业作之子弟"（《唐六典》卷七）。可知工匠世业的制度到唐代并没有完全消失，巧匠的子弟仍然必须世袭父兄之业。然而纳资的风气逐渐盛行起来，有明资匠的出现，由政府出资雇人，到后来连巧匠也可以纳资，由政府雇人了。变化愈来愈大，工匠世业的制度于是慢慢消失。

世兵制度开始于三国时代，政府为了控制兵源，而强制当兵的家庭世代当兵。在世兵制度之下，是兵民分籍的，魏、吴两国，都常以"强者为兵，羸者补户"（《三国志·吴书·陆逊传》）。兵籍又称士籍，当兵的家庭在魏称为士家或士伍，在吴、蜀则称兵户。士家的子孙，是要世代当兵的。据《晋书》的记载，如王尼，"本兵家子""初为护军府军士"；刘卞，"本兵家子""兄为太子长兵，既死，兵例须代"。但是并非士家的每一个男丁都要当兵，政府只是从家中所有男丁抽调一部分，例如晋武帝伐吴时，"调诸士，家有二丁、三丁取一人，四丁取二人，六丁以上三人，限年十七以上，至五十以还"（《全晋文·晋武帝伐吴诏》），所以士家仍然有余丁从事自家的营生。由于征发时常以三、五为基数，从中抽调，所以兵家到了南朝又有三五或三五门的称呼。南朝的士兵又称军户、营户，他们隶属于军府，妻子家属随营居住。

当兵成了世袭的义务以后，士家的身份变得卑微，社会地位也因此而低落。这种情形，在三国时代已经是如此。《晋书·赵至传》载赵至十三岁时母亲对他说："汝先世本非微贱，世乱流离，遂为士伍耳。"说明曹魏的士伍是微贱的。甚至于士家的婚姻，也受到政府的干涉。曹魏时规定，士家必须自相通婚，士女不许嫁给吏民，有如此的则由政府夺回改配战士；战士的妻子也由政府配给，只有士侯，也就是战士因功封侯之后，"其妻不复配嫁"(《三国志·魏书·钟毓传》)。所以到了两晋南朝的时候，兵户不被认为是良人，他们的身份比一般平民来得低，要经过政府的解放，才能够获得平民的身份。世兵制到了南朝的时候，逐渐破坏，一方面由于兵户因战死、逃亡等因素而逐渐减少，另一方面则由于社会地位卑微，导致他们士气低落，无法发挥军队的作用。于是募兵制逐渐取代世兵制，成为南朝主要的兵制。

两晋南北朝时，又有所谓役门，官府中的吏，大概都从这些家庭出身。例如宗越，"为役门，出身补郡吏"(《宋书·宗越传》)。官府中的吏，大致包含吏、僮、干三类人。僮吏、僮干常常连称，干也许是吏中比较精明强干的人，做一些奔走应对的工作；僮则是吏中年纪较轻的人，做一些琐碎小事。政府对于在任的官员，都给予僮吏。南朝时，官员对于吏是可以施加杖罚的。可知吏的身份在官员的眼中看来十分微贱。但是吏所出身的役门，大多是富有的寒人，社会地位比起一般百姓来讲，是比较高的，甚至他们会在乡里仗势欺压百姓，只不过面对世族出身的官员时，他们的身份相形之下便显得低微。《梁书·沈瑀传》记载沈瑀任余姚令时，"县南又有豪族数百家，子弟纵横，递相庇荫，厚自封植，百姓甚患之。瑀召其老者为石头仓监，少者补县僮"，可知僮吏出身的役门，是属于地方上的豪族。同传又载："瑀初至，富吏皆鲜衣美服，以自彰别。瑀怒曰：'汝等下县吏，何自拟贵人耶？'悉使着芒履粗布，侍立终日。足有蹉跌，辄加榜棰"，可知吏的家境虽富，却非"贵人"。在官府里，他们有规定的服饰，只能穿粗布衣服，而且面对上官，动辄得咎，遭受杖罚。家境富裕并未改变他们的社会地位，他们受制于这一个时代的士庶之分。

这些只能充当吏的富家，逐渐也以各种方法突破他们社会地位的限制。他们有时会以门生的名义，成为权贵的依附人群。例如颜竣，做官"皆阙政刑，辄开丹阳库物贷借"，于是吏投其所好，"多假资礼，解为门生，充朝满野，殆将千计"（《宋书·颜竣传》）。又如徐湛之，"门生千余人，皆三吴富人之子"（《宋书·徐湛之传》）。这些富人之子，大约也是属于役门。他们自愿献财物给权贵，成为其门生，是因为他们可以从这种关系中得到好处，譬如说逃避课役。而他们在生活上并不依靠权贵，所以依附关系反而打破了他们社会地位的限制。像徐湛之的门生，"姿质端妍，衣服鲜丽。每出入行游，涂巷盈满，泥雨日，悉以后车载之"。这种生活享受和世族子弟无异，不是在官府中低声下气、终日奔走的吏所能想象的。

世族由僵化而腐化，也是吏突破他们社会地位限制的一个好机会。世族子弟以清高自命，不愿处理俗务，于是行政实务落入吏的手中，权力也转移到寒人的手里。从东晋末年以来，"文案簿领，咸委小吏，浸以成俗"（《陈书·后主本纪》），寒人典掌机要的情形愈来愈普遍。到梁武帝时，更因此而遭世族埋怨，说他"爱小人而疏士大夫"（《颜氏家训·涉务》）。侯景之乱后，南方门第衰落，地方豪强势力兴起，世吏之制已成过去。

参 考 书 目

一、专著

王伊同：《五朝门第（上册）》，香港：香港中文大学出版社，1978年：第六章。

李季平：《唐代奴婢制度》，上海：上海人民出版社，1986年。

李剑农：《魏晋南北朝隋唐经济史稿》，台北：华世出版社，1981年：第二章。

唐长孺：《三至六世纪江南大土地所有制的发展》，收入其著《唐书兵志笺正（外二种）》，北京：中华书局，2011年。

赵冈、陈钟毅:《中国历史上的劳动力市场》,台北:台湾商务印书馆,1986
　　年:第二、三、四、五、六章。

刘伟民:《中国古代奴婢制度史》,香港:龙门书店,1975年。

瞿同祖著,邱立波译:《汉代社会结构》,上海:世纪出版集团、上海人民出版
　　社,2007年:第一部分第四章。

二、论文

何兹全:《魏晋南朝的兵制》,收入其著《何兹全文集(第二卷)·中国史综
　　论》,北京:中华书局,2006年。

吴景超:《西汉奴隶制度》,《食货半月刊》第2卷第6期,1935年。

志田不动麿著,傅衣凌译:《汉代苍头考》,《食货半月刊》第4卷第11期,
　　1936年。

李建民:《由新出考古资料看汉代奴婢的发展与特质》,《食货月刊(复刊)》第
　　15卷第11、12期,1986年。

武仙卿:《南北朝色役考》,《食货半月刊》第5卷第8、10期,1936年。

武伯纶:《西汉奴隶考》,《食货半月刊》第1卷第7期,1935年。

唐长孺:《晋书·赵至传》中所见的曹魏士家制度,收入其著《魏晋南北朝史
　　论丛》,北京:中华书局,2011年。

唐长孺:《拓跋国家的建立及其封建化》,收入其著《魏晋南北朝史论丛》。

唐长孺:《魏晋至唐官府作场及官府工程的工匠》,收入其著《魏晋南北朝史论
　　丛续编;魏晋南北朝史论拾遗》,北京:中华书局,2011年。

唐长孺:《魏晋南北朝时期的客和部曲》,收入其著《魏晋南北朝史论丛续编;
　　魏晋南北朝史论拾遗》。

宫崎市定著,杜正胜译:《从部曲到佃户(上)》,《食货月刊(复刊)》第3卷第9
　　期,1973年。

马非百:《秦汉经济史料(六)》,《奴隶制度·食货半月刊》第3卷第8期,
　　1936年。

高敏:《两汉时期"客"和"宾客"的阶级属性》,收入其著《秦汉史论稿》。
　　台北:五南图书出版公司,2002年。

堀敏一:《六朝时期隶属民的诸形态——部曲、客女身份形成的前提》,收入

刘俊文主编，夏日新、韩升、黄正建译:《日本学者研究中国史论著选译（第四卷）·六朝隋唐》，北京：中华书局，1992年。

陶希圣:《王莽末年的豪家及其宾客子弟》,《食货半月刊》第5卷第6期，1936年。

劳干:《汉代奴隶制度辑略》，收入其著《劳干学术论文集·甲编》，台北：艺文印书馆，1976年。

杨中一:《部曲沿革略考》,《食货半月刊》第1卷第3期，1935年。

杨中一:《唐代的贱民》,《食货半月刊》第1卷第4期，1935年。

邹纪万:《两汉官私奴婢问题研究》,《食货月刊（复刊）》第6卷第12期，1977年。

戴振辉:《两汉奴隶制度》,《食货半月刊》第1卷第7期，1935年。

滨口重国:《唐代贱民部曲的成立过程》，收入刘俊文主编，姚荣涛、徐世虹译:《日本学者研究中国史论著选译（第八卷）·法律制度》，北京：中华书局，1992年。

鞠清远:《两晋南北朝的客、门生、故吏、义附、部曲》,《食货半月刊》第2卷第12期，1935年。

鞠清远:《三国时代的“客”》,《食货半月刊》第3卷第4期，1936年。

第十讲

均田法的演变与破坏

一、均田法的成立与演变

从战国时期封建制度崩溃，土地私有制度确立之后，除王莽王田、曹魏屯田等短时期的土地国有政策外，土地私有制度持续了有八九百年。北魏时，出现了土地国有的均田制度，此后施行了约有300年之久。均田制度由国家来负责分配田地，人民对土地只有使用权而没有所有权。这一个制度施行并不彻底，也没有能够阻遏土地兼并的发展，可是由国家来分配土地，制造出许多独立的小农，对于土地所有权集中所产生的问题，应该多少有缓和的作用，而对开垦荒地，增加政府的税收，则有很大的贡献。

（一）均田法成立的背景

汉末以后，长期动乱，北方人口锐减，由于农业劳动力的丧失，造成大量土地的荒废。历朝政府为了充裕国家的财源，安定人民的生活，对荒田开垦十分重视，曹魏的屯田、西晋的占田，都是一种荒田开垦政策。北魏的均田法，也是同一背景之下的产物。由战乱而产生的大量无主荒田，一方面使政府能够掌握广大的国有土地，作为分配之用，另一方面也使政府深感有鼓励开垦以增加国家税收的必要。

此外，北魏实施均田法，还有政治上和民生上的目的。在政治上，由于战乱和重税、重役的影响，很多人民为了生存，常投靠豪族，成为豪族的佃客，称为荫附，有30家、50家才成为一户的。在北魏孝文帝太和八年（484）以前，租调按户来征收，于是这些荫附于豪族之下的人家，不必负担国家的税役，成为豪族的私民。可是很多人家聚居一小块土地上，土地也不能够合理地利用。现在政府将无主的土地分配给人民，使他们脱离豪族的庇护，向政府登记受田，政府既可增加户口、税收，也削弱了豪族的力量。在民生上，北魏统一北方后，政治逐渐安定，流民或其子孙返回故土，土地有的已被豪民强占，也有的两家指认同一块土地，因而发生很多纠纷。由政府来分配土地，化解了这些问题，同时也保障了人民生活的最低限度。

（二）北魏均田法的内容

北魏原以游牧立国，但是在创业开国以前，农业已经萌芽；开国以后，对农业愈加重视，曾经对部分属民实施计口授田。均田法可以说是计口授田的扩大，也可以说是北魏将国家的经济基础完全转移到农业之上。均田法诏令的颁布，在北魏孝文帝太和九年（485）十月，诏书中有"均给天下民田"之语，均田法的名称便由此而来。但是均田法的实施，应在太和十一年（487）以后。在正式实施均田法之前，太和十年（486）二月下令实施三长制，以五家为邻，五邻为里，五里为党，邻、里、党各有长，由政府任命。目的在于清理户籍，作为实施均田法的基础。

北魏均田法的内容，详见《魏书·食货志》（内容分项及细项，各以数字标出）：

1. 授田对象、种类和数量

下诏均给天下民田：（1）诸男夫十五以上，受露田四十亩，妇人二十亩，奴婢依良。丁牛一头受田三十亩，限四牛。所授之田率倍之，三易之田再倍之，以供耕作及还受之盈缩。诸民年及课则受田，老免及身没则还田，奴婢、牛随有无以还受。（2）诸桑田不在还受之限，但通入倍田分，于分虽盈，没则还田，不得以充露田之数，不足者，以露田充倍。诸初受田者，男夫一人给田二十亩，课莳余，种桑五十树、枣五株、榆三根；非桑之土，夫给一亩，依法课莳榆、枣。奴各依良，限三年种毕，不毕，夺其不毕之地。于桑榆地分杂莳余果及多种桑榆者不禁。诸应还之田，不得种桑榆枣果，种者以违令论，地入还分。诸桑田皆为世业，身终不还，恒从见口。有盈者无受无还，不足者受种如法，盈者得卖其盈，不足者得买所不足，不得卖其分，亦不得买过所足。（3）诸麻布之土，男夫及课，别给麻田十亩，妇人五亩，奴婢依良，皆从还受之法。（4）诸有举户老小癃残无授田者，年十一已上及癃者，各授以半夫田，年逾七十者不还所受，寡妇守志者虽免课亦授妇田。

2. 还受时间

（5）诸还受民田恒以正月，若始受田而身亡，及卖买奴婢、牛者，皆至明年正月乃得还受。

3. 宽乡、狭乡

（6）诸土广民稀之处，随力所及，官借民种莳，役有土居者［后有来居者］依法封［还］授。诸地狭之处，有进丁受田而不乐迁者，则以其家桑田为正田分，又不足，不给倍田，又不足，家内人别减分。无桑之乡，准此为法。乐迁者听逐空荒，不限异州他郡，唯不听避劳就逸。其地足之处，不得无故而移。（7）诸民有新居者，三口给地一亩以为居室，奴婢五口给一亩。（8）男女十五以上，因其地分，口课种菜五分亩之一。（9）诸一人之分，正从正，倍从倍，不得隔越他畔，进丁受田者恒从所近。若同时俱受，先贫后富。再倍之田，放此为法。（10）诸远流配谪、无子孙及户绝者，墟宅、桑榆尽为公田，以供授受。授受之次，给其所亲。未给之间，亦借其所亲。

4. 地方官的俸田

（11）诸宰民之官，各随地给公田，刺史十五顷，太守十顷，治中、别驾各八顷，县令、郡丞六顷。更代相付，卖者坐如律。

这道诏令的内容可以分为几大项，大项之下又可以再分细项。第一大项是授田对象、种类和数量。条文（1）规定男夫、妇人都可以受露田，男夫每人40亩，妇人所受田是男夫的一半；奴婢如同良民一样可以受田，奴、婢所受田的数额应亦如男夫、妇人一样有数量上的分别。"丁牛"应指有能力耕作的牛，亦可受露田30亩，但只限四头。授田时都加倍授予，这应由于当时北方经过战乱，耕作方式已趋于粗放，土地耕过一年之后就必须休耕，改用另外一块土地来耕作。"三易之田"应指土质更差，要三年才能轮耕一次的土地，所以在授田时再多授一倍。民众到了要承担政府征课时受田，还田的时间在免除征课的年龄或尚未到此年龄就去世时，奴婢、牛所受的田则视主人是否拥有而还受。条文（2）规定了桑田的授予。其中"于分虽盈，没则还田，不得以充露田之数，不足者，以露田充倍"几句话不易理解，可能文字有脱误。桑田仅授予男夫、奴，妇人和婢没有，一人是20亩，用来种桑、枣、榆，身没不还，成为世业。但是即使可以传之于子孙，一家人所能拥有的桑田面积，只能依据目前家中丁口的人数计算，不足者政府才授予。如果有多，可以卖多出来的部分，不足也可以买不足的部分，不能多卖多买。条文（3）是关于麻田的规定。在产麻的地方，男夫、妇人都可以获授麻田，分别是十亩、五亩，奴、婢如同良民。麻田和露田一样，是有授有还。条文（4）是特殊对象的授田规定，包括全户皆为老小癃残者和寡妇守志者两类。前者是家中没有壮丁，可以在11岁时就授以男夫田的一半，癃残者亦然；年龄超过70岁，这应该是还田的年龄，也不用还田。后者则是守寡不改嫁的妇人，到了免除征课的年龄也授以妇田。

　　第二大项是还受时间。条文（5）规定受田、还田的时间都在每年正月，即使在其他月份身故，或买卖奴婢、牛，也到次年正月才还受。

　　第三大项涉及宽乡、狭乡，宽乡是土广民稀之处，狭乡则是人稠地狭之处。条文（6）规定在土广民稀之处，如果除了所受田之外，还有能力再多耕，可以向官府借地种莳；如果有人自外地迁来定居，就必须将所借田还给政府，让政府有田可授。在人稠地狭之处，一个家庭如果人丁增加，政府鼓励迁往宽乡，若不乐迁移，以此一家庭的桑田计入正田（露田）的数量，仍不足，不给倍田，又不足，家庭中的人丁就减少应授予的分量。如果乐于迁徙，可以任意迁至乏人耕种的地方，即使是其他州郡也可以；土地足够分配的地方，则不得无故迁移。条文（7）规定新迁移来的民众，由政府给予盖居室的土地。条文（8）规定男女到达受田的年龄，每口课以种菜五分之一亩。条文（9）规定每个人所受田，正田和正田要连接在一起，倍田和倍田要连接在一起，不可以分隔在不同的地方。一个家庭如果人丁增加，所受新田应邻近这家人原本所受田的位置。如果不同的家庭同时受田，先迁就贫者的位置，然后才考虑富者。再倍之田在授予时，同样要考虑上述的状况。条文（10）规定如果有人因犯罪而遭流配，或一个家庭因无子孙而户绝，其居室、桑田都由政府收回，成为公田，以供授受。于授受时，原本居室、桑田主人的亲人可以优先获授，尚未授予时，也可以由其亲人租借。

第四大项与地方官的俸田有关。条文（11）规定各级地方官在任官之处给予多少不等的公田，新旧任交接时要交给接任的官员，不得买卖。

北魏的均田法，虽然是一种土地国有制度，但是用来分配的土地，只是无主的土地，对于豪族原有的广大田产，并不加以干涉，从制度上可以看出，是和现状相配合的。因为牛和奴婢也有受田的权利，所以拥有愈多奴婢的豪族，所受田产也就愈多。豪族原有的田产，只需要在地籍登记上由私有转为国有，经过形式上的授田手续，不至于发生任何变化。至于贫民，没有奴婢和牛，所受的田产也就较少。因此均田法的精神，不在于土地的平均分配，而在于劳动力的充分利用，以使政府的赋税收入增加。对于贫穷的人家，则让他们能够有最低限度的耕地，可以独立维持生活，不至于受豪强的剥削，同时也使土地不至于荒废，能为国家负担赋税。

（三）均田法的演变

自从北魏实施均田法之后，北齐、北周、隋、唐都继承了这一制度。南北朝时期，南朝并未施行此一制度；隋唐统一后，均田法作为一项全国性的制度，应已推行到南方，从一些迹象看，至少在唐代已是如此。在近300年中，均田法的内容发生了许多变化：

1. 土地还受日期的改变

北齐从正月改为十月，为以后隋、唐所沿用。

2. 授田名称、项目的改变

北齐将桑田改称永业，唐代再将露田改称口分。当作官俸的公田，隋代改称为职分田，唐代沿用这一名称。隋代又增给行政机关公廨田，唐代同样沿用。

3. 授田年龄的改变

北魏以15岁受田，70岁还田。北齐以18岁受田，66岁还田。北周将还田年龄降为64岁，隋代又降为60岁。唐代最初以21岁受田，60岁还田；至唐中宗时，又改为22岁受田，58岁还田。

4. 授田对象的改变

奴婢受田，在北齐加以限制，亲王限300人，以下递减到庶人是60人，隋、唐两代已经没有奴婢和牛受田的规定。妇人受田的规定，在隋、唐取消，仅寡妇仍然可以受田。唐代新增工商业者、道士、女冠、僧尼、官户（高级官奴婢）受田的规定，但是数量较少。工商业者口分、永业各减半，在狭乡不给；道士给田30亩，女冠20亩，僧尼相同；官户授田为百姓口分之半。

5. 土地买卖的规定

北魏规定只有桑田可以有限度的买卖，到了唐代，无论永业或口分，有以下情形之一，都可以买卖：（1）庶人身死家贫，无以供葬者，听卖永业田。（2）流移者相同（指非狭乡迁宽乡者，狭乡迁宽乡者另有规定）。（3）从狭乡迁宽乡者并听卖口分田。（4）卖充住宅、邸店（居物之处为邸、沽卖之所为店。唐代商旅带同货物，居于邸店，在邸店做大宗的买卖）、碾硙者，虽然不是迁往宽乡，也可以出售口分田。

6. 宗室、官员永业田的扩大

自隋代以后，宗室、官员在正常的受田之外，另外授予数量相当多的永业田。隋代从诸王以下到都督，授永业田自100顷到30顷。唐代给田的范围更扩大，从亲王以下到五品官员，授永业田从100顷到5顷；勋官从上柱国到武骑尉，授田从30顷到60亩。按照唐代的规定，宗室、官员的永业田可以买卖。

从北魏到隋唐，均田法的变化主要表现出两个趋势：第一，从还受年龄的缩短，可以看出一般人家所能掌握露田或口分的时间已经缩短；从奴婢和妇人受田规定的取消，可以看出一般人家所能分配到的土地已经减少。这两点都可能反映了政府手中控制的土地，也就是可授田的面积是愈来愈少，所以对一般人家要加速土地流通的速度，减少土地分配的数额。第二，更加重要的，是均田法逐渐丧失了土地国有制度的性质，对土地私有制度作逐步的承认。上述5、6两项和此一演变关系密切，宗室、官员获得了大量的永业田，超过一般民众所应受的田产数量甚多，扩大

了私有土地的存在；土地买卖规定的放宽，也有助于私有土地的
发展。

二、均田法的破坏

均田法自实施以来，不断受到权贵豪族土地兼并的冲击，使
得法令无法贯彻。例如杜佑《通典·田制》引《关东风俗传》讲
述北齐的情形："其时强弱相凌，恃势侵夺，富有连畛亘陌，贫
无立锥之地。"到了唐代安史之乱以后，均田法更由于实际的困
难而无法继续实施，政府恢复对土地私有制度的完全承认。均田
法破坏的基本原因，在于本身性质的转变。自隋代以来，均田法
逐渐丧失土地国有制度的性质，这一个趋势，再加上其他因素的
影响，造成了以下的现象，使得均田法难以继续维持。

（一）分配不足

均田法要能实施，政府必须控有大量可以用来分配的土地，
否则就无法实施。可是这种条件逐渐不再存在，到盛唐以后，问
题尤其明显。造成这种现象的原因，在于均田法制度本身。均田
法在北魏实施时，已有露田、桑田之分，露田必须还给政府，重
新分配，而桑田则可以传之子孙，不在收授之限，于是桑田成为
事实上的私有土地。所以到北齐时，便将桑田改称永业，具体反
映出私有土地的实质。随着人口的增加，由政府手中转移到民众
手中的永业田数量自然愈来愈多。特别是从唐初以来，户口迅
速上升，唐高祖武德年间（618—626）只有200万户，唐高宗永
徽三年（652）有380万户，到唐玄宗开元十四年（726）上升到

706万户，安史之乱以前，也就是唐玄宗天宝十三载（754）上升到唐代户口最高峰，有906万户。事实上，天宝年间（742—755）户口逃漏的情形已很严重，据估计，逃漏户口约当户籍户口的一半，因此在天宝末年，全国的实际户口已达1 359万户。由于户口的迅速增加，于是有大量的土地经由永业田的形式而成为民间的私有土地。虽然永业田只有20亩，但是经历了100多年，有好几代，人口愈来愈多，累积起来就不是一个很小的数字。

另外一个严重的问题是宗室和官员的永业田数额很大，唐代像亲王可有100顷，是20亩的500倍。唐代官员的数字从高宗以后增加很快，武后时又造出大量的员外官，因此分配给官员的永业田数量自然也不断增加。而且除了永业田之外，又有在任官员所享有的职分田，行政机关所享有的公廨田，是不能收回来作再分配的。职分田依官品不同自12顷到80亩，公廨田依机关的不同自40顷到1顷，也超出一般民众所分配的土地甚多。以唐玄宗时代官员的众多，行政机关的复杂，累积起来也是一个很可观的数字。这类职分田和公廨田，放佃给人民耕种，实际上可以视为以政府为地主的私有土地。

由于国有土地不断地转变为私有土地，使得政府所能控制的国有土地愈来愈少，均田法的分配也就发生困难。所以制度上每户人家所能分配到的土地在唐代已比北魏缩减，田地保留在民众手中的时间也愈来愈短。给田不足，成为不可避免的现象。这种现象存在已久，但是到了唐代似乎更加严重。敦煌出土的西魏大统十三年（547）计账，受田受足者有6户，三分未足（已受四分之三左右）也有6户，二分未足（已受四分之二左右）有13户，一分未足（已受四分之一左右）有7户，无田者只有1户。

可知虽然受田不足的现象已很明显，但至少三分之二以上的人家
受田都在应受面积的二分之一以上，而且他们的正田、麻田分别
集中于一处，土地连接而非分割。而同样是敦煌出土的唐代户籍
文书，根据统计，其中41户，按应受田亩受足的只有1户，受
田在应受田亩20%—40%之间的有29户之多，有4户甚至在10%
以下，而且已受田多半是永业田，口分田的数量很小。表现授田
困难的另一个事实，是田产分布的零散，由于政府所能控制的土
地减少，受田者所分配到的土地常常无法集中于一处，而是每块
三四亩或更少地分散在几个相隔甚远的地方，根据吐鲁番出土的
唐代开元年间（713—741）土地文书，近的相距三五里，远的则
达到100里，土地如此零碎，距离又如此遥远，对受田的农民来
说，如何经营实在是一件苦恼的事。在这种情况之下，均田法很
难维持下去了。

（二）豪强兼并

　　土地兼并在均田法实施期间始终没有止绝，前面引述《关
东风俗传》所讲北齐的情形是最好的说明。到了唐代，又由于
土地买卖规定的放宽，助长了土地私有制度的发展。这一方面
使土地可以经由买卖，而逐渐集中在豪势之家的手中，另一方
面使贫民丧失最低限度应有的田产。按照规定，在某些情形之
下，无论永业田、口分田都可以买卖。永业田事实上是私有的
土地，可以不论。口分田按理应该是国家控制的土地，还受之
权应操之于国家，由狭乡迁到宽乡，应该将狭乡的田产交还给
国家，再由国家在宽乡另外授予田产，可是唐代的法令允许由
狭乡迁往宽乡者出卖口分田，这使得口分田也可以成为私有土
地。另外口分田还允许出卖作住宅、邸店、碾硙，这给予豪强

更多兼并土地的机会。买卖之门既开，除了合法买卖之外，自然又有非法买卖。政府对非法买卖和占田过限都有惩罚的规定，"诸卖口分田者，一亩笞十，二十亩加一等，罪止杖一百；地还本主，财没不追"（《唐律疏议》卷十二）；"诸占田过限者，一亩笞十，十亩加一等；过杖六十，二十亩加一等，罪止徒一年，若于宽闲之处者，不坐"（《唐律疏议》卷十三）。但是如果违反法令的是豪势之家，这些规定能否有效执行，能否发挥吓阻的作用，无疑是一大问题。

　　法令严密时已无法阻止土地兼并，法令宽松之后土地兼并自然更为盛行。贞观年间（627—650），前泽州刺史张长贵、赵士达占部中腴田数十顷；永徽年间（650—655），洛阳豪富占田踰限共三千余顷。《新唐书·食货志》："初，永徽中禁买卖世业、口分田，其后豪富兼并，贫者失业，于是诏买者还地而罚之。"可见到高宗永徽年间，土地的买卖已相当普遍，引起了政府的注意。此后问题愈来愈严重。由于长年对外用兵，赋役愈来愈繁重，而农民所能分到的田地愈来愈少，负担赋税的能力愈变愈差，有田反而成为累赘，往往有典卖田地、流移他乡的情形。其次，田地分布太过零散，导致经营不便，也很容易引起农民出卖田地的动机，田地于是大量经由买卖而集中到富豪的手里。唐玄宗开元、天宝年间，多次下诏禁止以买卖兼并土地，可见这种现象不断在扩大之中，无法禁绝。玄宗时的官员，如李憕、李彭年号称有"地癖"，卢从愿被目为"多田翁"，都反映出土地兼并的盛行。因此，到天宝年间，均田法已经由于豪强兼并而到了无法维持的程度，安史之乱爆发以后，天下大乱，人民流亡更多，政府行政效率降低，户籍不实，均田法更加无法实施，政府不能不完全承认土地私有的现状。

（三）从租庸调到两税

和均田法相辅而行的赋税制度是租庸调法，均田法以口为单位来授田，租庸调也以口为单位来征收赋税，凡是受田的丁男，都有负担租庸调的义务。唐代的租庸调法，渊源于北魏，最初将布帛、粟米的征课合称为调，到北齐而分别称布帛的征课为调，粟米的征课为租，唐代将力役并入为庸，合称为租庸调。唐代租庸调法的内容，据《新唐书·食货志》：

> 凡授田者，丁岁输粟二斛，稻三斛，谓之租。丁随乡所出，岁输绢二匹，绫、絁二丈，布加五之一，绵三两，麻三斤，非蚕乡则输银十四两，谓之调。用人之力，岁二十日，闰加二日，不役者日为绢三尺，谓之庸。

如果田亩能够授足，租庸调的税率不算高，以租来说，八十亩口分田，以生产粟八十石计，输粟二石只是四十分之一的税率。但事实上，愈往后田产愈难授足，而且距授足相差很远，所以对很多人来说，租庸调的负担是不轻的。而且除了租庸调之外，还有其他项目的赋税负担。在赋役愈来愈重的情况下，就有不少的农民情愿放弃田产流移他乡，使得政府的税收减少。到安史之乱发生之后，流移的农民更多，政府所能控制的税源更少。天宝十四载（755）有课口 8 208 331，到唐肃宗乾元三年（760）课口只剩下 2 370 799，不及原来的三分之一。而且授田既没有办法实施，这种向受田丁征取赋役的租庸调制度也就没有存在的意义，赋税制度因此不得不变革。

于是在唐德宗建中元年（780），由于宰相杨炎的建议而实施两税法，将租庸调和其他一切税目并入两税征收，不再以授田丁为征课对象，而改以所有民户的资产和田亩多寡为征课标准。这就是杨炎在建议实施两税法奏文中，所说的"户无土客，以见居为簿，人无丁中，以贫富为差"（《唐会要·租税上》）。每年分两次征收，征收的物品是钱和谷粟，但后来因为钱币不足，又改折绢帛。两税法的实施，具有划时代的意义。在安史之乱以后，均田法虽然已经无法实施，但是政府没有正式宣布废止。两税法颁行之后，不再以授田丁为征税对象，等于是正式废止了均田法；而资产和田亩的多寡成为征课的标准，也无异于完全确认了土地私有制度。

三、客户的涌现及其与佃农的合流

前引《唐会要》所载杨炎奏文中所说的"户无土客"，反映出了当时有土户、客户的分别，这是均田法破坏过程中所出现的一个重要社会现象。

所谓客户，是指离开本籍，客居外地的客籍人户；而土户则是居于本土，在均田法下获授田产的国家编户，土户和客户是相对的称呼。在均田法之下，原来应该凡是丁男都可以由国家授予田产，客户所以出现，和受田不足、土地兼并及赋役繁重等压力所造成的农民流移现象有关。客户一词在唐代最早见于记载，是在武后统治的时代，正是户口逃亡开始显现成为严重问题的时期，以后到唐玄宗时期，问题继续恶化，客户一词也不断地出现。当时又以"浮逃客户"连称，可见客户也就是逃户。柳芳在《食货论》中，曾对客户作这样的说明："自后赋役顿重，豪

猾兼并，强者以才力相君，弱者以侵渔失业，人逃役者多浮寄于
闾里，县收其名，谓之客户，杂于居人者十一二矣。"（《全唐文》
卷三七二）指出了所谓客户，是为了逃役而浮寄于闾里之间的人
户。他们杂居于民户之中，地方政府原本已经失去了对这些户口
的控制；至于"县收其名"，则是政府经过一番努力，设法将他
们重新编入户籍之内。

　　武后时期处理逃户的办法之一，是积极奖励逃户还乡，不
愿意回去的，原则上可以就地落户，重新编入户籍。这一个处理
逃户的原则，为唐玄宗时期所继承。除了鼓励自首之外，武后时
又曾委派官员，"括天下亡户"，亦即由政府来主动地检括。这
一个办法，也为唐玄宗时期所继承，而且规模更大。从开元九年
（721）起，由宇文融主持检括逃户的工作，下令各地的逃户限于
百日之内自首，自首之后，依照他们的意愿或者还乡，或者就地
落户，新编户籍；如果过了期限没有自首，官府就要进行搜查检
括。这项工作持续了有四年之久，先后括出新附客户 80 多万，一
律免除六年租调，每丁课以轻微税钱，总共得钱数百万。检括出
的客户有 80 万户，而开元十四年（726）全国有 707 万户，客户
所占比例，正和柳芳所说"杂于居人者十一二矣"相合。这些新
括出的客户，可以享受规定时间的赋税优惠，期满之后，才编入
正式户籍，承担赋役。由于不在国家正式的户籍之内，他们是客
籍人户。他们未被检括出来之前，有些可能仍然有家财，有些可
能在山野垦荒，有些则可能成为有产人家的佃农或雇农，其中大
多数可能生活比较穷困。为了改善他们的生活，使他们能够早日
承担赋税，所以政府又对宽乡的客户支给剩田，对狭乡的客户鼓
励移狭就宽。但是这项措施的效果似乎并不是很好，而逃户的问
题也始终没有中断，反而持续扩大，于是逃亡客户不断增加。土

地兼并的结果，使得少数人拥有大量的土地，他们需要劳动力来耕种。以往奴婢、部曲两种大族家中的劳动力，到唐代已趋于没落，大量的逃户如今以租佃的关系，投入了地主家中，于是佃农逐渐成为逃户的一条重要出路。在安史之乱以前，客户已和佃食连在一起讲，《册府元龟·田制》载天宝十一载诏："王公百官及富豪之家，比置庄田，恣行吞并，莫惧章程。……致令百姓无处安置，乃别停客户，使其佃食。"事实上租佃制度在社会中老早就已经存在，即使在均田法之下，北魏就有"土广民稀之处，随力所及，官借民种莳"的规定（《魏书·食货志》），北齐借荒颇为盛行，唐代职分田也借民种植。这些官地有时是官僚、富豪借出，再转租给一般百姓。法令不仅允许官地借租，也允许私人将所分配到的田地租借。而佃食客户的出现，使得租佃制度在社会中的地位重要起来。安史之乱以后，佃食客户继续增加，不过也不能认为所有的客户都走向佃食之途，也有一些客户能够在若干年之后，拥有田产，编入户籍的。

杨炎推行两税法，"户无土客，以见居为簿"，这里所说的客户，应该是指那些有产业、能够负担赋税的客户。两税法实施之后，已经没有土户、客户的分别，这些有产的客户，如今根据他们产业的多寡，和原来的土户一起负担两税，同样都是税户。客户的意义在这以后便因此而有所变化，不再泛称包括有产、无产客户在内的客籍户，而逐渐演变成为专指没有产业的佃农、雇农，尤其是以佃农为主。土户、客户的对称也随着环境的演变而改为主户与客户的对称。早在唐玄宗的时代，已有地方官向主人括客的事实，这里的客应该也就是当时所搜括的客户。他们的主人，在记载里说是上户，应该也就是地主，这里的主客关系很可能是地主和佃户的关系。不过以主户和客户对称一直到五代十国时才出现。北方的后唐很清楚地有了这样的称呼，而南方的南唐则以物力户和客户来对称。

无论主户或物力户，指的应该都是有产业的家庭。到了北宋，以主户、客户来划分民户的制度完全确定。在农村里，主户指有田产、负担二税的人家，客户指没有田产、不负担二税的人家。《旧唐书》和《新唐书》的《食货志》载杨炎建议实施的两税法的奏文，都作"户无主客"，其实是把五代和宋代的制度，错误地加之于唐代了。

参 考 书 目

一、专著

吴章铨:《唐代农民问题研究》，台北：台湾"中国学术著作奖助委员会"，1963年：第一、二章。

李剑农:《魏晋南北朝隋唐经济史稿》，台北：华世出版社，1981年：第七、八、十一、十二章。

邱添生:《唐宋变革期的政经与社会》，台北：文津出版社，1999年：第三章。

张泽咸:《唐代赋役史草》，北京：中华书局，1986年。

陈国灿:《唐代的经济社会》，台北：文津出版社，1999年：第一、二、四章。

陶希圣、鞠清远:《唐代经济史》，台北：台湾商务印书馆，1972年二版：第二、六章。

赵冈、陈钟毅:《中国土地制度史》，台北：联经出版事业公司，1982年：第一章。

刘道元:《中国中古时期的田赋制度》，台北：食货出版社，1978年：第二章。

鞠清远:《唐代财政史》，台北：食货出版社，1978年：第一、二章。

二、论文

谷霁光:《秦汉隋唐间之田制》，收入于宗先等编:《中国经济发展史论文选集》，台北：联经出版事业公司，1980年。

唐长孺：《北魏均田制中的几个问题——均田制的产生及其破坏的附录》，收入其著《魏晋南北朝史论丛续编·魏晋南北朝史论拾遗》，北京：中华书局，2011年。

唐长孺：《均田制度的产生及其破坏》，收入其著《山居存稿续编》，北京：中华书局，2011年。

唐长孺：《唐代的客户》，收入其著《山居存稿》，北京：中华书局，1989年。

张泽咸：《唐代的客户》，收入华世出版社编辑部编：《中国社会经济史参考文献》，台北：华世出版社，1984年。

陈乐素：《主客户对称与北宋户部的户口统计》，收入其著《求是集（第二集）》，广州：广东人民出版社，1984年。

万国鼎：《北朝隋唐之均田制度》，《金陵学报》第1卷第2期，1931年。

罗彤华：《唐代西州、沙洲的租佃制》，《大陆杂志》第87卷第4期、第88卷第1期，1993年。

第十一讲

佛教社会力量的发展与限制

一、佛教社会力量的兴起

印度佛教传入中国，是中国历史上的一件大事，从东晋南北朝到隋唐，佛教在中国吸引了众多的信仰徒众，在思想界占有很大的势力，同时还足以在社会力量上和皇室、世族鼎足相抗衡。宋代以后，佛教在思想和社会两方面的势力才逐渐消退。但是所谓消退，也只是比较而言，对于宋代以后中国历史的发展，佛教仍然有不可忽视的影响力，尤其是在社会方面，佛教已经成为中国社会组织里的一项重要成分。

（一）佛教的传入与兴盛

佛教传入中国的时间，众说纷纭，已经不容易考订确实的年代。可以讲的是，自从汉武帝通西域以后，中国长期掌握西域的霸权，西域逐渐成为东西文化交流的通道，印度的佛教，就是在东西文化交流的过程中传入中国。佛教最初传入时，不过被视为当时流行的许多方术中的一种，在社会上没有特殊的地位。汉末魏晋，社会大乱，人心空虚，佛教正好给人心灵上的寄托，才逐渐兴盛起来。魏晋以来，僧侣积极翻译佛经，弘扬佛法。在中国建立佛寺，剃度出家，原来只限外国人。魏晋之际，这个禁令解除，朱士行是史籍上所见第一个正式受戒剃发的中国人。佛经逐渐译出，使得早期以佛教为方术之一的观念得以纠正。另一方面，为了适应当时知识界的风气，僧侣在传教时往往比附玄学。五胡乱华以后，民众生活痛苦，渴望从信仰中求得解脱。五胡十六国的君主多属胡人，以本非华人的身份，不在意华夷之辨，多愿对佛教这一外来宗教的流通提供助力。后赵石虎时，由于佛图澄致力传教，华北民众已多奉佛，营造寺庙，竞相出家，曾有官员上奏，以佛出西域，为外国之神，"非天子、诸华所应祠奉"，石虎回复以"朕生自边壤"而"君临诸夏"，"佛是戎神，正所应奉"（释慧皎《高僧传》卷九《竺佛图澄一》），就是上述态度的说明。在这种情况之下，佛教在北方广为传播；流风所及，南方佛教也随之兴盛。天竺、西域的僧人这时纷纷到中国来译经传教，中国本土也名僧辈出。

　　这个时期佛教的日渐兴盛，可以从佛寺和僧尼数目的日渐增加看出。以寺院而言，西晋时全国只有佛寺180所，以后南北分立，南方的东晋有1 768所，南朝宋有1 913所，齐有2 010所，梁有3 846所，其中首都建康便有五百所，陈有1 232所。北方则北魏太和元年（477）有6 578所，首都平城有100所；延昌二年（513）有15 727所，平城有2 000所；正光（520—525）以后有30 886所。洛阳在西晋永嘉年间（307—312）有42所，到北魏正光年间多达1 367所。以僧尼而言，东晋时有24 000人，南朝宋有36 000，齐有32 500人，梁有82 700人，陈有32 000人。北方则北魏太和年间有77 258人，正光以后高达200万人。

从数字比较，可以看出北方佛教要比南方兴盛。

北魏的都城平城和洛阳，都是佛寺林立的城市。杨衒之《洛阳伽蓝记》对全盛期的洛阳佛寺，有详尽的描述，他在序里这样说：

> 逮皇魏受图，光宅嵩洛，笃信弥繁，法教愈盛。王侯贵臣，弃象马如脱屣，庶士豪家，舍资财若遗迹。于是招提栉比，宝塔骈罗，争写天上之姿，竞模山中之影。金刹与灵台比高，广殿共阿房等壮，岂直木衣绨绣，土被朱紫而已哉。

这时社会上下阶层，从王侯贵臣到庶士豪家，均热衷于施舍财物，甚至自宅，促成了宏壮的佛寺一座接一座地矗立，这正是佛教兴盛的最佳写照。

当时佛教的兴盛不仅见于城市，僧人活动也深入到乡村，不少僧人到乡村中游方化缘，致力于向乡民传播佛教。《魏书·释老志》载北魏孝文帝延兴二年（472）诏：

> 比丘不在寺舍，游涉村落，交通奸猾，经历年岁。令民间五五相保，不得容止。无籍之僧，精加隐括，有者送付州镇；其在畿郡，送付本曹。若为三宝巡民教化者，在外赍州镇维那文移，在台赍都维那等印牒，然后听行，违者加罪。

这道诏书，说明僧人游走于乡村传教的活动已经颇盛，引起了朝廷的注意，要加以管制。游方僧人的努力，使得华北村落留下了数量颇多的佛教造像，在近代出土。这些佛像以模型用泥灌铸，方便大量复制，像上绘有关于佛或佛经故事的图像，用作传教布道时的辅助说明。僧人在传教时，除了讲说佛理之外，又带领村民组成以俗人为主要成员的宗教组织，称为义邑或法义。而他们则以邑师的身份，领导村民从事共同的宗教活动如斋会、铸像等，或做一些如修桥、补路、造井等公益事业。

（二）南北朝佛教社会力量的建立

南北朝佛教的社会力量，不仅来自社会各阶层的信仰，也建立在土地和人口的取得之上。由于拥有大量的土地和人口，再加上免税、免役的特权，使得佛教寺院有雄厚的经济基础，因而表现为一种足以让政府戒惧的社会力量。

可是这种社会力量的形成，却是政府或皇室特别加以保护而得来的。寺院以宗教的吸引力，已可使众多信徒施舍钱、帛、土地或其他财物，增加寺院的财富。至于寺院最主要的财源，则来自帝王、大族所施舍的田产，以及政府所给予的免税、免役特权。统治阶层所以对佛教特别支持，一方面如前所述，北方君主多属胡人，愿意弘扬此一外来宗教；一方面是出于个人信仰的因素；再一方面则由于佛教对社会有劝化之力，足以胜残去杀，使民众安于现状，有利于政府的统治。

统治阶层在经济上对寺院的支持，见于许多史实。在寺院对于土地的取得方面，如北魏孝文帝曾经赐给中兴寺稻田百顷，梁武帝曾经命令王骞施舍给大爱敬寺良田八十顷。寺院有了广大的田产，而政府又给予寺院免税、免役的特权，使得寺院能够获得众多的人口从事耕作。当时人民在社会混乱和赋役繁重的情况下，争相投靠到寺院之中，他们不仅因此可以免除税役，而且又有田地耕种，得以维持生活，寺院于是有人数众多的僧尼和奴婢。例如北魏正光年间以后，"天下多虞，王役尤甚，于是所在编民，相与入道，假慕沙门，实避调役，猥滥之极，自中国之有佛法，未之有也"（《魏书·释老志》），当时僧尼的众多，可以于此得到解释。除了自愿投靠的人口外，又有政府拨赐给寺院的领户。北魏时便曾以僧祇户及寺户（佛图户）拨赐给寺院，据《魏书·释老志》载昙曜奏，"平齐户及诸民，有能岁输谷六十斛入僧曹者，即为僧祇户，粟为僧祇粟，至于俭岁，赈给饥民"，"民犯重罪及官奴以为佛图户，以供诸寺扫洒，岁兼营田输粟"，其后僧祇户、粟及寺户遍于州镇。所谓平齐户，可能含有两种意义，一是平民齐户，一是平齐郡户，北魏献文帝皇兴元年（467）讨伐山东豪强，曾徙其民于平城附近，置平齐郡。寺院以如此众多的人力来经营田产，所得又不必负担赋税，财富自然累积得特别快。

寺院以其累积的财富，进一步从事其他事业的经营，最常见的是典当业和社会福利事业。中国历史上的典当业，一般认为起源于南北朝的佛寺。最常被引用的一段资料，是《南史·甄法崇传》：

> 法崇孙彬，彬有行业，乡党称善。尝以一束苎就州长沙寺库质钱，后赎苎还，于苎束中得五两金，以手巾裹之。彬得，送还寺库。道人惊云："近有人以此金质钱，时有事，不得举而失，檀越乃能见还。"辄以金半仰酬，往复十余，彬坚然不受。

显然寺库已经成为一种经常性的典当机构，抵押品小可至一束苎，大亦可至五两金。甄彬是梁时人，从其他数据看，寺院经营典当业还可以往上推到南朝的齐，和北方北魏的初期。北魏的僧祇粟，如前所述，原本准备灾荒时用来救济灾民，到后来也成为主司僧人用作放高利贷的资本。寺院的富裕，甚至使得不仅民间在困穷时要向他们借贷，连政府财政困难时也如此。

寺院以高利取息，只是他们社会活动的一面，另一方面，他们也能本于慈悲的宗旨，从事社会福利事业，譬如僧祇粟原本是用来备荒的。寺院又为政府主持救济流亡和养老恤贫的工作，南朝齐有六疾馆，梁有孤独园，都由寺院主持。至于个别救济贫穷或从事医疗工作的僧人更多，有名的如北齐那连提黎耶舍：

> 所获供禄，不专自资。好起慈惠，乐兴福业。设供饭僧，施诸贫乏。狱囚系畜，咸将济之。市廛闹所，多造义井，亲自漉水，津给众生。又于汲郡西山，建立三寺，依泉旁谷，制极山美。又收养厉疾，男女别坊，四事供承，务令周给。（道宣《续高僧传》卷二）

那连提黎耶舍能够做这样多的慈善工作，一方面自然是由于他因获取"供禄"而得以建立的经济基础，另一方面也可能运用了信徒共同的力量，就如前述华北的邑师带领村民进行修桥、补路、造井等工作。

僧侣和寺院除本身从事济贫活动之外，又支持信徒进行群体性的社会救济活动。具体的例子，是北朝后期河北范阳一个称为"义"的组织。北魏末年以来的长期战乱，使得许多河北地区的居民死于兵灾，战争也带来饥荒和疾疫，当地许多居民因之而死亡，或是沦为饥民，或是流徙他乡。大约在东魏初年，这里一群佛教信徒共同收埋暴露于原野的尸骨，建坟合葬，称为乡葬。接着他们又在乡葬处提供"义食"，接待路过的返乡流民。进一步他们在提供义食之所建立"义堂"，这一个团体也从此成为一个长期性的社会救济组织。原本组织的成员不过是十几人，都是当地的平民。十几年后，也就是东魏武定二年（544），名僧昙遵应范阳大族卢氏之邀，前来弘法，对此一组织提供经济上和活动上的支持。除昙遵的僧俗弟子加入活动外，又由于昙遵的影响力，吸引了一些地方大族和政府官员参与，成为其成员。他们一方面继续提供义食，一方面又增添了医疗服务。北齐天保八年（557）和河清三年（564），他们还从事了两次大规模的赈济活动。直到武平九年（578），此一组织仍然存在，成员已不下300人。这一个组织存在的时间至少应有三四十年，早期出于民众自发性的结合，到后来成员增加和活动扩大，却和僧侣的社会影响力有关。

　　总之，寺院的社会基础，在南北朝时已经奠定下来了。

二、佛教社会力量的发展

　　隋唐时代，佛教的社会力量仍然继续发展。寺院的免税免役权，直到唐代前期仍然存在。唐代僧籍与民籍同为三年一造，但是两籍分开，僧籍造三本，只保存在州、县和祠部，而不送户部。中唐以前，僧尼不需承担租庸调，要到两税法实施，税基才扩大及于佛教寺院。南北朝时僧尼犯罪，依僧律处理，刑罚比民律轻，唐代前期仍然如此。自隋代以来，政府又修造官寺，修造的经费和所有供给，都由政府承担。大概每个州县，都设有官寺，形成政府对佛教的支持。最后，寺院的内部，到了唐代，也更加组织化和制度化，因此更有能力从事各种社会活动。这些因素，使得佛教的社会力量得以继续发展。

（一）唐代的寺院组织

唐代的寺院，本身已经成为一个复杂的团体，因而有组织化的趋势。寺院的主持称为三纲，包括上座、寺主、都维那三职；此外，又有监寺、库司、典座、院主、直岁等职，主管各项事务；从事劳动工作的，则有侍者、净人、行者、沙弥等。在寺院之上，又有称为团的组织，例如长安有杨化团，有菩萨团，一团常辖有若干寺。

由于组织趋于复杂，所以僧人及寺领户口之中不免有贵贱之分。高级僧人称为沙门贵族，他们与名公巨卿相交游，有下级僧人服侍，过着锦衣玉食的生活。次于沙门贵族的是普通僧众，他们受平民百姓的供养，对外结交富室，对内则经营并支配寺有财产。最下层的是从事劳动的僧人、净人和奴婢。净人相当于世俗的部曲，依附于寺院，其中有一部分原是寺院的奴婢，获得放免而未离去，他们为僧尼承担杂务，如耕种、买卖、放贷、料理僧尼日常生活等，是持戒奉斋而未剃度的下层劳动者。寺院的财产，有常住资财和僧尼私产之分。常住资财属于寺院，不可以私用；僧尼私产则是私有的，和常住有分别，僧尼可以自由支配。亡僧的遗产听由遗嘱处理，无遗嘱才另行依律处分。因此僧人之中，又有富僧和贫僧之分。

由于唐代前期寺院仍然可以免除税役，所以就如南北朝一样，有大量的民众投靠到寺院中来。武后时，狄仁杰上疏，已说"逃丁避罪，并集法门"（《旧唐书·狄仁杰传》）。玄宗以后，均田法破坏，这种情况更加严重。不仅许多因受田不足而承受不了赋役压力的贫民逃避到寺院，一些富有的人家，为了逃漏税役，也有同样的行为。僧尼可有私财的惯例，使他们可以继续保有私产，传给亲人，不致因出家而丧失财产。即使在两税法实施之后，民众投入寺院仍然有助于解决生计的问题。而且在安史之乱以后，政府的行政效能已不如盛唐，对于税户的控制也大为减弱，法令未必能贯彻实施。唐武宗会昌五年（845）灭佛时，逐出寺院的人口，包括僧尼、奴婢和依附寺院的良民在内，达93万多人，而当时的纳税户不过是280万。不仅如此，上述的僧尼数目只是祠部奏上的数目，其他地方藩镇违禁私度的，以及未经祠部准许而冒名的，人数更多。例如太和四年（830）便曾发现有冒名的僧尼达70万人，大约同时，徐州节度使王智兴私度僧尼达60万人。再加上未被检括出来的寺院奴婢和依附良民，唐代寺院户口的数量必定相当惊人。

（二）唐代的寺营田产与工商业

唐代寺院的田产，仍然以来自君主赏赐和信徒施舍为多。此外，均田法在唐代由松弛而破坏，所以寺院购置田产的情形也逐渐多见。无论赏赐、施舍或购置，都有一次达数顷、数十顷或上百顷的情形。唐代均田法中，又有僧尼给田的规定。寺院田产的众多，当时人形容为"所在公私田宅，多为僧有"，所以到了唐武宗灭佛时，能够"收膏腴上田数千万顷"。寺院对于田产，派有僧人充任知庄或知墅来管理，经营方式有些是直接经营，由寺院所辖的户口，如净人、奴婢或其他依附的民众来耕种。僧人也有自种的情形，尤其是在唐代中期以后，百丈怀海为禅宗丛林制定清规，倡导"一日不作，一日不食"，僧徒自种的情形应更普遍。除了寺院本身的户口外，也有雇工耕种的情形。这些都属于直接经营。另外也有些是转租给佃户经营，但是从寺院拥有各类人口的众多看来，租佃显然不是唐代寺院田产经营的主要方式。

不过租佃制逐渐普遍，这种情形也应该愈来愈多。对于田产的收入，寺院有清楚的收支报告，称为破除历。在敦煌发现的唐代文件中，有不少寺院的雇佣、租佃以及破除历文书。

唐代寺院对于工商业的经营，比起南北朝来扩大了许多。除了贷放业外，又经营碾硙业和制油业，而且贷放业的规模也比从前更大。

唐代寺院的贷放业，最有名的是三阶教的无尽藏。三阶教是佛教宗派之一，创于隋代信行。信行得到隋朝大臣高颎的支持，于长安建真寂寺，唐武德三年（620）改名为化度寺，是此后三阶教的中心。三阶教于武德年间，在化度寺设无尽藏，作为支持其活动的经济基础。所谓无尽藏，据佛教本身解释："寺院长生钱，律云无尽财，盖子母辗转无尽故。"长生钱是宋代的称呼，唐代称为无尽藏，亦即以信徒施舍于寺院的财物子母回转求利，一转再转，其利无尽。三阶教在唐代得到唐太宗和武后的支持，因此无尽藏的经营也盛况空前。《太平广记》卷四九三"裴玄智"条引《辨疑志》：

> 武德中，有沙门信义习禅，以三阶为业，于化度寺置无尽藏。贞观之后，舍施钱帛金玉，积聚不可胜计，常使此僧监当。分为三分，一分供养天下伽蓝增修之备，一分以施天下饥馁悲田之苦，一分以充供养无碍。士女礼忏，阗咽施舍，争次不得。更有连车载钱绢，舍而弃去，不知姓名。

可见无尽藏资本的丰厚，而其贷放范围，不限于京城。韦述《两京新记》卷三记化度寺的无尽藏："燕、凉、蜀、赵，咸来取给，每日所出亦不胜数，或有举便，亦不作文约，但往至期还送而已。"可知远自燕、凉、蜀、赵，都有人前来借贷。至唐玄宗开元年间（713—741）打击三阶教，化度寺的无尽藏才衰落。除了化度寺的无尽藏外，唐代其他寺院也多从事金钱或谷、粟、麻、豆、绢帛等的贷放，利率常高达百分之五十。在敦煌、和阗所发现的唐代文件中，也有不少寺院借贷的文书。

碾硙和制油是唐代寺院经营的两大手工业。碾硙用来磨粉，唐代寺院拥有众多田产，生产的谷物，无论是自用或出售，都有磨成粉的必要，所以寺院经营碾硙的风气极盛。狄仁杰即曾批评当时的寺院，"水碾庄园，数亦非少"（《旧唐书·狄仁杰传》）；又如慧胄主持的清禅寺，"水陆庄田，仓廪碾硙，库藏盈满"（《续高僧传》卷二十九）。碾硙的经营，除由寺院户口自营外，又租给硙户，硙户须向寺院纳定额的硙课。寺院本身用油不少，因此大多有制油的设备，此种设备，除自用外，又租给制油的梁户，梁户须向寺院纳定额的梁课。硙课与梁课，都是寺院的经常收入。在敦煌出土的唐代文件中，有不少关于硙课和梁课的文书。

（三）唐代佛教对社会公益的贡献

唐代寺院拥有众多的人口，经营田庄和工商业，因此累积了许多财富，在开元年间，已有"十分天下之财而佛有七八"的说法。寺院以其财力，做了许多有益于社会公益的工作：（1）救济贫病，是寺院的日常工作之一，例如前述的无尽藏，分为三分，一分便是"以施天下饥馁悲田之苦"，其他从事赈饥救贫的僧人更为数不少。寺院又为政府主持悲田坊和养病坊，悲田坊和养病坊初设于武后时期，由政府派专人管理，但是自开元年间以后，便改由寺院负责。（2）僧人常致力于地方建设，例如修桥、补路、开渠、凿井、植树、开凿险滩等，有助于地方的繁荣。（3）寺院又是行旅投宿之所，唐代士人赴京应试也多投宿于寺院准备课业，寺院并且设有温室施浴，对道俗开放。（4）寺院幽静，藏书丰富，僧人多有学问，因此清寒之士常至寺院求学，甚至食宿由其供给，寺院因此成为唐代中叶以后一种重要的私家教育机构，有助于教育的推广。因此，唐代寺院对于社会公益的贡献，比起南北朝时期又迈进了一步。

三、佛教社会力量的限制

从南北朝到隋唐，佛教社会力量的发展是惊人的，寺院控制人口、土地的众多，以及财富的庞大，使得政府深感统治的基础受到威胁，国家的税源为之削减。但是，佛教社会力量的发展，也有其限制，那就是佛教的社会力量，是在政府的保护与支持之下得到发展的，寺院所享受的特权，是君主赐予的，佛教是政府控制之下的佛教。因此，只要政府对于佛教不满，便会采取各种限制的措施，甚至如唐武宗一样，对佛教经济基础作致命的打击。宋代以后，君主权力提高，收回过去给予寺院的特权，再加上社会变迁，佛教的社会力量因而逐渐衰退。

（一）政府控制之下的佛教

自南北朝以来，政府对佛教都设有僧官来管理，僧官由僧人担任，但却由政府任命。僧人在政府中有僧籍登录，必须得到政府的批准，持有政府发给的印牒或度牒，才可以出家。

僧官制度始于五胡十六国末期。北魏道武帝在改国号为魏之前，也就是皇始年间（396—397），以法果为道人统，掌管僧徒。数年之后，也就是后秦的弘始七年（405），后秦君主姚兴以鸠摩罗什的弟子僧为僧正，僧迁为悦众，法钦及慧斌为僧录。在南方，最迟在东晋隆安五年（401）以前，已设有僧司管理僧务。虽然接着有沙门不敬王者的争论，事起于桓玄下令全国僧侣必须向王者礼敬，而慧远致书桓玄反对，认为沙门是方外之宾，不属于世人，不应该向王者敬礼，至于在家居士属于世人，应向王者礼拜，但是这场争论未能影响到政府僧官的设置。南朝宋时，也设置了僧正、悦众、都维那等僧官。北魏时期，对于僧人的管理制度已相当完备，中央、地方均设有僧官，僧人有籍，藏于政府，僧人必须持有政府发给的身份证明书，称为印牒，当即是唐、宋度牒的起源。寺院的设立，也必须向政府申请。这些规定固然未必完全有效推行，但是政府企图通过僧人本身的协助来干预佛教，是很明显的。

隋唐沿袭北魏的制度，而更加绵密，政府的控制也更为加强。北魏、北齐的中央僧曹，以僧侣为长官，以佛教内律统治人数众多的僧众，成为拥有法律特权而不受百官干预的强大权力机构。隋唐时期，中央僧曹的地位和职权明显下降，仅在鸿胪寺下设崇玄署，置令一人，由俗官担任，处理僧务；其后又改隶祠部，属礼部掌管。这时除了中央、地方均有管理僧务的官员外，在首都长安，唐代宗时曾设有功德使，由佛教在俗弟子担任，主管寺院的修理营造，以及主办佛教的各种法会仪式。安史之乱以后，始见有僧官的设立。唐代宗以后，在地方上有僧正、僧统；唐宪宗以后，在长安又分设左右两街僧录。这些职务，由僧人担任，分别在地方长官或功德使的辖下，管理佛寺与僧尼。唐代的僧籍，三年一造，存于祠部，祠部发给僧人的证件，称为度牒，或祠部牒，私度人为僧有罪。度牒上记明僧人的名号及所属寺院，以为身份证明之用，外出时需随身携带，以备检查。僧侣一举一动，要向住持和尚报备，住持或三纲执事再向官府报告，僧人不得越级报告，否则受罚。僧人行动，必须遵守国家法律，所以玄奘出关西行，要靠偷渡。唐代政府除了通过僧官和僧籍制度控制佛教之外，又以法会的形式，使佛教为政府效命。法会种类颇多，或是为了追荐阵亡将士，或是为了祈求百谷成熟，国泰民安，或是在国忌之日追荐先帝，或是祈求圣寿无疆。这些法会，不仅在中央举行，也在地方举行，一年之中有好几次。

因此，在唐代佛教社会力量继续发展的同时，从另一方面看，佛教附属于政权之下的特色却更为明显。这种特色，构成了佛教社会力量发展的限度。

（二）宋代佛教社会力量的转弱

宋代的佛教，在许多地区仍然拥有众多的田产。譬如在福州，寺院田产一度与民产各占一半，到南宋中期仍然相当民产的五分之一。同在福建的泉州、漳州，南宋晚期，"泉南佛寺岁入以巨万斛计"，"漳州上寺岁入数万斛"。其他如杭州、苏州、明州、台州，也都是寺院田产众多的地方。一寺田产多者，如明州阿育王寺，杭州灵隐寺、径山寺，都在百顷以上。宋代的寺院，也仍然从事工商业，并且范围比唐代更广，除了贷款、碾硙和制油外，还旁及文具、矿冶、纺织、刺绣、制茶、印刷、饮食等业。宋代的寺院和僧侣，也仍然致力于修桥、补路、造井、济贫和其他社会公益事业。虽然如此，宋代佛教的社会力量比起唐代来，却已有了衰退的趋势，这可以从以下几点来观察：

1. 政府对于寺院的干预和管理，更为加强。寺院须登记，宋代寺院均须有官府敕额，方为合法，对于私创的无额寺院，政府也在适当时机赐额，纳入管理体系。寺院住持因产生方式的不同而有十方制和甲乙制之分，十方制寺院的住持由官府全权决定，甲乙制则由师徒世袭。政府鼓励寺院采取十方制，甲乙制寺院在无人继承时均改为十方制，十方制寺院则很难改为甲乙制。此外，有由官方制定的五山十刹的制度，分禅院五山、禅院十刹，教院五山、教院十刹。名列五山十刹的寺院，其住持的地位最高，必须由皇帝敕命驻锡，有如仕宦而至将相。这正反映了寺院已完全丧失了独立性，以官府的评价为荣。此外，宋代中央和地方所设的一些僧职机构，除处理一些纯粹的宗教事务外，已没有多少实际职权可言。僧人之间的争讼，如果寺院主持僧无法解决，必须交给官府来处理。

2. 政府对于僧人的干预和管理加强。宋代出家，必须先作童行，带发修习佛经，出家作童行的年龄和其他相关资格，均由政府规定。童行剃发而为沙弥，必须取得政府的度牒，方为合法。度牒的取得，起初必须通过政府的佛经考试，后来则必须出钱向政府购买。沙弥再受戒而成为僧尼，则必须在所属地区戒坛受戒。戒坛在宋初为私设，后来完全改为官设，由官员临场监督，察看度牒有无伪冒，由官府选派戒师，和唐代可以自选戒师不同。受戒之后，由官府发给戒牒作为证明。自晚唐以来，官府常赐给某些僧人紫衣、师号（某某禅师、某某大师），表示尊崇。宋代沿袭其制，赐紫衣、师号须有官员推荐，紫衣、师号竟成为僧人争取的目标，甚至以贿赂取得，后来也可以购买。这也反映了僧人以官府的评价为荣。

3. 寺院免除税役的特权，到宋代已经不存在，此事起于唐代中期，到宋代完全确定。宋代的寺院除官寺及少数经过特准者外，均须向政府缴纳二税。科敷亦须圣旨始能免除。寺院原无职役负担，但是自熙宁年间免役实施后，寺院须出助役钱，以后亦须圣旨始能免除。僧人原来免纳身丁钱，可是自从南宋绍兴十五年（1145）之后，开始征收僧道免丁钱（清闲钱），数额各项记载不同。据李心传《建炎以来朝野杂记》的记载，自十五贯到二贯，分九等，比一般民众的身丁钱三百文要高出很多。寺院的二税、科敷及役钱虽可经特旨免除，但有时地方官不理，仍然征收，使得寺院必须再向朝廷请求降旨。而《庆元条法事类》里甚至有这样的规定，寺院即使有圣旨，也不许免除二税、科敷及役钱。总之，寺院田产虽多，却未必构成对国家财政的威胁。福建的地方财政，便多仰给于僧寺。

4. 不仅如此，地方政府对于寺院，除了一般的征课外，又有特殊的征课。例如漳州，遇有大工程，政府都委由寺院负责，所拨经费如果不足，便由寺院补贴。又有所谓实封或助军。宋代十方制寺院的主持由官府派任，寺院缺乏主持时，僧人竞争，以输财多者入选，这一笔钱，称为实封或助军。刘克庄《后村先生大全集》卷一五八《明禅师墓志铭》："闽多佳刹，而僧尤盛，一刹虚席，群衲动色，或挟书尺、竭衣盂以求之，有司视势低昂、赀厚薄而畀焉。先输赀，后给帖，福曰实封，莆曰助军。"又有所谓拘桩，寺院主持死后，如一时无人继任，政府便拘收寺院的粮谷。

5. 王公大臣的功德坟寺，可以免纳科敷。功德坟寺起源于盛唐，至宋、元二代而全盛，除作守坟之用外，主要维持日常晨香夕灯，在朔望、生辰、忌日设祀献供，以及春、秋二时的祭扫。只有朝廷敕赐给王公大臣的才可称寺，民间私设的守坟寺庙则只能称庵、院。自北宋末期以后，寺院为了逃避科敷，常请求

王公大臣将其改为坟寺。但是在改为坟寺之后，王公大臣却反客
为主，将寺院田产视作自己的田产，自己请僧人主持，干预寺
院的常住钱谷。正如释志盘《佛祖统记》卷四八所载淳祐十年
（1250）三月臣僚上疏所言：

> 　　国家优礼元勋大臣，近贵戚里，听陈乞守坟寺额，盖谓
> 自造屋宇，自置田产，欲以资荐祖、父，因与之额。故大观
> 降旨，不许近臣指射有额寺院，充守坟功德；及绍兴新书，
> 不许指射有额寺院，着在令甲。凡勋臣戚里有功德院，止是
> 赐额，蠲免科敷之类，听从本家请僧住持，初非以国家有额
> 寺院与之。迩年士夫一登政府，便萌规利，指射名刹，改充
> 功德，侵夺田产，如置一庄。子弟无状，多受庸僧财贿，用
> 为住持。米盐薪炭，随时供纳，以一寺而养一家，其为污辱
> 祖宗多矣。

　　这件事实，反映了佛教社会力量的衰退，受到俗世的控制。

　　6. 寺院为向政府购买度牒而成立的长生库，也可以免除推排
物力，免纳和买。这类长生库，又称度僧会或度僧局，由于有俗
家富人投资，到后来竟然为富家所控制，称为斗纽，成为富家营
利的工具。这也显示了寺院受到俗世的控制。

　　7. 寺院再也不像南北朝、隋唐时期一样，拥有大量的人口了。
土地经营的方式在唐宋之际有了很大的变化，部曲、奴婢在宋代的
社会已不再存在，即使净人、奴婢等词仍在使用，但其实质意义已
和过去不同，净人在宋代指出家修行的童行，奴婢则实际上是长期
的雇佣人，他们都不是土地耕作的主要劳力。租佃制度在宋代已经
兴盛，向寺院租地耕作的佃户，是独立的国家公民，而非依附于寺

院的人口，他们也必须负担赋税（身丁钱）。总结以上各项事实，说明寺院的社会力量在宋代已经转弱。

参 考 书 目

一、专著

比丘·明复：《中国僧官制度研究》，台北：明文书局，1981年。

野上俊静等著，释圣严译：《中国佛教史概说》，台北：台湾商务印书馆，1993
　　年第2版：第四、七章。

陶希圣、武仙卿：《南北朝经济史》，台北：食货出版社，1979年：第六章。

陶希圣主编：《唐代寺院经济》，台北：食货出版社，1974年。

游彪：《宋代寺院经济史稿》，保定：河北大学出版社，2003年。

黄敏枝：《唐代寺院经济的研究》，台北：台湾大学文学院，1971年。

黄敏枝：《宋代佛教社会经济史论集》，台北：台湾学生书局，1989年。

谢和耐（Jacques Gernet）著，耿升译：《中国5—10世纪的寺院经济》，上海：
　　上海古籍出版社，2004年。

谢重光：《汉唐佛教社会史论》，台北：国际文化事业有限公司，1990年。

谢重光、白文固：《中国僧官制度史》，西宁：青海人民出版社，1990年。

二、论文

全汉昇：《中国佛教寺院的慈善事业》，《食货半月刊》第1卷第4期，1935年。

何兹全：《中古时代之中国佛教寺院》，收入其著《何兹全文集（第一卷）·中
　　国社会史论》，北京：中华书局，2006年。

何兹全：《中古大族寺院领户研究》，收入其著《何兹全文集（第一卷）·中国
　　社会史论》。

陈识仁：《北魏代、洛二京的寺院兴衰——兼论中古时期的佛教施舍》，收入周
　　梁楷主编：《结网二编》，台北：东大图书股份有限公司，2003年。

森庆来著，高福怡译：《唐代均田法中僧尼的给田》，《食货半月刊》第5卷第7
　　期，1937年。

冢本善隆著，周干溁译：《北魏之僧祇户与佛图户》，《食货半月刊》第5卷第
　　12期，1937年。

杨联陞著，陈国栋译：《佛教寺院与国史上四种筹措金钱的制度》，收入杨联陞
　　著《国史探微》，台北：联经出版事业公司，1983年。

贾钟尧：《唐会昌政教冲突史料》，《食货半月刊》第4卷第1期，1936年。

刘淑芬：《五至六世纪华北乡村的佛教信仰》，《"中研院"历史语言研究所集
　　刊》第63本第三分，1993年。

刘淑芬：《北齐标异乡义慈惠石柱——中古佛教社会救济的个案研究》，《新史
　　学》第五卷第四期，1994年。

刘淑芬：《慈悲喜舍——中古时期佛教徒的社会福利事业》，收入其著《中古
　　的佛教与社会》，上海：上海世纪出版股份有限公司、上海古籍出版社，
　　2008年。

第十二讲

南北社会中心的转移

一、南北户口的升降

中国古代经济文化的发展，北方都远超过南方，也就是说，黄河流域一带，是中国古代的社会中心。淮河、秦岭以南的地区，虽然从汉代以来已逐渐开发，东汉末年以后，又由于北方长期战乱，有不少人口南迁，促进了这一个地区经济文化的发展。但一直到隋代，南方的经济地位尚未能超越北方，南方的文化则在唐代仍然无法和北方相比。南方的经济地位在唐初以后才开始迅速上升，到了宋代，南方不论经济文化都已经超越北方。也就是说，南方到宋代已经成为中国的社会中心。对这一个社会中心转移的过程，首先从户口升降方面来看。

（一）隋唐南北户口的比较

隋代户口绝大部分集中在北方，唐代安史之乱以前，北方户口仍然比南方多，到安史之乱以后，南方户口就超越北方。以下比较隋大业五年（609）前后，唐天宝年间（742—755）、元和年间（806—820）全国十道（隋地理区"郡"化为唐地理区"州"，再以唐地理区"道"为范围比较）户数所占的比率。隋大业五年全国总户数为 8 907 546 户（《隋书·地理志》），唐天宝年间全国总户数为 8 955 370 户（《唐书·地理志》），元和年间全国总户数为 2 746 150 户（李吉甫《元和郡县图志》）。元和年间的户籍户数比天宝年间减少甚多，和安史乱后政府行政效率降低，对于户口的控制减弱有关，而未必确实有如此大量的减少。

北方五道	大　业	天　宝	元　和
关内道	10.1%	9.1%	9.8%
河南道	29.5%	20.8%	5.8%
河东道	9.6%	7.0%	8.8%
河北道	25.3%	16.6%	5.0%
陇右道	1.3%	1.4%	0（缺）
合　计	75.8%	54.9%	29.4%

南方五道	大　业	天　宝	元　和
山南道	7.6%	6.7%	7.8%
淮南道	4.9%	4.4%	13.9%（原缺，据《元和国计簿》推算）
江南道	3.5%	19.3%	38.6%
剑南道	4.1%	10.4%	5.9%
岭南道	4.1%	4.3%	4.4%
合　计	24.2%	45.1%	70.6%

比较以上各项比例，可知从隋大业到唐元和二百年间，北方

户数在全国户数中所占的比率逐渐下降，南方则逐步上升，成为相反的趋势。隋代全国仍有四分之三以上的人口集中在北方，其中河北、河南两地人口尤其密集，已经超过全国的一半，南方合计还不及河南或河北一地。从汉末以来北方人口大量南迁，而隋代南方所占户口比率仍如此低，可能原因有二，一是南方在南北朝时未如北方一样实行均田法，这时荫附于豪强的隐户仍多；另一是发生在梁武帝时的侯景之乱，对南方社会破坏很大，死亡人口甚多。南方的江南道，领域十分广大，包括长江以南、岭南以北的地区，户口竟然只占全国的3.5%。

这种北密南疏的户口分布形态，到唐代安史之乱以前的天宝年间，有了很大的改变，北方户数所占的比率下降到只占一半稍多，南方户数上升到接近一半，其中江南道上升最迅速，从3.5%激增到19.3%，仅次于河南道的20.8%，居十道的第二位。

安史之乱以后，全国户口数大减，而北方减少得尤其多。元和年间户口分布的形态，和隋代刚好相反，全国十分之七以上的人口集中在南方。江南道、淮南道合计超过全国的一半，江南道从19.3%激增至38.6%，高居全国第一位。北方原来户口众多的河南、河北两地都下降到5%左右。北方五道户口合计，还不及江南一道。这种明显的差异，说明唐代安史之乱以后，户口分布的重心已经从北方转移到南方，奠定了宋代以后户口分布南密北疏的形态。

（二）宋元南北户口的比较

宋代以后南方户口所占的比率，比起唐代元和年间虽然略有升降，但是始终在北方之上，这说明南密北疏的户口分布形态已经确立，南方已成为人口集中的地区。以下比较北宋元丰

三年（1080）、南宋淳熙十四年（金大定二十七年，1187）、元
至顺元年（1330）南北户口的比率。北宋元丰三年全国总户数
为 16 570 474 户，南淳熙十四年宋、金总户数为 19 166 001 户，
元至顺元年全国总户数为 13 711 174 户。

	元丰三年	淳熙十四年	至顺元年
北	30.6%	35.4%	18.9%
南	69.4%	64.6%	81.1%

可知北宋和宋金时期，南方户口所占比率在三分之二左右，
到元代更达十分之八以上。

再以具体户数作比较，两宋时期南北户数都比唐代元和年间
的户数有大量增加，而南方增加的数量要比北方多出很多；元代
南方户数和南宋时期户数相近，但北方户数比起金代却锐减。以
下比较唐元和、宋元丰三年、南宋淳熙十四年、元至顺元年南北
的户籍户数。

	元　和	元丰三年	淳熙十四年	至顺元年
北	807 687	5 362 026	6 789 449	1 587 347
南	1 938 463	11 208 448	12 376 552	12 123 827

北宋元丰三年北方户数比唐代元和年间增加不满 500 万户，
而南方则增加在 900 万户以上。由于唐代元和户籍记载可能有
缺漏，因此实际增加的数字当较少。淳熙十四年南北户数都
比元丰三年多出 100 万户，元至顺元年北方户口比起金代大定
二十七年锐减 500 万户以上，这和蒙古灭金时杀人的残酷有关，
到灭南宋时只有在初期攻打四川时杀戮较多，到后来作风已有

改变，所以南方只减少了20余万户。

据上引资料，自北宋元丰三年至南宋淳熙十四年，约一百年间，南方户口大约增加了九分之一，亦即年平均增加率约1‰。但是若干地区性数据所显示的年增加率却不止于此，多有在5‰甚或10‰以上，例如杭州为5‰，镇江府为7.5‰，江阴军为5.3‰，抚州达11‰，吉州庐陵县为9.8‰，汀州达13.9‰，邵武军亦达10‰，可见这些地区人口增加的迅速。人口增加率特别高，或许也显示这地区的人口增加不只是由于自然增长，也受到移入因素的影响。自南宋至元，南方总户数虽然略减，但是也有一些地区有相当的成长，例如苏州，南宋淳熙三年（1176）有20余万户，德祐元年（1275）有32万余户，元至元二十七年（1290）有46万余户，元末估计当不下50余万户。

总之，主要由于战乱经常发生在北方，影响到人口逐渐往南迁移，南方开发以后，对北方人口又产生了更大的吸引力。到了宋代，南方户口已经超出北方500万户以上。南北人口分布形态的变化，也就是南北生产力的变化，于是从唐代以后，南方的各项产业都逐渐超出北方。

二、南北产业的消长

（一）农业

农业最主要的是粮食生产。古代粮食生产的中心，是在北方。汉代的关中，号称"沃野千里"，有郑渠溉田四万顷，白渠溉田4 500顷，是一个粮食生产丰盛的地区。可是经过魏晋南北朝的长期战乱，到唐代永徽年间（650—655），郑、白两渠溉田不过一万余顷；到大历年间（766—779），也就是安史之乱以后，又减少到6 200余顷。当时人指出，每亩粮食减少石余，比起汉代就要减少粮食生产四五百万石。到了宋初，郑、白两渠溉田面积连二千顷都不够了。经过宋初以来不断地修治，宋仁宗时三白渠（白渠有大白渠、中白渠、南白渠，中白渠受大白渠水、南白渠受中白渠水）的灌溉面积扩大到六千顷。熙宁变法时期曾修治郑、白渠，效果可能不是很好，负责的官员受到处罚。崇宁年间（1102—1106）以前，郑、白渠的灌溉面积又退缩到二千顷。宋初北方农业的衰退，不限于关中地区。例如河北和辽交界的地区，为了防止契丹骑兵南下，农田被开辟成一连串的塘泊。自五代以后，黄河下游经常泛滥，京西、京东、河北的农业都受到不良的影响。以熙宁、元丰年间（1068—1085）为例，不到20年间，黄河屡次决口。熙宁十年（1077），黄河大决于澶州曹村，灌郡县45个，坏民田30万顷，毁民众庐舍38万家。邻近首都开封府的京西路州郡，农业生产在唐末五代遭受破坏，虽然经过后周和宋初的鼓励开垦，可是一直到宋太宗至道年间（995—997），北宋开国已经有30年，仍然是"地之垦者，十才二三"（《宋史·食货志》）；再经60年，到宋仁宗嘉祐年间（1056—1063），京西路唐、邓二州依旧"尚多旷土，唐州闲田尤多，入草莽者十八九"（《续资治通鉴长编》卷一九二，"嘉祐五年七月壬寅"条）。首都附近如此，偏远州郡可想而知。金、元两代的权贵都在北方括占大批田土为牧地，农业自然深受影响。元代北方人口锐减，农业衰退也当然更加严重。

南方的农田水利，从唐代以后日渐兴盛。根据一项统计，从上古到隋朝，史籍所载88件水利工程中，南方只占了16件；

可是在唐代212件水利工程中，南方占了111件，其中以江南道最多，独占36件。再根据另外一项统计，唐代253件水利工程中，南方占了150件；宋代（含金）1 070件水利工程中，南方竟占了960件。南方的农业技术在唐代也有了比较大的转变。从西汉以来，南方的农业是火耕水耨式的稻作。所谓火耕水耨，是先放火烧除地面上的杂草，然后灌水浸毙余剩的草根，到次年直接播稻种于田间，这是在低湿地区一种广种薄收的粗放耕作方式。经过一个逐步演进的过程，这种耕作技术在唐代已很明显被放弃，精耕稻作技术开始发展，已经普遍使用移植秧苗（插秧）的方法，而移植秧苗是精耕稻作的一个重要步骤。精耕稻作技术的开始发展，反映出南方耕地的开辟已经达到某种程度。到了宋代，精耕稻作技术有了更大的进步，从耕地、下种、插秧、除草到收成，有各种细密的步骤，又重视施肥、灌溉，因此稻作单位面积生产量大大提高。南宋稻作每亩最高的收获量是三石，其次也有二石；而在东晋，据《晋书·食货志》载："咸和五年（330），成帝始度百姓田，取十分之一，率亩税米三升"，也就是这时的稻米产量一般不过每亩三斗而已。并且火耕水耨式的稻作，土地必须来年休耕；而南宋的精耕稻作，土地不仅可以年年利用，在某些地区，又发展出稻二期作和稻麦轮作（二年三作），农业生产力的大幅提高，于此可见。

不仅如此，宋代南方的耕地还继续向沼泽和丘陵地区发展。在沼泽地区有所谓圩田、围田和湖田，都是疏排溪、湖、沼泽的水，筑堤围里，然后在堤内新生的土地耕作。这一类耕地，多分布在两浙和江东。在丘陵地区则有所谓梯田，山地也能够种植水稻，南方各处山地都有这一类型耕地。新耕地不断开发，在某些地区，土地的利用已达于顶点。以苏州为例，苏州在北宋景祐年间（1034—1037），尚是郡邑"地旷人杀"（张方平《乐全集》附录《张方平行状》）；到了元祐年间（1086—1093），则已是"畎浍脉分，原田碁布，丘阜之间，灌以机械，沮洳之滨，环以菱椑，则舄卤硗确变为膏泽之野，苹藻葭苇垦为秔稻之陆"（范成大《吴郡志》卷三十七引郭受《吴县记》）；再晚到南宋中叶范成大作《吴郡志》时，更是"四郊无旷土，随高下悉为田"（《吴郡志》卷二）。"苏湖熟"或"苏常熟"的谚语，在南宋时出现，说明苏州及其邻近地区，已经成为农业生产的中心。北宋南方税粮，大量经由运河北运至开封，一年多时可达六七百万石。南宋两浙所产的米粮，大量由海路走私到金国。元代长江中下游的税粮，则由太仓出海，北运至大都，多时也达每年四百万石。元人说："吴号沃壤，尤濒沮洳，国赋之储咸在，而海漕资焉。"（唐元《简轩集》卷十三）这些情形，说明北方所需的粮食仰赖南方的供应。

除了粮食生产之外，唐宋时期如茶、甘蔗等经济作物的栽培，也以南方为盛。茶是唐代新兴起的生产业，饮茶的风气开始很早，但到唐代才盛行，茶树也在唐代由野生进而为大规模的人工种植，丘陵地也因此而开发。唐代征收茶税，每年可以有四十万贯的收入，宋代茶由政府专卖，每年最高收入达到五百万贯。唐、宋两朝又用茶和边疆部族交易马，可见茶的生产在唐、宋经济中有重要的地位。唐代茶的产地在山南、淮南、浙西、剑南、浙东、黔中、江南、岭南，宋代茶的产地在四川、浙东西、江东西、湖南、福建、淮西、广南等地，全都在南方。甘蔗在中国很早就有栽培，到南朝时期开始用甘蔗来制造砂糖，栽培于是更广，到宋代又制糖霜（冰糖），主要产地在宋代的江东、江西、两浙、福建、广东、广西和四川，也完全在南方。

（二）手工业与矿业

丝织业是中国古代最主要的手工业，一般农家通常都兼营耕织。唐代以前，丝织业主要在北方，丝织技术虽然早在汉代已传到南方来，但是一直到南北朝时代，南方人衣着仍然以麻为主（南朝租税中，绢的数量远不及布多）。唐初有北方人到南方来卖蚕种的故事，又有江东节制薛兼训派单身军人到北方娶织妇，将丝织技术传到南方来的传说，可见唐初南方的丝织业仍然比北方落后。但是南方的丝织业也在唐代逐渐兴起，江、淮、四川都以丝织物为本地的名产，用来上贡朝廷；而北方上贡丝织物的，只有河南、河北两地，河东、陇右都以布、麻纳赋税，而不用绢帛，连关中地区赋税中的绢帛也折纳粟米。北宋时期，主要的丝织业生产区在黄河中下游（包括京东、京西、河北等路）、长江中下游（包括两浙、两淮、江东、江西、湖北等路）和四川（包括成都府、潼州府〔梓州〕、利州、夔州路），而长江中下游的生产量已经超越黄河中下游，从各区所纳税租中丝织品的比例可以看出：

	绢		绅		丝　绵	
黄河中下游	38%		38%		31%	
长江中下游	48%	62%	50%	62%	52%	69%
四川	14%		12%		17%	

以上的比率，显示丝织业生产的中心，已经转移到南方来。南宋给金的岁币中，包括银、绢两项，金有需要，才会接受南宋以这两种物资为岁币，这足以说明北方丝织品的消费，必须

仰赖南方的供给。

陶瓷业是另外一项重要的手工业，起源很早，但发达是唐代以后的事。唐代以后，之所以会有这样的发展，一方面由于民间消费增加，这主要和人口增加有关，同时在饮茶风气兴盛之后，开始讲究茶器；另一方面则由于海外贸易日渐发达，陶瓷器成为输出的商品。在这两方面的共同刺激之下，陶瓷器在生产量和生产技术上都有很大的进步。据陆羽《茶经》所载，唐代著名的瓷业所在地，有越州、鼎州、婺州、岳州、寿州、洪州、邢州等处，除鼎州、邢州在北方外，其他均在南方。北宋时期，北方瓷业一度凌驾南方之上，定窑、汝窑、均窑、官窑、哥窑是当时五大名窑，除哥窑外，其他各窑均在北方。但是就整体的产量来讲，南方却可能胜于北方。这不仅由于南方的人口较多，需求较大，也由于重要的贸易港口多在南方，而陶瓷器在这时有大量的输出。北宋晚期广州出海的商船，深阔各数十丈的海船，"货多陶器，大小相套，无少隙地"（《萍洲可谈》卷二）。到了南宋和元代，南方的景德镇窑独盛，掩盖所有北方名窑，成为陶瓷业的中心。而宋、元陶瓷窑的发掘，在数量上也以两浙、福建一带为多。

其他工业，如印刷业，是五代以来新兴的工业，北宋雕版印刷业有四个中心——杭州、福建、四川、开封，除开封外，都在南方。和印刷业有关的是造纸业，《宋史·地理志》所载各地贡纸的州郡，有淮南路的真州，两浙路的临安府、温州、婺州、衢州，江南东路的池州、徽州，成都府路的成都府，也都在南方。福建的麻沙本产于建宁府，质量较差，可是价钱便宜，风行天下，也因此出版数量很大。又如铸钱工业，北宋元丰元年（1078）以前的铜钱铸造额，北方占21%，南方占79%；元丰年间北方占25.8%，南方占74.2%，南方几乎为北方的三倍。

矿业的分布，也是偏于南方。《宋会要辑稿·食货三三·坑冶上》载有北宋各类官营矿场（坑冶）的数量和北宋元丰元年（1078）各类矿产的官收额，分别就南、北地域分布统计表列于下：

北宋各类坑冶数

矿　产	北方坑冶数	百分比（％）	南方坑冶数	百分比（％）
金	4	21.1	15	78.9
银	10	6.5	143	93.5
铜	5	11.9	37	88.1
铁	27	38.6	43	61.4
锡	9	15.5	49	84.5
铅	3	6.0	47	94.0

北宋元丰元年各类矿产官营收额

矿　产	北方官收额	百分比（％）	南方官收额	百分比（％）
金	9 719两	90.7	991两	9.3
银	39 223两	18.2	176 162两	81.8
铜	292 739斤	2.0	14 313 230斤	98.0
铁	5 296 009斤	96.3	205 088斤	3.7
铅	3 435 175斤	37.3	5 762 160斤	62.7
锡	0	0	2 321 898斤	100.0

整体看来，无论是各类官营矿场的数量，或是各类矿产的官收额，南方都比北方为多。在各类矿产官收额中，铜、锡北方过少，金、铁南方过少，和官营矿场的地域分布无法配合，疑均有

较大的脱漏。

由于到了宋代，无论农业、手工业或矿业的生产都以南方为重心，所以早在宋仁宗时，富弼在上言中已如此指出：

> 伏思朝廷用度，如军食、币帛、茶盐、泉货、金铜、铅银，以至羽毛、胶漆，尽出九道。朝廷所以能安然理天下而不匮者，得此九道供亿使之然尔。此九道者，朝廷所仰给也。（《续资治通鉴长编》卷一二八，"康定元年八月乙未"条）

富弼所说的"九道"，就是指淮南、江东、江西、湖北、湖南、两浙、福建、广东、广西等东南九路。这九路是各类物资的重要产地，也因此位处华北的京师，所需各类物资都必须由这九路所在的东南地区来供应。连接长江流域和京师开封的运河，就扮演了将南方物资转输到北方的角色。

三、南北人才的交替

南方既成为人口集中、经济发达的地区，文化也随之而发展，人才之盛，逐渐超过了北方。南北人才的交替，在过程上要比户口的升降和产业的消长来得缓慢。在唐代中叶以后，如前所述，南方在人口和产业两方面都已显示出超越北方的趋势，可是在人才方面，却仍然是北方全盛的局面；直到五代，南方人才超越北方的趋势才显现出来；宋代以后，南方人才的优势已经确立。经由科举考试的选拔，政治上的统治阶层以文化修养的程度为基础，因此可以从统治阶层和科举登第者的地域出身看南北人才的交替。

（一）北方人才的全盛与衰落

　　隋代至唐初，在政治上的统治阶层，主要是属于从西魏、北周以来一脉相承的关陇集团及其后裔。隋炀帝曾任扬州总管，因此提拔南方人士，炀帝一朝，南方人在政治上的分量逐渐加重。但是唐朝建立以后，情况又有改变。唐代的统治阶层，除了前述的关陇集团及其后裔之外，又有关东地区的世家旧族。到武后以后，提倡进士科，以科举考试提拔寒门士人，来和关东士族相抗衡。但是尽唐一代，政治上的核心人物，仍然多出身于世家旧族，而这些世族子弟，多出身于关东地区，来自其他地区与南方者甚少。统计新、旧唐书列传与世系表中，自唐肃宗至唐末的人物，其出身于大族的情况如下：

1. 博陵崔氏	27人	2. 清河崔氏	14人
3. 范阳卢氏	19人	4. 赵郡李氏	22人
5. 陇西李氏	47人	6. 荥阳郑氏	15人
7. 太原王氏	18人	8. 京兆杜陵韦氏	17人
9. 闻喜裴氏	12人	10. 河东柳氏	13人
11. 河东汾阴薛氏	10人	12. 弘农华阴杨氏	20人
13. 京兆杜氏	13人	14. 河南元氏	1人
15. 京兆于氏	7人	16. 邺郡源氏	1人
17. 洛阳窦氏	8人	18. 琅玡王氏	2人
19. 陈郡袁氏	1人	20. 兰陵萧氏	8人
21. 吴郡张氏	2人	22. 苏州顾氏	1人
23. 吴郡陆氏	3人		

上列统计显示，唐代政治上的人才仍然以出身于北方者为多，而在唐朝中后期，政治上的人才已多是通过科举考试而来，因此又是以文化发展的程度为基础。北方世族有世传的家学，注重子弟的教育，学习环境又好，因此人才辈出。

不仅如此，唐代科举试卷并不弥封，举子多事先设法揄扬自己的声誉，居住在长安与洛阳两京有种种的便利，家族中最优秀的子弟常谋长居京邑以求出路。因此唐代大族多欢迁移往两京附近居住，聚居这一带的世族子弟成为唐代官吏的主要成分。即使是南方大族陆氏，也走向同一路途。如陆贽，"母韦氏在江东，上遣中使迎至京师，搢绅荣之。俄丁母忧，东归洛阳，寓居嵩山丰乐寺。……贽父初葬苏州，至是欲合葬，上遣中使护其枢车至洛"（《旧唐书·陆贽传》）；又如陆扆，"吴郡人，徙家于陕，今为陕州人"（《旧唐书·陆扆传》）。及至唐末五代的大动乱，世家旧族饱受摧残，居于两京附近的官吏之家遭祸尤多，于是北方人才自此一蹶不振。五代为武人政治时期，统治北方的武人，其文化水平自然不能与唐代的世家子弟相比。

（二）南方人才的兴起

安史之乱以后，中原士人已有南迁的情形。梁肃于大历十四年（779）撰《吴县令厅壁记》："自京口南被于淛河，望县十数，而吴为大。国家当上元之际，中夏多难，衣冠南避，寓于兹土，参编户之一"（《文苑英华》卷八〇四）。上元（760—761）是唐肃宗的年号，这时安史之乱尚未结束。十余年后，梁肃讲南迁到吴县的衣冠之家要占当地编户的三分之一，用语或有夸张，却可见人数的众多，已给人深刻的印象。这波因乱南迁的人潮，和类似前述吴郡陆氏家族因仕宦而北迁，正好走的是相反的地理方向。南迁的衣冠之家，对于南方文化水平的增长，应有所贡献。唐代晚期，江南东、西的教育、文化都日有进展，科举登第的士人在数量上虽仍无法和北方相比，但比起中唐以前也有所增加。

到了五代，中原丧乱，民生凋敝，文物残缺，而南方却较为安定。特别是南唐统治之下的地区，经济繁荣，文化昌盛，人才颇有可观。马令《南唐书·儒者传》序：

> 五代之乱也，礼乐崩坏，文献俱亡，而儒衣书服盛于南唐，岂斯文之未丧而天将有所寓欤！不然，则圣王之大典扫地尽矣！南唐累世好儒，而儒者之盛见于载籍，灿然可观，如韩熙载之不羁，江文蔚之高才，徐锴之典赡，高越之华藻，潘佑之清逸，皆能擅价于一时，而徐铉、汤悦、张洎之徒，又足以争名于天下，其余落落不可胜数，故曰江左三十年间，文物有元和之风，岂虚言乎。

当时南唐境内，学校兴盛，藏书之多，亦为天下之冠，不仅书多，校雠尤其精审。可见南唐文风昌盛，为五代文物荟蔚之区，下开宋代南方的文风。

宋初政府的高级官员，多为北方人。但是由于科举制度的发达、教育的普遍，南方人才逐渐出头，于是在人才选拔上有南北之争。当政的北方士大夫，对于南方士人多方压制。宋真宗景德二年（1005），江西抚州进士晏殊年十四，河北大名府进士姜盖年十二，皆以俊秀闻，真宗特令召试。晏殊属辞敏赡，真宗深为叹赏，可是宰相寇准却"以殊江左人，欲抑之而进盖"（《续资治通鉴长编》卷六十，"景德二年五月己未"条）。其后宋真宗起用王钦若为相，王钦若曾告诉别人："为王子明（旦）故，使我作相晚却十年"（《续资治通鉴长编》卷九十，"天禧元年八月庚午"条）。王钦若是江西临江军人，王旦则是河北大名府人。由于南方文化水平已高出北方，所以在科举考试中，南方人录取的人数远超过北方，北方人于是争取保障名额。在宋英宗治平元年（1064），发生了司马光、欧阳修之间分路取人与凭才取人的争议。司马光代表北方的观点，主张分路取人，理由是：

> 然而天下发解进士到省，常不下二千余人，南省取者才及二佰。而开封、国学、镤厅预奏名者，殆将太半，其诸路州军所得者，仅百余人尔，惟陕西、河东、河北、荆湖北、广南东西等路州军举人近年中第者或一二。……是以古之取士，以郡国户口多少为率，或以德行，或以材能，随其所长，各有所取，近自族姻，远及夷狄，无小无大，不可遗也。今或数路之中，全无一人及第，则所遗多矣。（《温国文正司马公集》卷三十《贡院乞逐路取人状》）

他虽然指出中第者少的路分在南、北都有，可是陕西、河东、河北三路已在北方五路中占了大半；而没有讲出来的，却是东南两淮、两浙、江东西、福建、成都府、梓州等路中第者所占的比例太高，而这几路占了南方路分的大半。欧阳修代表南方的观点，反驳司马光的主张，指出：

> 盖言事之人，但见每次科场东南进士得多，而西北进士得少，故欲改法，使多取西北进士尔。……东南之士于千人中解十人，其初选已精矣，故至南省，所试合格者多；西

北之士学业不及东南，当发解时，又十倍优假之，盖其初选已滥矣，故至南省，所试不合格者多。今若一例以十人取一人，则东南之人合格而落者多矣，西北之人不合格而得者多矣。(《欧阳文忠公文集》卷一一三《论逐路取人札子》)

欧阳修所说的北方士人在发解时，比起南方士人来讲，已经是"十倍优假之"，是指宋代的科举考试，在地方上州、军举行解试时，每一州、军各立有一个解额，多少不等，北方各路的州、军由于应考者少，相对来讲解额比较宽，通过容易，东南各路由于文化水平较高，应考者多，相对来讲解额比较窄，通过也较难。他认为北方士人获得发解已经比较容易，学业程度自然无法和南方士人相比，如果到中央的省试又再给予特殊优待，那对南方士人实在太不公平。北方的要求保障，正显示了北方人已无法在科举上与南方人竞争。

在这种情况下，朝廷的用人，逐渐以南方人为多。陆游《渭南文集》卷三《论选用西北士大夫札子》：

臣伏闻天圣（1023—1031）以前，选用人才，多取北人，寇准持之尤力。故南方士大夫沉抑者多。仁宗皇帝照知其弊，公听并观，兼收博采，无南北之异。于是范仲淹起于吴，欧阳修起于楚，蔡襄起于闽，杜衍起于会稽，余靖起于岭南，皆一时名臣。……及绍圣（1094—1097）、崇宁（1102—1107）间，取南人更多，而北方士大夫复有沉抑之叹。

上引札文所讲宋仁宗时起自南方的名臣中，"范仲淹起于吴""欧阳修起于楚"仍有讨论的余地。范仲淹虽然祖籍在苏州，但出生在京东路的徐州，两岁时因为父亲去世，又随母亲改嫁而迁到同路较北的淄州，以后读书也在北方。欧阳修虽然祖籍是江南西路的吉州，但出生在四川的绵州，四岁时父亲去世，随母亲迁到京西路的随州定居，依靠叔父，后来应考解试也在随州。尽管如此，陆游所说北宋中后期整个大趋势的演变，却无可置疑。南宋时人列举各类天下第一，其中就有"福建出秀才，大江以南士大夫"，和国子监书、内廷酒、端砚、洛阳花、建州茶、蜀锦及其他多样物、人并列。两浙、江东西、福建、四川，从北宋中后期到南宋，都是人才最盛的地区。在学术上，北宋的学术中心尚在北方，到宋、金并立的时期，学术中心已转移到南宋所在的南方来。这种情形，延续到元代统一南北，仍未改变。

元代要到元仁宗延祐二年（1315）才恢复科举考试，无论在此之前或之后，政府用人都以蒙古人、色目人为主，汉人、南人受到压抑，而南人所受的待遇又不如汉人。南方士大夫在政治上没有出路，很多人转向书院之中讲学，培育人才。学者据王圻《续文献通考》统计元代书院的地理分布，可以看出当时人才的孕育，仍以南方为盛：江西（73）、浙江（62）、福建（55）、湖南（37）、江苏（26）、广南（24）、四川（23）、湖北（19）、安徽（17）。（以上南方）山东（22）、河北（20）、山西（10）、河南（10）、陕西（7）。（以上北方）

上列统计数字自然不完备，但是大体上可以看出地域的差异。显然这时南方的书院要比北方多出甚多，连宋代在文化上较为落后的广南，到元代也有了不少的书院。这可以说明，中国社会中心往南方的移动已经完成。

参 考 书 目

一、专著

吴松弟:《北方移民与南宋社会变迁》,台北:文津出版社,1993年。

张家驹:《宋代社会中心南迁史》,收入其著《张家驹史学文存》,上海:世纪
　　出版集团、上海人民出版社,2010年。

张家驹:《两宋经济重心的南移》,收入其著《张家驹史学文存》。

黄玫茵:《唐代江西地区开发研究》,台北:台湾大学出版委员会,1996年。

杨远:《西汉至北宋中国经济文化之向南发展》,台北:台湾商务印书馆,
　　1991年。

郑学檬:《中国古代经济重心南移和唐宋江南经济研究》,长沙:岳麓书社,
　　1996年。

冀朝鼎著,朱诗鳌译:《中国历史上的基本经济区与水利事业的发展》,北京:
　　中国社会科学出版社,1981年。

钱穆:《国史大纲》,台北:台湾商务印书馆,1995年修订三版:第三十八、
　　三十九、四十章。

钟快鸣:《唐代东南地区经济开发的研究》,台中:东海大学历史研究所硕士论
　　文,1977年。

顾立诚:《走向南方——唐宋之际自北向南的移民与其影响》,台北:台湾大学
　　出版委员会,2004年。

二、论文

全汉昇:《唐宋帝国与运河》,收入其著《中国经济史研究(上册)》,香港:新
　　亚研究所,1976年。

何佑森:《两宋学风的地理分布》,收入其著《儒学与思想:何佑森先生学术论
　　文集(上)》,台北:台大出版中心,2009年。

何佑森:《元代学术之地理分布》,收入其著《儒学与思想:何佑森先生学术论
　　文集(上)》。

何佑森:《元代书院之地理分布》,收入其著《儒学与思想:何佑森先生学术论文集(上)》。

林瑞翰:《南唐之经济与文化》,收入大陆杂志社编辑委员会编:《大陆杂志史学丛书(第二辑第二册)·唐宋附五代史研究论集》,台北:大陆杂志社,1967年。

徐益棠:《中国南北之人口升降》,《中国文化研究汇刊》1947年第7期。

张家驹:《中国社会中心的转移》,收入其著《张家驹史学文存(三)·张家驹史学论稿》,上海:世纪出版集团,上海人民出版社,2010年。

张家驹:《宋室南渡前夕的中国南方社会》,收入其著《张家驹史学文存(三)·张家驹史学论稿》。

梁庚尧:《披荆斩棘——新耕地的开发》,收入刘石吉主编:《中国文化新论·经济篇——民生的开拓》,台北:联经出版事业公司,1982年。

赵雅书:《宋代蚕丝业的地理分布》,收入宋史座谈会编:《宋史研究集第七辑》,台北:台湾"中华丛书编审委员会",1974年。

第十三讲

科举社会的成立与逆转

一、唐代门第势力的衰退

魏晋南北朝时代，是中国社会史上所谓的门第社会时期，以世族为中心，形成上下分明的社会阶级，政治权力由少数的高门大族所把持，寒门士人很难有出头的机会。隋唐以后，由于科举考试制度取代了九品中正制度来选拔人才，这一个阶级性的社会逐渐被打破，门第的势力由衰退而消失，到宋代，社会上已经没有历久不衰的大族，也没有明显的阶级界线。经由科举考试的选拔，社会上的读书人不论出身，都有可能进入政治的核心，形成所谓的科举社会。在这一个转变的过程中，科举考试制度无疑是一个重要的动力。

（一）科举考试制度的兴盛

科举考试开始于隋代，唐代继承其制度，以考试取士为入仕途径之一。考试科目有多种，而以明经、进士科为盛，应考人在资格上没有太多的限制，平民也可以应考。科举考试在隋末唐初的政治上没有特殊的地位，至唐太宗贞观年间（627—650），才受到重视，而进士科所受的重视又要超过明经科。唐高宗永徽年间（650—655）以后，进士科成为入仕的重要途径。士大夫纵使位极人臣，如果不由进士出身，仍然引为终生憾事。唐高宗晚年宰相薛元超曾经告诉亲人："吾不才，富贵过分，然平生有三恨，始不以进士擢第，不娶五姓女，不得修国史。"（刘餗《隋唐嘉话》）不仅如此，连皇帝也羡慕进士，唐宣宗曾经于禁中题"乡贡进士李道龙"。科举考试制度在唐代政治上地位的逐渐提高，可以从历朝高官进士出身所占的百分比看出来。唐代二百八十九年，进士科取士共265次，及第进士6 823人，出身进士的官员，占官员总数不过百分之一二，但是多能平步青云，甚或十余年间，便厕身庙堂，辅弼皇帝。历朝宰相进士出身如下：

时　期	宰相总数	进士出身数	百分比（%）
高祖	16	1	6.25
太宗	29	1	3.45
高宗	47	9	19.15
武后	78	14	17.95
中宗	38	9	23.68
睿宗	25	11	44.00
玄宗	34	11	32.35
肃宗	16	4	25.00
代宗	12	4	33.33
德宗	35	13	37.14
顺宗	7	3	42.86
宪宗	29	17	58.62

时　期	宰相总数	进士出身数	百分比（％）
穆宗	14	9	64.29
敬宗	7	7	100.00
文宗	24	20	83.33
武宗	15	13	86.67
宣宗	23	20	86.96
懿宗	21	20	95.24
僖宗	23	21	91.30
昭帝	25	20	80.00
哀帝	6	5	83.33

可知在唐高祖、太宗时代，进士出身的宰相仅有一人，而且是隋代的进士，而非唐代的进士（房玄龄为隋代进士）；从高宗以后，宰相中出身进士所占的比率逐渐增加；至宪宗以后，绝大部分的宰相都出身于进士科。再看尚书省左右仆射、六部尚书的出身背景在唐代前、后期的比较，以安史之乱为界线，在此之前，进士出身者占总数18.63％，在此之后，进士出身者占总数的60.20％，后期比率较前期有明显的增加。这样的变化，足以说明科举考试愈来愈兴盛。

（二）世族与寒人势力的交替

科举考试公开选才，不限定资格，评定优劣也有比较上算是客观的标准，因此为寒士社会地位的上升，提供了一条途径。寒门士人往往经由苦读，登进士第，然后擢升至高官。例如王播少孤贫，曾居住于佛寺中，与僧人一同吃饭，僧人对他感到厌倦，故意提早开饭，等王播来，已经吃完，可是王播以后进士及第，官至监察御史。又如元稹，早年丧父，母兄乞丐，而元稹发愤求学，十五岁便明经出身，以后成为有名的文学家。这种情形，在魏晋南北朝不太可能存在。

科举考试初行时，仍然不免受门第观念的影响，世族子弟以父兄在朝，交相援引，比较容易入选。这也和制度有关，当时考试尚未如宋代之严密，主考官有左右的权力，干谒的风气即由此而来。中晚唐以后，情形有了改变，例如唐宪宗元和十一年（816），录取进士33人，都出身于寒素；唐穆宗长庆元年（821），钱徽知贡举，被宰相段文昌奏劾，指榜内有14人为贵臣子弟，于是下诏重试，其中有11人被黜落。一般主考官员，多能抑豪门，奖寒士。公卿子弟虽有才艺，主考官为了避嫌，反而不敢录取；而子弟也有因为父兄居于高位，避嫌而不敢应试的。

虽然如此，门第势力在唐代的衰退仍然相当缓慢，直到唐代晚期，他们在政治上仍然占重要的地位，而进士的出身也以世族为多。以整个唐代进士830人作统计（见于《新唐书》《旧唐书》），出身于大族者589人，占70.96%，出身于小姓者109人，占13.13%，出身于寒素者132人，占15.90%，大族在进士科考试中，仍然占优势。《旧唐书》中所载自肃宗以后至昭宣帝14朝人物共718人，出身于名族和公卿子弟的有492人之多，占总人数的69%，出身于中等家族的有109人，占14.5%，出身于寒素的有97人，占13.5%，其他3%是出身于蕃人和身世不明。可见较高层的官员中，仍然以大族子弟占优势。如果以政府最高级官员宰辅的家世作比较，名族子弟和寒人的比例更加悬殊，自肃宗至唐亡的宰相179人中，出身于名族和公卿子弟的有143人，占总人数80%，出身于中等家族的有22人，占12%，出身于寒素的有12人，占7%，其他1%未能确定。因此，在晚唐时期，社会变动的迹象虽已出现，但魏晋南北朝以来阶级性社会的特质仍然存在。

（三）唐末五代门第的破坏

可是唐末五代的大乱，使得门第势力受到极大的摧残，完全从社会上消失。唐末几次流寇之乱，官员纷纷受害或自杀，其中出身于士族的很多。朱全忠篡唐自立，听从谋士李振的建议，大杀朝士，投之于黄河，"士族清流为之一空"。以后五代是武人政治的时代，衣冠大族以礼法经学传家，自然无法出头；再加上政局转变太快，不易保全家门，大族子弟多不愿出仕，于是世家大族从此脱离了政治的核心。此外，五代时期兵荒马乱，以及随之而来的水旱天灾，使得大族无法在北方安居。世族之家有些在乱兵中遇害，也有些迁徙到南方，家世随之而沦落，已无异于一般家庭。等到宋代建立，恢复安定，唐代以来的大族已经没有重新振作的能力，而这时的社会也转换成另外一种形态了。

二、宋代科举社会的确立

（一）宋代的重视科举

宋代为矫正唐末五代武人政治的积弊，鼓励读书，对于科举出身的士大夫，朝廷十分尊重，社会也寄予厚望。宋代科举考试的科目很多，仍然以进士科最受重视。进士科录取人数，远比唐代为多，唐代科举考试每年举行，每次进士科不过录取一二十人，宋代考试时间最初没有一定的制度，有时每年考，有时隔两三年才考，到宋英宗时定为三年一考。进士科录取人数在宋太祖时仍然不多，少时不满十人，多也不过30人。自宋太宗以后逐渐增多，经常一次录取数百人。北宋宣和六年（1124）曾经一次录取805人，南宋宝庆二年（1226）更曾经一次录取998人。登第之后，任官也比唐代容易，唐代在礼部试通过之后，还要经过吏部的考试才能任官，宋代则免除吏部的考试。进士及第，可以享受各种荣耀，例如皇帝在琼林苑赐宴，称为闻喜宴，政府高级官员和主考官都出席作陪。至于榜首，荣耀更高。田况《儒林公议》卷上：

> 太宗临轩发榜，三五名以前，皆出贰郡符，迁擢荣速。陈尧叟、王曾初中第，即登朝领太史之职，赐以朱紱。尔后状元登第者，不十余年皆望柄用，人亦以是为常，谓固得之也。每殿庭胪传第一，则公卿以下，无不耸观，虽至尊亦注视焉。自崇政殿出东华门，传呼甚宠，观者拥塞通衢，人摩肩不可过，锦鞯绣毂，角逐争先，至有登屋而下瞰者，士庶倾羡，谨动都邑。洛阳人尹洙，意气横跞，好辩人也，尝曰："状元登第，虽将兵数十万，恢复幽蓟，逐强敌于穷漠，凯歌劳还，献捷太庙，其荣亦不可及也。"

"出贰郡符"是担任州、军的通判，职位仅次于知州、知军，"柄用"则已执掌国政。这段文字描述了高第者在仕途上的殊遇，以及状元在发榜时所获从皇帝、高官以至民众的瞩目；尤其值得注意的，是尹洙所讲的话，只要了解恢复幽蓟对宋人的意义，就可以从他的话认识到科举考试在宋人心目中的地位。

就理想而言，宋代的重视科举，有鼓励社会上寒士出头的作用。宋真宗曾谕知贡举大臣："贡举重任，当务选擢寒俊，精求艺业，以副朕心。"（《续资治通鉴长编》卷四十三，"咸平元年正月丙寅"条）又曾经在一次发榜后，问宰相王旦等人："有知姓名者否？"众人回答："人无知者，真所谓搜求寒俊也。"（《续资治通鉴长编》卷八十四，"大中祥符八年三月戊戌"条）登第的士人都与在朝的高官没有亲戚关系，所以说"人无知者"，这才符合宋真宗心中求才的用意。南宋中期人回顾宋初以来的史事，说："本朝尚科举，显人魁士，皆出寒畯。"（赵彦卫《云麓漫钞》卷一）拔擢寒俊，正是宋人赋予科举考试的理想。为了配合这一个理想，考试制度愈来愈严密。从宋太宗时开始，考卷有糊名弥封，使考官不知考生的姓名；到宋真宗时，又有誊录易书，使考官无法认出考生的字迹；而且定等第时，在殿试要由主考官和覆考官两次定等，分别弥封，最后才由详定官启封，参考两次等第作最后的评定，在省试也要经过点检官、参详官、知贡举三回评定，解试的评定则只有两回。宋初考试结束后，考生用来作弊的小册子，遗留在考场，堆积如山，因此后来又定考生搜身之法。在理想和制度的配合下，科举考试成为塑造宋代社会性质的一个重要因素。

（二）知识传布的普遍

科举社会的确立，有赖于知识传布的普遍。唐代已经施行科举考试，可是门第势力的衰退十分缓慢，原因就在于世族私家教育的完备，而社会上一般士人求学甚为困难，所以在考试竞争中，世族子弟仍然占尽优势。到宋代，情形已经不同，印刷术的推广和教育机会的扩大，对知识传布的普遍有很大的贡献。

雕版印刷在唐代发明，最初只用来印佛经，到唐末应用渐广，但仍限于诗文集、字书、阴阳占梦等应俗小书，到五代印刷术逐渐兴盛，开始用来印儒家典籍。宋仁宗时，又有毕昇发明胶泥活字版，印刷更加便利，但宋代印刷仍以雕版为主。宋代政府和民间都致力于刻书，书籍的流传因而愈来愈广。书店业随之发达起来，印本的书价远比抄本便宜。景祐二年（1035），王曾为宰相，以政府所修的编敕、历日以往募人书写，费钱三百千，于是改用雕刻印行，只费钱30千，可知印本书价只是抄本书价的十分之一。书价便宜，有利于寒士购买阅读，读书愈来愈方便。《宋史》卷四三一载景德二年（1005）邢昺言："臣少从师业儒时，经具有疏者百无一二，盖力不能传写。今板本大备，士庶家皆有之，斯乃儒者逢辰之幸也。"苏轼《东坡前集》卷三二《李氏山房藏书记》："余犹及见老儒先生，自言其少时欲求《史记》《汉书》而不可得，幸而得之，皆手自书，日夜诵读，唯恐不及。近岁市人转相摹刻，诸子百家之书，日传万纸，学者之于书，多且易致如此。"读书如此方便，知识不再由少数大族子弟独享。

宋代尤其重视兴学，扩大了平民受教育的机会。唐代政府虽然设有学校，但是入学有资格的限制，主要是官员子弟就读，民间除大族家中和佛教寺院之外，较少有其他教育机构。宋代无论官学、私学，入学资格都少有限制，一般平民子弟也可以入学。学校普遍设立，以官学来说，中央有太学，地方有州学、县学，还有官设的书院；以私学来说，有称为书院、书社、书会、义学等各式学校，这些私学有些是家族所设的家塾，有些是教师自己开设或家长合资兴办的私塾，学校教育远比唐代发达。陆游《入蜀记》卷五记载他航行经过长江沿岸的聚落，"竹树郁然，民居相望，亦有村夫子聚徒教授，群童见船过，皆挟书出观，亦有诵书不辍者。"可见即使在村落中，也有启蒙群童的夫子。政府对学校教育大力鼓励，士大夫也在家乡或家族中极力提倡。家境清寒的子弟常可获得经济上的帮助，受教育不再限于贵家子弟。

在这样的情况下，"读书人人有份"成为当时人的一种信念。施彦执《北窗炙輠录》：

> 张思叔（张绎），伊川高弟也。本一酒家保，喜为诗，虽拾俗语为之，往往有理致。谢显道（谢良佐）见其诗而异之，遂召其人与相见，至则眉宇果不凡，显道即谓之曰："何不读书去？"思叔曰："某下贱人，何敢读书。"显道曰："读书人人有分，观子眉宇，当是吾道中人。"思叔遂问曰："读何书？"曰："读《论语》。"遂归买《论语》读之，读毕乃见显道，曰："某已读《论语》毕，奈何？"曰："见程先生。"思叔曰："某何等人，敢造程先生门。"显道曰："第往，先生之门无贵贱高下，但有志于学者即受之耳。"思叔遂往见伊川，显道亦先为伊川言之，伊川遂留门下。

读书既不分贵贱高下，官私教育于是深入基层。民众受过教育之后，为了出人头地而竞相参加科举考试，于是加速了社会上下阶层的流动。

（三）社会流动的加速及其局限

社会上下阶层流动的加速，也就是寒士仕进机会的增加，仕宦之家不可能再世代保持仕宦的身份，除非子孙能够不断在科举考试中表现优异。而一般民众只要能在科举考试中表现才能，就有机会进入仕途，甚至擢升到高官。这种现象，和唐以前仕途为世家大族所垄断的状况成为明显的对比。唐代以前的旧门第，在宋代已经没落。《宋史》列传北宋人物1 194人中，源出于唐代大族者，只有十姓32人，其中大多家世在五代已经式微，无异于新兴的寒士，新门第在宋代科举考试制度下不易再产生。袁采《袁氏世范》卷上："士大夫试历数乡曲，三十年前宦族，今能自存者仅有几家？"卷中："世事多更变，乃天理如此，今世人往往见目前稍稍乐盛，以为此生无足虑，不旋踵而破坏者多矣。"盛衰无常，正是宋代社会流动加速的写照。宋代的社会和唐代相比，确实有明显的差异。

统计《宋史》列传中北宋人物的家世，可以清楚地看出这个变化。《宋史》所载自太祖至钦宗人物共1 194人，出身于名族和公卿子弟的有279人，占总人数23.6%；出身于中等家族的有343人，占总人数28%；出身于寒素的有543人，占总人数的46.1%；其他2.3%不能确定。和唐代比起来，出身于名族和公卿子弟的比率大减，出身于寒素的比率大增，出身于中等家族的比率也增加不少。进一步分析，在唐代所谓出身于名族和公卿子弟的人物，以出身于名族为主（53%），而这些名族多是魏晋南北朝以来历世数百年的大族，而在宋代所谓出身于名族和公卿子弟的人物中，则绝大多数都是宋代新兴的公卿子弟，他们能够前后有三代在朝廷中身居高位已很不容易，但和唐代以前的大族相比，流动性仍然很大。

再看另外一项统计，搜集到《宋史》列传中北宋人物1 533人，分成前期（太祖、太宗、真宗）、中期（仁宗、英宗、神宗）、末期（哲宗、徽宗、钦宗）三期，比较各期人物的出身（表中的高官指一至三品的高品官，中官指四至七品的中品官，低官指八至九品的低品官，布衣则为未曾入仕者）：

	高官家庭	中官家庭	低官家庭	布 衣
前期	29.14% （181人）	18.03% （112人）	5.63% （35人）	47.18% （293人）
中期	22.35% （112人）	16.16% （81人）	2.79% （14人）	58.68% （294人）
末期	25.30% （104人）	10.21% （42人）	1.72% （7人）	62.77% （258人）
合计	25.90% （397人）	15.33% （235人）	3.65% （56人）	55.12% （845人）

可知出身于布衣的人物，没有特权的庇护，经济能力也未必较高官家庭为优，而所占比率却逐渐上升。再看政府中最高级官员宰辅的出身（北宋宰辅222人，其中11人无传，不列入统计）：

	高官家庭	中官家庭	低官家庭	布 衣
前期	25.00% （14人）	26.78% （15人）	10.70% （6人）	37.50% （21人）
中期	24.00% （18人）	16.00% （12人）	5.33% （4人）	54.67% （41人）
末期	23.45% （19人）	12.34% （10人）	1.23% （1人）	62.96% （50人）
合计	24.06% （51人）	17.46% （37人）	5.19% （11人）	53.30% （112人）

可知即使是宰辅，出身于布衣的比例也是逐渐上升，而且自北宋中期以后，占总人数一半以上。至于布衣官员入仕的途径，在北宋初期以科举者占34.47%，在北宋中期占76.19%，在北宋末期高达81.78%。科举考试制度所造成的影响，十分明显。

南宋保留有绍兴十八年（1148）和宝祐四年（1256）两榜的

登科录，也就是进士录取名单，绍兴十八年榜有朱熹、尤袤等名人，宝祐四年榜有文天祥、陆秀夫、谢枋得等名人。两榜分别登录了一甲至五甲进士330人及601人，每人分别记录了他们的祖宗三代，经过统计，在绍兴十八年榜中（1）父、祖、曾祖均曾做官；（2）父、祖曾做过官；（3）父、曾祖曾做官，亦即有极强仕宦背景的，占24%；（4）祖、曾祖曾做官；（5）父曾做官，亦即有次强仕宦背景的，占10.8%；（6）祖曾做官；（7）曾祖曾做官，亦即有较弱仕官背景的，占9%；（8）祖先没有人做官，亦即全无仕官背景的，占56.3%。宝祐四年榜中，（1）、（2）、（3）占12.8%，（4）、（5）占15.7%，（6）、（7）占13.6%，（8）占57.9%。两份榜单中，祖宗三代不曾仕官的进士，均超过一半以上，显示出在科举竞争中，有不少平民出人头地。上面的几项统计，都可以证明，到了宋代，世家大族已无法再如唐代以前一样垄断仕途，平民入仕之途宽广了许多。但也必须了解，所谓社会流动的加速，是就和唐代比较而言的。就宋代本身而言，社会流动仍然有其局限。第一，宋代入仕之途中仍然存在着恩荫的制度，高官子弟甚至亲属都可以恩荫入官，不过恩荫必须从小官做起，要想爬升到高官仍然须靠本身的才能、机缘和努力。第二，科举考试竞争激烈，即使进士登第最多的一次将近千人，就全国人口的比例来看，机会也是相当小的，要想在考试中出众，必须花很长的时间从事准备，不事营生。以宋代一般家庭的经济状况来讲，也不是一件很容易的事，自然富家子弟比较占优势。第三，上述有关统计，均以父、祖、曾祖三代的仕宦情形为依据，然而祖宗三代未曾仕宦者，未必没有其他血亲或姻亲仕宦，这些血亲或姻亲的经历若能对一个人的经济、教育及前程发生影响，那么上述所谓寒素、布衣的比率便要打折扣。

总之，我们不能以现代的眼光，来衡量宋代的社会流动。不过，尽管有这些局限，科举考试在宋代确实提供了一个公开竞争的场地，宋代的社会也确实和唐代的社会有所不同了。

（四）皇帝权力的提高

社会流动的加速，使皇帝权力在无形之中大大提高，在门第社会的时代里，世家大族以他们传世数百年的历史，成为足以抗衡皇帝权力的一股力量。宋代以后，门第既然消失，这股牵制君权的力量也消失了。科举出身的士大夫，代替世家大族，成为政治上的统治阶层，他们大多出身寒微，缺乏家族的基础，也没有世袭的凭借，流动性很大，掌握政治权力只是一时，和世袭的皇室相比，自然显得微弱而无力，不得不特别推尊皇帝。而且科举出身的士大夫，他们之所以能够兴起，掌握政治权力，就某种意义看来，有赖于皇帝的提拔。宋代从太宗时起，在礼部考试之后的殿试，由皇帝主持。殿试起先仍有落榜的，到宋仁宗的时代以后就没有了，只是用来决定录取的名次等第。因此，皇帝和科举出身的士大夫之间，有师生的名分，进士被称为天子门生。宋仁宗时，富弼请求废除殿试，获同意而下诏废除，可是反对的人认为这样做是"轻上恩"，因而又再恢复，可知殿试用意所在。在大体上可以说是平民化的科举社会里，皇帝的地位高高在上，没有其他社会力量足以抗衡。

三、元代社会阶级的再兴

（一）蒙古贵族的垄断仕途

在宋代大体上可以说是平民化的科举社会里，原已没有明显的阶级界线，可是到了元代，社会的进展却逆转而行，明显的社会阶级又再出现。这一个变化，并非中国社会内部发展所形成，而是蒙古人入主中原所造成的结果。元朝对于属下不同族属的人民，在政治上给予差别的待遇，由上而下，依次为蒙古人、色目人、汉人、南人。以蒙古贵族为主，加上色目人、汉人、南人中和蒙古人合作的分子，组成政治的核心集团，垄断了政府的高级职位。虽然汉人、南人不断地渗入这个集团，但基本上他们受到排斥。所以叶子奇《草木子》说："天下治平之时，台省要官皆北人为之，汉人、南人万中无一二，其得为者不过州县卑秩，盖亦仅有而绝无者也。"

垄断要职的蒙古人，多出自怯薛。怯薛是蒙古大汗身边的一个宿卫组织，带有帝王私属的色彩。怯薛分为四个轮值班，分别由四位元勋（博尔忽、博尔术、木华黎、赤老温）及其子孙世袭率领。怯薛的成员称为怯薛歹，是从全国军政首长的子弟选拔而来的，也就是出身于蒙古贵族，但以后蒙古的统治范围扩大，也混入了色目人、汉人、南人。至大二年（1309）曾下诏"存蒙古、色目之有阀阅者，余皆革去"（《元史·武宗本纪》），将汉人、南人排出于怯薛之外。在忽必烈建立元朝以前，怯薛除宿卫之外，还掌管王室的家事，同时也是蒙古帝国最初的中央政府。

元朝建立之后，采用了中国的传统政治组织，但是在用人方面，最初并没有采用科举制度，仕进之途有三，"一由宿卫，一由儒，一由吏"（姚燧《牧庵集》卷四《送李茂卿序》），而出身怯薛（宿卫），是三条途径中最重要的一条。怯薛歹只有一万多人，而出身怯薛的官员却占官员总数十分之一，而且都居于高位。以怯薛中最显贵的三家子孙（赤老温除外）来说，八十四人中，袭世爵或是位居三品以上官职的占75%之多，其中有15%

居于正一品。在怯薛中任执事官的，出任政府官职，一出仕多可在三品至五品之间，最后大多可以升到一品至三品。《草木子》："仕途自木华黎王等四怯薛大根脚出身分任省台外，其余多是吏员，至于科目取士，止是万分之一耳。"显然怯薛构成一个特殊的集团，垄断了要职，阻塞其他人的上升之路。

（二）元代士人入仕的途径

宿卫之外，儒、吏二途之中又以出身于吏为多，儒则由长官荐举，人数甚少，社会上的读书人没有一条正常的入仕途径。而儒也常以吏为出路，经由补吏而达成入仕的目的。元代地方每年有"岁贡儒吏"的考试，合格者可至中央政府充任吏职，遇各部有阙，即可以吏的身份补为下级官员，称为"职官吏员"，一任满后即可叙为正八品官（科举恢复以后，三甲进士所叙也不过是正八品而已）。考选合格的儒吏，如因名额关系而无法上贡至中央，也可于地方的廉访司补书吏，一任满后叙为正九品。

岁贡儒吏为儒生提供了一个入仕的机会。但是以科举入仕，进士初叙即可达六品至八品；而在岁贡制度下，上贡儒吏须任满九、十个月才能得八、九品官，而且名额仍然有限。一般儒生如欲入仕，多只能充地方下级官衙（录事司、县衙门）的下级胥吏，和一些学徒出身、程度不高的胥吏为伍；此后升迁十分缓慢，如无特殊机遇，往往需二三十年，才能取得路、府等较高层衙门的吏职，然后于九品迁除。

出任儒学教官是儒士入仕的另一途径。元代各路、府、州、县皆设有学校，而书院的山长也由政府任命，但是各级教职名额有限，而儒士数目众多，想谋一教职并非易事。而且叙官品秩既低，升迁又难，一般教官从下级教职做到教授，多需30余年，

219

而府、州教授不过正九品,是刚入流的卑官,路教授也不过正八品,路教授须历两任才能转任职事官。总之,由儒学教官出身,如无特达之遇,最多做到下级州县官,便已达致仕的年限。无论以吏进或以学官进,大多数的士人都必须永远沉沦下僚。

一直到元仁宗延祐二年(1315),才开始举行科举考试,这时已是元朝建立55年之后,下距元朝亡国53年。科举考试虽然恢复,但在元朝社会中的地位,远不能和宋代相比。第一,在考试中,对不同的种族有差别待遇,蒙古、色目人考两场,题目较易,汉人、南人考三场,题目又难。会试人数为蒙古、色目、汉人、南人各75名,录取名额定为100名,各25名,从人口比例看,很不公平。发榜时蒙古、色目人为一榜,汉人、南人为一榜,蒙古、色目人如应汉人、南人科目考试合格,加一级授官。第二,举行的次数不多,录取的人数也少。自延祐二年后,共举行科举考试22次,中间从元顺帝至元元年(1335)到至正元年(1341)中断七年。录取名额虽然定为100名,但仅有元统二年(1334)一次满额录取。登科人数共1 139名(不含国姓),仅占当时官员总数的4.3%。第三,据元统二年进士录分析该年的一百名进士父、祖、曾祖三代的仕宦背景,出身于全无仕宦传统的家庭仅占35%,亦不及宋代高。分别而计:

	蒙　古	色　目	汉　人	南　人
仕宦	58.33%	66.00%	72.00%	58.33%
非仕宦	41.67%	32.00%	28.00%	41.67%

其中汉人祖先仕宦者多为下级官员,无人为高官,南人祖先仕宦者多为南宋时曾经出仕,而蒙古、色目人祖先仕宦者则多为中、

高级官员。

科举社会到元代呈现逆转，毕竟是外力造成的结果。当时中国社会仍然沿着教育愈来愈普及的方向发展，科举社会的基础不但没有被破坏，反而更加扩大。譬如书院，元朝就比宋朝来得多。所以元朝被推翻后，这一个阶级性的社会也就不能再存在，仍然回到科举社会的老路上去。

参　考　书　目

一、专著

吴宗国:《唐代科举制度研究》，沈阳：辽宁大学出版社，1992年。

李弘祺:《宋代官学教育与科举》，台北：联经出版事业公司，1994年。

卓遵宏:《唐代进士与政治》，台北：台湾编译馆，1987年。

周愚文:《宋代儿童的生活与教育》，台北：师大书苑有限公司，1996年：下篇。

袁征:《宋代教育——中国古代教育的历史性转折》，广州：广东高等教育出版社，1991年。

高明士:《隋唐贡举制度》，台北：文津出版社，1999年。

高明士:《中国中古的教育与学礼》，台北：台湾大学出版中心，2005年。

陈寅恪:《唐代政治史述论稿》，《"中研院"历史语言研究所专刊之二十·四川李庄》，1943年：中篇。

陈雯怡:《由官学到书院——从制度与理念的互动看宋代教育的演变》，台北：联经出版事业公司，2004年。

陈义彦:《北宋统治阶层社会流动之研究》，台北：嘉新水泥公司文化基金会，1977年。

贾志扬（John Chaffee）:《宋代科举》，台北：东大图书股份有限公司，1995年。

箭内亘著，陈捷、陈清泉译:《元代蒙汉色目待遇考》，台北：台湾商务印书馆，1975年。

罗龙治:《进士科与唐代的文学社会》，台北：台湾大学文学院，1971年。

二、论文

李弘祺：《宋代教育与科举的几个问题》，收入其著《宋代教育散论》，台北：东升出版事业公司，1980年。

李树桐：《唐代的科举制度与士风》，收入其著《唐史新论》，台北：台湾中华书局，1972年。

孙国栋：《唐宋之际社会门第之消融——唐宋之际社会转变研究之一》，收入其著《唐宋史论丛》，香港：龙门书店，1980年。

翁同文：《印刷术对于书籍成本的影响》，收入宋史座谈会编：《宋史研究集（第八辑）》，台北：台湾"中华丛书编审委员会"，1976年。

刘子健：《略论宋代地方官学和私学的消长》，收入其著《两宋史研究汇编》，台北：联经出版事业公司，1987年。

萧启庆：《元代科举与菁英流动：以元统元年进士为中心》，收入其著《内北国而外中国：蒙元史研究》，北京：中华书局，2007年。

萧启庆：《元代的宿卫制度》，收入其著《内北国而外中国：蒙元史研究》。

萧启庆：《元代的儒户：儒士地位演进史上的一章》，收入其著《内北国而外中国：蒙元史研究》。

萧启庆：《元代蒙古色目进士背景的分析》，收入其著《元代的族群文化与科举》，台北：联经出版事业公司，2008年。

萧启庆：《元朝科举与江南士大夫之延续》，收入其著《元代的族群文化与科举》。

Kracke E. A.. "Family vs. Merit in Chinese Civil Service Examinations under the Empire", *Harvard Journal of Asiatic Studies*, 1947, 10(2).

第十四讲

茶盐专卖制度的成立与私贩的猖獗

一、茶专卖制度的成立与演变

茶业是自唐代以来新兴起的产业，由于饮茶风气日益普遍，茶成为重要的商品之一，于是政府视之为财源。唐代已经征收茶税，其间一度将茶收为政府专卖，但是时间很短。到了宋代，茶专卖制度确立，而为此后历朝所继承。

（一）引法成立以前的茶法

宋代茶的产地，大致可以分为东南、四川和福建三区，东南区包括淮南、两浙、江南东西、荆湖南北等路，四川区包括成都府路、梓州路（后改称潼川府路）、夔州路、利州路，福建区则为福建路，三区茶法颇有不同。

在东南区方面，自宋太祖乾德二年（964）开始，实施禁榷，在淮南路施行，园户所产之茶，除折税外，完全由官府收买，政府于淮南路设置山场十四处（后减为十三处），商旅到山场向官府买茶。为防止江南茶流入国境，在江北设置折博务，南北商旅

223

必须经由折博务贸易，使江南茶的输入能受到官府的管制。其后江南并入版图，宋太宗太平兴国二年（977）将榷法全面推行，东南茶均纳入禁榷范围，先后设置建安军（后改称真州）、汉阳军、蕲口镇、江陵府、复州、襄州、无为军及海州八榷货务负责（前三务在乾德二年已经设置），后来襄州、复州二务废除。

与茶榷配合而行的有入中法。所谓入中，指商人入纳物资或货币至政府指定的地点，用以购取政府专卖的商品来运销。入中法始行于乾德二年，"商旅入金帛京师，执引诣沿江给茶"（陈均《皇朝编年备要》卷一，"乾德二年八月"条），榷法全面推行之后：

> 商贾之欲贸易者，入钱若金帛京师榷货务，以射六务、十三场茶，给券，随所射与之，谓之交引。愿就东南入钱若金帛者听，入金帛者计直予茶如京师。凡茶入官以轻估，其出以重估，县官之利甚薄，而商贾买转于西北，以至散于夷狄，其利又特厚焉。（《续资治通鉴长编》卷一〇〇，"天圣元年正月壬午"条）

宋太宗雍熙年间（984—987），由于伐辽，又命商人入刍粟于塞下，给以交引，凭交引至京师领钱，或至江、淮、荆湖领茶、盐。端拱二年（989），于京师设折中仓，因此又有入中粮草于京师之制，入中制度愈加复杂。

自宋太宗时期以后，至宋仁宗嘉祐四年（1059）为止，茶法大致上是榷法与入中法配合，但是因应时势，在制度上常有改变，有所谓贴射法、三说法、三分法、见钱法等。贴射法为商人纳息钱于官府后，许其直接与园户买茶。三说法为博籴（极边粮草），便籴（次边粮草）、直便（一般入中），依粮草急需的先后，而给茶有紧慢之分，亦即急缓之分。三分法则为以十分茶价，四分给香药，三分给犀象，三分给茶引，其后又改为茶引三分，见钱二分半，香药四分半。见钱法是商人入现钱于京师，然后向六榷货务领茶，而政府以钱给入刍粟于塞下的商人。至嘉祐四年，以茶榷增加人民的负担，导致犯法者多，因而废罢，改行自由贸易的通商法，仅向园户征收茶税。

东南茶区之外，福建所产茶，以质量较佳，多属贡品，自宋初以来均由官买官卖，禁民私贩，至宋神宗熙宁五年（1072）以后，始因积茶过多，而开放一部分营销区域通商。四川所产茶，则自宋初以来开放自由买卖，至熙宁七年（1074），因政府策划于西北边境以茶易马，而改为征榷，由园户将茶卖给政府所设的茶场，再由茶场依市易法加息钱转卖给商人，指定运至边境州军销售。其后禁榷的区域屡有伸缩，但是征榷的基本政策没有改变。

（二）引法的成立与演变

东南茶区实施通商法至宋徽宗崇宁元年（1102）而复行征榷。新实施的茶法，亦即影响此后茶盐专卖制度至巨的引法。权相蔡京为了征敛财赋以丰富京师，于崇宁元年请求将荆湖、江淮、两浙、福建各路州军所产茶依旧禁榷，次年颁行长短引法，将东南区与福建区所产茶，一律禁榷官买，严禁商人、园户私相贩易，凡产茶州县，置场委官，籍记园户姓名。凡产茶州军，许本地商民赴场输息，限以斤数，给短引，在旁近郡县贩卖；商旅于京师榷货务入纳金、银、缗钱，或至并边入纳粮草，给钞至场请茶，给长引至所指定州军贩卖。两年之后，蔡京又改茶法，废罢茶场，准园户、商旅自相交易，但是仍然必须先向官府请长短引。

引法的完全确立，是在政和二年（1112）。蔡京在这一年再改茶法，以原有的引法为基础，于产茶州军设置合同场，商人于都茶场买引，至合同场验实，然后直接向园户买茶，园户在引内批明茶的色号、斤重、价钱，装茶的笼篰有一定的规制，由官府制造，商人必须向官府购买。长引准许将茶货运往其他路分贩卖，期限不得过一年；短引限于本路贩卖，期限不得过一季。长短引均限于指定区域内贩卖，不得侵越地分。所请买的茶货卖完之后，必须将茶引缴还都茶务销除，以防止茶商用旧引贩运私茶。这一个制度，虽然官府本身没有经手茶货，但是实际上生产者和运销者都由官府严密管制，商人等于是出一笔钱向政府购买销售权，才能向园户买茶，是一种间接专卖的制度。

南宋建立，引法推广到四川。建炎二年（1128），赵开主管川陕茶马，废罢官买卖茶，模仿政和茶法，印给茶引，由商人出钱购买，然后直接与园户交易，于是引法在全国普遍实施。南宋的茶引分长引、短引和小引，起初长引可以隔路通商，短引限于本路州军销售，小引则不得出本州岛界货卖，三者购茶斤重、引价和缴引期限均有不同；宋孝宗初年以后，长引用以过江到淮南、京西等地运销，短引则只能在江南各地贩卖；再往后原来的长引、短引又改称大引，仍分长、短两种，小引也分为长小引、短小引，长小引可以过江运销，短小引则只能在江南贩卖，大引、小引之分只在引价。但是南宋茶的运销，仍有例外，在宋金贸易的榷场中，茶的贩卖是由南宋政府垄断的。福建所产的茶，在绍兴十二年（1142）六月禁止运至江北贩卖，至九月更完全由政府收购，不准商人和园户交易，以防止宋金间的走私贸易。其他地区所产的茶，也规定运到榷场之后只准卖给官府，而不准卖给金国的商人。对于运到江北边境，卖给南宋人民的茶，则用重税限制，以防止走私。所以如此，是因为金国需要宋茶的数量相当庞大，南宋政府要独占贸易的利润。

宋代以后，历朝均采用茶专卖制度。元、明两朝的茶法，承袭宋代的引制而愈加严密。元代茶商卖茶，必须携带茶引，无引者视为私茶，也有长引、短引之分；茶引之外，又有茶由，给卖零茶的商人，所谓"零茶"，指茶商运贩茶货的斤重不及一引。明代茶有官茶、商茶的分别，官茶征自民间，政府储存，准备运至边境买马；商茶运销之法，则承自宋、元旧制而加以斟酌损益。其法为官给茶引，付产茶府、州、县，招商中茶。"中茶"的"中"，意思就有如宋代"入中"制度的"中"，在明代此制称"开中"。商人买茶，至官府纳钱给引，然后向山园茶主买茶。茶引分上、中、下三等，上引中茶五千斤，中引四千斤，下引三千斤，茶不及引者称为畸零，另给由帖，销茶地区的远近均有规定。客商贩茶，必须到批验所，将引、由截角，别无夹带，才准放行，卖毕之后，引、由也必须缴还官府。清朝茶法较以往放宽，但茶商仍须先向官府购引、票之后才能运销，贩私茶者如同贩私盐一样论罪。

二、盐专卖制度的成立与演变

茶是嗜好品，盐则是日常生活必备的消费品，可是盐的产地很有限，绝大部分的人均必须买盐而食，因此盐是较茶更为重要的商品，对于政府来说，也是更为重要的财源。自古以来，盐的财政作用，便受到政府的重视。早在春秋时代，齐国管仲便已重视盐政，至汉武帝而盐专卖制度灿然大备。东汉时，废专卖而改征盐税，此后直至唐代中叶，除三国西晋时期行专卖之外，大部分时间都仅征盐税，隋至唐初甚至无税。唐代中叶以后，盐专卖制度才又复兴，制度也演变得愈来愈繁密，让人难以弄清楚，以至于有"盐糊涂"的说法。

（一）引法成立以前的盐法

唐代盐专卖制度的实施，开始于唐肃宗时代，首倡其法者为第五琦。当时正在安史之乱期间，军用匮乏，河北招讨使颜真卿收景城（沧州）盐贩卖，以供军需，第五琦得其法，推行于全国。《新唐书·食货志》：

> 乾元元年（758），盐铁、铸钱使第五琦初变盐法，就山海井灶近利之地置监院，游民业盐者为亭户，免杂徭。盗鬻者论以法。及琦为诸州榷盐铁使，尽榷天下盐，斗加时价百钱而出之，为钱一百一十。

榷盐之后，盐价比原来的价钱增加了十倍，政府的财政收入自然大增。唐肃宗至德宗时期，刘晏继第五琦后为盐铁使，前后有18年之久，继续第五琦的政策而加以改革。他的方法，是民制、官收、商运、商销，亭户制盐，政府收购，加榷价卖给商人，商人贩运销售。在商人不易到达的地方，政府设常平盐以济其穷，也就是辅以官运官销，使这些地方不致因盐不易得而盐价暴涨。盐专卖制度从此确立，从晚唐经五代至北宋，一直没有废止。

　　宋代食盐有颗盐、末盐的分别。颗盐出于陕西解州的盐池，销售于京畿及京东、京西、陕西、河东、淮南、河北等路。海盐、井盐、土盐都属于末盐。海盐可以分为东北盐和东南盐两大类，东北盐出于河北、京东，销售于本路及京畿；东南盐出于两浙、淮东、两广、福建等路而销售于江淮以南各地。井盐产于四川，贩于本路，不得出境。土盐以河东所产为多，亦不得出境贩卖。

　　引法成立以前，北宋的盐法以专卖为主，仅元丰元年（1078）以前的河北、京东盐行自由通商制。四川盐井则有大井、小井之分，大井为官盐井，井口大而穴浅，掘井或汲卤均仰赖人力，所产盐归官府直接专卖；小井为民间私掘的盐井，又称卓筒井，出现于宋仁宗时代以后，利用机械原理来掘井、汲卤，井口小而穴深，须向官府登记纳税，所产盐可自由销售。

　　专卖之法，就宋人用语而言，又可以分为官鬻与通商两大类。官鬻为官直接专卖，政府向盐民（海盐的生产者称亭户、灶户，池盐的生产者称畦户、揽户）收盐，由官府运输，转卖于民间。有时因为运盐过多，或盐价过高，销售不出，甚至于直接配给于民，勒令输钱。通商则为官间接专卖，政府向盐民收盐后，转售给商人，由商人运销。盐榷的通商制度，也与入中相配合。入中最早行于茶榷，雍熙年间（984—987）才推广于盐法。盐法入中，在初期是由商人运刍粟至河北、河东、陕西诸路沿边州郡，换取交引，凭交引至盐产地请盐，运至指定通商区销售，自折中仓设立之后，又有入中刍粟于京师之制。除入中刍粟之外，又有入中现钱于京师榷货务，换取盐交引之法。宋仁宗康定、庆历年间（1040—1049），由于宋、夏战争，陕西边境急需粮草，导致粮价上涨，盐交引价下跌，亏损官钱，于是有庆历八年（1048）范祥的改革解盐盐政。新政策是停罢入中刍粟，只准入中实钱，而由官府以钱购买粮草，同时将盐交引改称为盐钞，于是盐钞一词，通用于北宋政和年间以前。官鬻与通商的地域时有变化，并不固定，而通商法实为政和以后引法的前身。

（二）引法的成立与演变

宋徽宗即位之后，蔡京掌权，欲尽笼地方财利以丰盛京师，盐法官鬻则利归地方，通商则利归朝廷，于是在崇宁元年（1102）以后，推广通商法，严禁官搬官卖。蔡京推动这项改变，其实也是看准当时商业日益繁盛，商人愈来愈活跃的时势。崇宁、大观年间（1102—1111），为求商旅多入现钱，盐钞法屡次变更，有所谓"贴纳""对带""循环"。"贴纳"是指以旧钞换新钞，须贴输现钱；"对带"则是商人持旧钞请盐，而官府已换用新钞，必须对原数再买新钞，才带给旧钞盐数之半；"循环"敛取更为苛刻，"已积卖钞，未授盐，复更钞，已更钞，盐未给，复贴输钱，凡三输始获一直之货"（《文献通考·征榷考》）。由于钞法屡变，失信于民，私贩日众，蔡京为求对于盐商的运销加强控制，于是在政和三年（1113）将已行于茶榷的引法施行于盐榷。这年颁行的盐引法，大略仿效茶引法而更加严密。盐引也分为长引、短引两种，两者的销地及缴引期限都有不同。运盐限用官袋，每盐一袋，限定斤重，规定盐价，后来又分为大袋、小袋两种，小袋不准运出州界。大袋、小袋之分，可能和长引、短引相配合。凡盐袋只用一次，禁止再用。盐引的勘验，也有规定的手续；销盐期限已届，盐货即使尚未售毕，盐引亦须缴还销毁。引法原由钞法演变而来，所以变法之后，盐引称为钞引，而盐仍称为钞盐。流通于淮南东西、江南东西、两浙、湖南北等路的淮浙海盐，原本以官鬻为主，自崇宁年间以来，由于引法的实施而改行通商，此后沿用到整个南宋时期。办法大体上就是商人赴榷货务请买盐钞，持盐钞至产盐州县请领盐货，凭盐引运至指定地区销售。自北宋末年以来，盐钞与盐引连并印制，一起发卖，到商人领取盐货之后才分开，盐钞收回涂抹销毁，盐引则交付商人凭以运盐。

　　淮浙盐之外，引盐法也曾在南宋的四川、福建、广南东西路等地区推行，不过成败各有不同。四川在北宋末年没有实施引盐法，到南宋初年，赵开主管四川财赋，才将引盐法行之于四川，将原来在官府榷禁之外的卓筒井，也纳入管控。商人向官府设在州城、县、镇的合同场请买盐引，凭引与拥有卓筒井的井户购盐，随盐携引至指定销售地点，缴引给当地的商税务。至于原来北宋的官井，到南宋仍然存在，所产盐称官盐，也依旧实施官鬻。福建沿海四州、军自北宋元丰二年（1079）以来实施产盐法，民众依资产多寡纳钱给官府，官府配给食盐，这是盐官鬻法方式的一种，南宋时期仍然以这种方法为主。内陆四州、军亦行官鬻法，但方式不尽相同，在北宋熙宁十年（1077）以前已由官府卖盐，南宋时期主要由官府雇民船将盐货自沿海纲运而至，再由官府设置坊、场出售给民众。不过自南宋初年以来，一直有人推动福建改行钞盐法，亦即引盐法，也曾经几次付诸实施，可是每次都不出几个月便停罢，可见食盐官鬻在福建的地位十分稳固。广南东、西两路在北宋时期原本都实施食盐官鬻，南宋时期的情况则各有不同。广东自南宋初年以来，先是部分实施钞法，随后逐步扩大，至绍兴九年（1139）完全以钞法取代官鬻。但是却逐渐变质，由于盐钞发售不出，州郡官府将钞盐亦配给商人，甚至亦配给民众，所以在实质上仍为官鬻。广西在南宋初年原本实施官鬻法，以后曾经几度改以钞法为主体，最长的一次达三十年，但是这几次到最后也都失败。几度反复之后，从淳熙十六年（1189）起，官鬻法在广西建立稳固的地位。钞盐法在福建、两广无法顺利推行，一方面由于这几路的地方财政比较困难，食盐官鬻是地方政府的重要财源；另一方面也由于这几路所产盐的销售市场比较狭小，不易销出。

金、元两代，食盐继续由官府专卖，虽然也使用官鬻等方式，但基本上仍以引盐法为主。金国的引盐法应承自北宋，同样要有盐钞、盐引，才能支领盐货运销。元代承袭金、宋之制，采用引盐法而更加细密，同时将盐钞、盐引二者合而为一，仅有盐引之名。商人请领盐货，先赴官局缴纳引价买引，政府规定盐若干斤为一引，引价若干，然后商人凭引及买引时另给的勘合，赴盐场或盐仓领盐，称为官盐，运盐、支盐则有批引、掣验、水程、退引等手续。（1）批引：客商买引，引上批明关支某场或某仓之盐，运卖于某地。（2）掣验：商人赴场、仓支盐后，盐袋须上秤掣验。（3）水程：商人运盐赴往卖地，必须请领水程文书，载明运盐所经路线，沿途查验。（4）退引：盐已卖过，盐引须于限期内缴回。凡此种种，均在于防止商人违法运销私盐。引盐法为商运商销，但是元代又有户口食盐法和常平盐法，官鬻之制也没有完全废除。

明代除明成祖永乐（1403—1424）初年以后一度实施户口食盐法，配卖官盐之外，大致上承袭了元代的引盐法。但是元代商人购买盐引，须用现钱，明代则将引法与开中结合。明代的开中，如同宋代的入中，商人输粮于边，给以盐引，然后至盐场支盐运销，运销的手续和元代相同。除了纳粮中盐之外，又有纳马中盐、纳铁中盐、纳草中盐、纳布中盐、纳钞中盐等法。明代中叶以后，货币经济快速发展，白银流通，于是又有纳银开中。但是商人运银至边，易遭抢劫，因此又有运司纳银的制度出现。对于政府的财政来说，纳银也比较有利，所以到明孝宗弘治五年（1492），叶淇为户部尚书，确立运司纳银制，将主管地方盐务的各运司所收商人引银，全数输送户部，再分送各边购买粮草。引法演变至此，均属于官专卖引法。

（三）纲法的创立

引盐法实施至明代中叶，积弊丛生，因而有盐政改革。积弊之一，是私盐的盛行。为了抵制私盐，明代政府在若干地区改行票法，票法手续简便，商人不必凭引，只要纳税给票，即可贩盐，税银又少。但是实行之后，商人往往假借票盐的名义，侵入引盐的地区，使得政府财政大受影响，因此票法的实施并不成功。积弊之二，是盐引的壅滞。为了疏理积引，明神宗万历四十五年（1617），两淮盐法疏理道袁世振创行纲法。纲法的实施，结束了官专卖引法，而下开行至清末的商专卖引法。

盐引的壅滞，导因于政府财政困难，增发盐引，而政府支盐有限，往往无盐可支，同时引价也有增加，使得商人不愿请引。袁世振为了吸引商人请引，于是拟定了商专卖制度的纲法，政府开列纲册，凡是纲册上有名的盐商，可以世世代代垄断盐利，无名的则不得加入充当盐商。纲法行于淮南、淮北，淮南以"圣德超千古，皇风扇九围"十字编为十纲，每年以一纲行旧引，九纲行新引，两不相涉；淮北以"天杯庆寿齐南岳，帝藻光辉动北辰"十四字，编为十四纲，每年以一纲行旧引，十三纲行新引，也是两不相涉。这样在一定的年限之内，便可将积引销完。纲法的实施，收到一时的效果，但是却使少数盐商世袭垄断盐利，这种独占权，称为"占窝"。同时在明代中叶以后，赋税有货币化的趋势，政府不再向盐户征取盐课，而改折银，到万历末年，全国各产区的盐课，基本上均已改征银两。政府卖引，而无盐支给商人，于是让商人自行赴场购运，从此商人获得收购、运销的全权，并且进一步以预贷资本的方式，控制了盐户的生产。明清盐商的势力，基础奠定于此时。

三、茶盐私贩的猖獗

由于茶盐是政府的专卖品，也是政府的财源之所出，所以对于茶盐私贩，历代政府都悬有严格的禁令，但是利之所在，禁不胜禁，茶盐私贩，十分猖獗，甚至于成群结队，结合成私贩集团，与查禁私贩的官军相斗，成为社会动乱的根源之一。

（一）私贩猖獗的原因

第一，官茶盐价格昂贵而质量差，私茶盐价格便宜而质量好。茶盐专卖的目的，原在于通过政府对于茶盐销售的垄断，抬高价格而增加财政的收入，所以价格昂贵。唐代实行盐专卖制度以前，盐每斗十钱，实施以后，加至百十钱，以后又涨到三百七十钱。盐价与生产成本相去之远，可想而知，在商人运销的过程中，要应付官吏的需索，而路程也有远近之分，这些消耗转嫁到茶盐价上，使茶盐价更为高昂。同时官茶盐既由政府垄断，对于质量不加注意，甚至于有在运销途中，官吏盗卖，掺入沙土的情形，造成质量的低劣。至于私贩茶盐，则以价廉物美的特色与官茶盐竞争，在市场上远比官茶盐受到欢迎。南宋绍兴二十六年（1156）、二十七年（1157）间，在长江口的江阴军城外，有来自浙东明州、温州私盐船百余艘，一斤卖五十文，而官盐卖到一斤百余文；淳祐（1241—1252）初年，广东梅州钞盐一斤卖百四十文，而私盐一斤卖五十文。

第二，茶盐生产成本和官府售价之间，有很大的差距，权贵、军人、士大夫图谋利益，也利用他们的身份作掩护，运贩私盐，政府查禁私盐易遭阻挠。例如南宋初年和南宋末年政治不稳定的时候，军人贩运私盐的情况都很严重。南宋初年，浙西安抚大使刘光世麾下的统制官乔仲福、王德"市私盐，仿官袋而用旧引，货于池州，人不敢问"（《建炎以来系年要录》卷六十一，"绍兴二年十二月甲午"条）。南宋晚期，据官员讲当时长江中下游一带私盐盛行的情形，"有军中之贩私，有大家之贩私，有达官之贩私，……而私盐之舳舻相衔者莫之禁"（徐鹿卿《清正存稿》卷十二《上殿奏事第二札》）；当时江淮诸军大规模从事私盐的贩卖，甚至射死检查私盐的人员。

第三，生产者须依赖私贩才能维持生活。以宋代盐场的亭户来说，他们从事盐的生产，一向先由政府发给工本钱，然后煮盐交给政府。但是工本钱常受克扣，甚至不发，而亭户仍然必须纳盐给政府。政府设在盐场的收盐机构，所辖官吏兵卒人数众多，良莠不齐，往往假借名义，向亭户需索，此外又有各种杂税负担。结果亭户纳盐不但得不到利入，反而要赔补费用，他们只有兼卖私盐给商人，才能维持生活。

第四，官员受贿，查禁不严。茶盐走私已成风气，成群结队，负有查禁责任的官员害怕滋生事端，不敢查禁，反而与走私者合伙图利。朱熹《奏盐酒课及差役利害状》论浙东私盐的情形："私盐常贱，而官盐常贵，利之所在，虽有重法，不能禁止。

故贩私盐者百十成群，或用大舡搬载，巡尉既不能诃，州郡亦不能诘，反与通同，资以自利，或乞觅财物，或私收税钱。"（《朱文公文集》卷十八）明代茶的运销，也有同样的情形，王圻《续文献通考·征榷考》载杨士奇《茶法议》："况茶货出山，所经官司，既不从公盘诘，又不依例批验，纵有夹带斤重，多是受财卖放，彼何畏惮而不停藏旧引，影射新茶哉。"

第五，运销上的困难，给予私贩便利。各区盐产，原有一定的营销地区，但是有些地点，距离盐场太远，运销困难，而另一盐区反而距离较近，于是便会有走私的情形发生，例如宋代的江西南部，原属淮南盐的营销地，但是距淮南路远，距两广较近，因此走私两广盐的情况，十分严重。明代此一地区，也有类似的情形。又有一些地区，因穷乡僻壤，或崎岖多山，贩运官盐的商人以获利不丰，不愿运盐前往销售，这些地区也容易成为私盐的市场。

（二）私贩猖獗的情形

以茶而论，宋仁宗嘉祐四年（1059），茶法改行自由通商，原因之一便是私贩众多，所以诏书中说："自唐末流，始有茶禁，上下规利，垂二百年。如闻比来，为患益甚，民被诛求之困，日惟咨嗟；官受滥恶之入，岁以陈积；私藏盗贩，犯者实繁；严刑重诛，情所不忍。"（欧阳修《欧阳文忠公集》卷八十六《内制集·通商茶法诏》）南宋时期，宋、金之间的茶叶走私更为盛行。不仅商人，沿边的官吏、军人以及出使的官员，也都从事走私。除了经由淮河流域之外，又有从福建装船经海路走私到金国的。贩卖私茶的商人，成群结队，持有武器，抵抗官军，甚至于杀人。因此茶贼的动乱，时有所闻。规模最大的一次，是宋孝宗淳熙二年（1175）茶驵赖文政领导之下的叛乱，这一支茶贼，从湖北入湖南，经江西一直到广东，才被官军平定，前后历时半年之久。元、明、清时期，私茶的贩卖自然没有断绝。

私盐的贩卖，较私茶的贩卖更为猖獗，影响也更大。唐末的农民起义领袖黄巢，便是以贩卖私盐出身，五代吴越开国主钱镠、前蜀开国主王建，也是以贩卖私盐出身。由于贩运私盐而结合成一个武力集团，在中央政府控制力衰弱的情形下，起而为乱，成则为王，败则为寇。元末起兵的张士诚、方国珍，也都以贩卖私盐出身，成为促成元朝灭亡的重要力量之一。

宋、明、清三代私盐贩卖的影响，虽然不至于导致国家的乱亡，但也是社会动乱的根源之一。李焘《续资治通鉴长编》卷一九六，"嘉祐七年二月辛巳"条记载江西南部虔州、福建西部汀州的人民：

> 多盗贩广南盐以射利。每岁秋冬，田事既毕，往往数十百为群，持甲兵旗鼓，往来虔、汀、漳、潮、循、梅、惠、广八州之地。所至劫人谷帛，掠人妇女，与巡捕吏卒斗格，至杀伤吏卒，则起为盗，依阻险要，捕不能得，或赦其罪招之，岁月浸淫滋多。

因此从北宋到南宋，这一个地区都以难治著称。南宋末年发生于绍定元年（1228）至四年（1231）的汀寇之乱，便与私盐的贩卖有关。这场乱事，最初人数不过以百计，后来逐渐增加到一万多人，扰乱及于福州以北的福建各州，及江西部分州郡，朝廷从淮西调来军队，才平定乱事，但是余波不绝。宝祐二年（1254）发生在安吉州太湖沿岸的荻浦盐寇之乱，人数将近数千，杀人越货。由于地近行都临安，震撼颇大。曾经在南宋末年处理浙西盐场事务的黄震，向主管一路盐务的提举常平公事官员陈述："私贩之大者，千百为群，出没江湖，必有盗贼之雄，率未易获"《黄氏日抄》卷七十一《申杨提举新到任求利便状》，指出私贩猖獗所可能带来的隐忧。

明代官员、贵戚、太监、军人中也都有人从事私盐贩卖，盐商一方面贩卖官盐，一方面又夹带私盐。而对社会秩序影响最大的，则是私枭。私枭多是社会上的无业游民，有的是沿海或沿江的居民，以地近盐场，而结党贩私盐以谋取奸利；有的是失去土地的农民，为谋生活而加入私枭。私枭有舟船，有武器，甚至抢掠财货，杀害官兵。大规模的私枭，竟有30多艘船，或者驴驮以千计，官兵不敢追捕，只有拱手放行。明英宗时，私枭公然在南京城外，"持兵连艘，公贩私盐"（《明英宗实录》卷七十四，"正统五年十二月庚寅"条）。其胆大妄为，可想而知。官兵不仅不敢追捕私枭，甚至有人暗中参加其组织，为其耳目，予以包庇。有的私枭则有地方的豪右大姓作后台，由他们出资造船，招集群众，与官军交通。因此私枭屡禁不绝，到了明末，已经达到"盐徒充斥，无处不闻"（毕自严《石隐园藏稿》卷六）的地步。

清朝盛世以后，由于人口大增，生活困难，失业的游民不少加入私盐贩运集团，以谋生活；各种秘密宗教与秘密会党也在这时趋于活跃，与私枭集团在活动上难免有相互勾连的情形。于是私枭活动不仅更加扩大，而且组织也由过去的松散而演变为紧密。道光年间（1821—1850），包世臣在《淮盐三策》中讲到两淮的私枭，曾描述他们的活动。枭徒首领称大仗头，副首领称副仗头，手下有秤手、书手，总称当青皮。他们各据码头，私盐经过要交钱，称为盐关，由他们为私贩过秤，主持交易，所以又称为盐行。不同集团间为争码头而打仗，激烈过于战阵。又有乘夜率众贼杀对方的，称为放黑刀；遣人探听，称为把沟。巨枭必定防备放黑刀，所以常聚集徒众数百人，筑土开濠，四面设炮位，备有各种武器。但是彼此相约不拒捕，因为拒捕则官兵必有伤亡，恐怕酿成大狱，破坏他们的生计。私枭大伙有五六百人，小伙也有二三百人，都强悍而有技艺。他们所期望的，是文武吏卒收受贿赂，不尽力追捕；若上司催促紧迫，则找仗头商量，捉拿几个喽啰、盐几百斤解送，称为送功。若认真巡逻，私枭了解不能再贩卖私盐，不同集团之间便会解消彼此的仇怨，合力与官军争斗。总之，私盐的问题，从唐代实施榷禁以来一直存在，也一直是社会动乱的根源之一，到清代可能更趋严重。

参 考 书 目

一、专著

朱重圣：《北宋茶之生产与经营》，台北：台湾学生书局，1985年。

徐安琨：《清代大运河盐枭研究》，台北：文史哲出版社，1998年。

张国旺：《元代榷盐与社会》，天津：天津古籍出版社，2009年。

梁庚尧：《南宋盐榷：食盐产销与政府控制》，台北：台湾大学出版中心，2010年。

郭正忠：《宋代盐业史》，北京：人民出版社，1990年。

郭正忠主编：《中国盐业史：古代编》，北京：人民出版社，1997年。

陈衍德、杨权：《唐代盐政》，西安：三秦出版社，1990年。

黄纯艳：《宋代茶法研究》，昆明：云南大学出版社，2002年。

贾大泉、陈一石：《四川茶业史》，成都：巴蜀书社，1989年。

刘淼：《明代盐业经济研究》，汕头：汕头大学出版社，1996年：第七、八、九、十章。

刘淼：《明代茶业经济研究》，汕头：汕头大学出版社，1997年：第一、七章。

戴裔煊：《宋代钞盐制度研究》，台北：华世出版社，1982年。

二、论文

佐伯富著、杨合义译:《盐与中国社会》,《食货月刊（复刊）》1975年第11、
　　12期。

林瑞翰:《宋代盐榷》,收入大陆杂志社编辑委员会编:《大陆杂志史学丛书（第
　　二辑第二册）·唐宋附五代史研究论集》,台北:大陆杂志社,1967年。

徐泓:《明代中期食盐运销制度的变迁》,《台湾大学历史学系学报（第二
　　期）》,1975年。

徐泓:《明代后期的盐政改革与商专卖制度的建立》,《台湾大学历史学系学报
　　（第四期）》,1977年。

徐泓:《明代的私盐》,收入吴智和主编:《明史研究论丛（第一辑）》,台北:大
　　立出版社,1982年。

陈高华:《元代盐政及其社会影响》,收入其著《陈高华文集》,上海:世纪出
　　版集团、上海辞书出版社,2005年。

黄宽重:《南宋茶商赖文政之乱》,收入其著《南宋军政与文献探索》,台北:
　　新文丰出版公司,1990年。

刘隽:《宋元官专卖引法的创立与完成》,收入周康燮主编:《宋辽金社会经济史
　　论集（第二集）》,香港:崇文书店,1973年。

第十五讲

宋元的土地分配与租佃制度

一、耕地不足

宋元时期土地分配的第一个问题，是耕地不足。在人口稠密的地区，耕地不足的现象十分普遍，而人口稀疏的地区，则又缺乏良好的农业环境，不容易吸收人口稠密地区过剩的人口。人口稠密地区的耕地，虽然随着人口的增加而不断开发，但由于可耕地有限，使得每户所能拥有的耕地数，不仅不足以供一家生活之需，甚至有逐渐减少的趋势。这种现象，在北宋后期，由于人口迅速增加，已经出现，秦观便说："吴、越、闽、蜀，地狭人稠。"（《淮海集》卷十五《财用下》）到南宋时期，这种现象更加明显，元代南方户口和南宋时不相上下，耕地不足的严重状况自然不会消除，以下以南宋时期为例，说明耕地不足的现象。

（一）户口增加的迅速与分布的不均

由于南方长期的开发以及北宋以来人口的激增，南宋户口达到自古以至南宋时期中国南方户口的顶点，嘉定十一年（1218）

南宋总户数是 13 669 684，而自汉代至北宋全国户数大略情形
如下：

年　　代	户　　数
汉元始二年（2）	12 233 062
唐天宝十三载（754）	9 619 254
北宋治平三年（1066）	12 917 221
北宋熙宁八年（1075）	15 684 529

可知南宋的人口，不仅超过汉唐盛时，即使是北宋治平三年
以前的人口也不及此数。以汉、唐、北宋盛时一半的疆土，居然
超过北宋治平以前中国全境的总户数，耕地的分配自然不足。不
仅如此，由于南宋境内人口地理分布的不平均，使得这种现象
更加严重。南宋全国大致可以分为人口稠密和人口稀疏两类地
区，前者包括两浙路、江南东路、江南西路、荆湖南路、福建
路、成都府路和潼川府路，后者包括淮南东路、淮南西路、广南
东路、广南西路、荆湖北路、夔州路、利州路和京西路。其中两
淮在北宋时是人口相当稠密的地区，到南宋时却因为宋金战争的
影响而人口大减。依据嘉定十六年（1223）的户口资料，人口稠
密各路户数都在80万以上，最高是江南西路，达226万；人口稀
疏各路户数则在55万以下，最低是京西路，只有6 000多。户数
在80万以上的七路，总面积占全国总面积的41%，而总户数达
10 345 911，占全国总户数的80%以上，可见南宋五分之四的人
口集中在五分之二的地区。南宋政府也鼓励人口稠密地区的居民
迁往人口稀疏的地区，特别是从人口问题最严重的两浙、福建、
四川迁往战争破坏之后需要重建的两淮、湖北。但是人口稀疏各

路，或由于位居宋金冲突的地区，或由于瘴气很重，不适合居住，或由于邻近蛮夷，因而缺乏良好的农业环境，对于调节户口的地理分布只能发挥有限的作用。

人口稠密各路在户口增加的趋势之下，耕地确实也随着增加，例如排水为田的圩田、围田和湖田，或是垦山为田的梯田。圩田、围田和湖田的开发，固然增加了江、浙地区耕地的面积，但是由于这一类耕地无限制的扩张，使得许多原来具有调节水量功能的湖泊、溪渠都被侵占为田，湖水、溪水失去蓄积和宣泄的处所，于是水旱灾时常发生，原有农地的产量为之减少，甚或成为荒地。因此，排水为田对于农地面积增加的贡献显然有一定的限度，不能过分强调。至于梯田，面积、土质都不能和平原的农地相提并论，而且耕作困难，对减轻人口压力的作用也是有限度的。

（二）每户平均耕地数

无论排水为田或垦山为田，所能增加的耕地都有限度，因此到南宋中期，闽、浙地区耕地的增加已经几达极限。在这种情形下，耕地增加率显然无法超过户口增加率，所以南宋每户平均所能拥有的耕地数量，比起北宋来，就有减少的趋势。戴栩《浣川集》卷五《定海七乡图记》：

> 余尝以县籍考之，政和六年（1116），户一万六千二百二十六，口三万六千二百，垦田三千三百顷，盖国家极盛时也。中兴以来，休养生息，以迄于今，户视政和几增半之，口更逾昔数之半，而垦田所加才三十之二焉，以故税户益分，而客户猥众。

清楚地指出浙东明州（庆元府）定海县由于户口大量增加，而耕地增加无几，使得农民所能分配的土地减少。比较南北宋定海县的户数和田亩数，可知北宋政和六年每户平均约可有田二十亩，到南宋时，则只约有十二亩半。据宋、元之际人方回估计，浙西秀州（嘉兴府）魏塘水乡地带五口之家的佃户，如果向地主租佃三十亩田耕作，每亩的产量是米二石，在缴租给地主之后，所余可以勉强养活一家人。所以就当时的土地生产量和生活所需来看，若是一户有五口，二十亩的土地已经嫌少，12亩自然更感不足。

其他地区缺乏可资比较的数据，但是从南宋若干州县每户平均所能拥有的耕地数量看，至少说明这一数量不足以供一家生活之需：

地　　　区	耕地数（亩）
平江府常熟县	45.40
嘉兴府华亭县	48.45
江阴军	19.58
绍兴府嵊县	11.32
庆元府鄞县	17.93
庆元府慈溪县	23.46
温州乐清县	18.71
台州	9.88
徽州	23.93
建康府	37.34
福州	13.27

大致上说来，上列郡县的每户平均田亩数，属于丘陵地区

的江阴军、绍兴府、庆元府、温州、台州、徽州、福州等郡县较少，只在十余亩到二十余亩之间，甚至有在十亩以下的。属于平原地区的平江府、嘉兴府，以及平原、丘陵各半的建康府等郡县较多，但也没有超过五十亩以上。上列南宋人口稠密地区各郡县，每户平均所有的耕地数量，不论是否较北宋减少，大部分都只相当于一个下户所拥有的耕地数（据当时人所提供的数据推估，绍兴府一个下户约可拥有一等田十四亩余至六等田四十二亩余），而下户是被称为贫民的。仅仰赖如此少的耕地，是不足以维持一家生活的，而这却是各郡县的平均状况。这说明耕地不足不仅是某一社会阶层的问题，在某些地区，是耕地总数不足供养户口总数的问题。

二、土地的所有与经营

对农村土地分配的实际状况，应该兼从土地的所有与经营两方面来观察，从土地所有方面看，土地所有权集中在少数人的手里；从土地经营方面看，直接经营土地的自耕农，都个别地在分割零碎的农地上耕作。

（一）土地所有权的集中

在以农业为经济基础的社会里，土地是最主要的财富，成为财富追求者所极力追求的对象。而在土地私有制度之下，如果政府对土地分配不作积极的干预，则土地经由买卖、侵占、强夺、赏赐以及开垦等过程，逐渐集中在少数强有力者的手中，是不可避免的趋势。宋代以后，土地买卖的兴盛尤其值得注意，地方官府所处理的民间诉讼中，最多的可能就是土地交易纠纷。

除此之外，又有两项因素，增加了宋代农村土地集中的程度。第一，是官户的增加。宋代的官户，是指品官之家，和唐代的官户不同。官户是宋代农村社会的最上层，虽然个别而论，官户中也有比较贫弱的，但是整体而言，他们较其他人户富强。南宋时，官户数约占总户数的3‰左右。他们在经济上享有在规定的田产数量之内免除差科（差役、科敷）的特权，税役负担既轻，财富累积自易。再加上有一些人为了逃避差科的负担，往往在名义上将土地转让给官户，自己以名义上的佃户继续耕作，实际上却仍然负担赋税，也就是当时所称的"诡名挟佃"，因此官户常拥有多量的田产。宋代官员的数字，从北宋到南宋，直线上升：

年　　代	官　员　数
景德（1004—1007）	10 000
皇祐（1049—1053）	20 000
治平（1064—1067）	24 000
绍熙二年（1191）	33 516
庆元二年（1196）	43 000

从北宋景德年间到南宋庆元二年近两百年之间，官员总数增加了四倍，而南宋疆土只是北宋的一半。享有特权的人数持续增加，土地兼并的风气自必愈盛。

第二，是米价、田价的上涨。从北宋到南宋，米价、田价变动的长期趋势是逐渐上涨。所以上涨的原因，是耕地增加率无法超过户口增加率，人口对土地、粮食的需求量增加快，而粮食、土地的供给量增加慢，产生供不应求的现象，米价、田价就自然上涨。南北宋物价低廉时期，江、淮地区每斗米价如下：

年　代	每斗米价
景德四年（1008）	20文（淮、蔡）
元祐五年（1090）	60—100文（苏、杭）
乾道三年（1167）	120—130文（临安府、浙西）

从上列资料看，米价长期上涨的趋势十分明显。田价上涨的幅度较米价尤其大，北宋庆历、皇祐年间（1041—1053），明州鄞县田价每亩约一二贯，到南宋时期，一般田价都值数十贯文。米价、田价的上涨对土地分配产生两项影响：（1）米价、田价既高，增进了富人投资于田产的兴趣；（2）田价上涨，一般农民购置田产更加困难，有利于富家置产。这都足以增加土地集中的程度。

宋代土地集中的实际状况，可以举若干例证。在北宋时，官户拥有田产数量的众多，已经使得政府不能不对官户免除差科的特权加以限制。宋仁宗时曾下诏限田，公卿以下免除差役的田产不得过三十顷，但任事者以限田不便，不久即废。宋神宗时，王安石推动的新法中有免役法，开始要求原无差役负担的官户也要交助役钱，但只是一般民户免役钱的一半。到北宋末年徽宗政和年间（1111—1117），又再限定品官之家免除差科的田产数量，一品为百顷，二品为九十顷，以次递减，至九品为十顷。从限田的面积可以推知，北宋时高级官员的田产，已经有人在数十顷、一百顷以上。不肖的权臣更不只此数，如徽宗朝的权臣朱勔，"置田产三十万亩，分属八孙两幼子，置庄房于虎邱，三里一庄，凡十所"（徐大焯《烬余录》乙编）；蔡京、童贯、朱勔在浙西的田产，在南宋初年被没收出卖，到绍兴六年（1136）还有五千余顷没有卖出。南宋时期土地集中的程度更甚于北宋。在南宋初年，大将张浚的田产每年收租米六十万石，分布在两浙、江东、淮东三路，到南宋末年，更有收租达一百万石的地主。当然这些是特殊的情形。以一般的情形来看，宋孝宗乾道元年（1165），两浙路集中在有田万亩以上富家的土地，在1 417 000亩以上，而户数至多不过141家，以百余户人家，所拥有的土地超过路中台州全郡田亩数（2 620 000余亩）的一半；江东路集中于有田万亩以上富家的土地，在138 000亩以上，而户数至多不过十三家，这十余户人家，所拥有的土地仅略少于路中建康府溧水县田亩数（290 000余亩）的一半。这说明土地集中在南宋农村中虽然是明显的现象，但各地区有程度上的不同，两浙路显然比江东路来得严重。

元代蒙古人以外族的身份入主中国，蒙古权贵经由侵占和赏赐两种方式兼并土地的现象特别显著。以侵占来说，元世祖时，已经有王公大人之家，侵占民田，近于千顷，作为牧场；而政府放牧人员，竟至于侵占民地达十万余顷。以赏赐来说，元代皇帝赐田给蒙古皇亲贵臣，经常一次数百顷甚至数千顷，元顺帝两次赐田给伯颜，共达一万顷之多，而且大多是江南、两浙膏腴的田地。元代皇室崇信喇嘛教，对于佛寺也常有数量众多的赐田。

这时汉人中的富家，拥有土地之多，亦不下于南宋时期。以浙西地区为例，如海隅曹宣慰，"相传其仓中米囤凡十二行，每行一百二十枚，又一所少差，亦十二行，行八十四枚，积粟百万"（长谷真逸《农田余话》卷上）。曹宣慰名梦炎，因以"米万石输官，乞免他徭，且求官职"（《元史·世祖本纪》），而被授浙东宣慰副使。余阙更指出："吴人之兼并，武断大家，收谷岁至数百万斛。"（《青阳先生文集》卷九《宪使董公均役之记》）因此，元代土地集中的程度，可能更甚于南宋。

土地兼并的现象既然显著，于是元代也有限田之议。元世祖至元年间，赵天麟上《太平金镜策》指出，"今王公大人之家，或占名田近于千顷，不耕不稼，谓之草场，专用牧放孳畜。又江南豪家广占农地，驱役佃户"，因而主张：

> 凡宗室王公之家，限田几百顷，凡庶族官民之家，限田几十顷，凡限外退田者，赐其家长以空名告身，每田几顷官阶一级，不使之居实职也。……凡限外之田有佃户者，就令佃户为主，凡未尝开辟者，令无田之民占而辟之。（《历代名臣奏议》卷一一二《田制》）

元成宗时，郑介夫在《论抑强状》中也建议：

> 每一家无论门阀贵贱，人口多寡，并以田十顷为则，有十顷以上至于千顷者，听令分析。或与兄弟子侄姻党，或立契典卖外人，但存十顷而止。或败亡而所存不及十顷者，亦听。十顷以下至于一亩者，许令增买，亦至十顷而止。（《历代名臣奏议》卷六十八《治道》）

他们所谓的限田，都指限制田亩的面积，但当时都没有能够实施。不过从他们的言论，已经可以看出土地集中确为当时的一个社会问题。

（二）土地经营的零散

　　农村的土地所有权虽然集中在少数富豪手中，但是他们并非土地的直接经营者，直接经营土地的，是自耕农和佃农。以宋代的用语来说，下户（约占乡村户数的60%左右）、客户（约占乡村户数的20%—40%左右）大概都包括在内，另外上户（约占乡村户数的6%—7%左右）中也有少数中产之家是自己耕作的。所谓客户，指没有田产，不必负担二税的户口，由于没有田产，其中有些可能会转徙不常，所以又给人侨寓的印象。客户此一名称源自唐代，与土户对称，原指从外州县移入的户口，至宋代则意义已有改变，与主户对称，更加强调的是他们没有田产的特色。主户则是指有田产而必须缴纳二税的户口，由于需要负担二税，所以又称为税户。在主户之中，又可分为上户、下户。若依宋代乡村主户五等户制的户等制度来分，上户一般包括第一、二、三等户，也有时用来指第一、二、三、四等户；下户一般包括第四、五等户，也有时用来指第五等户。上户多为地主，也有自耕农，下户则多为自耕农兼佃农，客户多为佃农或雇工。上述直接经营土地的自耕农和佃农，在南宋时大约占农村户口的90%以上，也就是农村中绝大多数的户口，都是土地的直接经营者。因此，以土地直接经营者的数量和土地总面积比较，每一户农家平均所经营耕地面积的狭小，就和前述每户平均所有耕地面积的狭小相同。

　　先就自耕农说，他们虽然拥有田产，但一般说来数量很小，所以常常兼为佃户。南宋时，绍兴府的下户最多拥有第一等田十余亩或第六等田四十余亩。由于他们拥有的土地面积狭小，连带影响到土地交易面积的狭小，在南宋时，甚至有不满一亩的土地交易记载，土地交易面积如此狭小，农民即使有多余的积蓄购置田产，也难以在同一地点购得数量较多的土地，造成田产分散数处的现象。例如《越中金石记》卷四《嵊县学田记》，记载杨滂所有水田仅十六亩，已分散于三个不同的乡。这种情形，使土地无法集中经营，不能改善土地经营零散的现象。

　　次就佃户来说，他们向地主租佃土地来经营，由于竞租者众，因此每一佃户所能租得的面积也很狭小，而若干地主虽然拥有多量的田产，但却位置零散，使得佃户的土地经营同样有零散的倾向。南宋若干学校和公益事业的田产，留下了佃户租佃土地面积的记载，据以统计佃户租佃田地面积的情形，其中以佃田五十亩以下的佃户占绝大多数，而在佃田五十亩以下的佃户中，又以佃田一至十亩的佃户占绝大多数，尤其令人惊异的，是佃田一亩以下的佃户也为数不少。例如无锡县学养士田，佃田三十至四十亩的有一户，十至二十亩的有二户，一至十亩的有一百一十五户，一亩以下的有三十二户。元代的情形和宋代相同，例如长兴州东岳行宫，有田三十二亩，就有六户佃户。虽然部分佃户佃田数处，可是土地分散在几个不同的地方，对土地经营的零散不能有所改善。例如上述的无锡县学养士田，有一名佃户王千八，共佃田三处，一处三亩，在后祁村，一处一亩三角，在顾巷，一处一亩，在梨花庄东，分散在三个不同的处所，而且三处田亩合计，也不过五亩三角而已。当时土地面积的计算方法，是六十步为一角，四角为一亩。一般农民所经营的土地面积过于狭小，就劳力和资本的运用来说都是很不经济的，因此对农民的收益和生活有不良的影响。

三、租佃制度

租佃制度的盛行，和土地所有权的集中是一事的两面，在当时的社会经济状况之下，土地不足和全无土地的农民，必须向拥有多量土地的地主租佃土地，才能维持生活。租佃制度的重要性，可以从地主、佃农关系的普遍看出来。包括佃农、雇农在内的客户，在北宋占全国户口的30%—40%，在南宋若干郡县则在20%—40%之间，并且有高到50%以上的；另外下户中有相当多的一部分，由于耕地不足，以自耕农而兼为佃农。而出租土地的地主，也不限于富家，中产之家同样有将土地出租给佃户经营的情形。除了以个人身份形成的租佃关系外，政府有官田，学校有学田，寺观、公益事业（如义庄）各有相当数量的田产，也都招有佃户耕作。但是也并非所有地主都将土地出租给佃户耕作，也有雇工经营的情形；此外，金、元时期奴隶制度复兴，在北方也有地主用僮奴来耕种的。

（一）佃权与佃户地位

地主、佃户之间的关系主要是契约关系，根据双方签订的契约，佃户取得地主土地的佃权，而以缴纳租课作为报偿。宋代土地租佃契约的格式没有保存下来，元代土地租佃契约的格式则见于当时通行的日用百科全书一类的书籍中（如《新编事文类要启札青钱》《新编事文类聚启札青钱》），学者相信应有宋代的渊源。契约中详细载明佃户租佃土地的面积、位置，并载有租课数量和缴纳地点，由保人保证佃户履行契约，但是其中没有佃期的规定。租佃契约中没有佃期的规定，说明佃户的佃权仍然缺乏完全的保障，如果有人愿意增高租课的数额时，原佃户的佃权可能就会被地主撤销，将土地改佃给别人。这种情形，宋代称为划佃或挽佃。但佃权的缺乏保障，并非绝对的，至少政府所有的官田，自北宋以来，已经规定当佃户连续三料欠租时，才允许他人划佃，到了南宋初年，又再展延欠租的期限一季。此外，官田中也已有永佃权出现，佃户可以将佃权出售。南宋江西的屯田，出租给民众耕种，民间买卖佃权，在北宋时称为立价交佃，在南宋时称为资陪，为法令所允许。在这种情形下，租佃官田和拥有己产无异，只不过租佃官田向政府缴的是官租，拥有己产向政府缴的是二税，而官租会比二税为重。民间佃户的佃权是否拥有类似官田佃户的保障，缺乏明确的史料说明。从两浙地区若干州县学校在典买民田之后，仍然由原佃户继续耕作的事实来看，似乎佃户的佃权并不因为地主的更易而丧失。这种情形，应该是对佃户佃权的一种保障，不能把他们视为人身隶属于土地的所谓"随田佃客"。元代官田的佃户可以"兑佃"，亦即将所佃官田转佃给他人；至于民田的佃户，也有将佃权转质于人的记载，但是地主也可以出面干涉。

佃户对地主的义务，仅止于契约所规定者为限，而契约在双方同意不继续履行时，就可以解除，佃户在身份上并不隶属于地主。宋元时期，佃户的法律地位确实要较地主略低（南宋时，地主殴佃客致死，罪减二等，佃客奸主，罪加二等；元律杀人者死，而地主殴死佃客，只杖一百七），经济能力也必然较地主为弱，但一般说来，佃户享有人格上完全的自主。偶有若干地区的地主仗恃势力，限制佃户的行动自由，宋、元政府都严令禁止。例如北宋仁宗天圣五年（1027）曾经下诏："自今后，客户起移，更不取主人凭由，须每田收田毕日，商量去住，各取稳便，即不得非时衷私起移，如是主人非理栏占，许经县论详。"（《宋会要辑稿·食货二四·农田杂录》）南宋宁宗开禧元年（1205），夔州路地方官范荪又颁布命令，禁止当地的地主妨碍客户家属的婚姻自由、役使客户家属，或以典卖田地或借钱等理由，强留债务人为佃户。元代至元十九年（1282），根据峡州路官员史择善的呈请，禁止地主将佃户视同奴隶，或干涉佃户家属的婚姻自由。

除此之外，佃户的自主地位，还可以从几方面来观察。第一，佃户欠租，按照法令必须由政府催理，每年十月一日以后，至次年正月三十日以前，是知县受理田主控诉佃户欠租的日期。这段时间称为务限，每年的二月一日称为入务，入务之后官府就不受理这类诉讼了，要等到十月一日务开之后，才再受理。地主不可以私自向佃户强索欠租，如果佃户在身份上隶属于地主，则欠租自可由地主直接催理，不必经由诉讼程序。第二，佃户对租课不满，可以退佃，解除契约之权不完全操之于地主。第三，佃户稍有积蓄，即可自购田产，成为主户，或改行经商。第四，佃户未必完全没有自己的田产，下户兼为佃户的情形相当普遍，地主、佃户同属于主户，彼此之间更不可能有隶属的关系，甚至地主和他的佃户有时会为另外一块土地的所有权而发生纠纷。总之，地主、佃户之间只有贫富之分，地主无权控制佃户的行动。由于地主的经济能力较强，地主对佃户的要求必然较多，地主仰仗势力欺压佃户的情形也会存在，若干学者所举佃户缺乏人格自主的各项例证，应该从这个角度去解释。

（二）租课

租课是地主出让土地使用权给佃户所得的报偿，租课的轻重受很多因素所决定，例如土地的肥瘠、争佃人数的多寡，以及地主的态度等。宋元时代租课缴纳的方式，大致可以分为实物地租和货币地租两类。

实物地租又可以分为分租和额租两种。分租是自古以来通行的地租形态，由地主和佃户按一定的比例互分生产所得，有中分的，也有四六分的，如果耕牛、农具等资本由地主提供，则地主可以多取一分。额租在宋代以前也已存在，但是普遍的使用是南宋以后的事情，北宋时期似乎罕见，原因可能是自北宋以来，很多地方学校和公益事业，以田产作基金，放佃给佃户之后，不易监督，一般地主则因田地零碎、佃户众多，监督也不容易，为了使租课收入稳定，防止佃户以熟报荒，所以从分租逐渐转变为额租。同时精耕稻作技术成熟之后，每年收成大致有一定的保障，可能也是额租能够普遍化的原因。额租高低不一，有高到每亩一石八斗以上，也有低到每亩只有二斗五升。南宋稻米每亩最高产量是三石，则额租最高可达生产量的十分之六以上。无论分租或额租，租课在一石以上并不多见，以浙西生产量之高，大多也只在一石至六斗之间。

货币地租在宋代以前也已存在，唐代中叶就有以货币代替实物缴纳地租的情形，但仅见于零星的资料，北宋时这类资料也还不多。由于商业愈来愈发达，货币流通日益频繁，到南宋时期货币地租就流行起来了。若干田产的租课，或部分纳钱，或以实物折钱，或完全直接纳钱。例如福建兴化军的士大夫在收租时多折价，可见货币地租已不罕见。但是实物地租仍然是租课缴纳的主要方式，货币地租比不上实物地租的盛行。

参 考 书 目

一、专著

王曾瑜：《宋代阶级结构》，石家庄：河北教育出版社，1996年：第二、三编。

朱瑞熙：《宋代社会研究》，郑州：中州书画社，1983年：第三、四章。

李干:《元代社会经济史稿》,武汉:湖北人民出版社,1985年:第二章。

李剑农:《宋元明经济史稿》,台北:华世出版社,1981年:第七章。

梁太济:《两宋阶级关系的若干问题》,保定:河北大学出版社,1998年:第三、四、五、六、七、八章。

梁庚尧:《南宋的农村经济》,台北:联经出版事业公司,1984年:第一、二章。

陈高华、史卫民:《中国经济通史·元代经济卷》,北京:经济日报出版社,2000年:第二编第六章。

漆侠:《宋代经济史》,上海:上海人民出版社,1988年:第一编第六、七、八、九章。

蒙思明:《元朝社会阶级制度·燕京学报(专号)》,北京:哈佛燕京社,1938年。

赵冈、陈钟毅:《中国土地制度史》,台北:联经出版事业公司,1982年:第六、七章。

刘道元:《两宋田赋制度》,台北:食货出版社,1978年:第二、三章。

二、论文

加藤繁著,吴杰译:《宋代的主客户统计》,收入其著,吴杰译:《中国经济史考证(卷二)》,台北:华世出版社,1981年。

周藤吉之:《宋代的佃户制》,收入刘俊文主编,索介然译:《日本学者研究中国史论著选译(第五卷)·五代宋元》,北京:中华书局,1993年。

周藤吉之:《宋代的官僚制和大土地所有》,收入刘俊文主编,索介然译:《日本学者研究中国史论著选译(第五卷)·五代宋元》。

柳田节子:《宋代乡村的户等制》,收入刘俊文主编,索介然译:《日本学者研究中国史论著选译(第五卷)·五代宋元》。

宫崎市定著,杜正胜:《从部曲到佃户(下)》,《食货月刊(复刊)》第3卷第10期,1974年。

袁震:《宋代户口》,收入周康燮主编:《宋辽金社会经济史论集(第一集)》,香港:崇文书店,1973年。

陶希圣:《元代江南的大地主》,《食货半月刊》第1卷第5期,1935年。

黄毓甲:《宋元之佃农制与佃农生活(上)、(下)》,《说文月刊》第2卷第2、3期,1940年。

第十六讲

宋元城市社会的兴盛

一、城市形态的转变

由于商业的高度发展，中国的城市形态在宋代有很大的转变。作为行政中心的城市，包括都城、郡城、县城，自古以来，虽然常也是商业中心，但是一般说来，政治性仍然比商业性为重，具体的表现，是城市中心的坊制和市制，限制了居民活动的自由，到了宋代，商业发展已经使这种坊制和市制不能再存在了，城市的商业性因此大为提高。

（一）宋代以前城市的坊制与市制

自古以来，中国的城市大多围有城墙，一重、两重或三重。在两重城墙的时候，内部的一重通常叫子城，外部的一重，通常叫罗城或大城。在子城之内，是行政机构的所在地。子城和罗城之间，有许多直角相交的街，将罗城内部划分为方形的坊。坊也就是防，有防止的意思，渊源于古代城市中的里。在北魏时，里又称坊，到隋唐时，坊的称呼取代了里。坊的周围都围

257

有墙，开有坊门，有的是两个，有的是四个，坊内也有通路。住家都在坊内，只有三品以上的高官，被允许凿开坊墙，当街开门，其他的官员和一般的人民，都必须经由坊门出入。坊门的开闭有一定的时间，天明时击街鼓开坊门，日没时击街鼓闭坊门。这种坊制，以唐代长安、洛阳两京最为典型，市民的活动受到很大的限制。城市的商业，限于特定的市区，称作市。根据唐代的法令，只有郡县的治所才可以设市。市有官员来管理，市和坊一样，围有围墙，开有市门，市门每天天明时开，日没时闭，商店都设在市内，同业商店各自聚集成街，最初叫肆、列，后来叫行。市内的交易活动，也有时间的限制，每日午时击鼓二百下开市，日入前七刻击钲三百下收市，商人的活动，也是有限制的。

（二）坊制与市制的破坏

这种限制城市居民和商人活动的坊制和市制，从盛唐以来逐步破坏。以坊制来说，逐渐有私人房舍向坊墙之外扩建，将坊墙打破，而且愈演愈烈，政府屡有禁令并且强制拆除，却已无法阻遏。以市制来说，商店逐步因应实际的需要，开设于市外，甚至开设在住宅区的坊内。坊、市的规制无法严格维持之后，违犯夜禁的情形也愈来愈多。唐末兵火战乱的摧残，则给予长安、洛阳两京坊制、市制致命的打击。经过严重的破坏之后，两座京城城内的土地多已成为田地，以往的坊市规模已经无迹可寻。后唐定都洛阳，重新建设，已无意也无力使之恢复唐代的制度。

北宋的都城在开封，早在后周的时代也已设有坊市制度。坊市制度之下的街鼓制，在北宋初年并没有实施，一直到宋真宗咸平五年（1002），才因臣僚的建议而恢复长安旧制。但是坊门、市门的限制既然已经不存在，街鼓制度实际上已失去意义，所以四五十年后，在宋仁宗中期，便将此一制度废除。不过也并非全国各地的城市都和长安、洛阳、开封一样，坊市制度在五代时期已经消逝。像泉州，原本当地多盗贼，所以"日暮市门尽闭，禁民勿往来"，宋仁宗康定元年（1040）沈周任知州时，才取消了这一个禁令，市门开闭的制度在这里显然一直维持到康定元年以前。不论如何，大概北宋中叶以后，限制城市居民和商人活动的坊制和市制，已经不存在了。坊制崩溃之后，坊的名称没有消失，但是实质意义已经改变，不再用来指住宅区，而是指牌坊，或是和街、巷的意义相同，指街道的地段。从孟元老所著的记述北宋末年开封繁华的《东京梦华录》一书看来，开封城中已经没有坊墙，平民、商家都可以当街开门，商业活动也已经完全没有时间和地点的限制，多数同业商店仍然有集中于特殊街巷的趋势，称为行或市，不过其中也杂有非同业商店。

坊制和市制的破坏，使得城市居民、商人的活动比起从前有更多的自由，反映了商业的发达。这些变化，大约在北宋中叶以后就已经完成，在南宋首都临安或其他城市中，再也找不到坊制和市制的痕迹。

二、城市的扩张

自北宋至南宋、元代，城市继续发展，表现在城市的扩张，这可以从以下几方面加以说明：城市商业的进展、城市户口的增加与市区的扩大，以及商业市镇的兴起。

（一）城市商业的进展

宋代城市商业的进展，可以用政府商税收入的变化来作具体的指标。唐代已经在商人必经之地征收商税，但是商税的收入不可考，可能为数不多。到宋代，凡州、县都置有商税务，在北宋开封府和南宋临安府称为都商税院，府、州、军称都商税务，县以至关、镇、市、寨称商税务或商税场。这些商税务，基本上是设在郡城和县城。商税收入自北宋初年以后急速增加。至道年间（995—998）是400万贯，50年后，也就是庆历年间（1041—1049）高达2 200万贯。以后虽然没有这样多，但也维持在700万贯左右至1 100万贯左右。庆历年间商税收入的暴增固然有可能是宋夏战争期间物价上涨的缘故，但战争结束之后物价已趋平稳，甚至低于北宋初年，而商税收入仍然高出宋初甚多，则应该是出自商业的发展。

南宋时期缺乏全国性的商税收入资料，无法和北宋全国商税收入作比较，但从若干地区性数据可以看出南宋时期商税收入比起北宋时期仍在继续增加。以下用物价比较平稳时期的南宋数据和北宋比较，来说明这个趋势。

城　　市	年　　代	商税收入
镇江府	熙宁十年（1077）	39 502贯962文
	嘉定（1208—1224）	206 298贯298文
秀州华亭县	熙宁十年（1077）	10 618贯671文
	绍熙（1190—1194）	48 463贯774文

南宋晚期的物价上涨在绍熙年间尚未开始，嘉定年间则虽

已现端倪，却还不严重，而秀州华亭县在南宋绍熙年间的商税收入比北宋熙宁十年增加四倍有余，镇江府在南宋嘉定年间的商税收入比北宋增加五倍有余。不仅收入数额增加，其中可能还含有税率降低的成分。谈钥《嘉泰吴兴志》卷八《公廨》"都税务"条："吴兴初以市物之直一万则税五百，盖二十而取一，岁入以二十万，实为钱二万贯；今征商五十而取一，岁入则十倍而赢。岂民物之富，商贾之伙，非曩时比乎？"指出湖州商税税率由北宋时的二十取一降到南宋时的五十取一，可是商税收入却反而增加十倍有余。而所以如此，正如上文所指出，是由于"民物之富，商贾之伙，非曩时比"，亦即生产、消费都比以前发达，商业也随之而兴盛的缘故。税率的降低也许不是湖州一地特有的现象，而是各地普遍的情形。

（二）城市户口的增加与市区的扩大

宋元时代的城市户口，大多数可能在 1 000 至 5 000 户之间，但也有不少城市在 5 000 户以上，甚至达到数万户；城市户口比率大多数在13%以下，但也有少数城市户口比率高达30%几至40%几，以下举数例：

城 市	年 代	户口数	百分比（%）
汴京	天禧四年（1020）	97 750 户	
临安都城	乾道（1165—1174）	104 069 户	
	庆元元年（1195）	112 000 户	
	咸淳（1265—1274）	186 630 户	
建康府城	建炎（1127—1130）以前	170 000 口	
汀州州城及诸县城	南宋初	5 285 户	3.5
	宝祐（1253—1258）	72 626 户	32.7

城　市	年　代	户口数	百分比（%）
镇江府城	嘉定（1208—1224）	15 900 户	37.8
	咸淳（1265—1274）	8 698 户	38.2
真州州城	嘉定（1208—1224）	5 855 户	46.1
平江路城	至正十五年（1355）	80 000 户	54.8
太仓州城	至正十二年（1352）	100 000 户	

　　上列的城市户数应该只是政府户籍户口的户数，城市户口比率则是以城市户数和坊郭县（都城、府城、州城、路城所治县）的户数来相比，其中汀州是以州城、诸县城总户数和全州户数来相比。汴京、临安都城、建康府城、宝祐年间的汀州州城及诸县城、平江路城、太仓州城的户口显示出城市人口的众多，宝祐年间的汀州州城及诸县城、镇江府城、真州州城、平江路城的户口比率则显示出城市人口比率之高，临安都城、汀州州城及诸县城的不同年代户数又显示出城市人口增加的趋势。所有这些数字，可以说明当时城市人口的众多，不限于都城，地方城市也有同样的现象。除了以上几个例子外，其他如北宋河北大名府城、广东广州州城，南宋湖北鄂州州城、四川成都府城、福建福州州城、泉州州城、江西的吉州州城、湖南的潭州州城，城市户口都有数万户之多；南宋两浙的温州州城、台州州城、庆元府城、江西的抚州州城、广东的潮州州城，城市户口也在 5 000 户至 10 000 户之间。

　　大量户口集中到城市，导致城市发生种种变化，其中最明显的，就是市区的扩大。这种现象，以北宋首都开封和南宋首都临安最为显著，其他城市也有同样的情形。开封位于汴河旁边，汴河是大运河的一段，由于有交通的便利，从唐代开始，开封就是一个商业发达的城市。开封的迅速发展，是在五代以后。五代时期，除了后唐之外，其他四代都以开封作都城，成为政治中心后，商业也跟着发达起来。在后周时期，开封人口和商业的发展，使得原有的城区不能容纳，于是在原有的罗城外面，又建筑一新的罗城。原来的罗城周回只有20里155步，新城周回48里238步，扩大了很多。在建筑新城的时候，新城内人口还不多。入宋以后，继续以开封为都城，到宋真宗时，连新城也不能容纳开封的人口了，在城外也有不少居民，于是大中祥符元年（1008）在城外设置八厢来管理。自五代后唐以来，城内的行政区称为厢，如今城外也设厢，是把城外的市区纳入了城市的行政系统之内，这是城外设厢的开始。

杭州也是一个位于运河旁边的城市，在唐代已经有相当发达的商业。唐末五代，杭州没有遭到兵祸，所以到北宋时期更加繁荣，虽然不能跟开封相比，可是已有"地上天宫"之称。南宋时杭州成为行都，改称临安府，于是和北宋开封一样，发展为全国最大的城市。宋代杭州的罗城建于吴越钱镠的时候，周回有70里之广，北宋末年，城内空地尚多，城外更加空旷。自宋室南迁之后，都城户口突然大增，过去的稻田、果园、山岭成为民居街市，以至于当时人有"城中寸土如寸金"的诗句。市区很快就向城外发展。绍兴十一年（1141），临安府守臣俞俟奏请"府城之外，南北相距三十里，人烟繁盛，各比一邑，乞于江涨桥、浙江置城南北左右厢"（周淙《乾道临安志》卷二），可知当时城外市区人口众多，已经足以和一个县相比，因而编入了都城行政系统之内。以后南北二厢所辖土地不断扩大，人口不断增多，到南宋末年，据吴自牧《梦粱录》卷十九"塌房"条："杭城之外，城南西东北各数十里，人烟生聚，民物阜蕃，市井坊陌，铺席骈盛，数日经行不尽，各可比外路一州郡，足见杭城繁盛矣。"城外市区的繁荣，已经可以和一个州郡相比了。

其他城市也由于城中居民愈来愈多，房屋不断兴建，城内空地逐渐减少，甚至连街渠、河道都被房屋侵占。例如庆元府城"生齿既繁，侵冒滋多，甚至梁水而楣，跨衢而宇。往来间阻，舆马尤病"（罗浚《宝庆四明志》卷三）。城市市区也因此而向城外发展，并且编入了城市的行政系统。有些城市的城外市区甚至比城内市区更繁荣。例如鄂州州城外的南市，沿江有数里之长，居住有数万家，商业十分繁盛，是"川广荆襄淮浙贸迁之会"（范成大《吴船录》卷下），民居的众多，竟至于使丧家难于寻找埋葬的处所。总之，由于许多城市的市区向城外发展，说明了城市范围不能够再以城墙来限定。不仅如此，元代并且出现了纯粹因商业而兴起，没有城墙的城市。苏州昆山县海滨的太仓，在宋末是一个小市集，元初朱清、张瑄开创海道运粮，以此地为起点，由于粮艘聚集，海外贸易随之发达，发展为一繁荣的市区。延祐元年（1314），以太仓民物富庶，而将昆山州治移置太仓。自此以至元末，四十年间，太仓继续发展，号称"天下第一码头"。太仓在昆山移治于此之前，已是"万家之邑"，元末至正十二年（1352），更有十万户以上的人口。可是在延祐元年以后，至正十六年（1356）以前，太仓虽已由商业中心而兼为行政中心，却一直没有筑城，直到至正十六年，张士诚为防备方国珍，才在这里建筑城墙。

在城市随着人口增加、居室密集而扩张的过程中，公共卫生问题也愈来愈受到瞩目。众多的城市人口和繁荣的商业活动，带来愈来愈多的污秽与垃圾，当时虽然已在处理，但仍未尽妥善，造成卫生环境的恶化。这种情形，不仅见于都城，也见于许多地方城市。在南宋行都临安，都亭驿桥南北的运河河道，居民多将粪土、瓦砾抛弃其中，以致填塞，流水不通。镇江府丹阳县穿越繁荣市区的市河，也是粪土充塞，在胡公土地桥一带甚至高与桥平。不少城市中排水的沟渠、人行的街道，也一样污物堆积，臭气难闻。不仅城内如此，城外新扩展的市区也是一样，庆元府城东外甬东厢中的江东米行河，据淳祐二年（1242）地方士民的陈情，四五十年来，由于两岸居民陆续跨河造棚，导致污秽窒塞，水流不通，气息蒸熏，过者掩鼻。在这样的情况之下，南宋晚期欧阳守道讲到当时吉州州城疫疬屡作，"今通逵广路，犹无洁净之所，而偏街曲巷，使人掩鼻疾趋，如此则安得不病"（《巽斋文集》卷四《与王吉州论郡政书》）。疾疫的流行于是愈来愈频繁，困扰着当时的民众和政府；政府也设法采取一些措施，来安定民众的心理，减少疾疫的发生，防止疫情的扩大。而一些兼具公共卫生与社会福利性质的政府机构，如出售平价药物的药局，收养贫病无依者的病坊、居养院或养济院，收埋无主尸骸的漏泽院，从北宋以来也逐渐在各地设置，成为城市行政的一部分。上述环境变迁与行政新猷，显然都和此一时期的城市发展密切相关。

（三）商业市镇的兴起

城市扩张的另一个显著现象，是商业市镇的兴起。在宋代以前，镇是军队驻屯的地方；到宋代，镇的军事性质已经消失，成为商业中心，一些新兴的商业中心，也以镇来命名。新兴的镇或市，起源于乡村定期聚集的虚集，城市附近的草市，或人口较密集的村落，由于邻近有重要的农、渔、林业或手工业产地，或因位于交通要道，而成为商品集散的地点。市、镇和郡城、县城的不同，是市镇并非行政中心。虽然许多镇派有监镇官，负责征收商税或酒税，并兼掌烟火公事，以维持治安，有些市也派有监官监管；但除情形特殊者外，这些监官权力有限，"婚田词诉，并不得受理，辄擅置牢狱者重置典宪"（《宋会要辑稿·方域一二》），就当时来讲，并不具备地方政府的形态。宋代的市镇，多半散布在乡村之中，还没有完全脱离农业生产，却也具备了若干城市的特征，例如嘉兴府海盐县的澉浦镇，是一个相当繁荣的大镇，在行政上隶属于海盐县的德政乡，向县缴纳田赋，而且田肥税重，而在澉浦镇的市区中，有坊、巷、衙等辖区，和行政中心的城市相同。

商业市镇的兴起，说明商业的发展已经由行政中心的郡城、县城扩大影响到乡村。在北宋时，已经有许多市镇和郡城、县城一样，设有商税务，征收商税。例如熙宁十年（1077）开封府的商税务，有二十一个设在县治，十七个设在镇，三个设在还没有成为市镇的聚落，各镇所收的商税额一般比县少，但也有例外，有几个县的商税额还比不上收税较多的镇。西京河南府的商税务，有十二个设在府治和县治，十个设在镇，其中白波镇、三乡镇的商税额，仅次于渑池县和密县，而高于其他各县。莱州海仓镇所收的商税额，竟比州治、县治都高。秀州青龙镇所收的商税额，虽然比不上本州岛的州治，却高于各县。

南宋时期，市镇有更进一步的发展。根据宋、元地方志，可以知道东南地区若干郡县的市镇数目。多的如平江府常熟县，一县中有六市四镇；如建康府，一府中有二十五市十四镇；少的如福州，一州之中也有十二镇。有些市镇是在南宋时才兴起的，如湖州乌程县的南浔镇，原只是一个小村落，至宋理宗淳祐（1241—1252）末年才设镇；嘉兴府华亭县的上海镇，设镇也在南宋末年。

有些市镇则在南宋时期迅速扩大，如澉浦镇，在南宋初年镇境周围只有二里半，到南宋末年已扩大到东西十二里，南北五里。市镇的人口，一般从百余家到千余家，但商业的繁荣往往超过中小型的郡城、县城。例如湖州乌程县的乌墩镇和德清县的新市镇，"井邑之盛，赋入之多，县道所不及也"（薛季宣《浪语集》卷十八《湖州与镇江守黄侍郎书》）；其他如太平州当涂县的黄池镇、潭州醴陵县的储洲市，也都是如此。除了商业市镇之外，又有手工业市镇，例如饶州浮梁县的景德镇，在北宋时已经闻名，到南宋时有制陶瓷器的窑三百多座，所用陶匠可达数千人，再加上其他仰赖陶业生活的商人、工人和他们的家眷，无疑是一个人口众多的市镇，所产陶器营销遍及全国，镇中商业的繁荣也是必然的。

自南宋至元，市镇继续发展，以苏州（北宋末年以后又称平江府，元代称平江路）境内的市镇为例。吴县的木渎镇，是入太湖必经之地，北宋熙宁年间已经在此征收商税，但数量不多，到了元代大德七年（1303）以前，木渎镇已和昆山、嘉定、常熟等县城并列为税入五百定以上的税务提领，而且位列于这一部分的第七，超过其他九十三个郡、县及市镇。元、明之际吴江县平望镇、同里镇的繁华，则见于《乾隆吴江县志》卷四的描述：

> 同里镇，……宋元间民物丰阜，商贩骈集，百工之事咸具，园池、亭榭、声伎歌舞，冠绝一时。明初居民千百家，室宇丛密，街巷逶迤，市物沸腾，可方州郡。
>
> 平望镇，……宋元间两岸邸肆间列，以便行旅，明初居民千百家，百货贸易，如小邑然。

繁荣的商业，旺盛的市容，夹运河而列的旅舍和仓库，各种消闲娱乐的活动，密集的住家，连绵的街巷，说明两镇均已日益脱离乡村而接近坊郭的形态了。

三、城市的社会结构

宋代以后的城市，商业性质日益显著，却非仅是商业城市，而是以行政中心兼具工商、文化、娱乐等多方面的功能，因此城市的社会结构也是复杂的，和农村里以地主、自耕农、佃农与雇农为主的社会结构，自然不尽相同。至于市镇，一方面同样具有工商、文化、娱乐等功能，另一方面则由于不是行政中心，而缺乏政府人员，又由于农业所占比例较重，而有较多的农民。以下以南宋时期为主，兼及北宋和元代，概述当时城市的社会结构。

（一）城市居民的行业与身份

城市里住有各种不同行业与身份的居民，包括皇室亲贵、政府人员、士人、僧道、各类商人、工匠、雇佣人、伎艺人、娼妓、游手闲人、农民等，而以政府人员和各类商人为主。

以皇帝为首的皇室亲贵，主要住在都城，亦即北宋的汴京、南宋的临安和元代的大都，但是其他城市也有。政府人员包括行政官员、胥吏和军队。据估计，南宋临安的官员数约一万人，仅尚书六曹的胥吏数已达一千八百人。郡级城市官员可达数十人至数百人，胥吏也有数百人，县级城市则有数名至十数名官员，胥吏多也不过一二百人而已。行政中心有赖军队防卫，所以都城、郡城驻有军队，北宋汴京驻军多达数十万，南宋临安也有十万，属于军事重镇的城市大概驻军可有数万，一般州城大约也有数千之众。

　　相应于城市是文化中心，城市居民还包括士人、僧道。城市里大多都有学校、学生，学校虽然不全设在城市，但城市通常是学校的集中地，城市学校规模也较大，学生较多。南宋临安都城便有太学、宗学、武学、杭州府学、仁和及钱塘二县学、医学等多所，"其余乡校、家塾、舍馆、书会，每一里巷须一二所，弦诵之声，往往相闻"（《都城纪胜·三教外地》）；平江府城也有府学、长洲县学、吴县学及学道、和靖等书院，又有私人教学，例如有名的乡先生黄云，"后生慕从常百余人"（叶适《水心先生文集》卷二十六《通直郎致仕总干黄公行状》）。其他郡县城市的情形大致也相同。学生有本地人，也有外来的。由于城市里的教育机会较佳，所以有些家庭为了子弟求学的方便而迁居城中。士人仕宦之后成为士大夫，士大夫之中也有不少人选择在城中居住。佛寺、道观不全设于城市，但城市同样通常是寺观的集中地，所以也有不少僧道在城市活动。

　　形形色色的商人，无疑已是许多城市居民的骨干。他们有的来往于各地，从事国内或海外的贸易活动；有的在城内外市区，开设各类店铺，在当时人的描述里，店肆密集，已经成为许多城市聚落的特色；沿街叫卖或摆摊的小贩，在当时的城市里也很常见；也有商人经营房屋或仓库的租赁，收取租金；居间媒介买卖的牙人、代税户向官府纳税的揽子，在城市也很活跃。城市里又有不少手工业工匠。官营手工业通常规模较大，所用工匠较多，一处工场的工匠可以多达数百至数千人；民营工场大概多是家庭经营，在规模上不能和官营工场相比，但是数量颇多，所以城市里民匠的数目也不会太少。城市里又有数量不少的雇佣人，受雇在店铺、富家或官府办事服役。

为了提供城市居民娱乐，城市又有伎艺人和娼妓。伎艺人表演诸般伎艺，见于《东京梦华录》《梦粱录》和周密《武林旧事》的各种伎艺，不胜枚举。城市里瓦子或瓦舍（游乐场所）中的勾栏（戏场），是伎艺人表演的地方。北宋汴京的桑家瓦子，便有大小勾栏五十余座，可以容纳数千人观赏，一般郡城、县城甚至市镇，都有这种游乐场所。也有伎艺人不在勾栏演出，而是游走于路边或酒楼表演的。娼妓在城市里也很常见，有官妓和私名妓之分，官妓在官府登记有籍，必须应官府点召，出席官府宴会，私名妓则不必。城市里也有不少游手闲人，南宋临安游手甚至多达数万，他们有些以受雇为生，有些则做诈骗、偷盗、抢劫等犯法之事，成为城市治安的严重问题。

城市里还住有农地的地主和农民，地主多以其他身份住在城中，如官吏、士人或商人，但他们同时在农村里拥有土地，出租给佃农耕种。城市之内也常有少量农地，多供商品化的园艺业和蔬菜业之用，而非种植谷物。例如平江府城东西两侧，颇多以卖花为生的农民；城东南隅的采莲泾、城北的桃花坞，则多农民种菜。至于市镇，则不仅农民较多，他们所种大多也以粮食作物为主。

（二）城市人口的流动性

城市社会结构的另一个特色，是人口的流动性高。在城市里活动的人口，有不少只是匆匆的过客，也有不少只作短暂的停留。出入于城市的客旅，形形色色，政府人员是其中之一。官员有一定的任期，驻军有一定的戍期，期满便要离开，所以来去无常。至于赴任、还乡、出使的官员，以及押运漕粮的人员，他们在行程中路过城市，仅是略作停留，便须继续行进，流动性更高。到城市学校游学的外地士人，在学的时间至多不过数年，卒业之后有些固然可能留在当地，也有很多可能会还乡或改赴他处求发展，他们也是流动人口的一部分。学校招生或贡举考试时，城市有更加众多的外地士人作更为短暂的停留。北宋淳化年间（990—994），诸道贡士已达17 000余人；南宋太学补试，考生最多时据说可达十万人，当时人推算，"每士到京，须带一仆，十万人试，则有十万人仆，计二十万人"（《西湖老人繁胜录》）。至于州郡解试的考生，在南宋时也常有数千人至万余人之多。出入于城市最频繁的流动人口，是往来于各地从事贸易的行商，他们往来于城市时，往往不仅其本身，又有随行为其运载货物的人员或仆役。自然贸易规模较大者，这类随行人员亦多，规模较小者则较少。元代延祐年间（1314—1320）实施计口食盐法，按口配卖食盐，"列郡计口有成籍"，而"苏、杭商旅所聚，他郡口会，苏、杭未尝口会也"（陈旅《安雅堂集》卷九《王经历惠政记》），所以如此，正由于苏、杭两郡以商旅为主的流动人口众多，无法一一统计的缘故。行商之外，乡民有时也会进出于城市，从事买卖，或谋求生计，成为流动人口的一部分。城市里的工匠有些也是有流动性的，官府工场的工匠，或自外地轮差，或自乡村差雇，工役期满，便可还乡，民匠也有些受雇赴外地城市为人工作。每逢天灾或战争，又常有民众流移至城市，成为城市的流动人口。

　　城市的流动人口既多，停留的时间又长短不一，使得若干城市具有外地人多的特色。例如临安府的城南厢，是"五方稠杂"（程珌《洺水集》卷十《姚饶州墓志铭》），真州州城是"五方之民，列屋而居，而操赢资以致富饶"（申嘉瑞《隆庆仪真县志》卷十四《艺文考》载吴机《嘉定仪真新志序》），广州城南是"比屋尽闽人"（刘克庄《后村先生大全集》卷十二《城南》）。不仅城市如此，市镇的情形也相似。沙市镇在湖北江陵府境内，是一个商业大镇，而镇上居民"大抵皆蜀人，不然则与蜀人为婚姻者也"（《入蜀记》卷五）；江西临江军的清江镇，宋元之间，"五方俊民闻陶朱公之风而兴者前后辐凑至，往往能有所立，故镇人每由客寓而老子长孙其间，土著盖无几"（吴澄《吴文正集》卷八十二《故吉水县尉杨君墓志铭》）。高度的人口流动性和外地人众多，其实便是城市行业与身份结构以政府人员和商人为主的外在表现。

（三）城市贫富阶层及其升降

南宋城市居民按经济能力划分，大体上可以分为富家、中产之家和贫民三个阶层。城市富家有不少同时是农村的富家，亦即是地主，他们的田产在农村，而居住在城市。这些城市地主的身份，有权贵、官户、胥吏、士人、寺院、商人等。置城居地主的身份而不论，就商人本身去分析，部分商人也是属于城市的富裕阶层，在房廊租赁业者、行商、铺户、牙人、揽户之中，都有一些可以称得上富家。这些富商中，也有许多是以权贵、官户的身份兼营商业。富家在城市户口中所占的比例不得而详，但应该只占少数。经济情况不如富家的中产之家，当比富家为多，他们之中有官户、胥吏、行商等。铺户之中，能够称得上是富家的大概只是少数，大多只是中产之家。以工商自给的家庭，应该是城市里这一阶层的主要部分。中产之家在城市户口中所占的比例，同样是不得而详。当时的城市居民，以贫民所占的比例为最高。以南宋临安都城来讲，从多次灾荒时政府对贫民赈济的记录来看，贫民约占都城居民50%左右。都城以富庶著称，贫民比例尚如此之高，其他城市可能不会低过这个比例。城市贫民中，包含有士人、铺户、牙人、小贩、工匠、雇佣人以及伎艺人等各行各业的人，又有不事生产而以乞讨度日的人。

城市居民虽然有贫富的差异，但是贫富阶层界线的划分并非严格而不可逾越。贫富之间的升降经常发生，富家子弟奢侈游荡、商人经商不利、家庭纠纷或战乱，都可能使富家降为贫民。而营生得法，则可能使贫民累积财富而成小康，甚至由小康而至富足，也有人因为发了横财而致富，这类故事，在南宋洪迈的《夷坚志》里，多不胜举。总之，城市居民中，同一行业，有贫有富，行业并非是贫富阶层形成的绝对决定因素。不过官户大多贫困者少，小贩、雇佣人则贫困者多，而官户可能因奢侈而沦为行乞的贫民，小贩也有可能积渐而成为富商。贫富无常的特色，在当时的城市社会充分地表现出来。

参 考 书 目

一、专著

王曾瑜:《宋朝阶级结构》，石家庄：河北教育出版社，1996年：第四编第一章。

李剑农:《宋元明经济史稿》，台北：华世出版社，1980年：第五章。

李剑农:《魏晋南北朝隋唐经济史稿》，台北：华世出版社，1981年：第十章。

郭正忠:《两宋城乡商品货币经济考略》，北京：经济管理出版社，1997年：第二、三章。

傅宗文:《宋代草市镇研究》，福州：福建人民出版社，1989年。

斯波义信著，庄景辉译:《宋代商业史研究》，台北：稻禾出版社，1997年。

漆侠:《宋代经济史》，上海：上海人民出版社，1988年：第四编第二十六、二十七章。

庞德新:《从话本及拟话本所见之宋代两京市民生活》,香港:龙门书店,
　　1974年。

二、论文

加藤繁著,吴杰译:《宋代都市的发展》,收入其著,吴杰译:《中国经济史考证
　　(卷一)》,台北:华世出版社,1981年。

加藤繁著,吴杰译:《唐宋时代的市》,收入其著,吴杰译:《中国经济史考证
　　(卷一)》。

加藤繁著,吴杰译:《唐宋时代的草市及其发展》,收入其著,吴杰译:《中国经
　　济史考证(卷一)》。

加藤繁著,吴杰译:《宋代商税考》,收入其著,吴杰译:《中国经济史考证
　　(卷二)》。

全汉昇:《北宋汴梁的输出入贸易》,收入其著《中国经济史论丛(第一册)》,
　　香港:新亚研究所,1972年。

全汉昇:《南宋杭州的消费与外地商品之输入》,收入其著《中国经济史论丛
　　(第一册)》。

宋晞:《宋代的商税网》,收入其著《宋史研究论丛(第一辑)》,台北:华冈,
　　1979再版。

徐益棠:《南宋杭州之都市的发展》,《中国文化研究汇刊(第四卷上册)》,1944
　　年,成都。

梁庚尧:《宋元时代的苏州》,收入其著《宋代社会经济史论集》,台北:允晨
　　文化实业股份有限公司,1997年。

梁庚尧:《南宋城市的发展》,收入其著《宋代社会经济史论集》。

梁庚尧:《南宋城市的社会结构》,收入其著《宋代社会经济史论集》。

梁庚尧:《南宋的市镇》,收入其著《宋代社会经济史论集》。

梁庚尧:《南宋城市的公共卫生问题》,《"中研院"历史语言研究所集刊》,第
　　70本第一分,1999年,台北。

刘淑芬:《中古都城坊制的崩解》,收入其著《六朝的城市与社会》,台北:台
　　湾学生书局,1992年。

第十七讲

宋元的工商组织与工商资本

一、商品流通的中介

自唐至宋，由于商业日渐繁盛，市场不断扩大，商品流通的过程也愈来愈复杂，商品的交换，不仅仅是生产者与商人或商人与消费者之间的关系，商人之中，又分成批发、零售等层次，商品从生产经流通到消费的过程中，层次既多，面向又广，交易的双方彼此不易了解，因此产生了居中媒介的人物与场所，前者有牙人、驵侩，后者有居停，这一类商品流通的中介，在宋元时代的社会里相当常见，反映了社会的商业性质日渐浓厚。

（一）牙人、驵侩

牙人是驵侩的别称，驵侩一词在汉代已经出现，牙人之名则始见于唐代，至宋、元时期而普遍使用。牙人一词，据宋人的说法，是由互郎讹转而来，唐代互郎主互市，唐人书"互"的字形似"牙"，因而讹为牙。如果就史书记载的唐代史事来看，则边境互市场上同时可见有"互市郎"和"互市牙郎"的称呼，活动于内地的唐代交易中介业者，除了常见的"牙人"之称外，"互郎"一词也曾经出现。

牙人的活动在唐代主要见于城市，到宋代则无论城市、乡镇，常可以看到他们的踪影。官府或民间购物时如有需要，都会找牙人作媒介。从事牙人之业，有年龄限制，必须有人作保，向政府登记，领取牌照。李元弼《作邑自箴》卷二《处事》："交易牙人，多是脱漏客旅，须召壮保三两名，及递相结保，籍定姓名，各给木牌子，随身别之，年七十已上者，不得充。"同时也规定商旅只可以和有牌照的牙人交易，目的在防止脱漏税钱。牙人的职责，在于为买主介绍卖主，或为卖主介绍买主，并且在买主、卖主之间协议价钱，买卖成立之后，由牙人代官府向买卖双方征收牙契税，而他们则可以收受牙钱的报酬。据《作邑自箴》卷八所载《牙人付身牌约束》，官府对牙人有以下的规定：

  ——不得将未经印税物货交易。

  ——买卖主当面自成交易者，牙人不得阻障。

  ——不得高抬价例，赊卖物货，拖延留滞客旅，如是自来体例赊作现钱者，须分明立约，多召壮保，不管引惹词讼。

从规定可以看出，如果买卖双方能够自成交易，可以不经牙人。不过政府也要求某些买卖必定要有牙人媒介，而且契约上必须有牙人署名，这包括房地产业、牲口的买卖和婢仆、舟船的雇用。原因应是这类交易容易发生纠纷，政府规定牙人必须负事先调查、事后连带赔偿的责任，也方便官府在处理纠纷时追究案情的真相。各行各业的买卖都有牙人，例如买卖田产、房舍可找庄宅牙人，买卖马、牛可找马、牛牙人，买卖猪只可找猪牙，买卖米粮可找米牙，雇用婢仆可找牙嫂、牙婆，雇用舟船则可找船牙。

北宋末期以后，牙人不仅在买主、卖主之间担任居中介绍的角色，而且亲自从事货品的买卖。洪迈《夷坚乙志》卷七《布张家》：

> 邢州富人张翁，本以接小商布货为业。……有大客，乘马从徒，赍布五千匹入市，大驵争迎之。客曰："张牙人在乎？吾欲令货。"众嗤笑，为呼张来。张辞曰："家赀所有，不满数万钱，此大交易，愿别择豪长者。"客曰："吾固欲烦翁，但访好铺户赊与之，以契约授我，待我还乡，复来索钱未晚。"张勉如其言。

可知牙人从事买卖，一种方式是直接从客商手中收买货品，再批发给零售的铺户，所以张牙人说："家赀所有，不满数万钱，此大交易，愿别择豪长者。"另外一种方式，则是由客商将货品委托牙人赊卖给铺户，也就是故事中那位大客委托给张牙人的办法，而这位张牙人则成为大布商的代销业者。由于牙人亲自从事买卖，常易发生牙人垄断市场的情形，特别是城市的米粮市场，外地运来的食米，有时会被牙人尽数收购，再抬高价值出售，导致米价上涨。

此外，牙人在南宋时期，也担任起生产者和大商人之间的中介。在浙东的婺州义乌县，山区乡民织好的罗帛，先有柜户向他们收购，再由牙人为柜户向客商接洽，转销给客商运往外地销售。义乌县的柜户，其实也具有牙人的性质，他们是纺织人家和客商之间的中间商人。在江西的抚州、吉州一带，布商通过地方上的牙人，贷款给乡村中生产麻布的绩户，用为生产本钱，又资助各处的牙人建立仓库，将绩户生产的麻布收集储藏，布商到时会来验收，运到外地去贩卖。

牙人不仅以个人的身份在活动，他们有些也开设店铺来营业。江东太平州的黄池镇，是商贾聚集、贸易繁盛之所，宋宁宗嘉定八年（1215），江东转运副使真德秀巡视至此，就注意到镇上有牙铺，地方官府登记业者的姓名，要求他们供纳缣帛、香货、鱼肉、蔬果等货品。经学者推订为南宋晚期人蒋祈所作的《陶记》，述及江西饶州景德镇所烧制的陶器，在烧制完成售给行商时，"交易之际，牙侩主之，官则有考，谓之店簿"（《康熙浮梁县志》卷四《赋役·陶政》）。由官府发给这里的牙侩用来登记交易的账册，称为"店簿"，或许可以推想，景德镇的牙侩也设有店铺作较大规模的营业。这种营业，到元代称为牙行。财臣卢世荣获元世祖重用，曾罢除民间牙行，改由官府经营。但他在不久之后受到朝臣攻击，罪状之一就是设置野面、木植、瓷器、桑枣、煤炭、匹段、青果、油坊等牙行。卢世荣遭处死之后，中书省在至元二十三年（1286）针对官设牙人、牙行下了这样一道命令："除大都羊牙及随路买卖人口、头匹、庄宅牙行依前存设，……其余各色牙人并行革去。"（《通制条格》卷十八）这道命令能够发生多少效力不得而知，但是可以看出牙行、牙人业者的普遍。

（二）居停

由于商业的发展，旅馆业和仓库业也跟着发展起来。而旅馆业也常兼营仓库业，商旅携带大宗货品，住宿旅馆，货品便寄存于旅馆附设的仓库。这一类兼营仓库的旅馆，在唐代称为邸店，北宋中期以前，这一个名称仍然存在，以后虽然较少见到，但是仍有这种营业。除了旅馆业兼营仓库业之外，独立的仓库业也已经出现。独立的仓库业，在北宋称为堆垛场或垛场，有官营的，也有私营的，南宋则称为塌房，也是官营、私营都有。南宋晚年临安府有富家在城内白洋湖中造塌房数所，每所多的有屋数千间，少的也有屋数百间，并且有人巡警，可见规模之大。

所谓居停，包含有兼营仓库业的旅馆业和独立的仓库业两种意思在内。居停的主人，不仅经营仓库和旅馆，同时又因为客旅的商品存放于其中的关系，兼营介绍货物的贩卖，由居停主人找牙人去物色买主。北宋元祐年间（1086—1093），王安礼在知青州任内，便曾运青州丝织品至京城，存放于城北姜殿直店内，由姜殿直找张牙人介绍，卖给铺户，说是姜殿直的货品。有的客店主人，甚至就让家中亲人来做牙人，等于是兼营牙人之业。《夷坚志》记载的一个故事，讲到涟水军有支氏夫妇，在沙家堰侧开了一家客邸，夫妇自己主持，而让儿子支友璋作牙侩。宋代政府对于居停的营业，也有所约束，据《作邑自箴》卷七《膀客店户》，有如下的规定：

一客旅出卖物色，仰子细说谕，止可令系籍有牌子牙人交易，若或不曾说谕商旅，只令不系有牌子牙人交易，以致脱漏钱物，及拖延稽滞，其店户当行严断。

一说谕客旅，凡出卖系税行货，仰先赴务印税讫，方得出卖，以防无图之辈恐吓钱物，况［诓］本务饶润所纳税钱。

一说谕客旅，不得信凭牙人说作，高抬价钱，赊卖物色前去，拖坠不还，不若减价见钱交易，如是久例赊买者，须立壮保，分明邀约。

可知居停有责任指引客商和合格的牙人交易，防止客商漏税，防止客商和牙人之间发生商务纠纷。

二、手工业工场的组织

宋元时代的手工业工场，大致可以分为官营工场和私营工场两类，官营工场规模较大，工匠主要来自招募；私营工场则规模大小不一，其组织也有不同的类型。

（一）官营工场的工匠来源

宋代的官营工场，名目繁多，有称为院者，有称为坊者，有称为作坊或作院者，有称为库者，有称为务者，有称为场者，有称为局者。这些工场，大多有相当规模，内部组织也有相当程度的分工。例如北宋时期成都的锦院，"设机百五十四，日用挽综之工百六十四，用杼之工五十四，练染之工十一，纺绎之工百一十"（费著《蜀锦谱》）。中央的文思院，负责制造宫廷用品，领有三十二作，又领额外十作。

官营工场的工匠来源，在唐宋之际有一个很大的转变。唐代官营工场的工匠来源，可以分为短蕃匠、长上匠和明资匠三类，而以短蕃匠为主。所谓短蕃匠，是应官府番役的工匠，每岁二十日，没有报酬；长上匠是指应番役的工匠，在工作满二十日之后继续代应他人的番役，而领取原该上番的工匠所纳的雇值；明资匠是官府出资所雇用的工匠，大多具有特殊精巧的技术。也就是说，唐代的官府工业，以无偿劳作为主，而辅以雇佣。到了宋代，官营工场的工匠来源，转变成为以雇佣的募匠为主（或称为和雇），而辅之以鳞差（或称为当行）。鳞差或当行，相当于唐代的番匠，是应官府征役的民间工匠，但是宋代的鳞差或当行，也和募匠一样有雇值可领，和唐代的番匠有所不同。募匠和鳞差都领取雇值，所以需要鳞差，是因为官营工场对工匠常有急需，雇募不足，便由各地的工匠差充。除雇募、鳞差之外，又有征调自军中的军匠与役兵，以及编配入役的罪犯。宋代官府工场所用工匠多者可达数千人，工匠有等级之分，不同等级工资不同。工匠中有作头，或称都匠，相当于工头。

元代官府所设的工场，数量之多、管辖官吏机关名目的复杂，可以说是前所未有。元代的工匠，在户计上属于匠户，匠户大致上可以分为三类，一是系官人匠，一是军匠，一是民匠。军匠与系官人匠，均隶属于政府机关，只是有军队和官局的不同，而民匠有时也必须应官府的临时雇用。元代的系官人匠，早期多来自俘虏和括取，到后来则多由官府招集。元代的匠户，和其他的户计相同，大体上是身份固定，职业世袭。但是系官人匠并非奴隶，他们领取工资，与一般民户同样必须轮充差役，在大德七年（1303）可免杂泛差役，但里正、弓手不得免；大德七年以后，即使杂泛差役亦不得免。由于蒙古人重视工匠，他们的待遇也不错，并不需要终年在官局工作，有余暇可以自营生活。因此，元代的系官人匠仍然具有雇募的性质，只是这种雇募，建立在元代特殊的户计制度之上。

（二）私营工场的类型

宋元时代的私营工场，就其工匠来源分，可以分为家庭经营与雇佣经营两大类。以丝织业为例，家庭经营的工场，又可以分为农家副业和专业两类。农家兼营丝织业，可以说是一种家庭式的手工业，规模自然很小，但是十分普遍。范成大《夏日田园杂兴》诗："小妇连宵上绢机，大耆催税急于飞。今年幸甚蚕桑熟，留得黄丝织夏衣"（《石湖居士诗集》卷二十七）；刘克庄《萍乡》诗："闻说萍乡县，家家有绢机。荒年丝价贵，未敢议寒衣"（《后村先生大全集》卷五），都可以说明这种情形。作为农家副业的丝织业，有许多是从种桑、养蚕、缫丝到纺织一贯作业的。不过在宋代也有些农家自己不栽种桑树，桑叶向市场购买。又有一些农家经营只到缫丝为止，并不从事纺织，缫好的丝就卖到市场上。机织业与缫丝业分离的倾向在这时已经出现，城市中有丝绵铺到农村向农家收丝，再转卖给专业的丝织工场。这一类专业的缫丝工场，称为机户、机坊、织帛之家或织纴之家。冯梦龙《古今小说》第三卷所收的《新桥市韩五卖春情》应渊源自宋代城市中说话人的话本，故事中描述南宋临安府新桥市有一富户吴防御，"开个丝绵铺"，打算让他的儿子吴山另开一铺，"家中收下的丝绵，发到铺中，卖与在城机户"，说明这种情形。这一类专业的丝织工场，大概仍然多是家庭经营。陆游《老学庵笔记》卷六便记载了亳州所出产的轻纱，"一州惟两家能织，相与世世为婚姻，惧他人家得其法也"，也只不过两家共守技术的秘密。但是这一种专业的丝织工场，由于纯粹以市场为生产的对象，却有规模扩大的可能，规模扩大之后，家中人手不足应付劳力的需要，便会演变为雇佣经营的工场。

雇佣经营的丝织工场，在宋代也已可能存在。南宋中期，知台州唐仲友在家乡开有丝帛铺，将用官钱所买的生丝，发解到本家丝帛铺机织，然后货卖。以唐仲友的身份，丝帛铺的机织工匠不太可能是他的家人，而比较可能是雇佣工匠。元代夏税纳丝而不纳绢帛，说明机织业与缫丝业的分离更加普遍，机户扩大规模的可能性也更大。徐一夔《始丰稿·前稿》卷一《织工对》，记载了元末杭州一家丝织工场的情形，"有饶于财者，率居工以织"，"杼机四五具，南北向列，工十数人"，"日佣为钱二百缗，吾衣食于主人，而以日之所入，养吾父母妻子"。这是一家雇有十几个工匠的丝织工场，工匠每日有工资，家人全靠他的工资养活。既说"率居工以织"，可知这类工场不在少数。工匠也认为"吾艺固过于人，而受直与众工等，当求倍直者而为之佣"，可知各个工场之间，也有了以较高的工资争取优秀工匠的情形。除了丝织业之外，其他各种手工业也多兼具以上几种类型的工场。手工业脱离农村而独立的趋势正在进行，因此专业的家庭工场和雇佣经营的工场应该愈来愈常见。

有些民营工场，脱离了家庭经营，朝向专业化发展，内部的分工也较为细密。例如蒋祈在《陶记》文中，述南宋晚期景德镇的制陶工场："陶工、匣工、土工之有其局；利坯、车坯、釉坯之有其法，印花、画花、雕花之有其技，秩然规制，各不相紊"，可以看出分成好几个不同的部门，同时具有各种不同技术的工匠，才能完成陶器的制作。这样的制陶工场，显然已脱离了家庭经营，但是工场主人和工匠之间的关系，却与雇佣经营的工场又不尽相同。学者认为，从《陶记》的描述看，窑主和坯工之间是一种搭烧的关系，坯工向窑主租赁陶窑，而付给租金；至于其他工匠和窑主之间，是否有雇佣关系存在，却无法从此文看出。

三、工商行会的性质

宋代以后，工商行会已经成立，在社会中的地位逐渐重要。

这种工商行会，最初称为行，后来又有团、市、作等名称。宋元时代工商行会的功能是多方面的，但是最主要的一个功能，是承担政府所分配的行役。因此，中国历史上的工商行会，自出现以来，便是政府控制之下的一种社会组织。

（一）行会的形成与发展

行会是指工商业者的同业组织，这种同业组织，胚胎于城市中的同业商店区。在城市中的坊制与市制尚未破坏以前，城市的商业集中于特定的市内，行是市内的街，同业商店往往集中于同一行，所以行也代表了同业商店区。此一名称，首先见于隋代，到唐代而使用日益普遍。唐代的行设有行头或行首，是徭役性质，负责为官府监督市区商业。这种行业受政府控制的特色，在宋代行会组织成立之后仍然继续存在。

宋代以后，坊制、市制破坏，不仅商业不再集中于特定的市区，同业商店也未必集中在同一街区，而是分散于城市中各处。行的意义，也从同业商店区转变为同业组织，再引申而为职业的种类。同业商店不再集中于同一街区，政府管制较难，但是政府有许多义务要商人承担，因而促成同业组织的成立。同业组织成立之后，功能逐渐扩大，除了承担行役之外，同业的共同意识也日益加深，因此同行常有共同的服色，有共同的市语，奉祀共同的行神，有共同的会所，对于新入行的同业则善加照顾，甚至于有赛会时以行为单位组队参加竞争。除了商业行会之外，手工业者也组成了同业组织，为政府提供鳞差，鳞差又称当行，其意义便是由同业组织的行而来。到最后，连一些与政府行役无关的职业也有了同业组织。

行会发达的情形，见于《梦粱录》卷十三"团行"条：

有不当行者，如酒行、食饭行，而借此名。

有名为团者，如城西花团、泥路青果团。……

又有名为行者，如官巷方梳行、销金行。……

更有名为市者，如炭桥药市、官巷花市。……

其他工役之人，或名为作分者，如碾玉作、钻卷作。……

《梦粱录》所记的团行，达50余行之多，可知这种行业组织，分得很细。这种行业组织，并不限于都城，其他城市也同样存在，例如元代的长兴州，据《两浙金石志》卷十五《长兴州修建东岳行宫碑》所载，便有五熟行、香烛行、银行等20余行。行的领袖，称为行头、行首或行老，负责行会对内对外一切业务，而以行老一词最为常见，行老如何产生，不得而知。

（二）行会与政府的关系

行会的主要功能，是承担政府所分配的行役。《梦粱录》卷十三"团行"条："市肆谓之团行者，盖因官府回买而立此名。不以物之大小，皆置为团行。"可知行会发展到南宋末年，基本性质仍然是政府控制下的组织。行役在宋代又称为行户祗应或当行，对于商人来说，是官府所需要的物资，向行中购买，由行中的商人提供；就工匠来说，则是政府工场中所需要的工匠，由行中工匠差充。

行户负担政府的科买，自北宋初年以来已是如此。官府下行收买物资，产生许多弊端，譬如说对行户常有所需索，估价较市价为低，价钱又拖延不付，有时不支给现钱而改折其他物资。行户因此不堪其扰，甚至不愿意入行，为了达成对官府物资的供应，竟有纠人入行的现象。熙宁六年（1073）有肉行行人徐中正等人请求，由屠户出免行钱，不再为官府供肉。政府将肉行的这一请求加以推广，从此京师开封各行都以免行钱代替行役。熙宁年间实施免行钱，由于有供给吏禄的财政目标，所以颇有不均之弊。在征收时，不分行人贫富，均征收相等的免行钱。而且行会原来并不包括所有的商人在内，有许多小生意人，本来没有入行，也没有行役的负担，但是自从开征免行钱之后，规定没有入行的人，不准在街市做生意，必须向官府投充行人，纳免行钱之后，才准在街市做生意。因此免行钱的实施，并没有减轻行户的负担。宋神宗去世后，免行钱废除，但是到宋哲宗亲政，又在绍圣二年（1095）恢复，一直实施到北宋灭亡。到北宋末年，免行钱已经成为一大弊政，有已纳免行钱人户又再科差的情形，免行钱因此失去免行的意义，使行户有双重的负担。免行钱自创征以来，仅施行于开封府，到宣和七年（1125），因为宋金局势紧张，财源待辟，于是将免行钱的征收推广到全国，但是不到一年，北宋就灭亡了。南宋绍兴十一年（1141），复征免行钱，供给军需，沿用宣和七年的制度，在全国各城市普遍征收，这时的免行钱可说完全是一种苛捐杂税，兼具北宋以来免行钱所有的各种弊端，甚至连乡村小店的小生意人也必须缴纳，至绍兴二十五年（1155）便因"所取苛细"而废除，从此没有复征。商人的行役在此后恢复，而行役的各种弊端也仍然存在。

工匠当行，也同样有各种苛扰。管理工场的官吏，对于工匠常有种种非法的剥削，这种情形，在北宋时尚少，到南宋时则相当显著。剥削的方法，一是克扣工资，一是被监督官吏差派带造私人物品，因此工匠以当行为苦事。如果同行工匠有人幸而得免当行，其他人都心有不甘，必定要使他无法逃过才满意，称为纠差。既当行之后，必定隐瞒自己的技巧，夸大工料的数目，并且草草完成，称为官作。但是《梦粱录》卷十三"团行"条也记载："然虽差役，则官司和雇支给钱米，反胜于民间雇倩工钱，而工役之辈，则欢乐而往也。"可见工匠是否乐于当行，完全视待遇而定。

四、工商资本的流动

宋元时代，由于工商业的进展，工商资本的流动也更为频繁，使得资本能够发挥更大的作用，但是另一方面，工商资本的形成也有其限制，政府资本的特性与利润的流向土地，使得工商业不易有更高的发展。

（一）工商资本的融通

宋代以后，工商资本流动频繁，表现于以下几个现象。

第一，是商人同业或商人与手工业者之间，赊买习惯的盛行。这一习惯，起源于何时，不得而知，但是至晚在北宋中期乾兴元年（1022）开封府的商业法令中已有规定："如有大段行货，须至赊卖与人者，即买主量行货多少，召有家活物力人户三五人以上，递相委保，写立期限文字交还。如违限，别无抵当，只委保人同共填还。"（《宋会要辑稿·食货三七·市易》）可知在大宗货品出售时，只要找到三五个有资产的人作保证，便可以赊卖。熙宁五年（1072）颁行的市易法，由政府作外来客商与京师行铺的中介，行铺以财产或金银作抵押，向市易务赊买政府购自外来客商的货物。政府的法令，应是民间习惯的反映。前述《新桥市韩五卖春情》这篇小说中，吴山有一句话："有几家机户赊账要讨"，可知吴山所开的丝锦铺将丝绵卖给机户，也是采用赊账的方式。

第二，是预贷生产制度的实施。北宋时期，政府和买民间绸绢，已用预贷的方式，政府在春初先预支钱给人民，至夏、秋人民按领钱多寡输绸绢给政府，称为和买绢，但和买绢演变到后来成为一种杂税。到南宋时，商人收购麻布也采用同样的方式。前已述及，布商通过牙人贷款给抚州、吉州生产麻布的绩户，再由牙人向绩户收取麻布转交给布商。这种预先贷放生产资本给生产者的办法，不仅见于纺织业，也见于宋代其他产业，如茶商对于茶园户，米商对于稻作农家，都有这种情形。

第三，是融通资本机构的众多。宋代城市中融通资本的机构，有一般富家经营的质库，有寺院经营的长生库，还有政府经营的抵当库。质库、长生库沿袭自前代，抵当库则是熙宁年间市易法实施后才发展出来的。这些机构的借贷，一方面固然供民间消费之需，另一方面也有融通工商资本的作用。周应合《景定建康志》卷二十三《诸库·军需库》载南宋江南东路安抚司在建康府设有抵当库，"将钱本举借应副猪羊牙户，从便打发猪羊客人，收息解发"，可见这所抵当库营业的重要对象，是当地有融通资金需要的猪羊牙户。又《梦粱录》卷十三"铺席"述南宋末年的临安："质库，城内外不下数十处，收解以千万计。"只有商业资金的融通，才有这样巨大的数字。元代则设有斡脱总管府，放官钱给人民。

第四，是资本的联合或委托经营。资本的联合经营，使得资本更为集中，发挥更大的作用，例如从事宋、金之间走私贸易的商人，便常有"连财合本"的情形。秦九韶在南宋末年所著的

《数学九章》卷十七，有一则数学例题，提到甲乙丙丁四人合本达四十二万四千贯，从事海外贸易。资本的委托经营，则使有经营意愿与能力者获得资本，富家的财富也能发挥资本的作用。例如《夷坚三志辛》卷一记载枣阳申师孟善于商贩，富室裴氏"付以本钱十万缗，听其所为，居三年，获息一倍，往输之主家，又益三十万缗"。又如北宋晚期，广州商人从事海外贸易，举债作资本，商舶回航后还给债主，利息是本钱的一倍，虽然住蕃十年不归，利息也不增加。

（二）资本形成的限制

宋元时代的工商业，政府在其中担当了重要的角色。如前所述，较大规模的工场，都是官营。政府本身也从事商业活动，例如在宋代实施市易法期间，政府便亲自买卖商品，甚至于垄断了某些商品的买卖。其他时期，地方政府也有规模较小的商业活动，称为回易。元代则有一段时间，海外贸易由政府垄断，由官府出本，选人入番贸易诸货。政府的漕运，也相当于一宗大规模的米粮运销。但是政府经营工商业，往往有其财政上的目的，产品或是供政府消费，没有利润可言，或是虽有利润，却转移作政府的财政支出，难以产生扩大资本的作用。以宋代食盐专卖来讲，官鬻法的收入是用为地方政府经费的；通商法的卖盐收入由政府和盐商分享，政府收入的部分是中央政府的重要财源之一，盐商向政府所设的榷货务纳钞引钱，再领盐运销，当朝廷在财政有急需时，常会提高钞价，并且用强制的手段促销盐钞，商人不仅因法令的突然改变而蒙受损失，也因此而消减了请钞运盐的意愿。

民间经营的工商业，自然是以利润为目标，但是工商业者的利润，最后往往流向土地。宋元时代的工商资本，往往与土地收入有密切的关系。地主常以其田租的盈余经营工商业，甚至亲自居住于城市之中主持。例如前述新桥市上的吴防御，开了丝绵铺，而家中却是"放债积谷，果然金银满箧，米谷成仓"，很清楚同时是一个地主。开质库的富家，开长生库的寺院，通常也都拥有诸多的田产。在一个仍然以土地为最基本财富的社会里，地主们兼营工商业，获得利润之后，有很大的可能仍会投资到土地上，增加自己的财富；至于一般原无田业的工商业者，他们在获得利润之后，也希望能够拥有一块田产，使生活安定下来，因为经营工商业所冒的风险，毕竟要比坐收田租大得多；也只有成为地主，子孙才较有余力、余暇读书应举，提高其社会地位。李新《跨鳌集》卷二十《上王提刑书》："商于海者，不宝珠玉，则宝犀瑁；商于陆者，不宝盐铁，则宝茶茗。持筹权衡斗筲间，累千金之得，以求田问舍，大妇炬簪珥，小妇曳琴瑟，兹商贾者所愿也。"充分说明这种情形。吕祖谦为南北宋之际的张勰所写的墓志铭，更提供了一个商业利润流向土地的实例：

> 君生而丧其父，总角畸岖兵间，又丧其母，已能悉力敛藏严饬。久益困，寄食姻戚。忽感愤，不持一钱，掉臂出门，周旋四方，俯拾仰取。数航海历交趾、勃泥诸国，其货日凑。则曰：吾向也不难自屈，惧填沟壑，陨先人宗祀耳，今可止矣。于是买田婺州郭外，教其子以学。（《东莱集》卷十一《大梁张君墓志铭》）

张勰以一个孤儿，毫无依傍地借业商自立，在从事海外贸易致富之后，考虑到儿辈读书求学，于是弃商购田，让生活安定下来。土地收入是工商资本的来源之一，但是工商业利润的回流向土地，却又限制了工商资本的成长。

参 考 书 目

一、专著

全汉昇：《中国行会制度史》，台北：食货出版社，1978年：第三、四、五章。

李剑农：《宋元明经济史稿》，台北：华世出版社，1981年：第三、五章。

姜锡东：《宋代商业信用研究》，石家庄：河北教育出版社，1993年：第三、四、五、六章。

姜锡东：《宋代商人与商业资本》，北京：中华书局，2002年：第三、九章。

郭正忠：《两宋城乡商品货币经济考略》，北京：经济日报出版社，1997年：第四章。

陈高华、史卫民：《中国经济通史：元代经济卷》，北京：经济日报出版社，2000年：第二编第十一章。

斯波义信著，庄景辉译：《宋代商业史研究》，台北：稻禾出版社，1997年：第五、六章。

漆侠：《宋代经济史》，上海：上海人民出版社，1988年：第三编第十六、十九章，第四编第二十章。

赵冈、陈钟毅：《中国经济制度史论》，台北：联经出版事业公司，1986年：第九、十章。

鞠清远：《唐宋官私工业》，台北：食货出版社，1978年。

魏天安：《宋代行会制度史》，北京：东方出版社，1997年。

二、论文

王曾瑜：《从市易法看中国古代的官府商业和借贷资本》，《大陆杂志》第85卷第1期，1992年。

加藤繁著，吴杰译：《论唐宋时代的商业组织"行"并及清代的会馆》，收入加藤繁著，吴杰译：《中国经济史考证（卷一）》，台北：华世出版社，1981年。

加藤繁著，吴杰译：《居停和停塌》，收入加藤繁著，吴杰译：《中国经济史考证（卷一）》。

加藤繁著，吴杰译：《宋代的商业习惯"赊"》，收入加藤繁著，吴杰译：《中国经济史考证（卷二）》。

全汉昇：《宋代官吏之私营商业》，收入其著《中国经济史研究（中册）》，香港：新亚研究所，1976年。

梁庚尧：《市易法述》，收入其著《宋代社会经济史论集》，台北：允晨文化实业股份有限公司，1997年。

梁庚尧：《从田宅交易纠纷的防治看宋代的庄宅牙人》，收入《薪火集：传统与近代变迁中的中国经济——全汉升教授九秩荣庆祝寿论文集》，台北县板桥市：稻乡出版社，2001年。

梁庚尧：《宋代牙人与商业纠纷》，《燕京学报》2003年第14期。

梁庚尧：《从坊市到村镇：唐宋牙人活动空间的扩大》，收入黄宽重主编《基调与变奏：七至二十世纪的中国（第二册）》，台北：台湾政治大学历史系、中国史学会（日本）、"中研院"历史语言研究所、新史学杂志社，2008年。

韩桂华：《论宋代官府工场之工匠来源》，《大陆杂志》第84卷第1期，1992年。

鞠清远：《元代系官匠户研究》，《食货半月刊》第1卷第9期，1935年。

鞠清远：《南宋官吏与工商业》，《食货半月刊》第2卷第8期，1935年。

第十八讲

新家族制的形成与发展

一、族谱

先秦以前的家族，是以统治者为主的社会组织；东汉以降至于中唐的世家大族，则是政治上的垄断阶层；宋代以后，门第社会破坏，科举社会成立，新的平民化家族制度也随之而形成。这一种新的家族制度，一方面承袭了以往家族制度的传统，另一方面也具有一些新的成分。族谱的编修，是宋代以后家族制度的重要内容之一。谱系之学，在周代已有，所记者为君主、诸侯的世系，政府设有专官典掌，秦汉均沿其旧。君主、诸侯之外的家族谱系在汉代也已出现，到魏晋南北朝门第社会成立之后，谱学大盛，世家大族均有谱牒，详载世系，而且要上之于官府，门第高下的评定、官职的选举，以至于两家之间的通婚，都以此为依据，唐代仍然承袭此一风气。宋代以后，随着社会形态的转变，族谱的纂修更为发达，也具有新的特色。

（一）宋代以后族谱的编修与发展

唐代的大族，经唐末五代的战乱，均已没落，唐代的谱牒，也多已亡失。宋代新兴的士大夫，大多不是出身于世家，因此大多没有家谱。宋初谱学衰退，苏洵说得很明白，"盖自唐衰，谱牒废绝，士大夫不讲而世人不载，于是乎由贱而贵者耻言其先，由贫而富者不录其祖，而谱遂大废"（《嘉祐集》卷十三《谱例》）。但是在儒学重振之后，讲求古礼，基于敬宗收族的要求，谱学也随之而复兴。北宋中叶，讲求族谱编修方法的，有李觏、欧阳修、苏洵等人。其中欧阳修、苏洵两人更亲自编修本家的族谱作为范例，二人且曾互相讨论。他们两人所修之谱，均为小宗之谱，记载仅限于五世。即欧阳修所谓"谱图之法，断自可见之世，即为高祖下至五世玄孙，而别自为世"（《欧阳文忠公文集·居士外集》卷二十一《谱例》）；苏洵也认为"为谱者，皆存其高祖而迁其高祖之父。……其说曰：此古之小宗也"（《嘉祐集》卷十三《族谱后录上篇》）。苏洵另有大宗谱法，但是他修苏氏族谱，采取小宗之法。所以如此，实由于北宋新兴的士大夫家族多是小型平民化家族，远祖不可得而详。而且宋代既无封建，自然不能讲百世不迁的大宗。小宗之法，"凡天下之人皆得而用之"，适合当时平民化社会的需要。在平民化社会里，修族谱的目的既不在于维系政权的传递，也不在于作婚宦的依据，而是在于维系亲情，"情见于亲，亲见于服，服始于衰，而至于缌麻，而至于无服，无服则亲尽，亲尽则情尽"（《嘉祐集》卷十三《苏氏族谱》），自衰至于无服，恰为五世（斩衰、齐衰、大功、小功、缌麻），因此族谱也就以五世为断。

族谱的编修，到南宋日益增多，修谱之法大体上不出于欧阳修和苏洵所定的形式，不过到南宋末期，也有的家谱所载世代超出五世以上，甚至达到十世以上的。自元代至于明清，族谱的纂修愈来愈普遍，同时也出现两个值得注意的趋向。第一是大宗谱法的流行。继南宋末年之后，家谱记载的世代已不受五世的拘限，例如元代豫章罗氏族谱，记载达十五世、十八派、一千五百人。明清不少族谱涵盖的世代都相当多，而将祖宗推溯于北宋的达官闻人，以其嫡系子孙为大宗，也有的以始迁祖为大宗。由于社会结构已非周代之旧，所以到了清代的万斯大便主张宗法与谱法不相谋。第二是合族谱与支谱的产生。仍然使用小宗谱法，但是却以合族谱或支谱来扩大家族的范围。合族谱是合分散于各地的小宗之谱为大宗之谱。支谱则是以死徙不出乡的本宗为大宗，而迁徙至他乡的子弟各自为支谱。这两种趋向，显然都是家族繁衍所造成的，也反映了家族凝聚的日益紧密，以及贵族礼法在平民社会中的转化。

（二）明清族谱的内容

明清的族谱，有各种不同的称呼，如家谱、族谱、支谱、合谱、宗谱、世谱、家乘、祖谱、联宗谱等，其他比较特殊的称呼至少还有十几种以上。族谱的内容，大致包含以下几项：（1）谱序；（2）谱例；（3）姓族源流；（4）世系表，这是最主要的内容，记载历代家族成员及其间的关系；（5）恩荣记录，记族人的光荣事迹；（6）宅里故居；（7）祠堂墓冢；（8）家传；（9）家训。

族谱理论上应将所有的族人都登录在内，但事实上大多并非如此。为何有些族人不能登录，各个族谱的标准并不一致，大致可以找出以下几个原则：（1）男子如果是入继、出嗣、他徙或私生，有些族谱是不登录的。（2）女子方面，女儿通常不登录，妾很多都不登录，娶妻不合礼法不登录，夫死再嫁或因七出被休的妻子不登录，丈夫不入谱则妻子也不登录，再娶之妻如果是寡妇也不登录。（3）在职业方面，士农工商四民皆可登录，但倡优、奴仆、屠宰、隶卒、僧道均不登录。
（4）在道德方面，犯大过经家规处罚或经官府判罪均不登录，但
犯过而能痛改前非则仍有机会入谱。（5）没有到一定年龄也不能
入谱。年龄的标准，各个家族不一样，有些在出生百日拜谒祠堂
命名之前死亡，不录；有些在八岁之前死亡，由于是无服之殇，
所以不录；有些以二十岁为成年，在此之前去世不录。（6）修谱
的经费，多由族人捐助，清代有些家族会成立谱会来进行这件工
作。认捐的原则往往以人丁多少为准，有些家族规定，如不缴
费，则不入谱。从这些登录标准来看，族谱的作用已经不仅仅在
于维系亲情而已，它同时也反映了家族、社会所肯定的伦理、道
德规范，并且经由族谱的编修使这些伦理、道德规范发生作用。

二、义庄

义庄兴于北宋，是家族制度的一个新成分。同一家族之中，
各家难免有贫富的差异，基于同出一源的意识，族中富家常对贫
家给予济助。这种同族之间的互助，以同族聚居为条件，有临时
性的，也有制度性的。制度性的同族互助，便是义庄，以田产为
基础，依一定的规矩，对族人作经常的赡给，使家族互助能够有
更广泛而长远的基础。

（一）北宋范氏义庄的创设

义庄之制，创始于北宋范仲淹，继为他族所仿效，推行
日广，成为构成宋代以后家族制度的一个基本要素。而范氏义
庄本身，自北宋中叶创始之后，延续近九百年。民国二十八年

（1939），日本人天野元之助在吴县调查，范氏义庄尚仍存在，其意义的深远，于此可见。范氏义庄能够持续如此长久，应和历朝政府有意以之为社会的典范有关，因此特意支持，维持其存在。至于其他大多数的家族义庄，则难以维持得像范氏义庄那样长久，就如一般家族有其兴衰起落的过程。

范仲淹出身孤寒，入仕之后好施与亲旧，而且已有志于义庄的创立。及至贵显，禄赐有余，才于庆历、皇祐年间（1041—1053），于苏州吴、长洲两县，逐次购置田产千亩，设立义庄。他创设的动机，是由于自觉到宗族无论亲疏，都源出于同一祖先，富贵者对贫困的族人有经济上的责任。范氏义庄对族人的赡给，有详细的规矩，此一规矩是范仲淹于皇祐二年（1050）所订立，大致上是计口逐日支米一升，每年支衣一匹，丧葬嫁娶皆有补助。赡给对象以居住在苏州的族人为主，外乡的亲戚如确有急需，也酌量予以济助。以每口逐日支米一升而言，即已解决了成人一日食米需要量的一半。因此，在义庄协助下的贫困族人，经济情况自必大为改善。南宋范氏族人范之柔说："先祖所创义田，今几二百年，聚族数千百指，虽甚窭者赖以无离散之患。"（《范文正公集·褒贤祠记》卷二载刘榘《范氏义庄申严规式记》）说明了义庄对于收族所发挥的长远作用。

（二）南宋以后义庄的推广与演变

义庄在北宋尚不多见，到南宋时期已成社会上一种普遍的制度，明清时期更为盛行。后世义庄的经营多以范氏义庄规矩为规范，但也有一些新的演变：

第一，在庄产来源方面，除了由族中达官显宦捐助田产外，也有未曾仕宦的族人，在力之所及的范围内捐助田产的，也有经商致富后捐助田产的，也有以祖先的遗产作为义庄田产的。到明清时期，更常见由族人共同合作，设置义庄的情形。例如清代吴门陶氏义庄，便是由陶氏兄弟子侄36人，于雍正九年（1731）成立敦睦会，出资置田。这些情况，说明义庄设立的普遍化，不必等待族中有大贵之人才能设置。

第二，在管理方面，范氏义庄最初是由族中子弟选择"长而贤"者一人管理，称为掌管人或掌庄。自南宋至清，管理人员的数目不断增加，他们的职责，包括分发义庄米、保管义庄米、出租义田与收租等。其他义庄的管理，大致和范氏义庄相同，但也有部分义庄的管理人员，得选用外族人。

第三，在对族人的赡给方面，范氏义庄对族人全数计口逐日支米，但是以后大部分的义庄却只支给贫困的族人。这是由于义庄设置普遍化之后，设置人未必大富大贵，财力有限，不能有太大的负担，同时也考虑到过分的济助会造成族人的懒惰。清代葑门陆氏义庄的赡族规条中，更指出"男丁自十七岁至五十岁，理宜勤俭谋生，非鳏寡孤独老疾可比，本不在应给之例，其有势处极贫人，尚安分者，不得不于常格外，暂为酌给"。而将经常赡给对象限于老者、寡妇、幼孤而贫困者，以及废疾而无人养恤者。又有的义庄对于赡给对象从伦理道德的观点加以限定，例如南宋建阳麻沙刘氏义庄，"患苦乡闾、害及族党者，虽贫勿给；男婚越礼、女适非正者，虽贫勿助"（游九言《默斋遗稿》卷下《建阳麻沙刘氏义庄记》），可见义庄也有支持家族恪遵社会伦理道德规范的作用。

第四，以义庄支持族人的读书应举。范仲淹最初订立的义庄规矩，以周济族人的日常生活为主，到熙宁六年（1073）的续订规矩，才有对参加大比试者奖助的规定，同时于族人中选有学问品德者为教授，教导族中子弟，由义庄给予津贴。南宋以后的义庄，有不少与义学相结合，以义庄收入，延请师儒，教育族人，使族人不致因清寒而无法向学，对于参加科举考试的子弟则给予路费。通过族人的读书应举，可以提高家族的社会地位，也可以增强族人的自立能力。义学所收学生，往往扩大到族外子弟，这有助于家族子弟与人切磋。清代葑门陆氏义庄，不仅对读书应举的子弟加以奖助，对于入店铺习业的子弟也同样加以奖助。这一类的奖助，比起仅是周济族人的日常生活来说，显然有更积极的意义。

明清时期，义庄有时又和家族组织的其他部分结合成为一体。义庄通常有庄屋，用以储存米谷，这里也是义米发放之所。有些家族，庄屋是与宗祠、义学等建在一起的。例如苏州府的几所义庄：沈氏义庄自大门进入之后，中央有三进，第一进是茶厅，是族人社交待客的地方；第二进是飨堂，是宗族祭祀之所；第三进是正房大楼，大楼之后是仓厅与廒；正房的两旁，依次又有花园、书房、书楼、账房。屈氏义庄与其家族的另一机构安济堂同在一处，安济堂是屈家收养无依贫民的地方，庄屋后又有宗祠与佛堂。归氏义庄建于归氏孝义堂专祠内，祠中除飨堂、仓廒外，还有书房、义塾及碑室。

三、祠堂与祭田

（一）祠堂

祠堂是祭祀祖先的处所，经由对祖先的祭祀，使族人获得同出一源的意识，在精神上将家族紧密结合在一起，达成收族的目的。祭祀祖先原为古礼，周代贵族都有家庙；秦汉以来，士大夫多祭祖祢于寝（厅堂）；唐代虽然多次命令士大夫建立家庙，却并不普遍；北宋仁宗时允许高级官员建立家庙，其他官员则祭于寝，但实际建立家庙的也不多。及至北宋中叶儒学复兴以后，才又依据古礼，讲求祭法。

北宋儒者对于祭法的讲求，以程颐为代表，他主张始祖之祭与高祖以下之祭同时并行，常祭止于高祖以下。南宋儒者对于祭法的讲求，则以朱熹为代表，他主张只祭祀高祖以下，并且首先提出了设立祠堂的说法。据朱熹的说法，祠堂设于正寝之左，祀高、曾、祖、祢四世神主。自此之后，祠堂的设立日益普遍。元、明之际浦江郑氏一族，便是"立祠堂一所，以奉先世神主，出入必告，正至朔望必参，俗节必荐时物，四时祭祀，其仪式并遵文公家礼，然各用仲月望日行事，事毕更行会拜之礼"（郑太和《郑氏规范》）。祠堂的祭祀，由宗子主持，宗子是家族中的嫡长子。立宗子之说，倡自北宋张载、程颐，至南宋朱熹而完备。

明清时期，祠堂已经成为家族制度的一个重要成分，也发生了若干明显的演变与发展：

第一，朱熹倡议设立的祠堂，祭祀至高祖为止，后世的祠堂却多有祭始祖的，使得程颐的说法得以实践。按朱熹所以反对祭始祖，是因为认为这是贵族之礼，平民行之有逼上之嫌。后世平民也祭始祖，可见贵族之礼已转化为平民之礼。除了祭始祖之外，也有许多家族是祭始迁祖的。无论是祭始祖或始迁祖，参与祭祀的家族范围都扩大了很多。

第二，朱熹倡议设立的祠堂，设于正寝之左；后世的祠堂却多在居室之外，独立设置。这种改变，显然是家族组织扩大的结果，独立的祠堂可以容纳更多的族人行礼。明代中叶以后，独立的祠堂愈来愈多，这是古代礼书中所述贵族家庙制度的重新表现，也是贵族之礼向平民之礼的一种转化。建筑独立的祠堂需用较多的经费，除了族中按丁摊派之外，还需要经济能力较强的族人慷慨承担。

第三，明清以来，又新兴起公祠与支祠。所谓公祠，是指同姓各族，除了本族专祠之外，又共建一祠堂，攀援古代的名人，追祀共同的始祖。例如江西在乾隆二十九年（1764），有一族独建的祠堂达8 994所，同姓共建的公祠89所。所谓支祠，是指家族繁衍之后，分为各房各支，全族有一大宗祠，祀奉始迁之祖，而各房各支派则各有支祠。因此一族之中，往往有祠堂多所。例如明清之际的广州，"其大小宗祖祢皆有祠，代为堂构，以壮丽相高，每千人之族，祠数十所，小姓单家，族人不满百者，亦有祠数所"（屈大均《广东新语》卷十七"祖祠"）。清代福建的莆田，也有许多大宗祠、小宗祠，城中之地，祠居五之一，可见其兴盛。除了大、小宗祠之外，莆田又有祖厝。祠堂用于奉祀五代以上的祖先，四代以下先人的祭祀则在祖厝，是各支派祭祖之所。这类祖厝，在清代福建其他地方和台湾也都有。祖厝随着时间的推移，也可能演变成祠堂。

第四，依据宋儒的说法，祠堂祭祖由宗子主持。但是随着年岁渐久，世代渐多，分支渐众，家族中的嫡长子一系可能迁移，也可能衰落，甚至可能绝嗣，要由宗子来主持祭祖就有困难。据明清时代福建一些族谱的记述，晚明时人已有"今宗子之法不立，或宗子贫穷不能自立，或流移四方，无正寝可容祭祀"的感叹。于是宗子逐渐演变成只有象征性的意义，连主持祭祀的祭服都要其他族人提供，因而有"宗子任轻，弗获尽礼"的说法。在这同时，兴盛的支派往往掌握了主祭的权力，甚至远祖的谱系只是出于虚拟。有些家族的嫡长子一系，竟沦落到掌握祠堂权力的族人"悯其丁衰"，准其"一人与祭"，而声明祠堂的创置与长房无涉。明清时代福建一些家族，常明确规定只有尊者、贤者和富者才能够主持祭祖，或是只允许提供资财的族人才可以参与祭祖活动。

第五，祠堂不仅是祭祀祖先的地方，同时也是倡导及执行族规的地方。早在南宋，陆九渊在抚州金溪的家族已是如此。元、明之际，浦江郑氏家族也是一样：

> 朔望家长率众参谒祠堂毕，出坐堂上，男女分立堂下，击鼓二十四声，令子弟一人唱云：听、听、听，凡为子者必孝其亲，为妻者必敬其夫，为兄者必爱其弟，为弟者必恭其兄。听、听、听，毋徇私以妨大义，毋怠惰以荒厥事，毋纵奢以干天刑，毋用妇言以间和气，毋为横非以扰门庭，毋耽曲糵以乱厥性。
>
> ……
>
> 子孙赌博无赖，及一应违于礼法之事，家长度其不可容，会众罚拜以愧之。……又不悛则会众而痛棰之，又不悛则陈于官而放绝之。仍告于祠堂，于宗图上削其名，三年能改者，复之。

屈大均《广东新语》记明清之际广州的宗祠，一样是"其族长以朔望读祖训于祠，养老尊贤、赏善罚恶之典一出于祠"。明清时期的族谱中多附有族规，作为族人行事的规范；明朝中叶以后，有些家族的族规又和政府所推行的乡约相结合，设立约长，宣讲圣谕六条，采用政府规定的仪式，也有些族规就以"约"为名，如宗约、族约、祠约，甚至就直接称为乡约家法。

第六，大约明末清初以后，祭祖之后，会请戏班来演戏，但是演出的场所不在祠堂之内，而是在附近的空地。这种情形，原本起于祭祀经费有节余，逐渐演变成为一种例行的仪式，以之为媒介，结合血缘关系日益疏远的族人。演出的戏目，一般都与忠孝节义等伦理道德规范有关，不能演低俗的戏。

（二）祭田

祭田制度和祠堂制度相关联。最早提倡设置祭田的，也是朱熹。根据朱熹的讲法，先人死后，取其田产二十分之一作为祭田，用作祠堂祭祀的费用。亲尽之后，则改为墓祭的墓田。墓田的名称，则早在南北朝时已可见到。祠祭是家族共同的，墓祭是家庭个别的。

尽管朱熹分别祠祭和墓祭，但是在宋、元社会的实际生活里，墓祭也有实行族祭的。宋代的高级官员可以奏请在祖先墓旁设立功德坟寺，委托寺僧照料墓地，维持晨香夕灯以及平日的祀供，其他官员和一般民众则有设置坟庵的情形。元代虽然已经没有设置功德坟寺的规定，但坟庵的设置却愈见普遍。此外，也有将祖坟照料与香火荐供之事委交给道观的。墓主的子孙祭祀祖先，则在寺庵、道观的建筑物内，也有在寺庵、道观旁另建祠堂。为了相关的开销，他们会捐舍田产给寺观，作用就有如墓田或祭田。而祭祀的对象，虽然以墓主为主，但也常兼及历代先祖、旁亲，甚至有些墓祠就用作同族合祭之所。

随着明清时期家族祠堂设置的日益普及，祭田或称为蒸尝田的设置也愈来愈普遍。同时由于参与祭祀的族人范围扩大，祭田共有者的范围也随之而扩大。而且田产来源也有了改变，由子孙捐助田产的方式愈来愈常见。祭田的规模，原本较义庄为小，但是一方面由于捐助的方式逐渐盛行，另一方面从遗产中提留作为祭田的比例也愈来愈高，不限于朱熹所讲的二十分之一，而且可以代代累积，于是也有规模颇大的祭田。学者统计清中叶以后闽北一些家庭的分家文书，提留作为祭田的数量要占到田产总额的35%左右。清代的广东，则大族的祭田可以达数千亩，小族也有数百亩。祭田规模扩大之后，往往兼具其他作用，譬如用来赡养亲族，因而兼具有义庄的性质。

除了义庄、祭田这一类以田产为基础的家族共同财源之外，明清时代的家族又有共同的公款。这些公款或来自田产的田租，或来自铺屋的租金，或来自族人以合会的方式的凑集，往往以放债收息的方式来经营。公款除用于修谱、祭祀、济助贫困族人和支持族人教育、应举、就业之外，也有用于丧葬补助、家族聚会或灾荒赈济的。

祠堂和祭田制度固然强化了家族之内的关系，但是另一方面，也助长了不同家族之间的对立。特别是在清代的福建、广东、江西等省，大姓多聚族而居，祭田数量众多的家族，往往在族长领导下，与他族展开械斗。丰盛的田租收入，使族人免除伤亡的后顾之忧，甚至族长许诺将亡者神位奉入祠中，以鼓励族人好勇斗狠。因此，家族组织的强化对于社会的稳定具有正负两面的作用。

四、族长与家长

（一）族长

族由家构成，族是共同祭祀的单位，家是共同生活的单位。族有族长，家有家长，负责家族一切的事务。如果是"累世同居"或"同居共爨"的家族，家与族合而为一，家长也就是族长。

族长与宗子不同，宗子是嫡长子，职责在主持祭祀，族长则通常是族中受人敬重的长老，职责在主持日常的事务。早在宋代，家族中已有族长存在。明代以后，族长的活动更为常见。族长由族人公推产生，必须是行辈既尊，而且有德，足以服众，如果有行为不检、触犯族规，族中子弟可以先反复劝诫，仍然不听，则可以在祠堂聚集族人，指明族长的过错，将其罢免，另立新的族长。因此，族长的权威并不是绝对的，必须受到族规的约束。大的家族，分支为房，房有房长，房长的产生，也如同族长一样，由同房之人共同推举，必须是公正而才德兼优者才能出任。

族长的权威虽然不是绝对的，但是在族规的范围之内，他有很大的权力。族长总理一族的事务，分配族人的工作。南宋陆九渊的家族，"一人最长者为家长，一家之事听命焉，逐年选差子弟，分任家事，或主田畴，或主租税，或主出纳，或主厨爨，或主宾客"（罗大经《鹤林玉露》卷五）。陆家累世义居，家长实即族长。家族之中如果有纠纷、诉讼，往往不赴官府，而是由族长来裁判。族人如果犯有过失，由族长按照过失轻重给予不同的处分。族长的制裁权力很大，可以将族人驱逐出族，也可以将族人施加身体的刑罚。宋代越州裘氏一族，"族人虽异居，同在一村中，世推一人为长，有事取决，则坐于听事，有竹簟亦世相授矣。族长欲挞有罪者，则用之"（王栐《燕翼诒谋录》卷五），可知族长对族人有身体惩罚权。明清有些家族的族规，甚至规定族长对犯了重过的族人可以处死。族长不仅可以处理族中牵涉到家和家间的事务，甚至连个别家中的事务也要过问。如立嗣、分家，在某些情况之下，也要听族长的意见。以立嗣来说，在宋代，如果父母在，由父母决定，要父、母两人都不在，族长才能过问；到明清时期，父亲过世之后，即使母亲仍在，也由族长来决定。由于族长在地方基层社会中有这样大的权力，所以到了清代，政府便通过家族组织来加强对地方的控制，给予族长法律上处理族内事务的权力，甚至有些地方由官府来选择族长。

（二）家长

个别的家庭，则有家长。一个家庭，包括两个或三个世代，家长通常是家内世代与年龄最高的男子。在两个世代的家庭里，便是父亲；在三个世代的家庭里，便是祖父。家长的权力，建立在父权之上。这种权力，早在宋代以前便已存在，至晚自唐律以来，就有子孙违犯教令的罪名，这个罪名一直到明、清法律仍然存在。家长对于子女，也有处罚的权力，法律还给予父母以送惩权，可以将子女移交地方政府代为执行，特别是以不孝为理由移送官府；当父母宽恕子女之后，也可以请求官府将子女释放。家中大小事情，都必须禀告于家长，子女的嫁娶也都由家长来决定。家产在原则上为全家人所共有，但实际上家长却有权自由处分。

五、家产

（一）家财共有

家是经营共同经济生活的单位，家产也属于全家人所共有。

所谓全家人，包括父母子女，妾不包括在内。家长对于家产虽然可以自由处分，但是在形式上往往表现为家人的协议。这种情形，在宋代以前已是如此。唐律规定，放奴婢、部曲为良民，由家长给手书，长子以下联署。清代的土地买卖契约，也常有父子联署的情形。一家之中，也会有人积蓄私财，但必定私自收藏，不使人知，否则将在分家时被均分。《袁氏世范》卷一"同居不必私藏金宝"条："人有兄弟子侄同居，而私财独厚，虑有分析之患者，则买金银之属而深藏之。"这种情形，正反映了家财共有的事实。一些累世同居的家族，赖以延续的条件之一，便是子孙不得有私财。从《郑氏规范》可以看到浦江郑氏有这样的家规："子孙倘有私置田业，私积货泉，事迹显然彰着，众得言之家长，家长率众告于祠堂，击鼓声罪而榜于壁。"唯有共财，才是同一家人，若是析产，便是新家的成立，而新家之中，仍然是共财。

不过家财共有的原则，从北宋中叶以来也已有某种程度的修正。景祐四年（1037）有这样一道诏令："应祖父母、父母服阕后，不以同居异居，非因祖、父母财及因官自置财产，不在论分之限。"（《续资治通鉴长编》卷一二〇，"景祐四年正月乙未"条）儿孙在祖父母、父母过世之后，服丧期满，进行分家，如果自有财产并非因祖父母、父母的钱财而得，或是因出仕所得官俸而自置的财产，不成为兄弟分家的对象。尽管法律如此规定，很多士大夫仍然不同意这个办法。而且法律上祖父母、父母在不得别籍的规定并未修改，在未分家前，也就是子孙没有自己的户籍。除非如袁采所说，"买金银之属而深藏之"，否则如田产之类，子孙无法以自己的户名登记，必须附在父祖的名下，成为名义上共有的财产，在分家时就可能有兄弟要求也用来分。

（二）家产的继承

家产的继承，在中国历史上，是以诸子均分为原则，而非由长子一人继承。分产的时间，有在父母身亡之后，也有在父母尚存之时。唐、宋法律均有"祖父母、父母在，不得别籍异财"的条文，但是实际上父母尚在而已分家的情形是存在的，宋代以后尤其普遍。法律在南宋中叶也已经有了某种程度的修正，依据绍熙三年（1192）户部的意见，"凡祖父母、父母愿为摽拨而有照据者，合与行使"（《名公书判清明集》卷十胡石壁《兄弟之讼》），亦即只要出于祖父母、父母的意愿，可以在生前将财产分给子孙，但是必须有文件的证明。南宋晚期，就有地方官依据户部此一意见，来判决兄弟争产的诉讼。不过在嘉定十一年（1218），这一项规定的使用范围又遭到限制，只有在"祖、父俱亡，而祖母与母有前、晚、嫡、庶之分"的情况下可以适用，而"一母所出子孙与祖、父年老抱疾者"，即使"出祖父母与父母之命，亦不许用"（刘克庄《后村先生大全集》卷八十二《玉牒初草·宁宗皇帝》，"嘉定十一年三月丁酉"条）。这可能是考虑到祖父母、父母俱亡之后，嫡、庶子孙在分产时可能发生纠纷，所以允许祖母与母在生前即分给子孙家产。元律的规定则大大放宽，据至元八年（1271）的规定，"今自后如祖父母、父母许令支析别籍者听，违者治罪"（《元典章》卷十七《分析》）。明、清两朝的律文，均承袭元律。

家产继承虽然以均分为原则，但是并非完全平均分配。一般而言，长子所分得的往往稍多，嫡子、庶子、奸生子的分配也有差别，父亲的偏爱也常使得分产有厚薄之分。家产亦非只有儿子才能继承，南宋晚期的一位地方官，在判决一件田产争讼时，曾引据"在法，父母已亡，儿女分产，女合得男之半"（《名公书判清明集》卷八刘后村《女婿不应中分妻家财产》）；这位地方官在处理另一件立嗣纠纷时，又指出"考之令文，诸户绝财产尽给在室诸女。又云，诸已绝而立继绝子孙，于绝户财产若止有在室诸女，即以全户四分之一给之"（《后村先生大全集》卷一九三《建昌县刘氏诉立嗣事》）。在仍有儿子继嗣的情况下，只有在室女，亦即未出嫁的女儿，是可以分产的，已经出嫁的女儿被排除在外；若是户绝，亦即没有儿子继嗣，财产也全由诸在室女来分，已经出嫁的女儿同样被排除在外。不过在户绝而立继绝子孙的情况下，如果有归宗女和出嫁女，她们也可以分得一部分财产。女儿在户绝及户绝而再立嗣的情况下可以分产，已见于唐代和北宋的法令，并非南宋所独有，宋代以后各朝也都沿用；至于"父母已亡，儿女分产，女合得男之半"的法令，则仅见于南宋，而不见于之前、之后各朝，因此这条法令的意义究竟何在，曾引起学者的讨论。

分产也未必就将所有财产都分给子女。父母还活着时，可以自己保存养老田，也可以将部分财产捐赠给族人。家产均分的原则，使得除非是独子或独女，否则没有任何子女可以单独继承所有的家产。子女愈多，每人所能分得的比例也愈小，这是造成中国历代田地分割零碎的原因之一。

（三）家产与家族的关系

家产虽为个别家庭所有，但与整个家族不能完全脱离关系。自五代以来，政府已经规定，产业典卖，必须先问亲邻，亲邻如果不要，才可以卖给别人。宋初承袭此一规定，"应典卖倚当物业，先问房亲，房亲不要，次问四邻，四邻不要，他人并得交易"(《宋刑统》卷十三《户婚门》)。在这条法令里，亲与邻显然是有分别的，到南宋时期，两者已合而为一，所谓亲邻，是指四邻本宗缌麻以上亲而言，如果有亲而无邻，或者有邻而无亲，都不在先问的范围之内。总之，家产出卖，同族人有优先承买的权利，这种习俗，直到近代仍然如此。

六、婚姻与妇女地位

（一）唐宋婚姻观念的转变

在门第社会里，婚姻讲究门第相当。宋代以后，门第社会已经消逝，这种观念也有了改变。"自五季以来，取士不问家世，婚姻不问阀阅"(《通志》卷二十五《氏族略》)，郑樵这一句话，正说出了宋代以后婚姻观念的特色。这种特色，充分表现于宋、元时代人们论及婚姻的告诫里。北宋司马光在《书仪》卷三《婚仪》中说："凡议婚姻，当先察其婿与妇之性行，及家法何如，勿苟慕其富贵。婿苟贤矣，今虽贫贱，安知异时不富贵乎？苟为不肖，今虽富盛，安知异时不贫贱乎？"南宋袁采的《袁氏世范》和元明之际浦江郑太和的《郑氏规范》也都有类似的讲法。这种观念也表现在实际的行为上，许多高官的女婿，常没有显赫的家世，本身官职也很低。不仅士大夫家庭婚姻不讲究门第的高下，甚至婚姻对象不必出身于士人的家庭。像朱熹的外祖父祝氏、袁燮的岳父边氏，都是商家；甚至有士人中了进士之后，娶雇农之女为妻。他们这种行为，在当时并没有受到"婚宦失类"的批评。

但是"婚姻不问阀阅"只是社会现象的一面，门当户对的观念并没有完全消失，婚姻有时也不仅是两个家庭之间的联结，家族因素在其中仍然发生作用。无论在北宋或南宋，都可以看到两个家族之间会有数代联姻的情形，甚至几个家族构成一个婚姻网。北宋时期，这种现象多出现于中央政府的高官，他们往往有不同的乡籍，彼此之间的世代联姻是跨地域的。曾任宰执的王旦、吕夷简、韩亿、范仲淹等几家的后人，都有这种情形。南宋时期，乡里因素的重要性增加。明州的官宦家族汪、楼两家，是好几代的姻亲。汪大猷的祖母陈氏和楼钥的曾祖母翁氏两家原本就是姻家，楼钥的父亲娶了汪大猷的姊姊，汪大猷的妻子是楼钥堂伯父的女儿，弟弟楼铴又娶了汪大猷的女儿。汪、楼两家和当地其他几个士人家族，如陈家、徐家、姜家等，也都有婚姻关系。兴化军的方、刘两家，自方大琮、刘克庄的父辈时已经是姻家，此后缔姻不断，连续四代，成为累世通家。这一类的婚姻，有时涉及政治的考虑，但是有时是出自共同文化背景或家族、乡里情谊，不能一概而论。

（二）妇女生活的束缚

　　婚姻虽然已经不讲究门第，但是妇女地位从宋代以后却有日益下降的趋势。中国历史上妇女在家庭中的地位一向低落，《仪礼》中已说妇人有三从之义："未嫁从父，既嫁从夫，夫死从子。"也就是妇女只是依附于男子，本身没有独立的地位。汉代以后，男女之防逐渐严格，妇女贞节观念受到社会的提倡。从魏晋南北朝到隋唐，礼法松弛，妇女地位有提高的趋势，在行动上享有较多的自由，但基本上，妇女在家庭中仍处于附属的地位。宋代以后，礼法恢复严峻，于是妇女的社会地位又再下降，所受到的束缚也愈加紧密。

　　妇女在家庭中生活的规范，可以用以下《郑氏规范》的若干条文作例子来说明。"《女训》云：'家之和不和，皆系妇人之贤否。何谓贤，事舅姑以孝顺，奉丈夫以恭敬，待娣姒以温和，接子孙以慈爱，如此之类是已。……'"可知对妇人要求的是恭顺。"诸妇必须安详恭敬，……无故不出中门，夜行以烛，无烛则止。"可知妇女的行动受到限制。"诸妇主馈，十日一轮，年至六十者免之。新娶之妇，与假三月，三月之外，即当主馈。""诸妇工作，当聚一处，机杼纺绩，各尽所长。"可知妇女的工作在于主中馈和纺织。直到晚清，刊于同治九年（1870）的《皖桐刘氏宗谱》对族中妇女的活动仍然有这样的要求："中馈而已，不预外政。闺门尤以清肃为谨，勿许轻出。"这些是士大夫家或大户人家的生活规范，一般民众的生活未必尽同。譬如农家妇女常要下田工作，不出中门是不可能的；至于因从事其他行业而在外奔波谋生的妇女，也为数不少；即使家庭妇女，有些也能够对后辈教育或筹谋家计作出贡献，而不限于主中馈和纺织。

宋代妇女出嫁之后，仍有权支配自己的财产。妇女出嫁时陪嫁的田产，称为妆奁田，虽然登记在丈夫名下，但实际上常由妻子支配，与丈夫的财产有别。所以在宋代史籍中，常记载有妻子以其妆奁资助丈夫的佳话。在夫亡无子的情况下，妻子若是改嫁或归宗，妆奁田可以自随，也可以典卖。但是到了元代，却规定妇人如果改嫁，不论是生前离异，或是夫死寡居，随嫁妆奁一听前夫之家为主，不准搬取随身，只有无故出妻是不拘此例。明、清的法律和元代相同。法令的改变，显示妇女独立财产权遭受剥夺。

缠足之风开始于五代，到宋代逐渐兴盛。以金莲形容女子的小脚最早见于南唐时期的文学作品，到南宋时又有人以三寸来形容。北宋章惇讲："近世有古所不及者三事，洛花、建茶、妇人脚。"所谓妇人脚，已经成为和洛阳花、建安茶同为士大夫品赏的对象，既说古所不及，自然是从宋代才兴盛。元明以来，缠足的风气愈来愈盛，以三寸金莲为美，甚至不及三寸，纯粹为了供男人观赏之用。清代方绚，还写了一本《香莲品藻》，专论小脚。但是缠足的风气也有地域、阶层、城乡以至族群的差异，未必是普及全社会。例如农家妇女必须下田工作，缠足对她们的行动会有很大的妨碍，"村农不裹足妇人"见之于清人著作。

影响妇女最大的，也许是贞节观念的盛行。贞节观念在汉代已受重视，但是直到北宋中叶为止，妇女再嫁并不受到社会的歧视。唐代公主再嫁、三嫁的例子甚多，甚至有四、五嫁的。宋代范仲淹的母亲也曾经改嫁，范仲淹手订的义庄规矩里，对于族中寡妇再嫁同样支钱补助。但是另一方面，唐代对于妇女守节也给予奖励，甚至获得政府免除徭役，旌表门闾；宋代公主除宋初秦国公主荣德帝姬再嫁以外，以后公主八十余人，没有一个再嫁。可见自唐至宋，两股势力一消一长。北宋中叶，程颐从理的观点，反对寡妇改嫁，提出了"饿死事小，失节事大"的讲法，以后他的话便被用作提倡妇女贞节的最佳理由。但是程颐也认为大夫以上男子无再娶之礼，又认同古语所说"出妻令其可嫁"，而且他并不反对他的侄儿媳妇再嫁，又称赞他的父亲主持外甥女再嫁是"慈于抚幼"，不能将贞节观念狭隘化的责任加在他的身上。事实上，他的主张对宋代的法令和社会风气也都没有发生影响。宋神宗时曾经立法，妇女居夫丧而贫乏不能自存时，可在一百天之后改嫁，法律也允许寡妇招进后夫，称为接脚夫。而在洪迈《夷坚志》这本书中，妇女改嫁的故事多不胜举。宋代士大夫称赞守节，但是也没有贬抑再嫁和离婚。妇女在丧夫之后，有时父母和族人会关心她们的生活能力而希望她们再嫁，但是寡妇有时并非无人依靠，也仍然再嫁。即使在宋代以后，史籍里也常可见到妇人在丈夫死后，有"父母夺其志""媒妁踵至""族人戚属怜其少且贫而无倚，劝欲嫁之"等情况，似乎妇人改嫁在许多人心目里是理所当然的事，社会的现状和士大夫的观念似乎有一些距离。

不过到了宋代以后，政府的政策和社会的现实也确实有所改变。蒙古人入主中原，将他们原有的收继婚风俗在中原推行，从至元八年（1271）起，明确要求汉人遵依，并且在灭南宋之后推行到南方。这种风俗和中国传统的伦理观念不能相容，汉人、南人的寡妇，甚至已订婚而尚未成婚的妇女，如果不愿为丈夫家族中的其他成员收继，只有自杀或自残。两种文化冲突经历一段时间后，元朝政府在至大二年（1309）修改政策，允许汉人、南人寡妇不被收继，但是必须在夫家守节，而过去在宋代，寡妇守节是可以回到娘家去的；这年又规定，寡妇如果夫家无人可收继而要改嫁，聘财由原来的夫家而非娘家来接受。到至顺元年（1330），终于完全禁止汉人、南人行收继婚。但是既然在大德七年（1303）就已明令不准寡妇将随身妆奁携离夫家，那么留在夫家守节才可能让她们继续拥有支配这份财产的权利。在逐步改变收继婚政策之前，元朝政府已在大德八年（1304）颁布诏令，对30岁以前夫亡守志、至50岁以后仍晚节不易的妇女，特意旌表。以朝廷的政令来确立节妇的意义，尚属初见。

元朝大德八年的政令，为明太祖所继承。从明代到清代，旌表的方式也愈来愈隆重。寡妇守节在明清社会里，已成为期望妇女依循的规范，社会上流行着许多鼓吹此一规范的书籍，记述节烈妇女的传记也大增，构成一种社会压力。一些家族也在提倡，有的族规对于节妇特别予以尊礼，也有族谱对于节妇特别加以标注。例如刻于明朝嘉靖年间（1522—1567）的休宁县市吴氏本宗谱，在凡例中就说明，"妇流不幸年少居孀，有能励持节操者，未及旌表，皆以节妇书之，使后来不幸者庶知所勉云"；刊于清朝光绪九年（1883）的《临海屈氏世谱》所载位于江苏常熟、昭文两县的义庄规条，关于支费有"优礼之费"一项，其中包括"凡族中如有孝子顺孙，烈女节妇及百岁期颐者，尤当特加尊礼，议报题旌，用彰贞瑞，俱归义庄支费"，可见烈女、节妇是此一家族优礼的重要对象，要为她们特别向官府议报题旌。在此一过程中，贞节观念日趋严格，以清代的旌表政策为例，凡是（1）节妇（三十岁以前守寡，到五十岁不失节者）、（2）烈妇、烈女（包括殉家室之难者、拒奸致死者）、（3）孝妇（确有孝舅姑之行者）、（4）孝女（终身不嫁以事父母者）、（5）贞女（包括未婚夫死，闻讣自尽者；未婚夫死，哭往夫家守节者），均可获得旌表。其中"贞女"的行为，已到极不合理的程度。而所谓"贞节牌坊"，也成为传统社会对于妇女束缚的一大象征。

自明末以来，又出现"女子无才便是德"的观念，在才识上压抑妇女。中国自古以来，对于妇女教育原已有很大的限制，不能和男子相提并论，但是在明代以前，并不反对妇女读书识字。汉代班昭便主张，女子在八岁以后，到十五岁以前，应和男子一样读书。北宋司马光也主张女子读书认字，只是不赞成女子作诗歌。南宋袁采则认为妇人必须稍识书算，能计算钱谷出入，自理家计，才不至于当丈夫蠢懦不肖或夫死子幼时，由于为人所欺或所托之宗族亲戚非贤，而致破家。宋代有些士人家庭的妇女，不仅自己能读书，也能在儿辈启蒙阶段教育他们经史。

观念未必完全是现实的反映，但是有时也能够反映部分现实。明末一方面可以看到才女的活动，另一方面也有人讲"今人养女多不教读书认字"，而"女子无才便是德"这句话也在这时开始流传，到清代已经成为一句很普遍的谚语。《红楼梦》中有这样的话："自古道：'女子无才便是德'，总以贞静为主，女工还是第二件，其余诗词，不过是闺中游戏，原可以会，可以不会。"对一些人来讲，妇女即使有诗文之才，也不过是闺中游戏，不如贞静和女工那样重要，而最重要的则是贞静。这段话清楚地说出了社会对妇女的期望，也可以看出，"女子无才便是德"这一句话，原是针对妇女的吟诗作词而来，其实只能得宋代司马光用心的一端，也缺乏袁采对妇女实际生活困境的那种深思熟虑。

参 考 书 目

一、专著

仁井田升著，林茂松编译：《中国法制史新论》，台北：环宇出版社，1976年：第八、九章。

王善军：《宋代宗族和宗族制度研究》，石家庄：河北教育出版社，2000年：上篇。

田仲一成著，钱杭、任余白译：《中国的宗族与戏剧》，上海：上海古籍出版社，1992年：第四篇序章。

朱瑞熙：《宋代社会研究》，郑州：中州书画社，1983年：第七、八章。

何淑宜：《香火：江南士人与元明时期祭祖传统的建构》，台北县板桥市：稻乡出版社，2009年。

李淑媛：《争财竞产：唐宋的家产与法律》，台北：五南图书出版股份有限公司，2005年。

邢铁：《家产继承史论》，昆明：云南大学出版社，2000年。

高彦颐著，苗延威译：《缠足："金莲崇拜"盛极而衰的演变》，南京：江苏人民出版社，2009年：第四章。

常建华：《明代宗族研究》，上海：上海人民出版社，2005年。

常建华：《宋以后宗族的形成及地域比较》，北京：人民出版社，2013年。

张邦炜：《婚姻与社会（宋代）》，成都：四川人民出版社，1989年：第二、三、四、五章。

张晓宇：《奁中物：宋代在室女"财产权"之形态与意义》，南京：凤凰出版集团、江苏教育出版社，2008年。

梁庚尧：《南宋的农村经济》，台北：联经出版事业公司，1984年：第五章第三节。

清水盛光著，宋念慈译：《中国族产制度考》，台北：台湾"中华文化出版事业委员会"，1956年。

陈东原：《中国妇女生活史》，台北：台湾商务印书馆，1965年：第六、七、八章。

陶晋生：《北宋士族：家族·婚姻·生活》，台北："中研院"历史语言研究所，2001年：第三、四、五、六、七章。

费丝言：《由典范到规范：从明代贞节烈女的辨识与流传看贞节观念的严格化》，台北：台湾大学出版委员会，1998年。

游惠远：《宋代民妇的角色与地位》，台北：新文丰出版公司，1998年。

游惠远：《宋元之际妇女地位的变迁》，台北：新文丰出版公司，2003年。

冯尔康等著：《中国宗族社会》，杭州：浙江人民出版社，1994年：第三、四章。

黄宽重：《宋代的家族与社会》，台北：东大图书股份有限公司，2006年：第二篇第二、三章。

刘翠溶：《明清时期家族人口与社会变迁》，台北："中研院"经济研究所，1992年：第九章。

郑振满：《明清福建家族组织与社会变迁》，北京：中国人民大学，2009年：第5章。

瞿同祖：《中国法律与中国社会》，台北：台湾崇文书店，1974年：第一章。

二、论文

大泽正昭著，刘馨珺译：《南宋的裁判与女性财产权》，《大陆杂志》第101卷第4期，2000年。

仁井田升著，杨炼译：《唐宋之家族共财及遗嘱》，收入驹井和爱等著，杨炼译:《中国历代社会研究》,台北:台湾学生书局,1977年。

柏清韵(Bettine Birge)著,柳立言译:《元代的收继婚与贞节观的复兴》,收入柳立言编:《宋元时代的法律思想与社会》,台北:台湾编译馆,2001年。

柳立言:《论族谱选录人物的标准》,收入其著《宋代的家庭和法律》,上海:上海古籍出版社,2008年。

柳立言:《浅谈宋代妇女的守节与再嫁》,收入其著《宋代的家庭和法律》。

柳立言:《宋代同居制度下的所谓"共财"》,收入其著《宋代的家庭和法律》。

柳立言:《宋代分产法"在室女得男之半"新探》,收入其著《宋代的家庭和法律》。

柳立言:《南宋在室女分产权探疑——史料解读及研究方法》,《"中研院"历史语言研究所集刊》第83本第三分,2012年。

徐秉愉:《正位于内——传统社会的妇女》,收入刘岱总主编,杜正胜主编:《中国文化新论·社会篇——吾土与吾民》,台北:联经出版事业公司,1982年。

袁俐:《宋代女性财产权述论》,收入鲍家麟编著:《中国妇女史论续集》,台北县板桥市:稻乡出版社,1991年。

张彬村:《明清时期寡妇守节的风气——理性选择(rational choice)的问题·新史学》第10卷第2期,1999年。

陈捷先:《清代族谱家训与儒家伦理》,收入联合报文化基金会国学文献馆编:《第二届亚洲族谱学术研讨会记录》,台北:联经出版事业公司,1986年。

盛清沂:《试论宋元族谱学与新宗法之创立》,收入联合报文化基金会国学文献馆编:《第二届亚洲族谱学术研讨会记录》。

陈荣照:《论范氏义庄》,收入宋史座谈会编:《宋史研究集(第十七辑)》,台北:台湾编译馆,1988年。

刘王惠箴著,孙隆基译:《中国族规的分析:儒家理论的实行》,收入David S. Nivison等著,孙隆基译:《儒家思想的实践》,台北:台湾商务印书馆,1980年。

刘铮云:《义庄与城镇——清代苏州府义庄之设立及分布》,《"中研院"历史语言研究所集刊》第58本第三分,1987年。

刘静贞:《女无外事？——墓志碑铭中所见之北宋士大夫社会秩序理念》，收入宋史座谈会编:《宋史研究集（第二十五辑）》，台北：台湾编译馆，1995年。

郑振满:《宋以后福建的祭祖习俗与宗族组织》，收入其著《乡族与国家：多元视野中的闽台传统社会》，北京：生活·读书·新知三联书店，2009年。

戴建国:《宋代家族政策初探》，收入其著《宋代法制初探》，哈尔滨：黑龙江人民出版社，2000年。

简杏如:《宋代莆田方氏家族的婚姻》，《台大历史学报》1999年第24期。

Denis Twitchett著，孙隆基译:《范氏义庄：公元1050年至1760年》，收入David S. Nivison等著，孙隆基译:《儒家思想的实践》。

第十九讲

社会福利与互助

一、仓储

中国历史上的社会，难免因为种种自然或人为的因素，造成一些民众的不幸，为了解决他们的困难，使他们的不幸不至于扩大酿成社会问题，因而有种种社会福利与互助的措施。唐、宋以后，由于人口增加，社会愈形复杂，这些措施也随着增加。自北宋中叶以来的家族义庄，可以说是其中之一。除此之外，在许多不同的措施中，以仓储制度的历史最为悠久，规模也最大。仓储制度的目的在于储粮备荒，以常平仓、义仓及社仓为骨干——在汉代首创常平仓，继之在隋代出现义仓，至南宋朱熹创设社仓而三仓具备，沿用至清代仍不衰。

（一）常平仓

常平仓创设于西汉宣帝五凤年间（前57—前54），当时大司农中丞耿寿昌"白令边郡皆筑仓，以谷贱时增其贾而籴，以利农，谷贵时减贾而粜，名曰常平仓，民便之"（《汉书·食货志》)。可知常平仓是以平粜、平籴交互运用的方式，使粮价不至于有太大的波动，以免造成"谷贱伤农，谷贵伤民"的现象。但是常平仓最初仅设于边郡，而且设立之后不过十年，便被废罢。

自东汉以至隋代，常平仓废置不常，每次设立，时间都很短。直到唐代，常平仓才长期而大规模地设置。唐高祖武德元年（618）设常平监官以平物价，其后常平监官虽被废止，但到唐太宗贞观十三年（639），又诏于洛、相、幽、徐、并、齐、秦、蒲等州设置常平仓。自太宗至玄宗时期，常平仓设置的地区继续扩大。唐代常平仓本由政府支给，于丰熟时加时价收籴储存，至饥荒时减价出粜，运用的方式和耿寿昌初创时无异。安史之乱以后，常平制度虽仍存在，但是已趋于衰颓。

宋代沿袭唐代的制度，自宋太宗淳化三年（992）以后，各地陆续设置常平仓，至宋真宗晚期，几乎全国各地均已设置，规模超越唐代。宋神宗时代以后，各路并且设有提举常平公事，专门负责仓储，即所谓仓司。宋代常平仓的主要功能，仍然是平粜、平籴，但也常用于赈贷、赈给与赈工，赈贷与赈给两种功能都是从唐代逐渐发展而来，赈工则可能是宋代新有的功能，于灾荒时以工代赈，解决民食的问题。宋代政府对于常平仓本，规定专用于救济贫民，不准其他政府机构挪用。但实际上，常平仓本常被挪用于地方行政或军事开支。这种情形，到南宋更加严重，常使灾荒救济发生问题。

常平仓在元、明两代似乎都没有受到足够的重视，到清代又成为全国最主要的仓储。顺治十二年（1655），下令州县将自理罚锾、春夏积银、秋冬积谷，悉拨入常平仓备赈；次年又通令各省修葺仓廒，粜籴平价，不许别项开支。此后仓本的来源，或劝民乐输，或强制摊派，或官府捐输，或盐商报效，或贡、监捐纳。常平积谷为了出陈易新，有存七粜三之制，每年以七分存仓备赈，三分发粜；如遇荒歉，仓谷用于平粜、出贷或赈济，就需要买补。朝廷对地方官员经营常平仓的成效，则有考成。乾隆十三年（1748），全国各省仓谷定额总数达三千三百余万石。道光年间（1821—1850）以后，常平仓始呈衰态。

（二）义仓

义仓创设于隋文帝开皇五年（585），其议出自工部尚书长孙平：

> 奏令诸州百姓及军人，劝课当社，共立义仓。收获之日，随其所得，劝课出粟及麦，于当社造仓窖贮之。即委社司执账检校，每年收积，勿使损败。若时或不熟，当社有饥馑者，即以此谷赈给。（《隋书·食货志》）

按隋代地方有社制，以二十五家为一社，是共同祭祀的单位。隋代义仓初设置时，是当社立仓，所以又称为社仓，劝课百姓及军人，在收成时随所得多寡捐献粟麦，贮于仓中，遇歉收或饥馑时用以赈给。可知义仓最初设于乡里，粮谷出自富家自愿捐献而非强制随赋税输纳，其形态和后世朱熹所创社仓相近。但不久之后，义仓形态发生很大的改变，不当社置仓，而移设于州县，粮谷不出自劝课而强制随赋税输纳。形态改变后的义仓，才是后世义仓的起源。

唐代自贞观二年（628）起设置义仓，天宝八年（749），义仓设置已遍达各道。经过安史之乱，义仓也逐渐衰颓，同时在运用上常与常平仓相混。北宋建立之后，有相当长的一段时间，义仓屡设屡罢，并不稳定，到宋哲宗绍圣元年（1094）以后，才长期设置。南宋时期，常平仓、义仓在运用上也常相混，有时合称常平义仓，而义仓粮谷被挪用的情形也和常平仓相同。元代实施社制，各社均设有义仓，由社长主持，丰年各家每口留粟一斗，以备凶荒，歉岁散给社户食用。元代的义仓，可以说又回复到初创时义仓的形态。

明代有预备仓，用于赈贷、赈给或平粜，仓本或出自赋税，或出自捐纳，当时也有人称之为义仓。清代则由地方官劝谕官绅士民捐输米谷，于乡村立社仓，于市镇立义仓，因此清代的义仓，性质和唐宋义仓不同，而近于隋初和元代的义仓，也近于南宋以后的社仓。

（三）社仓

除政府外，民间也常有人从事粮食救济活动。这类活动，或以个别的身份进行，或结成群体进行。个别性的如乡里中的"长者"，他们以乐善好施而获得民众的敬重，而得到这一个尊称。群体性的则需要有人出来号召，其中也有规模颇大的，例如南宋中期，刘宰在镇江府曾三次结合乡人，共同办理粥局，赈济灾民，其中一次来就食者多达15 000人。上述活动多是临时性的，至于制度化的粮食救济活动，则有社仓。

社仓是朱熹所创的一种社会互助制度，由地方政府或乡里富家提供粮谷，设置贷本，以低利借贷给农民，用作农业资本或生活费用。常平仓和义仓在宋代虽然普遍设置，但是都设在城邑，所发挥的功用往往只及于城市居民，而社仓设于乡村，泽惠遍及众多的农家，功效所及的范围远较常平仓和义仓为广。

社仓之制创于朱熹，却非一全新的制度，其渊源远可追溯至前述隋代的义仓，近则取法于北宋王安石的青苗法。社仓之制虽然可以溯源于隋代的义仓，但是经营方式却有所不同，义仓粮谷用于荒年赈给饥民，社仓则是常年贷放收息。这种经营方式取法于北宋王安石的青苗法。青苗法是一种以抑制农村高利贷为目标的农贷措施，政府运用常平仓、广惠仓（用于赈济州县城郭中老幼贫疾不能自存的人）的钱谷，于每年新陈不接时贷予农民，农民在收成后加息二分归还。当时富家贷放利息达五分至一倍，而一般认为合理的利息是三分。青苗法虽然为农民而设，但常平仓、广惠仓均设于州县城郭，而非乡村，对农民的泽惠自然受到限制，到后来反而以城郭之民为其主要贷放对象。朱熹采用青苗法借贷收息的经营方式，设社仓于乡里，免除青苗法偏于城邑的弊病，扶助农民的功用因而得以确实发挥。

乾道五年（1169），朱熹创设社仓于建宁府崇安县开耀乡五夫里。创设的缘起，是前一年建宁府发生灾荒，而浦城县又起盗乱，崇安县开耀乡人情为之震动。朱熹当时正乡居于此，于是与乡人刘如愚共同请求府中拨常平米六百石，赈济乡民，乡里因此而恢复安宁。这年冬天，乡民归还谷米，官府准予留置乡中，以备凶荒之需。自次年起，每年夏天即贷放，收息二分。谷米原本分储于民家，至乾道七年（1171）才依古社仓法，建仓储存。由于行之有效，淳熙八年（1181）适逢浙东发生大饥荒，朱熹奉派出任提举浙东常平公事，前往救荒，赴任之前，至行都面见皇帝，陈述崇安社仓经营十余年来的成效，建议推广社仓法于全国，认为虽然不能解燃眉之急，却是久远之计。他在奏疏中，述及社仓经营的方式：

　　有愿依此置立社仓者，州县量支常平米斛，责与本乡

出等人户主持敛散，每石收息二斗，仍差本乡土居或寄居官
员、士人有行义者，与本县官同共出纳。收到息米十倍本米
之数，即送原米还官，却将息米敛散，每石只收耗米三升；
其有富家情愿出米作本者，亦从其便，息米及数，亦当拨
还。(《朱文公文集》卷十三《辛丑延和奏札四》)

可知社仓贷米，收息极低，起初是十分之二，在息米收贮达
本米十倍以后，则只收耗米三十分之一。社仓法的目的，也就是
在于以低利贷谷给农民，抑制富家高利贷，使农民摆脱长期向富
家借贷的痛苦。社仓的贷本最初虽然由政府或富家资助，但是当
息米累积到相当数量之后，就以息米作贷本，原来的贷本归还政
府或富家，而这些息米原为借贷的农民所纳，可以视为他们自己
的储蓄。也可以说，社仓的作用在协助农民储蓄，以解决农民本
身的困难。

自朱熹上疏推广社仓之后，社仓逐渐在各地设立，遍行于南
宋全国，成为仓储制度中不可缺少的一环，同时也发展出各种不
同的经营形态。譬如以田产作社仓的贷本，借田租的收入取代利
息；或是取法常平仓的经营方式，采用平粜的方法。南宋以后，
社仓已是社会上常见的一种互助组织。元代的义仓，实即社仓，
明代社会对于社仓也很重视，士大夫讲求社仓的组织方法，十分
详备。清代则乡镇的社仓、义仓，均具有宋代社仓的性质，办理
有相当的成效，颇能补常平仓功能的不足，有些地方社仓的存粮
甚至多过常平仓。社仓的经营，虽有官方插手，但是自朱熹创仓
以来，基本上性质是民间的，即使贷本出自政府，也由民间管
理、经营，这说明无论政府或民间，都对粮价的稳定以及社会的
安宁贡献了力量。自然这也要看社仓的主持人有无私心，如果有

私心，就会发生挪用、侵吞贷本或贷放给私人等弊病。

二、养老济贫、慈幼、疗病与助葬

自南北朝以来，政府常设有恤养老幼贫疾的机构，唐代政府设有福田院与悲田院，收容老病孤寡之人。宋代继承了唐代福田院的制度，进一步扩而大之，对于生、老、病、死均有独立的福利机构，形成了一个广大的社会福利网，而这些福利设施，为元、明、清代所继承，而且有新的发展。

（一）养老济贫

宋代继承唐制，于京师设置东西福田院，供养老疾孤穷丐者。宋英宗时又增置南北福田院，日廪300人。福田院的设置限于京师，地方则自宋仁宗嘉祐二年（1057）以后，天下遍置广惠仓，以诸路户绝田募人承佃，租入用于济助在城老幼贫疾不能自存，但没有机构收容的人。到宋哲宗元符元年（1098），下诏：

> 鳏寡孤独，贫乏不能自存者，州知通、县令佐验寔，官为养之，疾病者仍给医药。监司所至，检察阅视，应居养者以户绝屋居，无户绝者以官屋居之，及以户绝财产给其费，不限月分，依乞丐法给米豆。若不足者，以常平息钱充，已居养而能自存者罢。(《宋会要辑稿·食货六〇·赈恤》)

从此地方的老病孤寡之人也由政府提供房舍，收容赡养。到宋徽宗崇宁五年（1106），正式将这类机构定名为居养院。居养院收养老人，据大观元年（1107）的规定，必须年龄在50岁以上，每日领米、豆一升，支钱十文，每五日一发放。高龄者待遇更为优厚，80岁以上，给新色白米及柴钱；90岁以上，每月增给酱菜钱20文，夏月支布衣，冬月给衲衣絮被；百岁以上，每日添给肉食钱并酱菜钱共30文，冬月给绵绢衣被，夏月给单绢衫裤。崇宁、大观年间，由于权相蔡京极力提倡，所以居养院甚至有过于奢侈的情形，地方政府过度把经费用在居养院上，影响到军粮。但这只是执行上的偏差，不能因此否定这一个制度的意义。南宋时期，居养院的设置更加普遍。例如吉州属下八县，原初除吉水外，其他七县都有居养院，后来吉水县丞黄阅也推动，在当地设了一所，于是八个县邑都有了。又如郭份知常德府时，"即乡落寺观分置居养院，以活远民之无告者"（朱熹《晦庵先生朱文公文集》卷九十二《岳州史君郭公墓碣铭》）。可知有些地方连乡落里也都设置。

明太祖在立国之初，即令天下置孤老院，后易名为养济院。明代中期以后，入京城养济院居住的贫老病者，必须在当地有户籍，而且得先向乡长报告，才能获得许可。没有户籍的人，只能接受蜡烛、旛竿二寺的粮食救济。后来明宪宗下令，养济院必须收容无家和外来的乞丐。但是这一类人愈来愈多，只好在每年冬至过后，把这些没有户籍的贫老病者遣回原籍。冒充贫者以求收容，也是养济院的一个大问题，这和胥吏舞弊有关，导致了福利经费的浪费。即使如此，养济院仍然愈设愈多，到了明末，养济院在江浙地区几乎每一个县都已设立。清初养济院大多荒废，到乾隆年间才又复兴，同时也规定外来流丐送回本籍休养，对冒充者也加以严格检查。

但是明清时期更值得注意的，是民间慈善团体参加了这一类社会福利活动。从明代万历年间（1573—1620）开始，士人有同善会的组织。会友定期聚会，以通俗的语言演讲，劝人为善，同时也凑集善款，从事善行。后来行善济贫成为同善会的重要工作，甚至有田产作基金。这种团体一直到清代都有，除了士人之外，也有商人加入。同善会的善款首先接济孝子、节妇等无靠之人，其次便是养济院不收，但又不愿沦为乞丐的贫老病人。也有同善会对济助对象立有品格上的限制，不济助不孝、不悌、赌博、健讼、酗酒、无赖、年壮力强而游手好闲的人。这种慈善活动，后来进一步发展成常设的赡养机构，称为普济堂，在地方上补养济院的不足。养济院对入院居住的人有时视同乞丐，自尊心高的人不愿进入，在当地没有户籍的人也不能进入，所以普济堂有其存在的需要。政府有时对普济堂的设立也予以鼓励，但经费、管理基本上以当地绅、商为主，至于官方捐赠只是偶一为之。

（二）慈幼

宋代以来，民间"生子不举"的习俗盛行。民家或由于家贫而无力养育，或由于无力负担丁税，往往子女生出后，即予以溺死或抛弃。还有灾荒逃难，也往往使父母抛弃子女。面对这种现象，明代地方官甚至有"禁不能止"的慨叹。为了改善风俗，以及使弃儿能够顺利成长，政府、民间在慈幼方面都作了很多的努力。这可以分别从对于产妇与婴儿的济助，以及对于孤儿的收养两方面来讲。

就产妇与婴儿的济助来说，当孕妇怀孕，尚未生产时，政府已给予经济的支持。例如在北宋仁宗嘉祐二年（1057）与南宋宁宗庆元元年（1195），政府都颁发胎养令，对于不能自存的孕妇，赐之以谷。贫乏人家的妇女，在生产之后，政府又给予常平钱或义仓米，作为生活上的补助，这种补助在南宋时期尤其常见。但是常平仓、义仓都设在城市，不易济助乡民，因此在南宋淳熙年间（1174—1189）及以后，又有举子仓的设立，并且与社仓相结合。福建安抚使赵汝愚在淳熙年间建议设举子仓，以户绝田租作仓本，充一路养子之费，而社仓也在同时推广，两者同有以粮谷济助农家生活的作用，于是相互结合。绍熙年间（1190—1194），邵武军光泽县知县张欣于县中倡设社仓，已采取此一方式。社仓与举子仓之间的关系是"储米以备赈贷之用也，敛息以资举子之给也"（李吕《澹轩集》卷五《代县宰社仓砧基簿序》），也就是举子仓依存于社仓，以社仓所收息米，供作补助贫民举子的经费，使有散无敛的举子仓能够长期维持。这种经营方式，盛行于福建的上四州、军（建宁府、南剑州、汀州、邵武军），也就是南宋生子不举风气最盛的地方，并且有连称为举子社仓的情形。

宋代政府做得更多的，是对于孤儿的收养。对于凶年灾民所遗弃的子女，政府鼓励富有的人家收养，收养之后，政府每日给常平米二升。收养的年龄最早规定为三岁以下，乾道元年（1165）改为十岁以下，嘉定二年（1209）又改为七岁以下。政府并且规定，在灾荒中遗弃的小儿，父母不得复取，使养父母能够安心收养。除了鼓励富家收养之外，政府本身也从事孤儿的收养。前述的居养院，一方面收容孤苦无依的老人，另一方面也收养幼儿。婴儿雇乳妇乳养，年龄稍大的则雇妇人照顾，到七岁以上，每月支给大人一半的居养费用。如果确实没有亲属认领，到十五岁方许自便。幼儿若是可以教导，还为他们安排受教育的机会。到南宋晚年，又有专门收养弃婴的机构婴儿局与慈幼局设立。婴儿局的设立，发动于地方官。宋宁宗嘉定十二年（1219）

前后，袁甫通判湖州时，湖州已设有婴儿局。袁甫《蒙斋集》卷十二《湖州婴儿局增田记》详载收容弃婴的方法：

> 有弃儿于道者，人得之，诘其所从来，真弃儿也，乃书于籍，使乳母乳之，月给之粟。择媪五人为众母长，众乳各哺其儿，又一人焉以待不时而来者。来者众，则益募乳收之，今八十人矣。……儿或病且夭，不以时闻，乳者诱于利，取他人子代者有之，无以为验，殆如戏耳。于是严邻保之法，不告而易他儿，知而庇焉者，咸置诸罚。齿及七龄，粟勿复给。……有疾病者，医一人谨视焉，今增为二。如是，而夭者亦希（稀）矣。

可知方法十分周密，募有乳母哺育，医者疗病，对乳母又严加督察。慈幼局的设立则是全国性的，在时间上要到南宋晚期。淳祐七年（1247），朝廷诏令临安府首先设置，到宝祐四年（1256）推广于全国。慈幼局除收养弃婴外，又资助贫困的产妇，贫家子多，无力养育，也可以送到局中来。由政府给钱雇乳妇，养在局里，哺育幼儿，对于收养的小儿，政府也每月给钱米绢布，使其饱暖，养育成人。从居养院到婴儿局、慈幼局，收养弃婴的方式基本上没有改变。不过也有的地方官，认为慈幼局徒有虚名，而希望开店铺或做买卖的人能够收养，让这些弃儿将来能习得一技之长。

慈幼局在元、明两代似乎不曾延续。明代的养济院，也收养无父母兄弟的笃疾小儿，但无收养弃婴的条文。这一个时代的弃婴，似乎多由寺庵收容。到了清代，收养弃婴的机构才又复兴，称为育婴堂。顺治十二、十三年间（1655—1656），扬州府首先设了两所，一在江都县，一在高邮州，此后江南各大府州县治纷纷设立，多能延续到清末民初。清代的育婴堂和宋代的慈幼局在性质上有所不同，育婴堂的经费大多来自当地士绅或商人的捐献，而非出自政府。这与地方上的商业发展大有关系，例如最早设立育婴堂的扬州，便是盐商聚集的中心；但是也有些地方的育婴堂，是由"数十寒士呼号"，募捐经费而设立的。地方官即使发动捐募，他们的角色也是次要。育婴堂建立起来之后，也由士绅、商人自己组织管理。育婴堂的经营，大多取法宋代的慈幼局，雇乳妇于堂中哺育婴儿。扬州江都县的育婴堂，在规模最大时有四百多间乳妇的居室。弃婴在乳妇哺育二至三年后断乳，如果有人认养，只要确定该户人家不是娼户，或收养为奴婢之后，即可送出，不收分文。男婴可养至十岁以上，视其智力，或送交义学，或使习手艺。

育婴堂除了收容贫户自动送到堂中的婴儿外，还会主动到外边捡收路边的弃婴。婴儿的姓名、出生年月日时及特征都注明于收婴册内，没有资料的弃婴，则由育婴堂为他们取名。乳妇每人有腰牌，注明她所负责的婴儿数据，以防止乳妇互相调换婴儿，或以别的婴儿顶充。每一乳妇只可以哺育一个婴儿，以防止照顾不周而致死。乳妇必须住在堂内，不准到堂外哺育，堂里经常检查。通州育婴堂从康熙三年（1664）到乾隆二十年（1755）的91年间，收养了60 000多个弃婴，平均每年达660个。如皋育婴堂从康熙七年（1668）到乾隆二十年（1755）的87年间，收养了13 600多个弃婴，平均每年也有156个。

清代中叶以前，育婴堂等慈善机构大多设在县城以上的城市中。这些机构逐渐发生管理松懈、侵占公款等弊端，于是从嘉庆年间（1796—1820）以后，以乡、镇为服务范围的育婴社兴起。

乡、镇本就有一些留婴堂或接婴社，将当地拾获的弃婴转送到城市的育婴堂。这种乡、镇的留婴堂或接婴堂，在嘉庆年间前后有增加的趋势，到道光年间（1821—1850）及以后，这类组织逐渐停办，地方人士改而推动一种保婴会，收受善款，给予生育婴儿的贫苦家庭，打消他们弃婴的念头，以减少城市中育婴堂的负担。这个办法不仅拯救了婴儿的生命，也维护了一个家庭的完整。这类组织最先出现在无锡，不久就传到江浙各地。

（三）疗病

唐、宋的福田院，也常兼事疗养病人。宋代政府又常赐钱给地方，让地方长官制药散给贫病之家。宋哲宗元祐四年（1089），苏轼知杭州，适逢疫病，派遣医生携带药物出外为民众治病，事后提出一笔经费，建立病坊，名为安乐坊，这是病坊设立之始。其后又有权知开封府吴居厚请求诸州设置将理院，收容病人，按病情轻重，分室而处，以防传染。这两项措施，可以说是安济坊的前身。崇宁元年（1102），朝廷诏令诸郡设安济坊，收养有病而无力医疗的病人，随后又推广到各县。南宋时除安济坊外，又有养济院，也是医疗贫病的机构。安济坊与养济院内均有医生，由城内医生轮差，为病人看病。

自北宋以来，政府又设有药局，以廉价供应药物给民众。药局初创于宋神宗时，起初只在京师有一所，崇宁二年（1103）增为五所，又增设和剂局二所。南宋绍兴六年（1136），设置行在和剂药局，给卖熟药；二十一年（1151）进一步令诸州皆置和剂药局，于是药局的设立推广到地方。地方官注重药政、设置药局，丰有俊是一个例子。据袁燮《絜斋集》卷十《建昌军药局记》所载：

今建昌太守丰侯，廉直自将，果于为善，以乃祖清敏公自律。其倅洪都也，属岁大疫，挟医巡问，周偏于委巷穷阎之间，察其致病之源，授以当用之药，药又甚精，全活者众，郡人甚德之。及来盱江，仁心恻怛，如在南昌时。慨念先大父为政此邦，如古循吏，追述厥志而敬行之。捐钱三百万，创两区，萃良药，惟真是求，不计其直。善士尸之，一遵方书，不参己意。具而后为，阙一则止，愈疾之效立见。人竞趋之，而不取赢焉。……侯固有志于古者，直给之药，夫岂不愿，顾有限而难继；贸易之举，虽不能直给，要相续而不竭，侯于是有取焉。药物既良，不责其息，亦不戾于古矣。

丰有俊在嘉定四年（1211）至六年（1213）间知建昌军，在这之前，他担任隆兴府通判时，已因为发生大疫，而带着医人巡问民间，散发药物。到他在建昌军知军任内，建立了两所药局，交由善士主持，以平价售药给民众。所以用平价发售，而非免费供应，是考虑到药局长期维持的问题。建昌军药局合药"一遵方书"，朝廷也编集药方，颁行诸路，作为药局合药疗治民病的参考。如嘉泰三年（1203）编有《实验良方》，嘉定元年（1208）又编有《太平惠民和剂局方》。临安府的药局，除卖药之外，又分遣医人至民众家中治病，兼事医、药两方面的工作。地方官在疫病流行时，也会采取同样的措施，就如丰有俊担任隆兴府通判时的情形。

官设的药局到明代仍然存在。嘉靖二十一年（1542）北京大疫，官员上疏建议由太医院差派官员，督同顺天府惠民药局，给散药材；万历十五年（1587）疫病又在北京流行，又有官员建议仿照嘉靖年间的做法，指出"祖宗（以）来，设有惠民药局，皇祖世宗屡旨举行"(《明神宗实录》卷一八六，"万历十五年五月甲午"条)，请求令太医院多发药材，精选医官，在京城内外散药给病人；直到崇祯末年，官设药局仍然在政府面对疾疫流行时扮演重要的角色。药局之外，赡养老病的养济院也有疗病的功能，有医生到院中来，为病人看病，和宋代的制度大体相同。民间支持的普济堂，对于医药方面的救济比养济院更加重视。清代高邮县的普济堂，前身即是当地士绅创设的施药局，有药房、病房、诊脉处，聘请城内大小儒医，轮流在堂诊视病人，治病对象以贫民为主。又请药铺刀工切药炮制丸散。平日医务工作只在上午执行，病人随到随诊，所有诊病、发药完全免费。病重及无家人料理的病人，则收于后屋病房之中，如果病故，由普济堂代为收殓埋葬。由于完全免费，所以开支很大，有时不免因入不敷出而暂停开放数月，但这所普济堂仍然一直维持到清末。

宋代以后，城市发展，人口集中，市区壅塞，污秽不易排除，疫病容易流行。这种情形，不仅见于地方城市，都城如南宋的临安、明代的北京，亦皆如此。各种公共卫生设施如安济坊、药局、普济堂等受到重视，应与此一情况有关。

（四）助葬

对于尸骨的掩埋，中国自古以来即已重视。宋代更有漏泽园的设立，由政府设公共坟场，用以埋葬无主尸骸。宋真宗天禧年间（1017—1021），政府曾经给钱，于京畿近郊佛寺，买地埋葬无主尸骸；后来中止，以致死者暴露于道。漏泽园之法，起于宋神宗元丰二年（1079）。徐度《却扫编》卷下载：

> 漏泽园之法，起于元丰间，初，予外祖以朝官为开封府

界使者，常行部，宿陈留佛寺。夜且半，闻垣外汹汹，若有人声。起烛之，四望积骸蔽野，皆贫无以葬者，委骨于此，意恻然哀之。即具以所见闻，请斥官地数顷以葬之。即日报可，神宗仍命外祖总其事。凡得遗骸八万余，每三十为坎，皆沟洫什伍为曹，序有表，总有图，规其地之一隅以为佛寺，岁轮僧寺之徒一人，使掌其籍焉。

徐度的外祖父名陈向，当时任开封府界提举常平等事。由于他的建议而朝廷开始推动漏泽园的设置。但这时漏泽园的设立，仅限于京畿各县。宋徽宗崇宁三年（1104），始将此法推广于全国。元丰二年初创时尚未有漏泽园之名，这时蔡京才以此命名。南宋时期这一制度继续推广，据吴自牧《梦粱录》记载，南宋末年临安府仁和、钱塘二县，便有漏泽园达十二所之多，仁和、钱塘二县为都城所在，来往商旅众多，城市里贫民也多，自然容易多无主尸骸，所以需要这样多的漏泽园。这类设施，又有义阡、义冢等称呼。漏泽园虽为政府所设，但政府交由寺院僧人管理，而予以钱谷的津贴，所以漏泽园旁边，必有寺院。政府除了提供墓地之外，又提供棺木给贫民，例如平江府城在南宋嘉定年间（1208—1224）也曾设有慈局，作棺以给贫民。这类事情也有民间在做，《梦粱录》卷十八"恤贫济老"条便记载，临安府城外郡寄寓的江商海贾，有好善积德者，见到同行之中有人买卖不利，"或死无周身之具者，妻儿罔措，莫能支吾，则给散棺木，助其火葬，以终其事"。

宋代政府推广漏泽园，也与火葬习俗盛行有关。火葬之俗源自佛教，最初只是僧人死后火化，至迟在晚唐时，世俗社会也有人仿效。北宋以来，这种风气愈来愈盛，若干士大夫站在儒家的

立场反对，政府虽未禁止火葬，却也不赞成这种葬法。但是贫穷
人家无力土葬，助长了火葬的风气。于是政府提供土地，设置公
共坟场，企图缓解这个问题。不过这项措施并没有收到阻遏火葬
之风的效果，甚至有的地方，由于土地有限，规定在义阡不敷使
用后，由官方掘取尸骨，加以焚化；若有子孙亲属，则由他们自
行掘取焚化。

　　助葬的制度，同样为元、明、清代所继承。莆田县的漏泽
园，创于南宋绍兴元年（1131），到明正统十一年（1446）尚
且重修。明清时期，助葬也有由民间来做的，他们多半是施棺，
同善会、普济堂都做这种事情。清代台湾鹿港的敬义园，也是
出于鹿港泉、厦郊商的捐资购地，作为义冢，并且以盈余款项，
购置店屋、土地，用来出租，以租入作为敬惜字纸、收殓遗骸、
施舍棺木、修造义冢、桥路之用。敬义园创于乾隆四十二年
（1777），到道光十三年（1833）仍在扩充。除敬义园外，清代
台湾各地的义冢，也多由商人捐建。清代中期以后，乡、镇又
有一些施棺助葬会在活动，江浙一带有很多这类团体。明、清
两代，对抗火葬也依旧是推动政府或民间致力于助葬活动的动
机之一。

参 考 书 目

一、专著

王德毅：《宋代灾荒的救济政策》，台北：台湾"中国学术著作奖助委员会"，
　　1970年。

卓克华：《清代台湾行郊研究》，台北：扬智文化事业股份有限公司，2007年：
　　第五章第五节。

张文：《宋朝社会救济研究》，重庆：西南师范大学出版社，2001年。

张文：《宋朝民间慈善活动研究》，重庆：西南师范大学出版社，2005年。

梁其姿：《施善与教化：明清的慈善组织》，台北：联经出版事业公司，1997年。

冯柳堂：《中国历代民食政策史》，台北：进学书局，1970年。

刘静贞：《不举子——宋人的生育问题》，台北县板桥市：稻乡出版社，1998年：第三章。

二、论文

方豪：《宋代佛教与遗骸之收瘞》，收入其著《方豪六十至六十四自选待定稿》，台北：方豪发行，1974年。

吕士朋：《明代预备仓之研究》，收入《"中研院"第二届国际汉学会议论文集·明清与近代史组（上册）》，台北："中研院"，1989年。

周一良：《隋唐时代之义仓》，《食货半月刊》第2卷第6期，1935年。

邱仲麟：《明代北京的瘟疫与帝国医疗体系的应变》，《"中研院"历史语言研究所集刊》第75本第二分，2004年。

金中枢：《宋代几种社会福利制度——居养院、安济坊、漏泽园》，收入其著《宋代的学术和制度研究（第七册）·宋代的政制研究》，台北县板桥市：稻乡出版社，2009年。

徐益棠：《宋代平时的社会救济行政》，《中国文化研究汇刊》1945年第5期。

徐益棠：《唐代之仓储制度及其他》，《中国文化研究汇刊》1947年第8期。

梁庚尧：《南宋的社仓》，收入其著《宋代社会经济史论集》，台北：允晨文化实业股份有限公司，1997年。

梁庚尧：《豪横与长者：南宋官户与士人居乡的两种形象》，收入其著《宋代社会经济史论集》。

梁庚尧：《中国历史上民间的济贫活动》，收入其著《宋代社会经济史论集》。

梁庚尧：《南宋城市的公共卫生问题》，《"中研院"历史语言研究所集刊》第70本第一分，1999年。

陈元朋：《两宋的医事制度及其社会功能》，《史原》1997年第20期。

黄敏枝：《中国的火葬习俗》，收入傅乐成教授纪念论文集编辑委员会编：《傅乐成教授纪念论文集：中国史新论》，台北：傅乐治，1985年。

刘子健:《刘宰和赈饥》,收入其著《两宋史研究汇编》,台北：联经出版事业
　　公司,1987年。

刘翠溶:《清代仓储制度稳定功能之检讨》,《经济论文》第8卷第1期,1980年。

蒋武雄:《明代之养济院》,《中国历史学会史学集刊》1987年19期。

第二十讲

身份制度的复兴

一、宋元时代奴隶制度的衰落与复兴

中古时期的部曲、奴隶身份终身不变，而且代代世袭，这一类身份固定的人群，到宋代几乎可以说已经不存在。但是元代以后，身份制度又再复兴，虽然面貌与中古时期不完全相同，涵盖的范围在元、明、清三代也广狭有异，但其存在，则是事实，一直到清末，身份制度才完全消失。

（一）宋代奴隶制的衰落

宋代社会中，可以说几乎已经没有终身不具自由身份的奴隶。官府之中尚存有因犯罪而刺配的奴婢，但史书中对于他们少有记载。至于服役于大户人家的奴婢、僮仆、女使，虽常被视为贱民，其实只是预先支付雇值的长期雇佣人，他们出身于良民，与主人签订契约，服役有一定的年限。早在北宋初期，宋真宗已说："今之僮使，本佣雇良民"（《续资治通鉴长编》卷五四，"咸平六年四月庚午"条）；南宋时，叶适也说："小民之无田者，……其甚者，佣作奴婢，归于富人。"（叶适《水心先生别集》卷二《民事下》）这说明僮使、奴婢是由雇佣而来的，所以在史书中，可以看到以奴仆与雇主对称。雇用奴婢，法令规定有一定的期限，北宋时，"人家佣赁，当明设要契及五年"（《文献通考》卷十一《户口考》），若受雇达五年，即视为奴婢。南宋时"雇人为婢，限止十年，其限内转雇者，年限价钱，各应通计"（罗愿《罗鄂州小集》卷五《鄂州到任五事札子》）。所谓"年限价钱，各应通计"，是指即使转雇，期限也只限十年，而原雇主向新雇主所取之报酬，仅限于未满的期限。当时奴婢的来源，除了贫穷人家为了解决生活问题而自愿投身为奴婢外，也有人口买卖的情形。但这主要限于不法之徒非法诱略小儿贩卖，而官府的对策，则是命令保甲觉察陈报，官府立赏追捕，使被诱拐的小儿能够复见父母。由于法令的规定与政府的努力，身份固定的奴婢不太可能产生。

（二）金元奴隶制的复兴

女真人入据中原之前，已经有奴隶制。进据中原之后，很多汉人被金军抓去当奴隶，在燕山府等地甚至专设买卖奴隶的市场，不少奴隶被转卖到西夏、蒙古和高丽。奴隶价格低廉，十个被俘的奴隶，到西夏只能换得一匹马。很多女真贵族，拥有千百甚至上万名的奴隶，金廷也常以奴隶赏赐给贵族，在进行户口通检推排时，规定必须查验土地、牛具、奴婢之数。奴婢是人户财产登记的重要项目，和土地、牛具并列。

自从蒙古人入主中原之后，情况继续扩大。蒙古人在塞外，原来就有役使奴隶的习惯，他们把这种风俗带到中原来。陶宗仪《南村辍耕录》卷十七"奴婢"条："今蒙古色目人之臧获，男曰奴，女曰婢，总曰驱口。盖国初平定诸国日，以俘到男女匹配为夫妇，而所生子孙永为奴婢；又有曰红契买到者，则其元主转卖于人，立券投税者是也。"可知元代的奴婢，又称驱口，主要来自俘虏，身份固定，世代继承，政府也允许奴婢买卖存在，而且征收契约税，和宋代大不相同。这时的奴婢不仅来自汉人、色目人，蒙古人本身也有迫于贫苦而鬻妻卖子的。南方社会仍然保存了宋代以来以雇佣人为奴婢的习俗，但是也有不法之徒，将雇佣的奴婢转卖而成驱口，但买良为驱，元代政府是禁止的。转卖雇佣奴婢既属非法，足以证明他们的身份确实与驱口不同。

元代奴隶除奴婢、驱口的通称外，又因其所属不同而称呼有异。属于私家的，称为家奴、家人；属于军户的，称为军奴、军驱；属于寺庙的，称为寺奴；奴婢的奴婢，称为重台；奴亡其主而由政府拘为官奴的，称为阑遗人口，或称孛兰奚。奴隶的来源除俘虏及其子孙外，又有因犯罪而籍没者，有将帅豪霸掠取良民为奴婢者，有政府拘收良民为奴婢者，有贫民自卖或卖其妻妾子女为奴婢者。奴婢可以转卖，因此元代有人市，尤其以北方为多。在大都、上都，人市与马市、牛市、羊市并列，当时人讥讽为"人畜平等"。当时人又记载人市"贸易甚盛"，可见奴隶使用的普遍。

元代奴隶数量之多，从俘虏人口可以得知。蒙古每次攻战，俘虏人口常以万计，所以当时人甚至说"元初将校驱口几居天下之半"。元初北方人口因战争而大量减少，所以有这种情形。数量众多的奴隶，或用之于征战，或用之于公役，或服其他劳役，也有从事农垦、手工业或其他生产工作的。他们的身份与待遇，和良民有分别：（1）奴隶、良民不通婚姻，奴婢男女自相婚嫁。（2）奴隶、良民在法律上待遇不同，譬如当时的刑律，斗殴杀人者死，而良民因斗殴而杀人奴者只杖一百七。《南村辍耕录》"奴婢"条："刑律，私宰牛马，杖一百。殴死驱口，比常人减死一等，杖一百七，所以视奴婢与马、牛无异"，可见奴隶法律地位的低下。（3）奴隶与其主人，地位更为悬殊。奴婢杀伤本主要处死，而主人故杀无罪奴婢不过杖87，殴死奴婢而放其全家为良者则免罪。奴隶的这种法律待遇，可以说比马、牛更不如。

元代的奴隶地位固然低下，但是他们可以独立营生，因而致富，拥有独立的财产，甚至积财巨万。常有主人贪得奴隶的财产，借口一些小过失，关闭奴隶，而将其私财席卷而去，称为抄估。也有的奴隶自愿纳财而免除奴隶的身份，主人签署执凭交给他收存，称为放良。奴隶的身份固然世袭不变，但是他们也并非完全没有还身为良民的希望，最常见的是由政府以命令释放或出钱赎回。元朝政府所以有这一种措施，是由于他们与王公贵臣争夺人口，多一个豪贵之家的奴隶，就少了一个国家的编民，站在君主集权的立场，自然要尽量减少奴隶制度对君主权力的阻碍。

二、元明的职业世袭制度

元代不仅奴隶的身份固定，代代继承，其他的良民在元代特有的户计制度之下，也都被编入固定的户籍，职业终身不变，子孙世代承袭。这种职业世袭的制度，为明代部分继承，到明代中叶以后才不再存在。

（一）元代的户计制度

元代将全国户口，划分成为许多不同的种类，列入登记，以

利控制，称为户计。户计的划分，包括了几个不同的标准，其中
职业的分工，也许是最重要的。所以用职业来分，是因为职业不
同，对政府的赋役负担也有异。按照职业分工，元代的户计大致
可以分类如下：

> 教育：儒户
>
> 农业：民户、屯田户、绵户、姜户、……
>
> 工业：匠户、盐户、矿户、……
>
> 商业：畏吾儿户、商贾户、舶商户、……
>
> 交通：站户、驾船户、急递铺户、……
>
> 渔业：采珠户、沙鱼皮户、……
>
> 宗教：也里可温户、僧户、道户、……
>
> 其他：军户、医户、……

以上只是简略的举例，元代的户计划分甚细，可见的种类在
八十种以上。

诸色户计，均列入户籍登记。户籍里登记了人民的姓名、职
业、原籍、见住去处、服何种差役、赋税，等等，称为青册。为了
避免赋税和差役的混乱，诸色户计在已有定籍之后，必须"各安生
理"，不得"妄投别管名色"，也就是不能够再改变职业。元朝政府
对于诸色户计，采取严密的控制。譬如对于户计的析居，规定析居
之后，仍然留在原籍，负担原籍的差役。据《元典章》卷十七《户
口条画》所载至元八年（1271）的命令里，有这样的规定：

> 军、站、急递铺、驾舡、漏籍铁冶户下人口析居者，揭
> 照各籍相同，止令依旧同户当役。

民匠、打捕、鹰房、诸色附籍、漏籍人等户下人口析居
者，依例收系当差。

运司煎盐、灶户下人口析居者，仰充灶户收系应当丝料。

可知一个家庭在人口繁衍而分家之后，新分出的家庭仍然必
须从事原有的职业。对于匠户，据《元史·刑法志》所载，规定
更加清楚："诸匠户子女，使男习工事，女习黹绣"，也就是工匠
的子女，仍然必须学习工匠的工作，以利将来继承父业。因此不
仅本身不得转业，连子女也都没有选择职业的自由。

这样严格的户计制度，能够实施到什么样的程度，自然是值
得疑问的。第一，元代的基层控制组织"社"，有效运用的时间
并不长久，因此常有"诸路户计，东移西窜，南徙北迁"（胡祗
遹《紫山大全集》卷二十三《民间疾苦状》）的情形，迁徙逃移既
多，固定的职业自然难于维持。第二，元代的南方，经济承宋代
之后而继续成长，特别是苏州、杭州一带，商业十分发达，商人
来往频繁，社会流动性颇大，譬如农、商之间，便难有明显的界
线，固定职业制度如何维持，也是一个很大的问题。但是无论如
何，元代政府确实在尽力推行这一个制度，而且多少有它的效果。

（二）明代职业世袭制度的延续与消失

明朝初年，遵循元朝的制度，将民户按职业划分，不许改
变。《明会典》卷十九《户部六·户口一》记洪武二年（1369）
令："凡军、民、医、匠、阴阳诸色户，许各以原报抄籍为
定，不许妄行变乱，违者治罪，仍从原籍。"傅维鳞《明书》卷
六十八《赋役志》："户三等：曰军、曰民、曰匠。而境内民有
儒、有医，军有校尉、有力士、有弓铺兵，匠有厨役、裁缝、马

船之类。……毕以为业为籍。"可知户籍记载上的职业是固定的，如果更改，便违犯法禁。其中军、匠、灶户，规定尤其严格，世世承袭，不能脱籍，普通民户可以分家，而军、匠、灶户不得分家。从明代的继承元制，可以看出元代的户计制度，并非只是法令而已，而是确实落实到社会结构上的。

但是这种严格的职业世袭制度，在一个经济发展程度日高的社会里是很难长期维持的。所以到了明代中叶以后，情况便改变了。以匠户来说，从明宣宗宣德元年（1426）以来，匠户逃亡潮流大盛，政府虽然派人追捕，然而逃亡的趋势难以遏止。到明宪宗成化二十一年（1485），为了解决这一个问题，有输银代役之制产生，轮班工匠，有愿出银价者，每名每月南匠出银九钱，北匠出银六钱，便可免役，不愿出银者仍然轮班。到明世宗嘉靖四十一年（1562），改为通行征银，不许赴班，于是从此匠户享有改业的自由。

政府对灶户、军户的管控也在松动。灶户在万历末年，所纳盐课已基本上改折为银币缴纳，既然不必纳盐，灶户也就未必要亲自煎盐。军户也发生逃亡的问题，根据于谦在正统三年（1438）所做的统计，当时天下都司卫所发册坐勾的逃故军士，计有120余万名，约占卫军原额的二分之一，政府不断派官清查，但是效果不佳。所以到嘉靖以后，就有人主张不再清勾，而改行募兵，募兵制虽因种种考虑没有实施，但已反映了军户制度的动摇。

三、明代的奴仆与奴变

元代的奴隶制度，也为明代所继承。明律规定功臣之家得拥有钦赐官奴，对官绅之家没有明文规定，直到万历十六年（1588）才正式规定他们也可以拥有奴婢。一般庶民，依规定不准蓄养奴婢，但民间常以义男、义女的名义收养，实际上与奴婢无异。

（一）明代奴仆制度的实态

明代的奴隶，称为奴婢、奴仆，又有家奴、家丁、家人等称呼。明初对于功臣之家蓄奴，人数有严格规定，王公之家限二十人，下至三品限八人，但是实际上远超过此数，如蓝玉便有家奴数百。到了明末，江南士大夫家中的僮仆，更有多至千人的。

明代官奴的来源不外罪人和进贡蕃奴两种。一般奴婢的来源则以价买为主，明律虽然禁止庶民拥有奴婢，但是对于人口买卖始终没有严加取缔，地方官甚至认为大户人家买婢仆，有代贫养生之理。因此明代的人口买卖虽然不能够和元代相比，也颇兴盛，在灾荒之时，甚至也有"人市"的存在。但由于法律不准买卖人口，所以一般奴婢买卖契约，都不据实记载，而是以婚书或收养男、养女为名。明代一般卖身为奴，大致都以己身为限，不延及后代，契约上规定为世仆者虽有而甚少。不过奴仆如果由主人婚配生子，子女又从小豢养在主人家中，则长成后属主人所有，也成为世仆。世仆的风气，到明末有转盛的趋势。即使并非世仆，奴仆的子女和主人之间仍然保存着名分的关系，这和宋代奴婢身份有一定年限，仍有很大的分别。

明代后期，奴仆有一个新的重要来源，那便是投靠。由于赋役负担日益繁重，小民投靠于士绅之家为奴，非但可以维持生活，逃避赋役，而且可以借主人的威势，谋取不法的利益，于是除了一些确实是迫于生活而投靠者之外，还有许多善于钻营的平民，争相投靠势家为奴。每当科举考试一发榜，便是他们活动的时候，他们不但不要卖身钱，反而携带田产同来，或者献纳金钱，甚至有"一邑一乡之地，挂名童仆者，十有二三"（顾公燮《消夏闲记摘抄》卷上）；董其昌被松江府生员翁元升等人申诉："膏腴万顷，输税不过三分；游船百艘，投靠居其大半"（《民抄董宦事实》），便是这种现象的说明。

明代的奴仆，用于农业与手工业生产，也用于家内服各种劳役，值得注意的，是到了明代后期，许多主人常用奴仆来经营商业。明代的奴仆也可以拥有私财，他们除为主人服役之外，又自己另谋生计。明代的士大夫，认为主仆之间是相资相养的关系，就社会的实际来看，主仆之间是一种契约关系，契约可以随时解除，政府并不干预。明代的奴仆，又被纳入主人家族伦理体系之中，主仆之间有父子之义这种观念，使得主人对奴仆常加善待。一般说来，奴仆生活并不会太恶劣。至于法律地位上，则主奴之间地位的不平等，一如元代。

奴仆的法律地位虽然低下，但是一些权宦人家的家中，却往往有骄纵不法的家奴，倚仗主势，欺压善良，甚至士大夫对他们也畏惧三分。明代权相严嵩、徐阶、张居正的家奴，都以豪横闻名。严嵩家中的僮仆，可以提朝廷高官之耳而诟骂；张居正家奴游七，"势倾中外，缙绅争事以兄礼，而猎美官者栉比"（周玄暐《泾林续记》）；徐阶的家奴，"暴横闾里，一方病之，如坐水火中"（伍袁萃《林居漫录》卷一前集）。不仅权宦人家如此，地方上稍有势力的人家，也常有这一类豪仆。另一方面，奴仆又常欺瞒甚或控制主人，特别在晚明，有所谓纪纲仆，代主人管理田产或其他营生，常盗卖田产，侵没租入，而主人一无所知。此外，由于奴仆有各种不同的来源，又可以拥有私财，有的主人又用他们来经商，一些善于营商的奴仆，不仅为主人赚取了利润，自己也借机积累财富，甚至因此而"家资巨万"。当奴仆富有之后，主仆关系也就容易发生变化。在晚明福建的惠安，就有奴仆以重贿取得主人的家人的合作，篡改主人家中的族谱，冒称是主人家族中的族裔，还比主人高上一个辈分。

在这样的情况之下，可以看到明代晚期福建地区的地方志感叹风俗的变化："甚至强奴悍卒，得以劫其主君。"而顾炎武《日知录》卷十七"奴仆"条更说："而其用事之人，则主人之起居食息，以至于出处语默，无一不受其节制，有甘于毁名丧节而不顾者，奴者主之，主者奴之。"因此，明代奴隶在社会之中，并非必然居于被压迫者的地位。

（二）明清之际的奴变

当清兵南下，明朝崩溃的时候，南方各地都有奴变发生。奴仆成群结队，至主人家门，逼取卖身契，甚至杀劫焚掠，手刃主人。奴变以太仓最厉害，其他许多地方也都闹得扰攘不安。

有些地方的奴变，是有组织的。最先发生奴变的湖北麻城，有里仁会的组织，杀诸生60人，而推其中愿意和他们合伙的周文江以响应张献忠，"炮烙衣冠，推刃其故主"。张献忠改麻城为州，以周文江知州事。太仓的奴变由乌龙会发动，乌龙会是太仓下层社会的组织，参加者有奴仆、雇佣人、卖菜者、游民，而主谋则是官宦家奴顾慎卿。当清兵渡江时，乌龙会起而造谣作乱，扬言抢劫大姓金帛，太仓社会秩序为之大乱。金坛也发生奴变，自号削鼻班，这名称的由来，是由于奴仆一向被称为鼻头。他们逮捕主人拷掠，索取卖身契。为首者潘茂及其弟潘珍为缙绅家奴，雄于财，纳资助饷，授京管守备，入京师。京师沦陷，降李自成，见李自成拷掠京官，惧怕而归。返金坛往见县令，适逢主人经过，予以叱责，愤而散财召群奴反抗，组织削鼻班，以朱绍基等人为五虎。朱绍基一向凌虐乡里，交结无赖。此外，在溧阳者名为拼党，创殿廷，僭伪号。在嘉定、上海，以顾六为首，以雨伞为号。

从一些事例看，奴变的发生，并非单纯由于奴仆受到压迫而起。像乌龙会的主谋顾慎卿，"老而黠，素为衙蠹，贩私盐，行不法"（王家祯《研堂见闻杂记》），可以说是欺压他人的豪奴。奴变所以发生，实与这一类豪奴有密切关系。他们投靠大户人家为奴，目的原在于依附官宦，以谋利益，平常倚仗主人的势力，作威作福，一旦既存的政治结构瓦解，官宦失去势力的凭借，豪奴便反过来要取消与主人之间的主仆关系，并且进一步要侵占主人的财产，于是运用下层社会对于社会地位不平的心理，结成组织，发动事变。

四、清代奴隶制度的兴盛与衰退

明末奴变的发生，并没有使奴隶制度在清代绝迹，相反的，由于满人在入关之前有使用奴隶的风俗，清初的奴隶制度反而兴盛起来。清代的奴隶制度，又有其不同于元、明两代的特色。元、明两代的奴隶，虽然有用于农业与手工业生产的，但在整个生产人口中，所占比例不高，从来没有成为主要的生产劳力。清代用于生产的奴隶，在全国生产人口中虽然也没有占很高的比例，但是在八旗圈地中，却以奴隶为主要的生产劳力。到清代中叶以后，奴隶制度才逐渐衰退。

（一）清代前期奴隶的来源与盛况

清代的奴婢，有俘虏、投充、买卖和罪犯等几个来源。满人入关前，战争的俘虏都成为旗人的奴婢，带入关内，而且世代承袭奴婢的身份，即所谓家生子，是奴婢的一大来源。

满人入关之后，为了安定旗人的生活，在京畿附近圈拨土地给旗人耕种，自诸王勋臣以至兵丁，无不分有土地。满人入关以前，用俘获的人口作奴隶，从事生产，入关以后，这些奴隶也成为耕种八旗圈地的劳力。可是原有的奴隶，仍然不能满足土地耕种的需要，于是又允许饥寒迫身的贫民投充旗下为奴，从事耕种。投充之门既开，一方面不免有旗人胁逼良民为奴的现象；另一方面，明末投靠之风重演，由于旗地可以免除赋役，又可以仗恃旗人势力横行乡里，因而有带地投充的情形。不论投充者原来的身份如何，一旦投充之后，便失去民户的资格，而世代为旗人的奴仆，身份永远不变，而且可以由主人任意买卖。旗下家奴逃亡，依据法令规定，第二次便要处死，对于窝藏逃人者处罚更为严酷，不仅本身正法，还要连坐及邻里。可见清朝政府以法令的强制，来维持旗地内的生产劳力，这是从宋代以来所未见的情况。

旗地的耕种需要奴隶之外，官员的身边也有大量的奴婢。康熙年间，"各省官员赴任者，携带奴婢多至数百人"（《清圣祖实录》卷二八〇，"康熙四十一年闰六月甲午"条），因此又有奴隶的买卖。根据清代的法令，只要买卖双方立下契书，经过官府盖印，人口买卖是合法的，因此可以在市场上公开交易。每当灾荒发生，人口买卖便十分兴盛，例如康熙三十年（1691）、三十一年（1692）陕西发生大灾荒，被卖者不下十余万。政府也认为如果禁止人口买卖，灾民既不能自存，也不能养育子女，只有饿毙一途。当时购买奴隶不仅是为了自用，还常用来馈赠上司或亲友。奴婢成了礼品，买卖自然不得不盛。

清代的奴隶买卖，有红契、白契的分别。红契是契约经过政府盖印，向政府纳税；白契则是契约未经政府盖印，也没有向政府纳税。红契、白契所买来的奴仆，在待遇上颇有分别：（1）红契所买来的奴仆，其子孙永远为奴，除非经过皇帝特许，或者服役三代以后，本主情愿放出，不能够赎身；白契则有赎身的机会，但如果服役年久，这一个权利也就丧失。不过即使赎身，其本身及在主家所有的子孙，仍存有主仆名分，并非就成为良民。（2）红契所买奴仆如果逃亡，政府可以通令全国缉捕，捕获之后，依逃亡情形及次数，鞭枷刺面，或交原主领回，或发极边给驻防兵丁为奴；白契所买奴仆，如果逃亡，追回之后，处罚较轻，鞭打之后，交回原主。（3）在法律地位上，两者也有不同，红契所买奴婢，依奴婢本律处理；而白契所买奴婢，则以雇工人论。雇工的法律地位仍然是与主人不平等的，但是要比奴婢来得好。不过白契所买奴婢如果年限已久，则依奴婢本律论处。至于侵犯家长，则不分年限久暂或红契、白契，一律依奴婢本律治罪。因此，清代的主仆关系不同于明代。因为清代的主仆之间，不仅是有契约的关系存在，而且有政府的力量介入；另一方面，清代的奴仆身份也远较明代为固定。

除了俘虏、投充与买卖之外，政府对于重罪犯人或其家属，又广泛使用"籍没为奴"的办法来惩处。若干罪犯及其妻室子女，照规定须发配到宁古塔、黑龙江等处，给旗人兵丁为奴；犯谋反、大逆等罪者，其母女、妻妾、姊妹给付功臣之家为奴。除了成为私奴婢之外，又有一部分留在政府特设的管理机构，成为官奴婢。例如隶属内务府的辛者库便是专门管理满汉官员及其家属因罪没入为奴的机构。这一个来源的奴婢，人数也有不少。政府文武官员因犯罪抄家，则家人入官，动辄以数百计。和珅被抄家，入官奴仆男606人，女600人。

在来源广泛的情况下，蓄养奴婢的风气在清代前期达于兴盛。有人估计，清朝乾隆年间，仅仅八旗官兵的奴婢，最少也在三百万名以上。以八旗兵士而论，每于驻防出征之所，多买人口，有一兵家口达一二十口，十六七口者；至少一个清朝穷兵，也会有朝廷所赐奴仆两口。高层的佐领、参领，拥有奴婢更可达数百人。加上全国文武官员家中的奴婢，以及奴婢的奴婢，可达一千万人。民间富家也拥有不少奴婢，合而计之，全国奴婢人数可有三千万人之多。

奴婢人数众多，也和当时奴婢买卖价格的低廉有关。据乾隆二十八年（1763）议准的规定，各旗入官人口变价，自十岁以上至六十岁，每口作价十两；六十一岁以上，每口五两；九岁以下幼工，按年岁作价几两；未满周岁，可免作价。但是市场上的实际价格，条件好的可以卖到二三十两银子，也有几千文或几百文便可买到一个少妇的。这样的价格，可以和当时的物价来比较。下表所列包括了清代康熙、乾隆年间的米、丝和田亩的价格：

康熙四年（1665）	每石上米价格	0.80—0.90两
乾隆十三年（1748）	每石上米价格	2.00两
乾隆三十五年（1770）	每石上米价格	4.46两
康熙三十八年（1699）	每担丝价	127—137两
乾隆二十八年（1763）	每担丝价	240—250两
乾隆十三年（1748）	每亩地价	7—20余两

可以看出，在市场上，一个上价的奴婢不过相当于一亩田地，或是数石至三十余石上米的价格；一担丝价，则可以用来买到大约六七个上价的奴婢。富家置买奴婢容易，增加了他们蓄养的意愿。但是在奴婢价格低廉、蓄养奴婢风气达于兴盛的康熙、乾隆年间，也正是清代奴隶制度逐步走向衰退的开始。

（二）奴隶制度的衰退与废除

清初的圈地到康熙二十四年（1685）完全停止，从此之后，旗地之内的奴隶生产制也开始逐渐崩溃，由租佃关系来取代。旗地之内的奴隶生产制所以逐渐瓦解，主要原因在于旗人养尊处优，不事生产，生活日渐奢侈，再加以人口增殖，生活发生困难，于是典卖田地的风气愈来愈盛。清代继承元、明的风俗，奴隶是可以拥有私财的，因此常有旗人将旗地典卖给奴隶的情形，使得奴隶成为地主。乾隆十年（1745）至二十五年（1760）间，清朝政府为旗人赎回土地，于是他们再转变为旗人的佃户。旗地在赎回后，则成为旗下公产。旗人本身生活既已困难，更加没有能力养活奴隶，所以在乾隆、嘉庆年间（1736—1820），陆续将旗奴放出为民，他们也因此不再具有奴隶的身份。

至于旗地以外的奴隶，从雍正年间（1723—1736）以后也陆续解放。雍正、乾隆年间，政府先后解放山西乐户、浙江惰民、徽州伴当、宁国府世仆、苏州丐户、广东蜑户、浙江九姓渔户等贱民，改与编民同列。乐户在明代全国各地皆有，起源不详，以鼓吹歌舞服役于大户人家，自相婚配，男女多听大户人家使令，凡饮宴用之于行酒；游侠之徒多聚饮于其家，使妇女供歌唱，或宿卧于其房亦不拒，不如意则唾骂鞭挞，也不敢违抗。丐户、惰民多分布于江苏、浙江两省，在里巷间任猥下杂役，主办吉凶之事，或担任牙侩之属，其妻则入大户人家，供役使或任保姆；这类人家，男不许读书，女不许缠足，自相婚配。蜑户和九姓渔民居住于船上，也都是源自明代身份世袭不变的人群。至于徽州伴当、宁国府世仆，则均具有奴隶的身份。伴当原为明代武官的随身侍卫，久而久之为官员所隐占，成为私人家中服役的奴仆；宁国府世仆是大户人家中世代相袭的佃仆，他们降低身份来换取永佃权。

许多旗人家庭早年获得了大量奴婢，后来发现养不起；而清朝政府也逐渐放宽了对奴婢赎身的限制，并屡次下令放免奴婢。康熙二十一年（1682）曾有诏令，"用印契所买之人，准令赎身为民"（《清高宗实录》卷七十，"乾隆三年六月上丙申"条），这是对红契奴婢的赦令。康熙二十四年（1685）又下令八旗旧仆及近岁契买奴仆，只要主人同意，可以赎身。乾隆四年（1739）有许多旗下官员以蓄养奴婢为累，请求准予放赎，皇帝照准，诏令雍正五年（1727）以前契买及投靠日久，妇女招配生子，永远服役，白契则许赎身；雍正五年以后，契买、投靠及以婢女招配者，俱许赎身，但是赎身之后，本身及子孙对主人仍存主仆名分。乾隆二十一年（1756）又谕令只要主人同意，可以将非契买奴婢放出，道光八年（1828）亦有类似诏令。

乾隆、嘉庆年间以后，大户人家蓄养奴仆也逐渐减少。主要原因，可能在于人口大增，雇工便宜，奴婢价格虽然低廉，但蓄养之费不赀，未必比雇工合算。于是富家至多只蓄养婢女，很少再养男仆。宣统元年（1909），清朝政府正式明令废止奴婢制度，中国历史上的奴隶制度自此在法令上废除。

参 考 书 目

一、专著

于志嘉:《明代军户世袭制度》,台北:台湾学生书局,1987年。

李剑农:《宋元明经济史稿》,台北:华世出版社,1981年:第三章第四节。

黄清连:《元代户计制度研究》,台北:台湾大学文学院,1977年。

蒙思明:《元代社会阶级制度》,《燕京学报(专号第十六)》,北京:哈佛燕京
    社,1938年:第四章。

赵冈、陈钟毅:《中国历史上的劳动力市场》,台北:台湾商务印书馆,
    1986年。

刘家驹:《清朝初期的八旗圈地》,台北:文史哲出版社,1978年再版。

瞿同祖:《中国法律与中国社会》,台北:台湾崇文书店,1974年:第四章
    第三节。

二、论文

佐伯有一:《明末董氏之变》,收入刘俊文主编,栾成显、南炳文译:《日本学者
    研究中国史论著选译(第六卷"明清")》,北京:中华书局,1993年。

吴晗:《明代的奴隶和奴变》,收入其著《灯下集》,北京:生活·读书·新知
    三联书店,1960年。

吴振汉:《明代奴仆之生活概况——几个重要问题的探讨》,《史原》1982
    年第12期。

吴振汉:《明代的主仆关系》,《食货月刊(复刊)》第12卷第4、5期,1982年。

陈文石:《清初的奴仆买卖》,《食货月刊(复刊)》第1卷第1期,1971年。

傅衣凌、陈支平:《商品经济对明代封建阶级结构的冲击及其夭折——读惠安
    〈骆氏族谱〉兼论奴变性质》,收入傅衣凌、杨国桢主编:《明清福建社会
    与乡村经济》,厦门:厦门大学出版社,1987年。

赵冈、陈钟毅:《中国历史上的奴婢制度》,《幼狮学志》第17卷第3期,1983年。

戴玄之:《清代的奴婢》,收入其著《中国秘密宗教与秘密社》,台北:台湾

商务印书馆，1990年。

谢国桢:《明季奴变考》,《清华学报》第8卷第1期，1932年。

谢国桢:《明末农民大变乱在江南的影响——"削鼻班"和"乌龙会"》,收入
其著《明末清初的学风》,台北：仲信出版社，1980年。

第二十一讲

秘密宗教团体的活动

一、弥勒教与摩尼教的活动

秘密宗教团体的活动，至明、清时期的白莲教与罗教大盛，但其渊源，则可以上溯于隋唐以来的弥勒教与摩尼教。秘密宗教团体之所以为秘密，在于遭受到政府的禁止，不能公开传布，而政府所以禁止这些宗教，或者由于对这些宗教活动方式不能够信任，或者由于这些宗教确曾有反政府的行动。可是从另一方面看，这些宗教虽然屡遭禁止，却能够流传不断，则在于它们确能给信徒某种心理上和生活上的满足。平时秘密宗教可以是具有稳定社会功能的信仰，但是如果有别有用心的人在运用，秘密宗教常易成为社会动乱的根源。

（一）弥勒教的产生与活动

弥勒教源出于佛教的净土宗，净土宗有两大派，一奉阿弥陀佛，一奉弥勒佛。弥勒信仰认为佛涅槃后，世界陷入苦境，一切罪恶次第显现；至弥勒佛现世，立刻改观，成为极乐世界，而且人心均平，无论大小，同一意向，没有差别。北魏时弥勒信仰已颇盛行，在弥勒信仰兴盛的河北地区，曾经发生佛教沙门法庆之乱，自号大乘，另外有几次规模较小的乱事，也都可能和弥勒信仰有关。这些乱事，显示了弥勒信仰潜在的反抗现实的性质。不过弥勒信仰也并非必然和现存政权对立，南朝梁时有傅大士自称弥勒佛降生，济度群生，奉者若狂，傅大士并且上书梁武帝，梁武帝迎之入都，上殿讲论，待以殊礼。隋末又有弥勒教徒的乱事。隋炀帝大业六年（610），京城发生建国门之乱，有数十人，皆素冠练衣（白衣），焚香持笔，自称弥勒佛，入建国门造反，没有成功，结果连坐者千余家。大业九年（613），又有宋子贤自称弥勒出世，潜谋作乱，事败，又连坐千余家。继而又有向海明自称弥勒佛出世，起兵造反，众至数万，被官军击破。一连串的弥勒教乱事，使得弥勒教受到政府的压制，从此只能以秘密宗教的形态而存在。

唐代弥勒教的活动仍然颇盛，唐玄宗开元三年（715）曾下诏严禁。从禁令可知当时弥勒教活动的情形："比有白衣长发，假托弥勒下生，因为妖讹，广集徒侣，称解禅观，妄说灾祥，或别作小经，诈云佛说，或辄畜弟子，号为和尚，多不婚娶，眩惑闾阎，触类实繁，蠹政为甚。"（《唐大诏令集》卷一一三"禁断妖讹等敕"条）北宋河北一带，也流传弥勒教。宋仁宗庆历七年（1047）发生贝州宣毅军小校王则据城造反的乱事，便是假托弥勒出世作号召。元末变乱四起，也有不少是以弥勒下生作旗号。可知自唐至元，弥勒教虽然被禁，却始终传授不绝，大部分时间与政府相安无事，但也难免煽动叛乱。弥勒教所以能够传授不断，在于所传播的极乐世界降临与人口均平的信仰，对于下层生活困苦民众的心灵有抚慰之功。也由于弥勒教所期盼的极乐世界是在现世而不在来生，所以弥勒信仰成为图谋造反者最好的一种宣传武器。元末以后，弥勒信仰与其他秘密宗教相结合，成为激起许多叛乱事件的重要动力。

（二）摩尼教的传入与传播

摩尼教为公元3世纪波斯人摩尼（Mani）所创，教义糅合祆教、基督教、佛教而成，主要经典有《二宗三际经》。二宗者，明与暗，明暗斗争，互相消长，而明终胜暗；三际者，过去、现在、未来，或称初际、中际、后际。初际明暗各殊，动静相背；中际则明暗杂糅，互相侵犯；后际则明复归于明，暗复归于暗。其神称为明尊，又称明使，所以摩尼教又称明教。规矩仪节据经典所规定者为斋食，日食一餐，至晚乃食，不饮奶酪，死则裸葬。此外，又有《大小明土出世经》《日光偈》《月光偈》等经文。

摩尼教可能早在南北朝时，就已传入中国，在民间流传。从唐武后延载元年（694）起，可以在中国合法地公开传播，但是不满四十年，至唐玄宗开元二十年（732），便因"本是邪见，妄称佛教，诳惑黎元"，而遭禁止。这次遭禁，可能是受到佛教的影响，佛教是政府所承认的正统宗教，而摩尼教义中有佛教的成分在内，佛教难免以其"妄称佛教"，不愿见其存在。在这同时，摩尼教却在中国西北的回纥大盛。回纥派兵助唐平定安史之乱有功，唐为笼络回纥，于是改变政策，崇奉摩尼教，于京师及各大州郡，建摩尼寺，又称大云光明寺，遍布南北。到唐武宗时，回纥败于黠戛斯，势力衰落，唐政府对摩尼教的态度又生变化。会昌三年（843），摩尼教遭逢教难，所有摩尼寺庄宅钱物由政府没收，摩尼经典图像全被焚毁，京城女摩尼72人死难，回纥诸摩尼在中原者配流诸道，死者大半，从此摩尼教仅能秘密存在。摩尼教的二宗三际与明王出世的说法，具有与弥勒教弥勒出世之说同样的意义。尽管摩尼教的基本教义要求信徒逆来顺受，但是明王出世而世界改观的信仰，却也很容易被别有用心的人所利用，作为谋反的号召，用来鼓动现实生活困顿的民众追随。事实上，摩尼教在中亚吸收佛教教义的过程中，也确实吸收了部分《弥勒经》的内容在内，在《弥勒经》中也不难发现有不少和摩尼教经典类似的内容，两者之间有相互影响的关系，因此摩尼教难免发生反抗现存政权的行为。五代后梁贞明六年（920），有陈州末尼党类，立毋乙为天子，政府多次攻讨才平定。既然有叛乱的事实，自然容易招致政府的厌恶。后唐天成二年（927），下诏严禁。"或僧俗不辨，或男女混居，合党连群，夜聚明散，托宣传于法会，潜恣纵于淫风"（《宋刑统》卷十八）。这道禁令并没有明指摩尼教，但夜聚明散是摩尼教在农村中传教的方式，此种方式无非是适应农家白天农忙的生活，可是晚上聚会却容易引起政府的疑忌。禁令之中，也不无罗织之词。北宋建立之后，曾多次禁白衣师、禁夜聚晓散，也都没有明指摩尼教，不过都和摩尼教的传教方式有关，夜聚晓散前面已经说明，而白衣师，则可能针对摩尼教传教士穿白衣的习俗而言。

虽然如此，摩尼教依旧在民间传播。北宋的河北、四川、福建、江浙一带，均颇盛行，温州一地于政和四年（1112）便有摩尼教斋堂四十余处。宣和二年（1120）江浙发生方腊之乱，这一次乱事牵连到摩尼教，方腊本人并非摩尼教徒，也不是摩尼教首领，更未以摩尼教来作号召，但是响应他的几支群众，是以摩尼教徒为首，尽管这几支群众并不构成叛乱的主力，这次规模很大的乱事却已使政府对摩尼教产生很大的戒心。所以乱平以后，禁令愈加严厉。在方腊之乱以前，只禁夜聚明散；方腊之乱以后，进一步禁吃菜事魔。吃菜事魔也没有专指摩尼教，但摩尼教徒吃素；至于事魔之魔，并非摩尼之摩的谐音，而是对这些秘密宗教活动群众所奉之神的侮蔑。禁令既颁布于方腊之乱以后，也不能说就和摩尼教无关。然而禁令愈严，摩尼教却愈传愈盛。到了南宋，不仅传播于农村之中，甚至秀才、吏人、军兵也相传习。为了逃避政府的查禁，又改易名称，例如白衣佛会。南宋政府在绍兴十一年（1141）曾诏禁明教，传习者受绞刑，从犯发配千里之外，妇女入教者千里编管，刑罚甚重。

摩尼教所以能够在禁令下广为传播，在于其节俭互助的精神，与下层民众的困苦生活能够互相配合。绍兴四年（1134），起居舍人王居正曾论及乡村民众"事魔"的活动："臣闻事魔者，每乡或村，有一二桀黠，谓之魔头，尽录其乡村之人姓氏名字，相与谊盟，为事魔之党。凡事魔者不肉食，而一家有事，同党之人，皆出力以相赈恤。盖不肉食则费省，故易足；同党则相亲，相亲故相恤，而事易济。"（《建炎以来系年要录》卷七十六，"绍兴四年五月癸丑"条）从这些话中所看到的信徒彼此互助，也见于庄季裕《鸡肋编》卷上的记载："闻其法断荤酒，不事神佛祖先，不会宾客，死则裸葬。……又始投其党有甚贫者，众率出财以助，积微以至于小康矣，凡出入经过，虽不识，党人皆馆谷焉，人物用之无间，谓为一家。"王居正所说的事魔者不肉食，《鸡肋编》所记载的断荤酒、死则裸葬，都是摩尼教的规矩仪节，因此虽然没有明指摩尼教，却不能排除。信徒们屏绝嗜欲，通财互助，对于下层社会自然有吸引力。这应可说明包括摩尼教在内的一些乡村民间信仰，具有稳定社会的功能。

宋代摩尼教继承唐代摩尼教佛化的传统，同时又有道教化的倾向。宋真宗大中祥符九年（1016）编辑《道藏》，摩尼教徒曾贿赂主编者，将《二宗三际经》编入。除了上述民间结社秘密传教的摩尼教外，也有部分摩尼教是公开传播，并且得到地方官的支持。这类摩尼教徒多建立佛化或道化的寺院，在其中静心修行。元代也有这一类摩尼教寺院，享有合法地位，政府设有专职官员管领。但是这类为政府所接受的合法寺院只是摩尼教活动的一面，另一方面，元代对于民间秘密结社式的摩尼教仍继续加以严禁。到了元末，明王出世与弥勒降生的信仰相结合，成为白莲教会叛乱的口号，促成了元朝的灭亡。

二、白莲教的形成与发展

元末以前，秘密宗教虽然曾有叛乱，但偶尔发生，次数不多；元末以后，秘密宗教叛乱频仍。明清时期发动叛乱的秘密宗教，以白莲教为主流。白莲教组织庞大，徒党众多，并且分出许多支派。这些教派虽仍不无稳定社会的功能，但迷信过深，以咒术鼓动信徒追随，加以时生叛乱，使得政府对其更加不能信任。

（一）白莲教的形成

白莲教源起于南宋初年的白莲菜。南宋初年，净土宗的阿弥陀佛信仰兴盛，社会上结成了一些念佛忏悔的团体，其中之一，是苏州延祥院沙门茅子元所倡导的白莲菜。之所以称为菜，是因为加入这个团体的人，必须严禁荤酒。白莲菜的僧侣，是有妻子的半僧半俗的道人，参加的多是乡里小民。由于白莲菜发展得太快，引起了政府的猜疑，于是将这一个团体比作吃菜事魔而加以取缔。但是白莲菜在民间仍然继续发展，颇为兴盛，并且在南宋灭亡以前已经传入北方。在白莲菜流传的同时，尚有称为白云菜的斋戒念佛团体，为北宋末年孔清觉在杭州、湖州一带建立。白云菜的信徒称为道民，经常出钱做建祠庙、修桥梁等功德，也被目为吃菜事魔之流。

白莲菜既然被禁，又被指为吃菜事魔，加以摩尼教中原有佛教的成分，可能此后白莲菜和摩尼教有某种程度的混合。同时在元代中叶以前，白莲教会也已吸收了弥勒信仰，宣扬弥勒下生。元朝统一江南之后不久，便发生白莲会的叛乱，如果南宋白莲菜初起时纯为吃斋念佛的活动来看，这是不可能的。元朝政府对白莲会并没有立刻颁布禁令，但是此后白莲会的叛乱事件却接二连三地发生，终于使得元朝政府在元武宗至大元年（1308）下令禁白莲社。但是不过三年，经白莲会僧侣活动朝廷显贵，又恢复合法的地位。到英宗至治二年（1322），由于教乱发生，白莲会的活动又再遭禁。至于白云菜，在元代称为白云宗，一度与统治阶层结合，政府设有白云宗总摄所，统领江南有发僧人，后来由于白云僧多行不法，侵占民田，在元成宗大德十年（1306）遭禁。

元朝末年，叛乱四起，白莲会也起而叛乱。韩山童的先世自祖父以来，已参与白莲会的活动，韩山童于元顺帝至正十一年（1351）起兵，倡言天下大乱，弥勒佛生，明王出世，获得江淮一带人民的信仰。显然白莲会早已脱胎换骨，不复是当初单纯念佛的团体，而是已吸收了弥勒教、摩尼教的信仰在内，成为明清时期白莲教的始祖。

（二）白莲教的传布与分支

韩山童以白莲教起兵，死后其子韩林儿在刘福通的拥立下，号称小明王，此一尊号，即由摩尼教的明王出世而来。元末各地起兵群雄，大多在小明王的麾下。明太祖朱元璋在参加反元运动的初期，隶属于郭子兴，而郭子兴在名义上亦臣属于小明王。朱元璋势力既大，受儒生的影响，断绝与白莲教的关系，并沉韩林儿于江，但是国号仍然以明为号，有学者指出，于此可见明朝建国与白莲教会关系甚深。不过也有学者认为，明朝的"明"和明教的"明"其实并没有关系。然而明太祖即位之后，对白莲教的活动却毫不容情。洪武三年（1370），下诏严禁白莲社、白云宗、明遵教，白莲教仍然必须继续以秘密宗教的形态而存在。

明代白莲教虽然被禁，但是其传播反而有更加扩大之势。白莲教自与摩尼教、弥勒教结合后，反抗现存政权的性质突然浓厚，元末反元势力大多与白莲教有关，明初这些势力并未完全消失，既受明太祖的压制，于是改以明朝为反抗对象。明代中叶以后，由于政治不良，白莲教徒起兵的乱事几乎无代无之。起兵的白莲教徒，常以弥勒出世作号召，或是以明王自居，直到清代，仍然如此。明代初期的白莲教乱，多在湖广、江西、四川、山东、山西等处，这些地区，多属于元末白莲教徒反元的势力范围。明代中叶以后，白莲教的活动范围扩大，向南蔓延到西南，向北蔓延到漠北边境的蒙古地区。晚明教乱愈加剧烈，而以明熹宗天启二年（1622）的徐鸿儒之乱为最大。明神宗万历初年，蓟州人王森居住于直隶滦州石佛庄，传习白莲教，自称曾得妖狐异香，号闻香教主，他的徒众有大小传头及会主等名号。徒众输纳金钱，称为朝贡，飞行筹报机事，一旦数百里，势力蔓延于畿辅、山西、山东、河南、陕西、四川等地。万历二十三年（1595），王森被捕，用贿赂而得释放，四十二年（1614）再度被捕，五年后死于狱中。其子王好贤与徐鸿儒等继续传教，徒党据称不下二百万。天启二年（1622），徐鸿儒在山东举兵谋反，四川白莲教徒遥相呼应，经数月才平定。《明清史料·乙编》录有这年六月初九日御史刘徽上言当时北方一些民间宗教组织活动的情形：

> 遂捏造妖言，妄引天道气数之说，以摇惑人心，因倡为白莲、龙天、皇天、无为等教，中选巧为异说、善为邪书者，推为教师，鼓动愚民，哨聚千百。假以供神修福为名，而为日会、月会，各捐重赀，以供头领为不时之需。从来山东、河南兴盛有之，而直隶更甚。臣自为子衿，以至登第时，犹见十人内约有五六人为教门中人，心窃为地方忧；浸寻至今，则遍地皆传教之所，尽人皆传教之人。

从他的上言，可以看出包括白莲教在内的一些宗教组织，在京师附近山东、河南、直隶等省传播广泛、信徒众多的兴盛情形，而且随着时间的推移，愈来愈盛。天启二年的白莲教乱事虽为徐鸿儒所发动，但缘起于王森、王好贤父子的传教，直到清代，滦州石佛庄王氏仍是白莲教世家。

白莲教在清代继续扩大，并且与其他后起的民间宗教混合影响，分支为许多派别。举其大者而言，有红阳教、青阳教、白阳教，合称为三阳教。其中红阳教又称混元教、一炷香教、清茶门教。白阳教源出大乘教，后改名为清净无为教，又称清茶会、清水教，再改名为白阳教；还有收元教，又名五荤道，下分八卦，其中坎卦教的老理会吸收三阳教的教义，演变为天理教。其他支派，名称众多。白莲教各派教义，大多劝人为善，并且传授健身静养功夫。而健身静养功夫主要是受到道教修炼内丹一派的影响，从事坐功运气，气功的修炼主要又分为两支，一支以静修为主，另一支则与拳棒武术功夫结合。当清代盛世，白莲教颇能与政府相安无事，但是各教派所共有的弥勒与明王信仰，使得在清朝盛世走向衰退，政治逐渐腐败之后，教乱频频发生。较早在乾隆三十九年（1774），山东有清水教王伦之乱；到嘉庆元年（1796），爆发了川楚白莲教乱，规模甚大，经历七八年才平定；嘉庆十八年（1813），京城发生天理教林清的乱事；当太平天国奠都江南之际，黄淮一带的白莲教徒也曾大举起事。

白莲教各教派的组织，以教主为最尊，教主多父子兄弟世代承袭，形成一些世袭传教家族，也有的是师徒相授。教主之下，又有头目，分掌教旗，或管百人，或管数百人。传教的方式，是一人传十，十人传百，形成一种由核心往外围不断扩张的连贯关系，甚至有整个村庄都入教的情形。村民到市集做买卖的时候，是传教最好的时机，教会组织经由市集活动而扩大。入教要拜师，从师练习打坐或拳脚功夫。教徒对教主极其崇敬，每日礼拜，贡献金钱，传教成为若干教主敛财的一种方法。教主以为人治病消灾，来博取民众的信仰。教徒聚会之所，称为斋堂或经堂，通常就是教主、头目的住房。教徒多有共同的衣着、暗语，以资识别，例如川陕楚三省白莲教徒，以身穿蓝布衣服、头顶三尺蓝布、腰缠三尺蓝布为外号；又有共通的歌词作内号，如："天上佛，地上佛，四面八方十字佛，学会护身法，水火三灾见时无。"教会的组织不见得都很严密，有些教派会众之间的联系十分松懈，但由于传布范围很广，信徒众多，所以若为有野心的教主所运用，声势浩大。

晚明以后，各教派受罗教影响，多编有经卷，经卷属于变文的形式，敷衍故事，俚浅通俗，并吸收佛教、道教故事与儒家理论，以及各种词曲、戏文的形式与思想，容易为识字不多的下层社会群众所接受。经卷的中心思想，也受罗教影响，以"真空家乡，无生父母"为八字真诀，假借此一真诀来否定现实世界，而以极乐净土与弥勒救世来吸引困苦的民众皈依。教徒必须要背诵八字真言，有的教派每日三回，早上面东朝太阳念诵28次，中午朝南背54次，晚上朝西背81次，有的教派则没有规定次数。为了坚定教徒的信仰，单凭经卷仍嫌不足，教主经常利用信徒的心理，以符咒、幻术、扶乩、巫术、神降等术取信于人。信徒陷溺于其中，往往因此受到教主的控制。欺人既久，教主自身骑虎难下，每当教党与政府军作战，战斗力若不如政府军，便以撒豆成兵、骑凳当马等术振奋士气。教主自欺欺人，因此变乱声势虽大，终究难以成事。

三、罗教的兴起与流衍

明代中叶，一个新的秘密宗教——罗教异军突起，发展迅速，支派繁多，成为足以与白莲教等量齐观的秘密宗教。不仅如此，罗教的经卷与教义，还影响到其他民间教派。罗教与白莲教同样吸收对于现实状况不满的群众，但是白莲教受弥勒信仰的影响较深，具有浓厚的反抗现存政权的本质；而罗教受弥勒信仰的影响则较浅，也因此不与现存政权作对，只是劝人通过精神的修炼，克服物质的困难。所以在明清时期，由罗教或其支派所引发的教乱极少。

（一）罗教的兴起与活动

罗教源出于佛教禅宗的临济宗，传说中的创教者是罗成，又名罗英，化名罗清，山东莱州府即墨县人，为临济宗教徒，因对临济宗不满，到处访求明师，最后于明武宗正德年间（1506—1520）创教，后世尊称为罗祖。罗祖传到第二代，便以妖言惑众而被政府严禁，教主并且被捕处死。但是罗教仍然继续传播，而且分出许多支派，如长生教、大乘教、无为教、老官斋教等。源出于罗教的大乘教，与源出于白莲教的大乘教，只是同名，并非同支。

罗祖著有《无为经》五部六册，即《苦功悟道经》《破邪显证钥匙经》《正性除疑无修证自在宝经》《巍巍不动泰山深根结果经》《叹世无为经》，其中《破邪显证钥匙经》分上下两册。这些经典，又称宝卷，以佛教教义为基础，而杂用儒、道两家的理论。这五部经典流传甚广，成为明末以降各秘密教派的共同经典，其他教派的其他经典，也多由此衍生。罗教的教义认为，宇宙的原始，只是一片真空，无生父母由这片真空中化出，人类全是无生老母的子孙。人类诞生之后，到东土定居，但不久便迷失于红尘，丧失真性情，无法返回真空家乡，因而受苦不尽。要想得救，必须跟从无生老母的使者习教，获得觉醒，才能重返家乡极乐之地。而罗教各派的教主，便是下凡的使者。罗教的信仰认为人的富贵贫贱，都有一定，不可强求，具有宿命的色彩。罗祖求道之初，将阿弥陀佛和无生父母合作一体，以后罗教所奉的神佛逐渐增多，弥勒佛也是其中之一，但并不具有重要的地位，其他的神佛尚有观音、关帝、释迦、无量佛、唐僧、孙悟空等，因此罗教并未表现出反抗现存政权的特性。然而当"真空家乡，无生父母"八字真言被白莲教所吸收后，却与弥勒信仰紧密结合，表现出与罗教完全不同的特性。清乾隆十三年（1748），福建曾发生罗教支派老官斋教起兵事件，以弥勒下降相号召，仅是个别事件，可以说是绝无仅有。

罗教各派的活动，也都以斋堂为中心，在斋堂中吃斋念佛，每次聚会，教徒各出钱米，作为香烛茶蔬的经费。斋堂有斋公主持，许多斋堂不但拥有房屋，而且有共同的田产，部分教众长住堂中，他们多半来自外地，以佃耕斋堂的土地为生。教徒修行有一定的程序，称为坐功，头一层功夫叫小乘，念二十八字偈语；第二层功夫叫大乘，念一百零八字偈语；第三层功夫叫上乘，无偈语，单是坐功。按功夫的次第，分别交送不等的香资钱。这些香资钱，除了斋堂日常的消费之外，还养活了部分居住于斋堂的信徒，具有互助的作用。

（二）青帮与红帮的源起

罗教在传播上的一大特色，是自北而南，沿着运河漕运线及内河水运网，通过漕船水手而传布，在漕船水手中有众多的信徒，并且因此而衍生出后世两大秘密结社——青帮与红帮。

据说最早在明朝末年，有直隶密云县人钱姓、翁姓及松江潘姓三人流寓杭州，共兴罗教。他们在北新关外拱辰桥粮船停泊之处，建立庵堂，为粮船水手无粮可运时居住之所。因粮船水手多是山东、北直隶人，在杭州无处住歇，疾病身死，也无处掩埋，所以钱、翁、潘三人各创一庵，使生者可以托足，死者有地掩埋，住庵的人都习罗教。其后由于水手众多，一度增至70多庵。演变到后来，各庵多由年老无依的老水手看管，在庵中吃素诵经，不识字者则在庵外空地耕种，以资糊口。粮船水手在庵中住歇时，每日付给守庵者饭食银两，无力支付者则可暂由庵堂垫给饭食，到粮运重开，水手有了工资，再偿还给庵堂。除了杭州之外，苏州也有这一类收容水手的罗教庵堂。因此，罗教庵堂对于漕船水手而言，有社会福利的作用。政府发现这一类庵堂，也只是毁去经像，不许称罗祖教，并没有尽行拆毁，仍然留作水手寄歇之地。

罗教在水手之间传播，一方面增进了水手之间的互助，使他们生有所养，老有所葬，这是罗教正面的功能；另一方面，罗教也有反面的功能，罗教的传播，增强了水手们的帮派结合，扩大了帮派之间的械斗。清代各省漕船都有船帮的组织，每帮有船六七十艘不等，漕船不得单独行动。以江、浙而言，规定苏州、太仓为一帮，松江、常州各为一帮，嘉兴、湖州各为一帮，各帮水手各立教门，而又结合为老安、潘安、新安三帮。每帮船头称为老堂，供奉罗祖牌位。在船上习教年久的水手称为老官，新来的水手必须拜老官水手一人为师，各分党羽，三帮水手总计不下四五万人，都有名册，听老帮水手指使。各船内有刀枪器械，每当各帮利害冲突，便生争斗，因争斗而发展出帮会组织。学者对于青帮源起的说法纵然不尽相同，但多认为是从信仰罗教的漕船水手组织衍生出来；也有学者指出，红帮的源起也相类。青、红两帮成为粮船上的恶势力与械斗团体，以后更扩展势力至岸上的茶铺、酒铺、捕快、衙役及走私贩毒的不法商人。红帮较弱，后来依附于青帮，青帮的势力因而更大，从晚清一直活跃到民国初年。

（三）罗教的流衍

罗教的传布自然不限于漕运在线的水手，在其他地区也传布甚广，并且以"真空家乡，无生老母"的信仰为中心，衍生出一些新的民间宗教，将传布的地域扩展得更广。

例如福建自清初以来即为罗教发展的一个中心，称为老官斋教。老官斋教由福建传入台湾，时间大概在清代乾隆、嘉庆年间（1736—1820），成为台湾的龙华派斋教。福建的老官斋教有支派之分，台湾的龙华派斋教也有一是堂派、汉阳堂派、复信堂派等派别。台湾的斋教又有金幢与先天两派，这两派与老官斋教皆不相统属，由于传入较晚，又同为罗祖信仰，所以附属于斋教之下而成为其支派。金幢教创立于晚明万历年间（1573—1620），创教之后也流传到福建，传入台湾大概在嘉庆、道光年间（1796—1850）。先天教于清初原在江西传教，咸丰年间（1851—1861）传入台湾。斋教各派在日据时代一方面被佛教所吞并，另一方面斋堂也被改为日本神社（依日本政策，台湾除纯粹佛教寺院外，其他一切民间信仰的祠庙皆加以整理）。

台湾光复后，大陆各派罗教信仰又再传入，成为台湾民间教团的主流：（1）天德圣教，奉无生圣母，强调虚空境界，来自罗教信仰。（2）慈惠堂信奉瑶池金母的教派，瑶池金母的渊源出自无生老母。（3）势力最大的是一贯道，一贯道的渊源可能和前述先天教有关，再往前追溯则是青莲教和源出于罗教的大乘教，也以信奉无生老母为主，在台湾曾长期被禁，后来解禁，登记为合法宗教。除此之外，奉祀恩主公的扶乩鸾堂，亦即儒宗圣教，在清末已传入，原和罗祖信仰无关，但后来逐渐也为无生老母信仰所浸入，于是在玉皇大帝之上又有一无极老母。

另外有真空教，是清朝同治元年（1862）廖帝聘创于江西寻邬，其经卷多采自罗教经卷，甚至直接采用其中词句，或者稍加更易，崇奉无极圣祖。廖氏以助人戒鸦片烟传教，以无为静坐法来修道、强身、治病、戒烟。最初传教地点仅在江西境内，被官府视为左道，廖氏且曾两度下狱，第二次入狱后即死于狱中。弟子继续传教，仍受官府阻挠。真空教在清末已由赣南传入闽、粤，到民国初年遍传南北各省，并且由闽、粤而传入香港、南洋各地，新加坡、马来亚各邦、泰国、印度尼西亚、婆罗洲等地均建有道堂，而以新、马为重心，至20世纪60年代仍有活动。上述种种情形，说明了罗教对近代民间信仰影响的广泛。

参 考 书 目

一、专著

王见川:《从摩尼教到明教》，台北:新文丰出版公司，1992年。

孚中编著:《一贯道发展史》，台北:正一善书出版社，1999年。

林悟殊:《摩尼教及其东渐》，北京:中华书局，1987年。

秦宝琦、孟超:《秘密结社与清代社会》，天津:天津古籍出版社，2008年。

马西沙:《清代八卦教》，北京:中国人民大学出版社，1989年。

马西沙、韩秉方:《中国民间宗教史》，上海:上海人民出版社，1992年。

庄吉发:《真空家乡:清代民间秘密宗教史研究》，台北:文史哲出版社，2002年。

喻松青:《明清白莲教研究》，成都:四川人民出版社，1987年。

冯佐哲、李富华:《中国民间宗教史》，台北:文津出版社，1994年。

欧大年（Daniel L. Overmyer）著，刘心勇等译:《中国民间宗教教派研究》，上海:上海古籍出版社，1993年。

郑志明:《台湾民间宗教论集》，台北:台湾学生书局，1984年。

戴玄之:《中国秘密宗教与秘密会社》，台北:台湾商务印书馆，1990年。

罗香林:《流行于赣闽粤及马来亚之真空教》，香港:中国学社，1962年。

二、论文

王尔敏:《秘密宗教与秘密会社之生态环境及社会功能》，收入其著《明清社会文化生态》，台北:台湾商务印书馆，1997年。

王尔敏:《滦州石佛口王氏族系及其白莲教信仰传承》，收入其著《明清社会文化生态》。

朱瑞熙:《论方腊起义与摩尼教的关系》，《历史研究》1979年第7期。

牟润孙:《宋代之摩尼教》，收入其著《注史斋丛稿》，北京:中华书局，1987年。

吴晗:《明教与大明帝国》，收入北京历史学会主编:《吴晗史学论著选集》，北京:人民出版社，1984年。

宋光宇：《试论"无生老母"宗教信仰的一些特质》，《"中研院"历史语言研究
　　所集刊（第52本第三分）》，1981年。

李守孔：《明代白莲教考略》，《台湾大学文史哲学报》1952年第4期。

竺沙雅章：《关于吃菜事魔》，收入刘俊文主编，许洋主等译：《日本学者研究中
　　国史论著选译（第七卷）·思想宗教》，北京：中华书局，1993年。

重松俊章著，陶希圣抄译：《初期的白莲教会（附元律中的白莲教会）》，《食货
　　半月刊》第1卷第4期，1935年。

重松俊章著，唐泽民译：《宋、元教匪研究》，收入大陆杂志社编辑委员会编：
　　《大陆杂志史学丛书（第四辑第四册）·宋辽金元史研究论集》，台北：大
　　陆杂志社，1975年。

唐长孺：《北朝的弥勒信仰及其衰落》，收入其著《魏晋南北朝史论丛续编；魏
　　晋南北朝史论拾遗》，北京：中华书局，2011年。

孙克宽、白云宗，收入大陆杂志社编辑委员会编：《大陆杂志史学丛书（第三
　　辑第三册）·宋辽金元史研究论集》，台北：大陆杂志社，1970年。

张继昊：《北魏的弥勒信仰与大乘之乱》，《食货月刊（复刊）》第16卷第3、4期，
　　1986年。

庄吉发：《四海之内皆兄弟——历代的秘密社会》，收入杜正胜主编：《中国文化
　　新论·社会篇——吾土与吾民》，台北：联经出版事业公司，1982年。

陈垣：《摩尼教入中国考》，收入其著，陈乐素、陈智超编：《陈垣史学论著选》，
　　台北：木铎出版社，1982年。

陈华：《清代咸丰年间山东邱莘教之乱》，《食货月刊（复刊）》第13卷第5、6期，
　　1983年。

陶希圣：《元代弥勒白莲教会的暴动（读元史随笔之二）》，《食货半月刊》第1卷第
　　4期，1935年。

陶希圣：《明代弥勒白莲教及其他妖贼》，《食货半月刊》第1卷第9期，1935年。

杨讷：《元代的白莲教》，收入元史研究会编：《元史论丛（第二辑）》，北京：中
　　华书局，1983年。

叶文心：《人"神"之间——浅论十八世纪的罗教》，《史学评论》1980年第2期。

刘铮云：《清代的宗教结社——以直隶省老理会为例的个案研究》，《食货月刊
　　（复刊）》第15卷第11、12期，1986年。

第二十二讲

明清士绅的社会地位

一、士绅阶层的构成

自宋代科举社会确立以来，通过科举考试的读书人在社会上具有特殊的地位。他们出而仕宦，治理民众；即使是居家不仕，也仍然是地方社会的领导人物。他们享有某些特权，这些特权，只要一有功名，便终身享受，使得他们与一般民众有所分别。这一个位居于一般民众之上的社会阶层，到明清时期，随着科举制度的发展而更为具体，所谓乡绅、绅士、绅衿，便都是指这一个阶层。

（一）士绅的成员

士绅阶层的构成，与明清时代的科举考试制度密切相关。明清时代的科举考试，已与学校制度紧密结合，参加科举考试，必须经由政府所设的学校出身，只要进入政府所设的学校，便具有特殊的社会地位，而成为士绅的一员。经由学校与科举的考试而获得官位的，称为正途出身。另外经由捐纳，也可以获得入学及任官，这称为异途出身，异途出身同样也列入士绅阶层。正途出身士绅的社会地位，自然要较异途出身者为高；同样是正途出身，则由他们所获功名的高低来决定，功名愈高者，社会地位也就愈高。

明代的官学，在地方有府、州、县学，全国各府、州、县均设置；在中央有国子学，又称国子监或太学，有南京的南监和北京的北监两所。府、州、县学的学生称为生员，也称为秀才，由政府给予廪膳，有一定的名额，必须经过考试，才能入学。未入学的学生，不论年岁长幼，通称童生。生员的名额原有定数，后来由于人口增加，学校录取名额不得不随之而增，因而有廪膳生员、增广生员、附学生员的分别。廪生食廪，增生为在廪生名额之外增广者，附生则为在增生之外再加取者，均不食廪。廪生若有缺额，由增生、附生依次递补。学校平时有岁考与科考，学生若是岁考成绩恶劣，责降为平民；科考成绩优秀者，则可以录送乡试。

国子学的学生通称监生，有举监、贡监、荫监和例监的分别。举人会试下第，择优送监读书，等待下科，称为举监；从地方生员中选学行优良者送监读书，称为贡监；官员荫子入监者，称为荫监；人民纳赀入监者，称为例监。监生按月有廪膳，在学有考试，考试成绩优秀者给予出身，也可以应考乡试。

乡试由各省举办，中式者称为举人，也称为孝廉。累试不第的生员，可以出学，仍然享有特殊身份。举人可以参加会试，也可以入仕。会试在京师举行，由礼部主持，称为春闱（在二月）或礼闱。中式者由天子亲策于廷，称为廷试或殿试，殿试中式者称为进士，由政府授予官职。

清代制度，大体沿袭明制而略有小异。地方学校制度与明代相同，至于国子监生则有贡生、监生的分别，贡生即明代的贡监，但在清代不称为监生。另外明代的南京国子监，到清代已改为江宁府学，所以只有国子监一所。乡试、会试的制度，大致上也与明代相同，仅在枝节上有所差异。另外清代书院也属于科举系统，要受官府考察。

生员、监生、贡生、举人和进士，都可以包括入士绅阶层之内。其中生员由于尚未能踏入仕途，能否列为士绅，尚有争论；清代的国子监有名无实，绝大多数的监生除非再捐赀买得官衔，否则无法踏入仕途，因此清代监生是否可列为士绅，也有不同的意见。但是生员与监生如果以参加科举为其读书的目标，他们可能有朝一日踏入仕途，而且他们也确实享有一些民众所不能享受的特权，把他们视为士绅的一分子，亦无不可。

（二）士绅的社会流动

士绅享有特权，在社会上自成一个阶层，但是应该了解，这一个阶层并非固定的。士绅的特殊身份不能世袭，通过科举考试，士绅阶层有相当高度的社会流动性。这一种社会特质，在宋代已是如此，到了明清仍未改变。

明清时代的士绅，来源复杂，并非完全出自官宦家庭的子弟。科举考试只论成绩，不论出身，任何行业的家庭，都鼓励子弟读书登科以求上进。明代中期以后，固定职业制度动摇，进士出身于军籍、匠籍、灶籍等身份者为数不少；清代的盐商家庭，也出了不少的进士。

就（1）祖先三代没有功名、（2）三代中曾经出过生员而无更高功名、（3）三代中曾经有生员以上功名并且曾任官职、（4）三代之中曾经有过三品以上的高官等四类家庭背景，来观

379

察明清时代的进士出身，根据一项统计，（1）占30.2%，（2）占12.1%，（3）占57.7%，（4）在（3）的57.7%中含有5.7%。如果明、清时代分开来计算，明代（1）占47.5%，（2）占2.5%，（3）占50%；清代（1）占19.1%，（2）占18.1%，（3）占62.8%。也就是清代进士出身于非士绅家庭的比率，比起明代来是降低了。清代进士出身于平民家庭的比率之所以会降低，原因不在于科举制度本身有所变化，而在于人口大增，竞争激烈，对于家境清寒的子弟较为不利。即使如此，进士出身于士绅家庭的部分，仍可进一步分析。进士任官，大约已是中层官员，因此生员家庭和下层官员家庭的子弟考上进士，对于他们来讲仍然是社会地位的上升。明代进士出身于生员家庭的只有2.5%，清代则达到18.1%，上升了许多。出身于低层官员家庭的进士，明清两代共占23.7%，其中明代比率为20.9%，清代为25.8%，清代比起明代来，也略有上升。就整个明清时代来看，进士出身于平民、生员与低层官员家庭的部分，达进士总数的三分之二（三代无功名家庭占30.2%、三代出过生员而无更高功名家庭占12.1%、低层官员家庭占23.7%）。这一个比例，和宋代进士及第者出身于所谓寒素、布衣或无仕宦背景家庭大略相当，但是士人在宋代仅通过地方解试是不能出仕的，明清时期则仅通过乡试就可以出仕为低层官员。因此明清的统计中虽含有出身低层官员的部分，这两个比例应仍可相提并论，据以认为明清时代大体上仍维持了相当于宋代的社会流动性。清代进士出身于平民家庭的比率较明代低，而出身于生员家庭与低级官员家庭的比率较明代高，显示清代平民比起明代平民要多花一两代人的努力，才能爬上社会阶梯的上层。再以地位较低的士绅出身来看，晚清的举人与贡生，（1）占20.1%，（2）占25%，（3）占54.9%，（4）占2.6%，家庭背景为（1）、（2）

的比例，要较清代进士略高，也就是平民、生员家庭的子弟取得举人、贡生功名，要较取得进士容易。对于平民、生员家庭的子弟来讲，成为举人、贡生，也就是社会地位的上升。生员是士绅的最低层，明代南通县的生员，有74.8%出身于平民家庭，清代则有53%出身于平民家庭。海门县的生员，在清代有48.4%出身于平民家庭；常熟县的生员，在清代有54.5%出身于平民家庭。可知平民子弟跻身于生员，更为容易。这些统计数字，都说明士绅并非一个固定不变的阶层。到了清代中叶以后，捐纳盛行，更有许多富有而无功名的家庭以异途出身的方式成为士绅。

二、士绅的特权

士绅的身份，是明清时代社会大众努力追求的目标。《儒林外史》里的周进，当童生到了60多岁，还不曾中学。到省城里参观贡院，悲从中来，放声大哭，吐出鲜血。大家出钱帮他捐了监生，然后连中举人、进士，才心满意足。范进也是考了20余次，到54岁仍然是童生。家里穷得没有饭吃，要靠丈人胡屠户接济，他还是要考，得到周进的提拔，才中了学。瞒着丈人到城里考乡试，让母亲、妻子饿了三天。捷报传来，竟欢喜得发疯，只会拍手大笑说："噫！好了！我中了！"这两个故事，都说明当时人对于考试的热衷。对考试的热衷也见于考生即使到了高龄，仍不肯放弃。像《儒林外史》中的周进、范进，考到五六十岁，仍不算年长。清朝乾隆四十九年（1784）的会试，各省举人年届90者有1人，80以上者有20人，70以上者有5人。在长期而且一再地准备参加各级考试的过程中，固然会蒙受各种精神与肉体上的折磨，但是一旦考取，身份便与众不同。只有考试成功，才能取得士绅的身份。士绅身份之所以可贵，一方面由于它代表了一种社会的声誉、名望，另一方面，和这种声誉、名望相连的，是一些常人所不能享受的特权。这也就是顾炎武所说的，"上之人以是益厌之，而其待之也日益轻，为之条约也日益苛"的生员，而"下之人犹日夜奔走之，如骛竭其力而后止"，原因在于一旦取得这种身份，"则免于编氓之役，不受侵于里胥，齿于衣冠，得以礼见官长而无笞捶之辱"；蒙其惠者又不只于自身，而及于家庭，所以他认为人们热衷于此，"非必其慕功名也，保身家而已"（顾炎武《亭林文集》卷一《生员论上》）。

（一）士绅的法律与社会特权

在法律上，士绅享有与一般平民不同的待遇。进士、举人、贡、监生员以及官员犯罪，如果只犯笞杖轻罪，照例纳赎；罪止于杖一百者，革职除名，所得杖罪可免发落；犯重罪受处分之前，也必须先除去原有的功名。这说明一个士绅，是不能轻易受刑罚侮辱的，只有在免除士绅的身份之后，他才能接受刑罚。生员犯罪，地方官必须先通知当地学政，不得自行处理。这也就是顾炎武在《生员论上》所说的"无笞捶之辱"。法律也给予士绅特别的保护。平民侮辱士绅，所受的刑罚要比侮辱平民来得更重。譬如士兵侮辱举人，要按侮辱六品以下官员定罪，杖七十；如果他侮辱的是平民，只不过杖十而已。当士绅卷入诉讼时，他不必亲自出庭应讯，只由家人代理，因为士绅出入衙门受讯，有失整个士绅阶层的体面。官员处理士绅的案件，如果不按照这些特别的程序，将会受到告发。

士绅的特殊地位，也表现在社会行为上。譬如说，贡生以上，门前可以竖立一支旗杆，也可以在巷口建立牌坊。生员被尊称为相公，没有官职的举人、贡生、监生被尊称为老爷，官员都被尊称为大老爷。士绅有一定的服饰，与平民有别，不同层次的士绅，穿着也不相同。譬如明代的监生、生员，照规定头戴方巾，身穿圆领大袖的青衫，称为襕衫，严禁穿戴常人巾服与众人混淆。地方官对于士绅，必须待之以礼，士绅见地方官，不必下跪。一些政府或家族中的礼仪，也往往只有士绅可以参加观礼。这也就是顾炎武在《生员论上》所说的"齿于衣冠"，"得以礼见官长"。

士绅拥有这些特权，其中有一些就仗势在乡里横行，他们的行为甚至越出特权的法律规范之外，成为政府或民众的一大困扰。顾炎武在《生员论中》指出："今天下之出入公门以挠官府之政者，生员也；倚势以武断于乡里者，生员也；与胥吏为缘甚有身自为胥吏者，生员也；官府一拂其意则群起而哄者，生员也；把持官府之阴事而与之为市者，生员也。"（《亭林文集》卷一）生员尚且如此，则地位较高的监生、贡生、举人、进士自然更成问题。地方官对于士绅这类行为的不满，见于曾国藩在道光二十五年（1845）写给叔父母，请他们劝父亲不要关说地方公事的信中。他的父亲曾毓济，也是一名生员，有一个在朝廷任官的儿子，使得他在地方上的影响力更与众不同。曾国藩这封信中提到他听四弟、六弟讲，他们的父亲近来常到省城、县城，为蒋市街曾家说坟山事、长寿庵和尚说命案事。他说"此虽积德之举，然亦是干预公事"，又说自己现在是在京四品官，外放即是主管一省监察与司法事务的按察使，"凡乡绅管公事，地方官无不衔恨"，所以"无论有理无理，苟非己事，皆不宜与闻"（曾国藩《曾文正公全集·家书》卷二）。由于士绅喜欢过问地方官府的施政，因此在文风鼎盛的地区，县官十分难当，县内有许多官高爵厚的绅宦之家，地位远高过县官，县官办起事来不免小心翼翼，不敢得罪。

有些士绅借特殊地位的掩护，来谋求不法的商业利益。明代嘉靖年间（1522—1567），闽南士绅便有利用权势掩护走私商船的情形，并且提供巨额资金，成为走私商人的合伙人，当商船回航时，双方朋分利润。泉州府同安县乡绅林希元就是其中之一，他曾中进士，历任地方、朝廷官职，后来终老故里。据负责浙、闽海防的朱纨所奏，林希元专造违反官府所定规格的大船，托言为渡船，实际专运海寇的赃品和违禁的货物。他也拥有一支船队，并出借资金给私商，和他们合作经营海上贸易，从中获取巨利。所以能够如此，在于他假借乡绅的权势挟制官府。每遇上级官员来巡察，他就以平素所写诋毁前任官员等文一二册寄览，自谓独持清论，实则明示挟制。地方官对他虽然既害怕又厌恶，却无如之何，也就不敢过问他的不法活动。类似的现象也出现在浙江沿海。谷应泰《明史纪事本末》卷五十五《沿海倭乱》记载嘉靖二十五年（1546）倭寇侵扰宁波、台州的缘起，指出此事和沿海士绅卷入倭商的走私活动有关。原本倭商将蕃货交由商家销售，货款遭商家吞没，"已而主贵官家，而贵官家之负甚于商。番人泊近岛坐索其负，久之不得，乏食，乃出没海上为盗，辄构难，有所杀伤"，贵官鼓动官府出兵驱逐，却又暗中泄露消息给倭商，以图能再代销蕃货。这种事情一而再，再而三地发生，事情于是愈闹愈大，倭人盘踞于近海岛屿中不肯离去，时时寇略沿海郡县。

有些士绅，甚至其家人，借着士绅的特殊地位而欺压乡民。前述林希元的家中就私设刑堂，擅自接受民众的词诉而加以拷讯。明代宰相杨士奇之子杨稷曾侵暴杀人，言官交相弹劾，朝廷不置之于法，反而以弹劾的奏章出示杨士奇，又有人举发杨稷横虐数十事，才交付审理。藤县白莲贼反，民众从乱，地方官问他们何以如此，都说祸由董二，所指的是延绥巡抚董国光的儿子，他居乡横暴，导致当地民不聊生。这一类事迹，见于赵翼《廿二史札记》卷三十四《明乡官虐民之害》条所举，可以说是不一而足。

（二）士绅的经济特权

在经济上，士绅也享有一般平民所不能享受的优待。譬如廪生入学，便享有政府所给的廪膳，确实在国子监中研读的监生，也同样享有廪膳。生员参加乡试，举人参加会试，地方政府都补助旅费。士绅应邀从乡间前往城里参加地方政府的礼仪，旅费也由地方政府供给。

士绅的赋役负担，比起一般民众来得轻。士绅的徭役与丁粮都可以免除，而且不只免其本人，连家人也受其庇荫。清雍正五年（1727），并丁银入田赋，但士绅仍然可以将丁银部分剔出不计，因此士绅的田赋负担便比一般民众轻。至于田赋，是不能免除的，但士绅缴纳的期限可以延迟。当政府征收各种田赋附加的杂税时，有些士绅也会利用权势拒缴，地方政府也因为他们的特殊身份而无可奈何。地方政府往往将人户划分为绅户、宦户、儒户与民户四类，或大户、小户两类，在收税时给予不同的待遇，例如在晚清的江北，绅户缴纳的漕粮价就比一般民户低了很多。这种情形并非源自法律的规定，可以说是士绅特权的扩张。

在灾荒救济时，士绅之家也受到较多的照顾。明正德十六年（1521），王守仁在南宁府发放赈粮，规定乡官、举人、监生之家，每家三石，生员每家二石，大小人户每家一石。放赈的数量不是按每家人口的多少分，不是按贫富分，也不是按灾情轻重分，而是按科名的高下分。士绅所得赈粮的数量，是一般民户的二至三倍。

除此之外，士绅的社会地位，也使他们可以获得许多特殊的经济利益。《儒林外史》中的范进，本来穷得家里没有米，但是一旦中了举，便有许多人来奉承他，"有送田产的，有人送店房的，还有那些破落户两口子，来投身为仆图荫庇的。到两三个月，范进家奴仆丫鬟都有了，钱米是不消说了"，又有张乡绅送给他一所三进三间的空房，催着他搬家。这些经济利益，是由于他的社会地位可以庇护别人，或是别人可以借他的社会地位来牟利而得到的。

士绅的经济特权，同样也成为政府与民众的一大困扰。顾炎武《生员论中》："天下之病民者有三：曰乡宦，曰生员，曰吏胥。是三者，法皆得以复其户而无杂泛之差，而杂泛之差乃尽归于小民。"（《亭林文集》卷一）其中乡宦、生员，都属于士绅阶层。小民承担杂泛之差能力有限，于是田土诡寄、人户逃亡等事情相继发生，政府征课赋役更感困难。清咸丰年间（1851—1861），冯桂芬在江苏倡议均赋，目的便在"损中饱以益上下"，使"绅民一律均输"，取消士绅的赋役特权，下以纾民困，上以解决政府财政的困难。

（三）士绅权力的限制

士绅固然享有特权，甚至因此有逾越法律的规范，但是也有其限制。道德伦理的约束、一些地方官员基于政务的推行而对士绅行为的抑制，都能发生某种程度的作用；逾越之事闹得太大，也还是会受到追究。更加重要的，士绅的特权其实是在皇帝权力的控制之下。士绅享有法律特权，不能轻易加以刑罚，然而一旦被革职除名，便与平民无异，要斩杀、要监禁、要流放，悉听皇帝的意旨。尤其是明清时代君主专制达于极盛，宋代尚有不杀士大夫的祖训，而明清时代士大夫所受的残酷待遇，如明代的廷杖、明清两代的文字狱，特别是前者，可以说是宋人所难以想象的事。当中央权力鼎盛的时候，士绅的权力也就受到较大的限制，如果中央权力衰落，士绅也就较易伸张特权。

清朝初年的科场案与奏销案，是绅权受制于皇权的两个具体例子。科场案发生于顺治十四年（1657），蔓延几及于全国，而以顺天、江南两省牵连最广。顺天、江南两省的乡试，都有考生交通关节、贿赂主考官的传闻，经过调查属实，涉案的官员、举人或被处斩，或流放关外尚阳堡、宁古塔，家产籍没，妻子家奴也或者流放，或者籍没，牵连不下数十百家。当时南北两闱场中式的举人，都到北京瀛台，由皇帝亲自复试，复试之时，堂下列有武士，挂刀持棍，又每一举人有护军二员持刀夹立于两旁，因此与试者都心中惴栗，不能下笔。江南名士吴兆骞，便因此而缴了白卷，被指为有贿赂嫌疑，而流放宁古塔。

奏销案发生在顺治十八年（1661），牵连之广，更远过科场案。江南巡抚朱国治以苏、松、常、镇四府士绅，多有抗欠钱粮不缴的情形，加以穷治。四府官绅士子，因此而被革黜除名的达到13 000余人，而且被枷责鞭朴，衣冠扫地。又有3 000余人遭逮捕，送京议处，过常州而得旨放还。有一个探花，只欠一钱，也被革黜，因此民间有"探花不值一文钱"的谣谚。

这两个案子，可说明士绅的身份对他们的生命、财产、妻子并没有万全的保障，甚至连这个身份本身，也都随时可以被取消。在皇帝的天威之前，读书人连赖以安身立命的文章也都写不出来。

三、士绅的社会活动

士绅运用特权，横行乡里，抗欠钱粮，造成政府和民众的困扰，只是事实的一面；另一方面，士绅是地方社会的领导人物，是地方政府与民众间的桥梁。未曾出仕的士绅，以及离职还乡的官员，都扮演了这样的角色。士绅苦读应考的最终目标虽然可能在于中央政府的最高职位，但是他们始终以家乡作为他们的根基。对于家乡的安宁、建设、教育与保卫，他们常竭尽心力。近代以前，正式的政府组织只到县城为止，县衙门的人员、经费都有限，广大乡村中的各种公共事务，便需要仰赖士绅的合作来达成；政府也借着士绅发挥他们的影响力，来达成对乡村的控制。而士绅的知识、财力与声望，使得他们在地方上能够领导民众，造福乡里，成为政府对社会控制环节的末端。

（一）民众纠纷的仲裁

士绅在乡里中，常担任裁决民众纠纷的工作，使这些纠纷能够自行解决，不必到官府去进行费时费钱又费事的诉讼。

担任这种工作的，多半是被认为正直无私的士绅，他们的决定能够得到争论双方的尊重。他们裁决的纠纷，有时不仅是个人之间的，而是团体之间的，譬如说家族之间的械斗，经过士绅不畏艰险的奔走劝说而化息，自然是乡里间的一件好事。地方官希望政简刑清，不愿花费太多的工夫在处理诉讼案件上，也常将诉讼双方送回乡中，让他们找人仲裁。有些乡村，还由士绅们共同研商，制定乡规，取得地方官的承认，让乡人共同遵守。

当然，并不是所有纠纷都可以由士绅仲裁，譬如说人命的案件，便必须送官。还有如果士绅不够公正，有所偏私，民众也不会信任他，仲裁就无法成功。同时士绅出面仲裁民众的纠纷，也必须注意限度分寸，如果由仲裁纠纷进一步去过问地方官对案件的审判，地方官就不会喜欢。

（二）公益事业的主持

士绅也常在乡里中筹办、参与一些公益事业或活动，譬如修桥铺路、赈济饥民、主持社仓、建筑堤防、疏浚河道、兴建灌溉设施、捐助学校或育婴堂等。这些公益事业，需要较大的经济力量，牵涉的地区也较广大，多由具有较高科名的士绅来策划推动，较低层的士绅则负担执行的工作，但是在一些比较偏僻的地方，高科名的士绅很少，低层士绅便成为这些事业的领导人物。

以主持社仓为例。俞森《荒政丛书》卷十载有沈鲤《社仓条议》和沈兰先《社仓议》，前者认为社仓和乡约的主持人可以分开，后者则认为应是合一的，但都强调社仓是由地方上的士绅主持。沈鲤《社仓条议》：

> 世有治人、无治法，法之善者，全藉得人以相助为理。今拟各里先推举好善而公正、老诚而精敏者绅衿士民十余人，立为社正二人、社副四人、社干八人。
>
> 社正之任，与州县乡约长之名不同。盖乡约长只以良善耆民为主，然既系在官，则有参谒迎送；调处地方，则有伺候审理；至于公私藉赖，则又未免有妨功费用。今之社正，

则以绅士闻望之人为主，专司社仓一事，不必责以参谒迎送也；唯社中有梗法顽赖者，方据实闻官，官为惩治，不必伺候审理也；而又公私不扰，无妨公费用之虞。故以乡约长之有才干者，或兼摄社正之事则可，如以社正而欲兼乡约长之名，则断无人肯任，社事终无可成之日矣。

沈兰先《社仓议》：

> 每里各设乡约，取私创寺院改造，里中推年高有德谊者一二人主之，或老乡贡、耆儒、老诸生皆可。月朔则召民讲约读法，教子弟以孝弟廉让。即于其后为仓房，高其墙垣。……凡社仓者，每里一乡约，则一社仓，仓粟赈其本里之人。……每乡约，约正一人（或二人），副二人，仓谷出入，悉听正副。

在沈鲤的拟议里，社仓的社正、社副、社干共十四人，都由绅衿士民充当，而社正则主要是选取绅士有闻望之人；在沈兰先的拟议里，兼理社仓之事的乡约长，推举老乡贡、耆儒、老诸生有德谊者充当，这些人也都属于士绅。地方上社仓的设置与营运，在平时固然有助于改善农民的生活，到灾荒发生时，更能在乡里中发挥救急的作用。

上述社仓的主持人做的是实际执行事务的工作，也有一些士绅扮演了推动、规划、捐献或募捐的角色。热心而有财力的士绅之家，多以这样的方式来参与公益活动，所参与的活动往往也会较多。例如晚清的湘乡曾家，曾国藩的父亲曾毓济一方面固然为人关说公事，另一方面也热心公益。他在道光年间纠集二十四都民众续修紫云峰仙女殿，与邑绅刘宗履等人纠众捐建贞孝节烈总坊，咸丰年间与其他邑绅重修湘乡县丞署，又捐三十四都高叶塘田地十六亩为双峰书院膏火。二弟曾国潢是盐运使衔候选郎中，同样喜欢干预公事，但也同样致力于地方上的公益活动和公众事业。他在咸丰年间出面办团练，防剿土匪；在咸丰、同治年间，他办社仓，纠众捐修码头、石路、桥梁、庙宇，规划双峰书院增建斋舍、纠众捐建宾兴堂。四弟曾国荃是贡生，以后成为湘军主将，做到巡抚、总督。他在家乡曾有仗势强买民地、强伐人家坟山大木等行为，一度风评不佳；但后来赋闲在家时，却积极参与地方公益活动，如捐修庙宇、桥梁、衢道，主修省城湘乡的乡试馆，捐钱、谷给育婴堂，捐社仓义谷并订定散放章程等，而且往往出手阔绰，有时全出自他独立捐献。

这些公益事业或活动，有时是士绅独立或共同进行的，也有士绅和政府合作进行的。当士绅和政府合作进行时，有时是出自士绅的倡议，而向地方政府争取支持和补助；有时为政府有意兴办，但是力有不足，因而争取士绅的协力。例如当灾荒发生时，政府对灾民除了进行官赈之外，又会向绅衿富民劝赈，以议叙官衔或许予入国子监读书的方式来酬奖。各项公共工程也常需要得到农民合作，运用农民的劳力来进行，特别是与农业生产有关的水利工程，多半选择在农闲时期兴办，由士绅或政府出钱，农民出力，工程完成后，对大家都有好处。一些建设平时的管理维护，也常由地方上的士绅组成一个组织来负责。

（三）传统文化的传递

士绅以知识取得社会地位，他们的知识来自古籍，因而对于传统文化的传递也尽心尽力。乡里中兴办义学、捐学田、捐学校建地、修建孔庙等文教活动，他们往往十分热心，出钱出力，乐此不疲。省城贡院及本县人到省城参加乡试住宿的试馆，也常由士绅负责修护。前述湘乡曾毓济、曾国潢、曾国荃父子，就做了不少这一类的事。

地方志与族谱的编修，通常都由士绅主持或参与。地方志中的忠义、孝行、善行等传，族谱中的家训，都是传统文化传递的媒介。家族中的祭祀与族规的执行，也常由士绅主持。士绅在家族中所扮演的文化传递角色，可以用晚明江西抚州府乐安县流坑村董氏家族的董燧为例。他是江右王门学者，出身于一个士绅家庭，祖父曾中进士、任官职，他自己也曾中举、任官。致仕之后回到家乡，积极领导乡族建设，其中包括重修大宗祠、举办各种讲会、主修族谱等。其中宗祠重修之后，立有彰义堂，用意在表彰族中捐财建祠者的同时，也表彰"读书发科以隆其祖者"，两者同为祖宗的孝子慈孙；讲会的举办，以他的学养亲自主讲，用以传播王学；族谱的重修，则增列了名位、乡贤、贞节、隐逸、方术、遗英等表，大多含有教化的意义。

乡约起于北宋熙宁年间关中蓝田吕氏兄弟的规划，原由士人自发组成社群以砥砺德业。到明清时期，演变成为政府向民间推动的活动，用以宣讲皇帝教民的圣谕。明清地方上乡约以年高有德者主持，也有的如前引沈兰先《社仓议》，指明是"或老乡贡、耆儒、老诸生"。明代乡约主要讲解明太祖的《教民六谕》，内容是孝顺父母、尊敬长上、和睦乡里、教训子孙、各安生理、毋作非为。这时官府虽然已在推行乡约，并且在明代中叶以后有较大的发展，但是还没有像清代那样确定成为一种普遍实施的制度。清代则规定凡州县城内及各大乡村，都要立讲约之所，设约正一人，于举、贡生员内拣选老成有德行者担任。每月朔望，向民众讲解康熙手订、雍正解释的《圣谕广训》十六条，内容除伦理规范外，又谕示民众要重农桑、务本业、完钱粮、联保甲，同时也借此机会倡导政府的政令。乡约也有层次较高的，主持人甚至是学者。如前述董燧，他在家乡所设的大成书院，同时也是一乡之约所，联乡中十八都之士敦行乡约。又如陈献章的学生湛若水，曾应同里门人伍克刚之邀，与家乡诸著姓合作，在广州府增城县主掌沙堤圣训约。此一乡约的约所，在该县绥宁乡甘泉都沙贝村的独冈书院，这所书院为湛若水所创建，也由他维持。湛、伍两人同为致仕返乡的官员，分别担任主约和副主约。主持人另外还有约正、约副、乡正等三人，都是湛、伍两族人。约众每年聚会四次，其他八个月则由五名主持人下乡巡行，到各保甲了解民情、诫励民众。聚会时依仪式行礼，不只听读、讲解明太祖圣训、当朝皇帝明世宗的圣谕，也听读、讲解《尚书》《诗经》等经书。

　　除此之外，一些在宦途不得意的士绅，常投身于教学的工作。《醒世姻缘》讲到穷秀才治生最好的方法，是"开垦几亩砚田，以笔为犁，以舌为耒，自耕自凿的过度，雨少不怕旱干，雨多不怕水溢，不但饱了八口之家，自己且还要心广体胖、手舞足蹈的快活。且更度脱了多少凡人成仙作佛；次者亦见性明心，使那有利没害的钱"。自宋代以来，印刷术推广，买书容易，再加上人口日增，社会对教育的需求也增大。《儒林外史》里的范进在考中生员之后，他的岳丈胡屠户反对他去考乡试，表示要在自己行业里帮他寻一个馆，让他每年赚几两银子。可见即使在屠户行内，也有子弟求学的需要。以教书为业有各种层次，最基础的是启蒙，进一步则可以读经史，习诗文，准备科举考试，更上一层则是讲学问。教书也不只是教给学生知识，还要教他们做人，循习规矩礼法。除了教书之外，教书先生也常帮人写书信和各种宗教活动、婚丧喜庆等应用文字，甚至有时要为人卜算堪舆。许多应考不第或无意仕途的士人，若家无田产可守，也不适应改行业商，往往以此业维持生活。这一类的士绅，应为数不少，他们从事最基层的教育工作，使传统文化渗透到广大的乡村。

（四）地方自卫的领导

每当发生动乱，而政府武力无法保卫地方时，地方士绅或出于自动，或受政府的委托，常出来领导乡民捍卫地方。士绅以其在地方上的声望，加以平时乐善好施，不难一呼百应，组成乡勇，保乡退敌。

这种情形，在明、清两朝都可以看到。明代宸濠之乱与倭寇之乱，有不少地方便是由士绅出来构筑工事、捐输粮草、组织乡勇拒敌，而得到保全。清代中叶以后，正规军八旗与绿营已失去战斗力，自川楚白莲教乱开始，地方自卫组织团练开始担当重要的角色，不仅保卫家乡，而且在平定乱事方面有很大的功劳。清代的团练与政府管辖的地方基层行政组织保甲关系密切，在组织与功能上有相当程度衍生自保甲。川楚教乱时的地方团练，即以保甲为基础组织，这时政府控制的力量仍大，团练数目不多，规模也不大。鸦片战争时，英军入侵广州，地方遭受骚扰，广州士绅组织团练自卫。战争结束后，珠江三角洲地区许多团练都继续维持下来。这一段期间，广西也由于盗匪乱事不断，民众组织团练自卫。

不过团练普遍出现，是在太平天国乱起以后，政府也加以鼓励。曾国藩领导的湘军，就是由他奉命回原籍筹办团练发展出来的，曾氏兄弟有好几人参与。这时的团练仍然和保甲有密切关系，但是地方家族与士绅所扮演的角色已更加重要，政府的控制力减弱，常由地方士绅来动员人力、物力，自行筹措经费。团练的组织，各地并不一致，但是也有其共通之处，一是以士绅为其主要领导者，以农民为主要成员，多来自按户抽丁。通常较高层次的士绅负责组织领导或财政，而较低层次的士绅则需身先士卒，指挥部队。规模较小的地方团练，也有由下层士绅领导的。一是政府对于这些团练并不放心，而力图将他们置于监督之下。当然，士绅的利益与政府的利益未必一致，部分团练的领导人只关心保乡，而未必肯协助政府平乱。

以晚清而论，学者统计湖南、两江、两广地区团练领袖群中士绅的比例，约占五分之三以上，有些省份甚至高达百分之七八十，而又以出身生员、监生者较多。当政府必须仰赖士绅领导的自卫团体来平定乱事，皇权是否能够再控制绅权，自然成为问题。明清时代以高涨的皇权来维系的传统政治社会结构，这时也已到了将近崩解的时候了。

参 考 书 目

一、专著

王德昭：《清代科举制度研究》，香港：香港中文大学出版社，1982年。

何炳棣著，徐泓译注：《明清社会史论》，台北：联经出版事业公司，2013年。

李荣泰：《湘乡曾氏研究》，台北：台湾大学出版委员会，1989年。

林丽月：《明代的国子监生》，台北：台湾东吴大学"中国学术著作奖助委员会"，1978年。

张仲礼著，李荣昌译：《中国绅士——关于其在19世纪中国社会中作用的研究》，上海：上海社会科学院出版社，1991年。

陈东原：《中国教育史》，台北：台湾商务印书馆，1976年：第二十一至第二十六章。

贺跃夫：《晚清士绅与近代社会变迁——兼与日本士族相比较》，广州：广东人
　　民出版社，1994年：第二章。

萧公权著，张皓、张升译：《中国乡村——论十九世纪的帝国控制》，台北：联
　　经出版事业公司，2014年。

瞿同祖：《中国法律与中国社会》，台北：台湾崇文书店，1974年：第四章第
　　二节。

瞿同祖著，范忠信等译：《清代地方政府》，北京：法律出版社，2003年：第
　　十章。

二、论文

王尔敏：《清廷"圣谕广训"之颁行及民间之宣讲拾遗》，收入其著《明清社会
　　文化生态》，台北：台湾商务印书馆，1997年。

王尔敏、吴伦霓霞：《儒学世俗化及其对于民间风教之浸濡》，收入王尔敏主
　　编：《明清社会文化生态》。

朱鸿林：《明代嘉靖年间的增城沙堤乡约》，收入其著《中国近世儒学实质的思
　　辨与习学》，北京：北京大学出版社，2005年。

吴金成著，金泽中译：《明代湖北农村的社会变化与绅士（上）、（下）》，《食货
　　月刊（复刊）》第17卷第1、2、3、4期，1988年。

孟森：《科场案》，收入其著《明清史论著集刊》，北京：中华书局，1959年。

孟森：《奏销案》，收入其著《明清史论著集刊》。

林丽月：《闽南士绅与嘉靖年间的海上走私贸易》，《台湾师范大学历史学报》
　　1980年第8期。

梁洪生：《江右王门学者的乡族建设——以流坑村为例》，《新史学》第8卷第1
　　期，1997年。

梅谷（Franz H. Michael）著，林满红节译：《十九世纪中国的国家与社会》，
　　《食货月刊（复刊）》第3卷第7期，1973年。

刘广京：《晚清地方官自述之史料价值——道咸之际官绅官民关系初探》，收入
　　其著《经世思想与新兴企业》，台北：联经出版事业公司，1990年。

郑亦芳：《清代团练的组织与功能——湖南、两江、两广地区之比较研究》，
　　《台湾师范大学历史学报》1977年第5期。

第二十三讲

明清租佃制度的演变

一、佃权的长期化

租佃制度自宋代盛行以后，延续到明清，仍然是主要的土地经营制度，足以反映农村中的社会经济关系。对于明清租佃制度的认识，除了来自传统的史籍，如地方志等书之外，1963 年，中国大陆又新发现了徽州文书，或称屯溪数据，可供利用。这年南京大学历史系从安徽屯溪古籍书店采购了一批文书，如黄册、鱼鳞图册、地主置产簿、分家书、租佃契约等，涵盖的地区，包括徽州府及其附近的杭州府、广信府、严州府等地。这些资料，经过学者的整理，增进了我们对于明清租佃制度的了解。

（一）长期佃约

和宋代相比，佃户的权益在一些方面有所增进。明清时期的主佃关系，已经可以看出很明显的南北差异。乾隆四年（1739）两江总督那拉图上奏指出，北方佃户往往住业主的庄屋，牛、犁、谷种也仰赖业主提供，佃户一旦退佃，不仅无田可耕，而且也无屋可住，所以佃户畏惧业主，业主役使佃户有如奴仆；南方的佃户则住自己的房屋，自备牛、种，不过借业主的田地来耕作，交租之外两不相问，即使退佃，尽可别图，所以佃户不在意业主是否撤佃，业主也无法加以凌虐。从他的比较可以看出，这时南方的佃户在佃耕上比起北方的佃户有较大的保障。明清时期佃户权益保障的增进，北方虽然非全不存在，但主要见于南方。

南方佃户权益的保障，不仅在于他们不在意退佃，也见于佃权的长期化。宋元时代，租佃契约中缺乏佃期的规定，佃户的佃权缺乏完全的保障，因此增租划佃的情形经常发生。官田中虽然已有永佃权的出现，但是并不普遍，民田佃户的佃权保障，则缺乏明确的史料说明。明清时期租佃契约上所规定的佃期常有很长的情况，永佃权也愈来愈普遍。长期佃约例如福建永安所遗留下来的明清租佃契约，"本田十年以满，别行承写一次"，这一个佃约用木版刻印，可知是永安当地通行的佃约规格。这里的佃户享有长达十年的佃权保障。福建还有些县佃约所规定的佃期可以达到二三十年，甚至长达90年的。即使佃约中的佃期没有那样长，佃户实际佃耕的佃期也常有时间很长的。学者统计明清徽州租簿中佃户的佃期，如果以不到十年为短佃，20年以上为长佃，短佃一般占30%至50%；长佃比例虽不及短佃，但一般也约在20%至30%之间，也有的租簿以长佃居多。至于佃户实际佃耕的佃期，则有些可以达到四五十年以上。由于佃期长，所以一些租簿中很少看到换佃的情形，例如下举这几份租簿：（1）黟县守经堂二房正租簿，从清同治三年（1864）到光绪六年（1880）十七年中，有60余家佃户，只有八坵田地换过一次佃，一坵田地换过两次佃。（2）清光绪年间团拜祠租簿，有83坵田地21年的记录，其中11坵曾换过佃。（3）同治年间黄中兴租簿，只有16坵田地出租，记录长达39年，其中十坵田地曾经换过一次佃，三坵田地换过两次佃，有一坵39年内始终未换佃。从这几个例证，可知佃户耕种同一块田地可以长达十几二十年，甚至将近四十年，佃权不可以说是缺乏保障。

佃户的佃期不仅长，而且常常父死子继，也不受业主更换的影响。上述几个租簿里，换佃的例子有很多都是父死子继，而非换其他的佃户，簿上并且注明"新佃系原佃之子"，这似乎已经成为一种风俗。佃户虽然没有永佃权，但是死亡之后，却由他的儿子来优先继承，订立新佃约。有一张嘉庆五年（1800）的退佃契约，傅必星原来佃地七亩，死亡后家中无人继续耕种，他的父亲傅阿扬便以"身老恐荒其田"为理由，将田土退佃。换一个角度来看，傅家如果有人力继续耕种，他们是不必退佃的，可以继承傅必星的佃权。在业主方面，当他们卖田地时，往往要求新业主继续让原佃户耕种，并且在买卖契约中载明。例如明代汪氏置产簿中所抄嘉靖二十七年（1548）的地契中，便清楚地记载了原来佃户的名字和租谷数量，在下面注明"即无异说"，表示买主不得有异议。不仅佃户不换，租额也照旧，旧的佃约到了新业主手中仍然有效。

（二）永佃权

对佃户更大的保障是永佃权，佃户享有佃权是永久性的，不必担心地主的撤佃。明清时期，民田的永佃权已很常见。福建地区的永佃权已经由契约固定下来，有制度化的倾向，在一些刊刻于福建的民间日用书籍中，可以看到相关的契式。例如在《词林武库》所载约文中如此写："永远佃耕，不限年月，如佃人不愿耕作，将田业退还业主，任从召佃别布，不得留难争执"，其他书籍所载约格式也有类似的文句。依据契约，佃户不仅有权永远佃耕，在他不愿意再承佃时，也可以随时退佃。有的佃约格式，则除了这两项外，又规定佃户不许自行转佃他人，成为对佃户权利的一种限制。

在江南地区，永佃权称为田皮，享有永佃权的佃户，在租簿上都注明"系自佃皮""本家佃皮""本家田皮"等字样。获得永佃权的佃约，称为承断佃约。有一张乾隆五十八年（1793）的承断佃约，傅绳武、陈元隆二人，承租到地主受洪水冲损的土地七亩，加工修整，恢复成田，于是获得承断的权益。他们的永佃权，大概是他们施加在土地上的工力换取来的。永佃权和土地所有权一样，是一种独立的财产，可以买卖出让，后面将要谈到的一田多主制和永佃权有密切的关系。永佃权亦即田皮的买卖，称为小买，小买契约有的称为转佃约，有的称为佃约，有的称为出佃批，出佃意即出卖田皮，和田产买卖契约很相像。上面写明了田皮的面积、租额、时值佃价（亦即田皮的价格）、出佃人和受佃人的姓名，出佃人即出卖佃权的人，受佃人即承买佃权的人；并且注明没有重复买卖的情形，如果有，由出佃人承当。有的佃约上写明是"将祖遗下佃业一处"，可见永佃权是可以由子孙继承的；也有的佃约写明是"承父阄分田皮"，可见享有永佃权的田地可以作为分家的对象。受佃人买了永佃权之后，便在他"名下为业"，亦即成为他的财产。在这种情况之下，佃农与拥有田产没有什么不同。

在永佃权盛行的地方，佃农的比率比较高，而自耕农的比率比较小。因为，第一，拥有永佃权等于是拥有一半的产权，佃户不急于取得另外一半产权，变成自耕农；第二，要取得土地的完全产权，变成自耕农，困难也比较大，因为先要从永佃户手中买到田皮，再从地主手中买到田骨，要多花一重手续。永佃权盛行于南方，北方较为少见，这也许可以解释为什么民国时期的农村调查，都显示南方的佃农比率比北方高。永佃权的存在，也和定额租有密切关系，因为在这种情况下，土地的所有权与使用权分离，佃户只需定期向地主纳租，不受地主监督，租额有固定的数额，地主才乐于如此，如果是分租，产量多寡会影响到地主的收益，地主不监督佃户耕作是不可能的。后面将会提到，明清时期额租的重要性逐渐增加，提供了永佃权盛行的背景。

永佃权在北方虽然比较少见，但也不是完全不存在。例如山东曲阜孔府庄田的佃户，有些由于在开垦荒地时出了工本，因而取得永佃权；也有些佃户本来拥有田产，由于想受到孔府的保护，而将原属自家的产业通过投献或诡寄，转移产权给孔府，而仍享有原土地的使用权，久而久之，就发展成永佃权。

（三）佃权长期化对佃户地位的影响

佃权的长期化，在某些方面来讲可以说是使佃户的地位提高了，特别是永佃权，享有这种权益的农民实际上已是半自耕农，佃户获得的保障大为增加。即使没有永佃权，徽州的佃户也有私自转佃的情形，让别人顶替自己佃耕，或称私顶，而地主只要能够照原额收租，就予以允许。佃户保障的增加，使许多地主吃到了苦头。因为佃户欠租的情形多起来，地主却没有办法强制他们，要他们按租约缴足租课。一些租簿在遇到佃户欠租时，都有详细的记录。例如乾隆四十年（1775）某户的租簿，共有一五一坵田地，租给120家佃户，从乾隆四十年到四十五年（1780），每年欠租的佃户少则25户，多则达44户，所占比例不可以说是不高。最特别的一个例子是茗州初庄吴启贤堂租簿，这一个租簿包括光绪二十一年（1895）到民国十年（1921）的收租记录。在这一段期间，租簿内的佃户总数在81家到90家之间升降，佃户常常欠租，于是吴启贤堂另外立了一册刁佃名册，专门登录各家佃户每年欠租的数量，列名于刁佃名册的佃户有80家，可见绝大多数的佃户都属于刁佃，其中有4户积欠达40年，12户欠租10余年，13户欠租10年，另外各欠4—9年不等，最少的也有4年。欠租时间这样久，而且有些是"寸粒未交"，吴启贤堂却对他们无可奈何，只能开列刁佃名册，而无法撤除他们的佃权。有一些租簿在欠租佃户的名字下写上"可恶""十分可恨"等字眼，也只能泄愤而已，依然缺乏有效的制裁方法。

不过，佃权的长期化，也未必完全使佃户的地位提高，徽州的佃仆是一个例子。这里的佃户，为了争取永佃权，而成为地主的世仆。但他们与一般的奴仆有所不同，他们和主人之间没有卖身契约，而是以租佃契约和应役契约建立关系。他们"种主地、住主屋、葬主山"，子孙有义务永远应付主人的"婚姻丧祭使唤"，不可以"私自逃居他处"，所佃田地也不可以"私自典卖"，他们的身份多少受到主仆之分的束缚。虽然如此，佃仆为主人服役，并非无偿的，除了佃种主人田地之外，主人于婚姻丧祭中使唤他们，仍然给他们报酬，和无偿的奴婢有很大的差异。这一种佃仆，存在于明朝中叶以后，到清朝雍正年间（1723—1736），政府下令解除他们僮仆的身份，他们的人身束缚便解除了，成为纯粹享有永佃权的自由佃农。

不仅民间的趋势是佃权的长期化，政府的政策也是如此。清代增租划佃的情形仍然存在，而政府则加以禁止。乾隆五年（1740），规定旗地不论何人承买，仍令原佃户承佃，如果佃户抗欠租银，允许地主呈官别佃，但若是没有欠租，而无故增租夺种，则要治罪；如果地主想要自己耕种，佃户虽然不欠租，也要退地，但如果地主并非自种，却谎称自种、收回土地别佃，也要治罪。乾隆五十六年（1791）和珅管理户部时，将这一个禁令废除，到嘉庆五年（1800）才又重申禁止增租夺佃的命令。

二、一田多主制

（一）地权的分割

租佃制度原来只是在一块土地上，一个地主对一个佃户的关系，土地的所有权与使用权都属于地主，地主将土地的使用权暂时借给佃户，佃户以缴纳租课作为报酬，地主对于土地的使用权仍然可以收回。土地的使用权附属于所有权，地权是统一而完整的，土地的主人只有一个。但是随着时间的推移，可能由于人口的增加，导致对于土地所有与耕作机会竞争激烈，而使地权发生分割，一田不再只有一主，而有二主、三主甚至四主的情形，租佃制度也跟着复杂起来。一田多主制萌芽于南宋时期，到明代中叶以后逐渐普遍，以一田两主和一田三主比较常见，但是四主的情形也不是完全没有。

一田多主制的成立，与永佃权的出现有密切的关系。所谓"久佃成业"，佃户的永佃权，使得土地的使用权首先从所有权中分割出来，地权不再是统一而完整的，土地所有权属于地主，而土地的使用权则属于佃户，彼此独立，互不干涉。地主可以买卖土地所有权，而佃户也可以买卖土地使用权，一方面权益的买卖并不影响另一方面权益的继续持有，如果要获得一块土地的完整地权，必须同时向两方面购买，或是说一块土地的价钱必须由两种地权的所有人来中分，因而成为一田两主。光绪《周庄镇志》对于这种情形有清楚的描写：

> 吴农佃人之田者，十八九皆所谓租田。……俗有田底、田面之称，田面者佃农之所有，田主祇有田底而已，盖与佃农各有其半，故田主虽易而佃农不易，佃农或易而田主亦不与，有时购田建公署、架民屋，而田价必田主与佃农两议而瓜分之，至少亦十分作四六也。又田中事，田主一切不问，皆佃农任之。

所谓田面，相当于前面所说的田皮，指永佃权，亦即佃户的土地使用权，田底则是地主对于土地的所有权，一块土地的权益分成了田面与田底两部分，所以买田时，"田价必田主与佃农两议而瓜分之"。在一田两主的情形下，若是地主和佃户再分别因为租税缴纳或生活负担的关系，而将他们的权益作部分的出让，便会发生一田三主或者三主以上的现象，以下分别从几个不同的地区，看看一田多主制存在的实际状况。

（二）一田多主制的实况

据清朝乾隆《崇明县志》的记载，江苏省崇明县的地权，自元代以来，就有买价、承价的分别。这里的田产，原来多在水底，地主从政府领得荒地，名为恩拨。自从领得土地之后，便必须向政府每亩输粮五合，以后潮泥逐渐淤积，粮课也逐渐增加，到了筑圩成田的时候，已经所费不赀，和用价钱买地相等，所以称为买价，是粮产的别名。产主领有土地，既要输粮，所以又称粮户。粮户有荡地，却未必有能力筑圩，因此有召佃户筑圩的情形。筑圩所需的成本称为圩田工本，由佃户负担。产主为了偿还佃户所出圩田工本，在产业的买价之内，分出一部分给佃户，称为承价。以后佃户如果欠租不还，便以承价抵偿，由地主收回佃权。如果佃户租课交清，可以将承价出售，在出售时，产主有优先购买权，产主不买，佃户才可以另觅售主。佃户也可以将承价再转租给别人，所以崇明一产有两租，买价租谷要比承价租谷来得高，因为买价要负担对政府的粮课，而承价则不必。这是一田两主的情形。

江西省好几个地方，自清朝盛世以来同样久已存在一田两主的现象。土地买卖时，往往分开卖田皮、田骨，或大业、小业，或大买、小买，或大顶、小顶，或大根、小根。强佃借着有田皮小业，常霸佃抗租，造成纠纷。地方政府为了防止这种情形，作了以下的规定：第一，如果民间买卖田地，先问业主或佃户，看能否将地权归并于一方，如果两方都无力收购，必须将皮骨合卖给第三者，不许分开来卖。第二，如果业主急着要卖，也可以按照田亩的时价，将田皮、田骨合并，分一块具有完整地权的土地给佃户，这块土地相当于佃户原有田皮的价格，税粮也转移由佃户负担（亦即原佃户成为这块土地完整的地主），其余的土地则两重地权都属于地主，使地主可以将田皮、田骨合并出卖。第三，如果有刁佃抗租，诉讼到官府，则由官府强制由骨主偿还佃户田皮的价格，将田皮收回，使田属一主。江西地方官的这些措施，似乎并没有收到效果，因为一直到民国时期，江西仍然有一田两主的风俗。

在明清徽州的租簿中，也可以看到田皮、田骨分开的情形，相应于此，租课也有小租、大租的分别。租簿的记载显示徽州的地主有逐渐收回田皮的趋势。他们和佃户在佃约上约定，如果欠租不清，就要收回又称佃皮或典首的田皮。当地主收回该田皮后，也就是同时拥有田骨和田皮，或称"租典全业"，"租佃全业"后，他就可以同时征收大、小租，或称租谷和佃谷。起先在租簿上仍然保留两者的分别，逐渐就合而为一，统称租谷；也有的租簿是先分租谷、佃谷，然后合称租佃谷，再往后才只称租谷。这一个趋势在清末已经显著，但是一直到民国时期，徽州仍然有田皮租的存在。

福建省的汀州府、福州府，在明清时期也都有一田两主的记载。汀州府习惯称地权为田骨，佃权称为田皮；福州府则刚好相反，地权称为田皮或田面，而佃权则称为田根。在汀州府，如果是近水腴田，田皮的价值反而贵于田骨，而且田骨有税粮的负担，而田皮没有，所以田皮成为争购的对象。佃户购入田皮之后，便成为世业，可以招佃收租，也可以转卖他人。有时佃户将田皮转卖之后便跑走了，地主因为新佃户不认账而旧佃户又找不着，竟无法收租，交不出给政府的税粮。地方政府因而下令革除皮租，也不许买卖田皮。福州府也有类似的问题发生，地方政府也颁发了类似的禁令，但显然都没有收到效果。

一田三主制主要见于福建各地，这种现象可以上溯到明代中晚期甚或更早，由于顾炎武《天下郡国利病书》有关漳州府的多则记载而受到注意。漳州府的一田三主制可以分为几个类型，第一、第二种类型由于地主的地权分割而产生，第三、第四种类型则由于佃户的佃权分割而产生：（1）地主将一部分收租的权益出售给别人，同时对政府税粮的负担也转移给这一个收购权益的人。在这种情况下，原来的地主称为小租主，他可以收取佃户的部分租谷，可是不必负担税粮；收购权益的新地主称为大租主，他也可以收取佃户的部分租谷，可是要负担税粮；再加上拥有永佃权的佃户，便成为一田三主。（2）地主将部分收租的权益让给别人，但是仍然要负担政府的税粮。这样原来的地主便成为大租主，而收购权益的地主便成为小租主，再加上拥有永佃权的佃户，也是一田三主。（3）地主的权益与负担不变，而佃户将佃权让给别人，但是他仍保有收部分租谷的权益。这样原佃户收租而不负担税粮，成为小租主；地主收租也负担税粮，成为大租主；再加上取得永佃权的新佃户，成为一田三主。（4）有时佃户将他分享到的部分收成，因为经济压力的理由，而出售给别人。这一个新取得收租权的人，不必负担税粮，成为小租主，原地主成为大租主，也是一田三主。在第三、第四两种类型中，佃户一方面要交租给大租主，另一方面他们分享到的收成中又要拨出一部分给小租主，使得他们的经济状况变得恶劣。这只是就漳州情况所作的类型分析，福建各地的实际情形自然要更复杂。

在一田三主的第一种类型中，有时大租主不自己办纳税粮，而让出部分租谷的权益给揽纳之家代为办纳。大租主和揽纳之家订有契券，却没有资本交易，称为白兑。这一类白兑之家，也有收租的权益，便成为一田的第四主。

无论对地方政府或民间来讲，一田三主和一田四主都引起很多困扰。例如白兑之家常常逃漏税粮，导致无穷的诉讼。有时候因为歉收，小租主收不到田租，大租主仍然以完纳税粮为理由，逼迫小租主交租。佃户权益的转让，有时也使得地主只知道应该收多少租，而不知道田到底是到了哪一个人的手里。因此，地方政府一直都想要消除这种情形，但是就如面对一田两主制一样，旋革旋兴，政府的禁令并没有收到多少效果。

在清代台湾垦拓的过程中，一田两主制和一田三主制也都曾经盛行。台湾一田多主制的成立，一方面是受到内地的影响，福建的移民把内地的习惯带到台湾来，另一方面也和台湾土地的开发有密切的关系。台湾的土地，原来半属官府所有，半属土著所有。从内地渡海而来的移民，从事开垦事业，称为垦户或垦首，他们如果向政府请领土地，必须缴纳正供；如果向土著取得土地，必须缴纳番租。垦户进行开垦的土地，面积都相当广大，所以须招徕佃户，由佃户从事实际的耕作。在早期垦户与佃户之间只是单纯的主佃关系，但是随着土地的开发，租佃制度逐渐发生变化，永佃权逐渐普遍，田面、田底的名称开始在契约上出现。清代的台湾，称垦户的土地所有权为田面，称佃户的土地使用权为田底。佃户可以买卖田底，也可以另外再招佃户来耕种，自己坐收租课，于是有大租、小租的名称出现。在土地请领自政府的情况下，原来的垦户称为大租，他向小租收取租课，而向政府负担正供；原来的佃户称为小租，他拥有永佃权，一方面把田底出借给别人，收取租课，一方面必须向大租缴纳租课；在小租之下，则是实际耕作的佃户，这是一田两主的情形。如果土地取自土著，则在大租之上，尚有一层番大租存在，便成为一田三主了。根据日本占领台湾初期的调查报告，大约有六成的田园要负担大租，可知清代台湾一田多主的情形相当普遍。

台湾的一田多主制，自然也存在着许多问题。大租户失去对土地的直接控制，于是小租户常拖欠大租，以致大租户无法缴纳正供，减少了政府赋税的收入，是重要的问题之一。清代治台的晚期，刘铭传任台湾巡抚，曾在光绪十二年（1886）实施土地改革，对于大租实施"减四留六"，亦即扣除四成给小租户，而由小租缴纳正供，土地的所有权则归并于小租户，但是大租户仍然保存。到日本占领台湾的初期，才全面地清除大租，而给予大租户公债作为补偿，这已经是20世纪初的事了。

三、租课形态

（一）分租、正租、额租的并存

明清时期的租课形态，大致上仍然可以分为实物地租和货币地租两类，货币地租仍然不如实物地租盛行。实物地租除了沿袭宋、元时期的分租和额租之外，又有一种正租，整个租课形态演变的趋势，是由分租走向额租，而正租则是分租和额租之间的过渡形态。从一些私家的收租簿可以看出，很少有地主只采取单纯一种地租形态，往往分租、正租、额租同时并存，也有些在中途发生改变，而这种改变并不是由地主单方面决定，而是"议改"，也就是地主和佃户共同商议的结果，有时候甚至是出于"众议"。

分租在明清时期仍然盛行，在租簿上常称为监分，表示由地主亲自监督收割。有时地主甚至亲自监督所有的生产过程，也有时地主除了遇到水旱歉收之外，并不亲自监督收割。分租的比率，仍然以对半中分为主，但也有以四六分甚或三七分的情形。有的租佃契约上，还规定除了收成对半中分之外，佃户要向地主提供若干额外的肉、酒、鸡，这无异于变相地增加地租。分成比率的差异，有时和地主提供生产资本的种类或佃户所施劳力的多寡有关。在清朝晚期华北的河南省鹿邑县，如果地主提供佃户住屋，而佃户自备牛、车、种子，所获均分；如果种子也由地主提供，佃户只能得四成；如果连牛、车、刍秣都由地主提供，佃户只能得三成；如果佃户仅为地主种植、耘锄，则佃户所得只有两成。

正租是以每块田地丰收时最高产量的一半定为租额，书写在租佃契约上，然后每年地主视当年收成的实际情形，决定在正租额以下实收若干，少收的部分称为让租。明代福建地区的租佃契约，是事先印好的格式，上面印着"正租"两个字，底下留空白，等待签约人填入正租的数量，可知正租在福建相当盛行。江南地区也是如此，不但租佃契约，一切田地买卖文书上面都写明出售田地的正租额，表示这块田地的生产力。正租可以看作分租和额租之间的过渡形态，一方面因为让租的存在，所以佃户每年实际缴纳的租课数量可以随收成的好坏而有变化，收成好，地主少让，便缴得多，收成坏，地主多让，便缴得少，这种情形和分租制基本上相同；另外一方面，契约里又明文规定，以每年最高产量的一半为正租额，正租的数额是固定的，这又和额租相同。从一些收租簿可以看出，采取正租制的收租方式，很少有按照正租额十足收租的，每年都多少有让租，让租之后实际所收的地租，平均大约在正租额的70%上下。但是让租既名之为让，权力便操在地主的手中，让租之后实际所交的地租，和田地的实际生产量相比，大概也不会低于一半的比率。

额租又称硬租，或称硬交不让。虽然说是硬交不让，实际上如果收成很坏，地主也会让租，不过往往声明"下不为例"；有时地主不肯让租，佃户便只有欠租。从一些收租簿可以看出，在明清时期，很多分租或正租都逐渐改变为硬租。例如嘉庆道光简庵公礼租总目中，常见有注明"原监分，今议改硬租若干"，黟县汪嘉祯租簿，也常注有"议改硬租"。凡是改变租课形态的记载，大多属于改为硬租，也有少数几个改回为监分租的例子，但这如果不是遇到荒年时的临时性措施，便是土地受到外力的破坏，使生产力降低，而不得不如此。统计这些租簿中的租课形态，可以发现明清时期租课形态的演变，是朝往额租发展。下表是根据学者的统计再作一个简明的统计，比较不同时期各类租课形态在租簿中所占的比率。

比率 （％） 租簿数	嘉靖元年（1522）至 乾隆四十五年（1780）			乾隆四十八年（1783）至 民国十五年（1926）		
	分租	正租	额租	分租	正租	额租
0	4	0	6	14	13	16
1—20	4	0	1	15	2	1
21—40	1	1	2	5	2	2
41—60	1	3	1	0	2	3
61—80	0	4	0	1	9	1
81—99	0	0	0	0	5	7
100	0	2	0	0	2	5

把所有这些租簿所属的时间，分成前后两段。前面一段从嘉靖元年（1522）到乾隆四十五年（1780），一共有十本租簿；后面一段从乾隆四十八年（1783）到民国十五年（1926），一共有三十五本租簿。在前面一段时间里，可以看出来，以正租占高比例的租簿比较多，而分租、额租的比例约略相当，各本租簿都没有在60%以上的情形。到了后面一个阶段里，分租已成为各本租簿最占劣势的一种租课形态，而正租的优势也不复存在，额租的地位已经上升到和正租旗鼓相当，甚或犹有过之，额租占100%的租簿有五本之多，而正租只有两本；在前面一个时期，没有一本租簿正租所占比例在20%以下，而这一个时期，则有十五本之多，而其中十三本又是完全没有正租，可知正租的地位也在逐渐下降。

411

当从分租或正租改为额租时，租课的数量常会发生变化。一般说来，当从正租改为额租时，租课数量都会减少。因为正租是以年产量最高的一半计算，通常都会让租，地主实际所收只有正租额的70%左右。改成额租之后，不再让租了，租课数量自然也就不能再订得那样高，租簿上所显示的额租数量，大约也是在原来正租额的70%左右，和正租每年实收的数量相当。但是如果从分租改为额租，额租的数量却要比分租每年实收的平均数高出一些。这可能因为额租虽然说是不让，若是遇到收成很坏的年份，也还是要让的，长期计算下来，实收的额租数量便会比约定的额租数量略低，而和分租实收的数量相当。

（二）往额租方向演变的原因

租课形态从分租向额租演变，可能的原因之一，是耕地的零细化。这种现象在宋代已经存在，在本书第十五讲"宋元的土地分配与租佃制度"中曾经指出，这是南宋时期额租逐渐普遍的原因之一。明清时期的南方，由于人口的大量增加，耕地零细化的现象更加显著。

明清时代的土地买卖交易，一般来说，每笔面积都很小。宋代的土地交易就数据所见，每笔最少的在二亩以下或更小，而明清时代犹有过之，从当时的私家置产簿与政府的归户推收册看，以一亩以下的土地买卖最为多见。这时自然也有大地主，明代权贵的庄田有多达数百顷甚至上千顷的，清代一些高官权宦的田产，也有的多达数万亩或数十万亩，前述曲阜孔府所获钦赐、官拨的田产超过一千顷，自购的田产也有数百顷。民间也有一些有田数千亩或万亩的地主，但就整体而言，这类大地主不能算多；一般的地主大多是中小型地主，拥有几百亩的土地。大地主即使有比较多的田产，也常会由于家庭的世代兴衰、财产继承的诸子均分惯例以及政治社会变动，而走向消散。许多中小型地主的田产，常是长期累积而来，平均每年买进不到一亩，很少有一亩以上。由于土地交易的零细，导致土地的零散分布，不可能集中在一处，也不可能以较大的面积出租给一个佃户。从私家租簿可以看出，很多地主的田产，都是分成许多一坵一坵的小坵块，而分别租给数目很多的佃户，这些小坵块，平均每坵只在一亩上下，而又以一亩以下的为多，而且从明代中叶以后，时代愈晚，坵块的面积也似乎愈小。

对应这种情形，每个佃户向一个地主所租得的土地也是一亩上下的一小块土地，而且以一亩以下为多。举几个租簿的例子来看：（1）景记租簿，共有11块地，分租给11户佃户，最少的是0.8亩，最多的是4亩；（2）同治六年（1867）承德庭租簿共十坵田、九坵地，分租给21户佃户，最大的一块田是1.5亩，最小的只有0.1亩；（3）清代某氏租簿，共65家佃户，每户平均租地0.4亩；（4）同治十一年（1872）某氏收谷总登，共45家佃户，平均每户租地不足0.3亩。在这种情形下，一个佃户必须向很多个地主租地才能维持他的生活。于是一个地主面对很多个佃户，一个佃户也必须面对很多个地主。如果采取分租，地主要督促这样多的佃户提高产量，而他们耕种的土地又零散地分布在各处，每一个佃户经营的全部土地也并非属于同一个地主，显然十分困难，远不如采取固定的额租来得方便，这是额租地位上升的有利条件。

参 考 书 目

一、专著

江丙坤著，台湾银行经济研究室编：《台湾田赋改革事业之研究》，台北：台湾银行，1972年：第一章第一、二节，第五章第一节。

章有义：《近代徽州租佃关系案例研究》，北京：中国社会科学出版社，1988年。

陈其南：《台湾的传统中国社会》，台北：允晨文化实业股份有限公司，1987年：第三章。

叶显恩著，林燊禄校：《明清徽州农村社会与佃仆制》，新北市：稻乡出版社，2014年：第六章，附录一、附录二。

赵冈、陈钟毅：《中国土地制度史》，台北：联经出版事业公司，1982年：第七章。

赵冈：《中国传统农村的地权分配》，台北：联经出版事业公司，2005年：第六、七章。

二、论文

仁井田升：《明清时代的一田两主惯习及其成立》，收入刘俊文主编，姚荣涛、徐世虹译：《日本学者研究中国史论著选译（第八卷）·法律制度》，北京：中华书局，1992年。

居蜜：《明清徽州地区租佃文书介绍》，《汉学研究通讯》第4卷第1期，1985年。

居蜜：《安徽方志、谱牒及其他地方资料的研究》，《汉学研究》第3卷第2期，1985年。

张彬村：《十六、七世纪中国的一个地权问题：福建省漳州府的一田三主制》，《食货月刊（复刊）》第14卷第2期，1984年。

张胜彦：《清代台湾汉人土地所有型态之研究》，收入其著《台湾史研究》，台北：华世出版社，1981年。

黄富三：《清代台湾的土地问题》，《食货月刊（复刊）》第4卷第3期，1974年。

杨国桢：《明清福建土地私人所有权内在结构的研究》，收入傅衣凌、杨国桢主编：《明清福建社会与乡村经济》，厦门：厦门大学出版社，1987年。

赵冈、陈钟毅：《明清时期的租佃制度》，《大陆杂志》第81卷第1期，1980年。

赖惠敏：《清代山东孔府庄田的研究》，收入"中研院"近代史研究所编：《近代中国农村经济史论文集》，台北："中研院"近代史研究所，1989年。

第二十四讲

明清的工商活动与商人地位

一、生产、流通组织与资本

宋代兴盛起来的工商业，到明清时期有更进一步的发展，工商业在经济中所占的比重愈来愈高，连带的工商业者所扮演的社会角色也就愈来愈重要。明清时期的工商组织比起从前更加扩大，所具有的功能更为增多；资本的累积虽然仍受到从宋代以来各种条件的限制，可是也逐渐富厚；工商业者参与多方面的社会活动，商人的社会地位也有明显的上升。首先讨论工商生产组织与流通组织，以及工商资本的形成与运用的问题。

（一）官营手工业与工场的规模

明清时代官营手工业工场仍然存在，规模也相当不小，但是民营手工业工场发展迅速，数量愈来愈多，规模也不断扩大，相形之下，官营手工业工场的重要性便不如从前。官营工场以丝织业为例。明、清两代官府在各地都设有织染局或织造局，这些官业工场的规模，例如苏州织造局可以分为织染局和总织局两大部门。明代苏州织染局有机173张，用机匠504人，清初增加到有机400张，用机匠1 170人；总织局在明代尚未存在，清初苏州总织局也有机400张，用机匠1 160人。可见清初苏州织造局的规模比起明代大了很多。机匠的来源，自从明代中叶匠户制度废除以后，以雇佣自由工匠为主。织机与工匠的人数既多，内部的组织也变得细密。康熙二十四年（1685）苏州的织染局和总织局，每局各设所官三人总管局务，总高手一人、高手十二人，负责技术指导，管工十二人，类似工头。

（二）民营手工业工场的扩大

官府资本的丝织工场固然有相当规模，民间丝织工场的规模也逐渐扩大。明清的私营丝织业，大体上已经脱离了家庭副业的性质，而以专业的机户或机坊为主。机户或机坊有很多是家庭工场，他们或者自备织机、原料从事生产；也有的缺乏资本，而由经营纱缎庄的账房提供织机与原料，产品则交给提供资本的账房。家庭工场之外，雇佣工匠生产的工场也存在着。徐一夔《始丰稿》的《织工对》中所述元明之际杭州的丝织工场不过是"杼机四五具""工十数人"；明代中叶，杭州已经可以见到拥有织机二十余张的丝织工场。这一类雇佣生产的工场，在明清时代长江下游的城市与市镇普遍存在。清朝盛世苏州郡城的东半部，"皆习织业""工匠各有专能，匠有常主，计日受值"；也有一些无主之匠，他们等待有主之匠不能上工时代班，每天黎明，缎工、纺工、车匠，分别聚集在固定的地点，"什百为群，延颈而望"，等待临时的雇佣。长江下游有许多市镇，是因为丝织业而导致繁荣的。例如在苏州吴江县的盛泽镇，这里"居民乃尽逐绫绸之利""有力者雇人织挽，贫者皆自织，而令其童稚挽花"，可见丝织工场雇佣生产的普遍。清代私营丝织工场的规模，已经相当大。清初江宁的丝织工场，政府有法令限制织机不得超过百张，可见民间实际上有能力设立织机百张以上的工场。到康熙年间（1662—1722），禁令解除，于是有力的机户可以畅所欲为。道光年间（1821—1850），江宁已开设有五六百张机的机户。清代官营的江宁织造局，拥有织机也不过是五六百张而已，开设这样规模的丝织工场，自然需要有不小的资本，也必须雇佣不少的工匠。

从宋末以后兴起的棉纺织业，可能因为生产技术和生产工具的简单，适合农家副业的需要，一直以家庭生产为主，并没有像丝织业一样发展出规模较大的工场。不过，逐渐地也有一部分家庭由于经济能力的关系，不再是独立的生产者，而受到资本的控制。地方上开设有棉花庄或花布行，常预先支付给生产者棉花或钱、米，生产者织好的布便必须交给这家棉花庄或花布行。除此之外，在布匹生产过程的最后阶段，为了使布质比较美观耐用，还要经过碾压的过程。碾布的工具是一千斤重的巨石，必须有相当的资本才能购置，推动这样重的工具，也非农家的老弱妇孺所能胜任，所以碾布便脱离了家庭手工业，而由雇佣工匠的踹坊来经营。踹坊由包头投资，雇募踹匠工作，踹匠生活所需的柴、米、银、钱先由包头垫给，布商的布交给踹坊碾压，踹匠的工资也由布商支付，但是包头可以从踹匠的工资中扣除部分，作为自己的收入。明代松江府的朱泾镇和枫泾镇是重要的棉织业中心，镇内便开有不少踹坊。清代苏州郡城的踹坊数量尤其多，雍正九年（1730）前后，苏州阊门之外以包头为业的有340多人，开踹坊450余处，每坊踹匠各数十人不等，雇佣工匠一万多人。布制成还要染色，染色有染坊在经营。染坊的设备主要是染缸，各色染缸专用，数量多达数十只，而且需有晒场，因此要有相当资本才能经营。染布有落水、敲布、染布、重敲、重染、晒布等工序，各工序的技术性颇强，也因此有明显的分工，各有专业师傅，亦非家庭所能经营。清代苏州染坊业颇盛，但有关其生产经营、雇佣关系的数据却很少，不得而详。如果以阊门之外踹坊与染坊所雇佣的工匠合计，可能二万多人。

丝织业与棉织业都出现了资本控制生产的情形，与大众消费有关的茶、盐生产也相类似。清代福建的茶庄，向产茶的山户收购茶叶，由于山户缺乏资本，往往由茶庄预先支付茶款，而使山户的生产受到茶庄的控制。茶庄并且兼营茶叶的加工，制茶工场雇佣的工人，多者百余人，少者也有数十人，这些工人大多是具有季节性的外来工人，每逢茶季便来工作。明代中叶以后的两淮盐场，灶户的生产也受到盐商的控制，起先由盐商提供生产资本与工具，灶户所产的盐交给盐商。到了后来，盐商更进一步从灶户手中收购草荡，自己雇丁煎盐，这种由盐商经营的盐场到清代中叶愈来愈多，规模也愈来愈大。大部分灶户都已成为盐商的雇佣工人，盐业从家庭式的生产，扩大成为商人资本的大规模生产。

（三）商品的运销与商帮的活跃

产品从生产者转销到消费者的手中，大概都要经过几个过程。以丝织品和棉织品来说，首先有牙行或预贷资本的纱缎庄、花布行等向生产者收购，再转售给外地来的布商。牙行业在宋代就已经存在，到明清时期更加兴盛。例如在盛产丝织品的盛泽镇，在一篇收载于冯梦龙《醒世恒言》的小说中有这样的描写："那市上两岸绸丝牙行，约有千百余家，远近村坊织成绸匹，俱到此上市。四方商贾来收买的，蜂攒蚁集，挨挤不开，路途无伫足之隙。"盛产棉织品的太仓州鹤王市，当刘河口畅通，棉布可以从此出海时，"牙者多起家焉"。牙行对于前来购布的客商，必须积极争取，所以在盛产棉布的松江府，"牙行奉布商如王侯，而争布商如对垒，牙行非藉势要之家不能立也"（叶梦珠《阅世编》卷七）。边境军需的棉布，也是牙行争取的市场，所以当边官携帑藏到松江买布时，"牙行辈指为奇货"。牙行往往有相当规模，业者也容易因此致富，如《木棉谱》的作者褚华，六世祖在明末经营棉布牙行，"秦、晋布商皆主于家，门下客皆数十人，为之设肆收买"，而"其利甚厚，以故富甲一邑"（《木棉谱》）。外地前来收购产品的客商，大多有雄厚的资本，他们多是"富商巨贾操重赀而来市者，白银动以数万计，多或数十万两，少亦以万计"（《阅世编》卷七）。收购以后，再长程运到全国各地销售。以棉布来说，上阔尖细的标布是"走秦、晋、京边诸路"，较标布稍狭长的中机则走"湖广、江西、两广诸路"。由于标布的畅销，有学者指出，"保镖"一词其实原作"保标"，是由于保护身携巨款的"标商"在购买标布后长程运销途中的安全而产生。早期外来客商以山西商人为盛，到晚期则以徽州商人为盛。也有部分牙行，在事业发达以后，直接运销货品到外地，而不经客商之手。晚清无锡的花布行，向生产者收购棉布之后，"捆载而贸于淮、扬、高、宝等处，一岁所交易不下数十百万"（黄卬《锡金识小录》卷一），这自然也必须有雄厚的资金才能经营。从这些长程运销的商人到消费者的中间，应该还会经过批发、零售等过程。

茶、盐等货的运销，也一样要经过几个过程。茶从山户生产，到茶庄加工，再由茶栈收购，转销到全国各地或销售给洋商。江西广信府铅山县的河口镇，是江西、安徽、福建等省茶货转运集散的一个中心，这里茶庄、牙行林立，茶商云聚，运集于此的茶货，再取道信江转入赣江外运。盐在明代由内商收购，小部分自行贩运，大部分转卖给水商，再由水商贩运到行盐地。后来内商逐渐大多自己从事运销，而将收盐委托给资本较小的商人代办，到清代内商便改称为运商，在盐场收盐的商人则称为场商，至于明代的水商，到清代已没落成为行盐地的分销商。盐商的资本，特别富厚。明代资本二三十万者为中贾，百万者为大贾；到清代乾隆年间（1736—1795），资本数百万者只是中贾，资本充实者以千万计。明清两代的两淮盐商，也是以山西商人和徽州商人为最大的势力。

山西商人和徽州商人是明清时期最活跃的两股商人。他们的殷富见于明代谢肇淛《五杂俎》卷四的描述："富室之称雄者，江南则推新安，江北则推山右。新安大贾，鱼盐为业，藏镪有至百万者，其他二三十万，则中贾耳。山右或盐，或丝，或转贩，或窖粟，其富甚于新安，新安奢而山右俭也。"新安即徽州，山右指山西。这两个地方由于地理环境不适合农耕，所以居民多外出从事商业，他们的资本，大多是通过家族及乡里的关系，合伙或接受委托，因此能够集中资本而经营规模较大的商业。山西商人在明代以节俭闻名，所以资本累积也特别雄厚。一些富商，常常是经历长时间，由小商人起步，逐渐发展而成的。例如明代文学家李梦阳的祖父李忠，是山西商人的一分子，他早年"往来邠、宁间，学贾为小贾，能自活，乃后十余岁而至中贾"，此后他"愈谨治生，日厚富有赀"。当他富裕以后，便以资本援助同乡，"郡中人用赀，无问识不识，皆与赀"（李梦阳《空同集》卷三八《族谱》），因此能够形成以乡里为核心的商人集团势力。万历四十五年（1617）以后，官专卖引法改为商专卖引法，盐商世袭垄断盐利，山西商人与徽州商人的资本累积，更为迅速。入清以后，又以捐财报效得清廷保护，因此势力一直不衰，至乾隆年间而达于极盛。但是他们在盐业上所赚取的丰厚利润，实际上是由政府所给予的特权而来，特权容易导致腐化，山西商人与新安商人终于不免丧失早年勤俭致富的精神，经营无法改进，资本日益亏损，在道光年间以后逐渐没落。

二、工商行会的发展

工商行会组织在宋代开始成立，到明清时期有更进一步的发展。明清时期，不仅有同业商人组成的行会，也有依贸易范围或商人原籍而组成的行会，有些行会是兼具几种不同的成分。行会除了以某某行为名之外，有的又称为某某会馆或某某公所，会馆和公所原来都指聚会的建筑物，引申而具有行会的意义。在某些特殊的地区，行会又有特殊的名称，例如在台湾称为郊，在绥远称为社。不过台湾的郊也有一些不同于大陆会馆、公所的特色。明清时期行会的组织与功能，要比宋代复杂很多。

（一）行会组织的扩大

行会组织从宋代以来是由同业组成的，明清时期仍然具有这种性质。例如明代福建海澄县有金行、珠行、宝石行，清代广州有银行、金行、当行、丝行、茶行。广州由媒介中外贸易的牙行十三行商合组的公行，也可以看成是同业行会。从明代开始，出现了以同籍商人组成的行会，称为会馆。会馆是各地城镇里，外来同乡人士所建立的聚会所，也可以说是外地人士的同乡组织，最早见于永乐年间（1403—1424），在京城的会馆主要是同乡仕宦公余聚会之所，京师以外各地的会馆则多半属于同乡的工商组织，但是两种性质的会馆常常都可以容纳其他类别的同乡人士。会馆既然具有工商行会的性质，到了后来，即使是同行而非同乡的商人所组成的行会，也可以称作会馆。例如清咸丰五年（1855），上海茶业便成立了茶业会馆。清代台湾的郊，则常常是依贸易的范围而成立的。例如在台北，赴福州、江浙贸易的称为北郊，赴泉州贸易的称为泉郊，赴厦门贸易的称为厦郊；在台南，则北郊交易之地包括天津、宁波、上海、烟台、牛庄等处，南郊包括金门、厦门、漳州、泉州、香港、汕头等处，港郊则采买台湾各地的货物，以备运销内地。清代泉州、厦门也有称为郊的商人组织，可知的是泉州的郊商和台湾的郊商相互从事委托贸易，彼此代理对方从事商品的采办和发兑。

明清时代行会的地理分布也愈来愈广，不仅京城、省城、府、州、县城设有行会，由于工商业市镇的繁荣，许多市镇甚至在行政上属于乡的地方，也设有行会。例如湖州的南浔镇，从清代中叶以后陆续建有宁绍会馆、新安会馆、金陵会馆、福建会馆。广东南海县佛山镇的忠义乡，工商业十分繁荣，也设有很多会馆，其中有些是同业组成的，也有些是外来的同乡人士所组成的。

行会的组织到了清代也有扩大的倾向。在同一个地区，为了内部的协调合作与对外竞争的方便，常由几个行会合组成一个规模更大的行会，或者容纳更多的分子而扩大行会的组织。例如晚清福州各茶栈九十余家立茶帮公所，便是合京帮、天津帮、芋茶帮、广潮汕帮、洋茶帮五帮而成。这些茶帮原本就有组织，像洋茶帮的组织称为公义堂，严禁本帮以外的茶栈与洋商交易。汉口的钱业里原来也有汉口本帮、江西、绍兴、安徽等帮，到晚清也联合成立钱业公所。绥远的行会有十二社、十三行，早在雍正元年（1723），便已成立了包含十二社、十三行在内的大行。台南的三郊，则建有三益堂，作为三郊议事公所。苏州木商在康熙十九年（1680）成立大兴会馆，只限江宁、苏、常等府人，到同治十年（1871）扩大成为巽正公所，不论江西、湖广、福建、浙江等籍贯的木商，都可以缴费入会。这一类的情形，在各地普遍发生，消除了地域或者其他方面的隔阂。

行会组织也逐渐复杂起来。明代行会的领袖仍然沿袭宋代的称呼，称为行头。从清代台湾行郊的资料里，可知设有炉主一人、董事数人主管行郊事务，所以称为炉主，是因为行会都有崇奉的行神，每年都必须定时上炉烧香，有些行会甚至便以庙宇作为聚会之所。此外，又有稿师、大斫、延师等名称的会务人员，或主文稿，或主收捐税，或协办公务。炉主、董事以及其他会务人员，有时是轮值的，有时是抽签决定的，所以炉主在有些行郊又称为签首或签主。内地的行会，也都有董事会的组织以及司事、司库、庶务等会务人员。会务经费，由会员共同分担，会员入会时要缴入会费，平时有捐款，又按销售货物的多寡或船只的大小抽税，作为行会办理各种业务以及举办各种活动之用。行会又订有规章，由全体会员共同遵守，规章在早期比较简单，后来逐渐详密。

（二）行会功能的复杂化

明清时代的行会，仍然有供应政府物资的责任，这种义务，沿袭宋代的旧称，称为当行。政府所付的价钱，要比市价来得低，又有各种陋规，因此成为行户的负担，这种情形，也和宋代相同。明代后期，当行照规定可以纳银代替，营业较小的铺户则可以免除，这相当于宋代的免行钱。但是仍然有地方官吏私派铺户供应物资的情形，万历年间（1573—1620），监税太监高寀在福建私派金行、珠行、宝石行提供紫金、大珠与宝石，又编定绸缎铺户数百家，轮日供应。清代纳银代替当行的制度仍存在，政府也严令地方政府官员不可以向商人强索物品，可是实际上，连朝廷光禄寺所需的猪肉和鸡，都是由北京城里宛平、大兴两县这两行的商人负责供应的。

明清时代行会的功能，已经不限于当行。清康熙十七年（1678）汉口米市公所的行规里，便规定同业买卖时必须遵依部制规定之斛斗，而且所用斛斗均须赴公所具领，以求划一。台南的三郊在道光七年（1827）合开三益堂，在公所中也置有公定的衡、量器具，作为各商交易称量之准。度量衡的准确，大概是早期行会的重要功能之一，到晚清时期行会的规章里，也经常强调这一点。

无论如何，到了清朝盛世以后，当行已经不是行会的主要功能。行会组成的性质也有了变化，不再是商人为了承担对政府义务而结合的组织，而是工商业者为了维护自己利益而自愿组成的团体，行会组成的自发性愈来愈重。此一新发展，和工商业者所面对的各类冲突愈来愈多有关。例如手工业雇主和雇工之间的工资纠纷，盗贼无赖或官员、胥吏对商人的骚扰，客商和本地牙行或脚夫、船行之间的契约争执。这些冲突的增加，使得工商业者有更强的意愿自组团体来保护自身。不过当团体组成之后，他们仍会向政府呈请立案。至于台湾的郊，主要是由从事台湾和大陆贸易的进出口商人所组成，虽然出于商人自

愿，却也与政府对于两岸之间商务的管理有相当的关系。在工
商业者纷纷自组行会的同时，雇工也企图以同样的方式来争取
自身的权益，虽然受到雇主和官府的压制，但陆续也有这类行
会出现。在这类组成背景不同于既往的行会大量出现之后，所
具有的功能也就更加复杂。以晚清行会的规章为例，见于其中
的功能，大致可以分为几项：

1. 生意来往的规矩

譬如同治年间（1862—1874）台湾鹿港泉郊规约规定了货
物装船运输所应遵守的事项；光绪年间（1875—1908）上海酱业
公所以及糖帮的规章规定了必须凭单提货、订单的有效期限；鸡
鸭行和油业行的规章则规定了概不赊账，以现钱交易；杂谷业的
规章规定了先看妥货而后议价，已卖出之货不可退换。

2. 价格的协调与市场的独占

例如光绪年间石作工的规章规定了修造大桥及花式牌楼，工
钱加倍，雕凿碑石工钱须加一半；锡器行的规章把进货锡器分为
笔管和点铜两类，规定笔管的价钱，每斤从200余文到300余文，
点铜的价钱从600余文到700余文；染业行的规章规定，同业价
目以正月公议订定，议定后不得私自增减；油业行的规章规定同
业之间售价必须互相关照；豆米业的规章则规定往来客商务须投
行销售。

3. 信用与质量

例如泥作行的规章规定泥墙须包三年，三年内倒塌，归泥匠
赔修；锡器行的规章规定笔管不能加入点铜之内，欺瞒买主；帽
业行的规章规定大红缨子不可用西洋颜色伪充。

4. 伙友、徒弟与小工

伙友或称师友、行友，各行行规大多规定了他们的工作

时间，可否另做外工，工资、结算工资的期限，也规定了他们离店时必须算清账目，账目不清，别店不得雇用，在原店如果有偷窃的行为，别店也不得再用。对于徒弟，则规定了学习的年限、招收徒弟的人数、徒弟的生活待遇、出师后必须在原处工作的期限和工资。也有的行规规定了小工每日的工资。

5. 对于违规同业的制裁与对于违规客商的抵制

各行行规，大多规定了对于违规同业的制裁方法，主要是罚钱，如果一犯再犯，则由行会公议惩处，严重的停止生意来往。对于来往的客商，如果不遵守本行的规定，或是没有信用，也可以拒绝再和他们有生意的来往。

6. 行会内部共同事务

有些行规明定董事推举、人员轮值或任用的方法，相关事务归何人处理，行会日常经费如何收取、运用，会员日常聚会的日期，相关事务如何商议，聚会所购置的经费来源也见于一些行规之中。

7. 与政府的交涉

台南三郊合开的三益堂，所掌事务包括"事上接下""何谓事上，如防海、平匪、派义民、助军需，以及地方官责承诸公事"，这些都是政府交下给行会的工作，有赖行会与政府交涉。政府的各种规例以及货物通行的厘金，也由行会集体缴纳。会员有诉讼，也常由行会代理到官府进行。

8. 公益事业

台南三益堂所管事务有"接下"一类，"何谓接下，如赈恤、修筑、捐金、义举"，这些都属于公益事业的范围。关于这一点，在下节讨论工商业者的社会活动时有比较详细的说明。

三、工商业者的社会活动与社会地位

明清时代工商业的兴盛，使得富有的工商业者愈来愈多，甚至于造成经营工商业才是致富主要来源的印象。顾炎武在《天下郡国利病书·歙县风土论》里有这样一段话："寻至正德（1506—1521）末、嘉靖（1522—1566）初，……商贾既多，土田不重，操赀交接，起落不常。……迨至嘉靖末，隆庆间（1567—1572）则尤异矣，末富居多，本富益少。"末富指经商致富，本富则指务农致富，这是在徽州的情形。而徽州的商人更对本末的分别发生了怀疑。汪道昆《太函集》卷四十五《明处士江次公墓志铭》："余闻，本富为上，末富次之，谓贾不若耕也，吾郡在山谷，即富者无可耕之田，不贾何待，且耕者什一，贾之廉者亦什一，贾何负于耕，古人病不廉，非病贾也。"所谓"廉"是指不贪非分之财。而黄宗羲在《明夷待访录·财计三》中，则更进一步认为工商皆本。工商业者富裕之后，他们所参与的社会活动也多了起来，社会地位有了改变。

（一）社会活动

商人常常以他们丰厚的资金赞助社会公益事业。他们这种行为，有时候是自愿的，有时候却是政府摊派的，但无论哪一种情形，都显示他们的经济能力有过人之处，而且也因为他们对社会的回报而提高了社会对他们的评价。明清时代的扬州，是盐商活跃的处所，明清之际的盐商颇有以善人闻名的，最有名的是吴自亮和闵象南两人，他们在扬州进行了很多社会公益事业，譬如在江流险要的地方设救生船，在饥荒时设粥厂，建道路、桥梁，疾疫流行时施药施棺，冬天建有炕之室以处贫苦的旅客，建育婴堂，修养济院。清代嘉庆二十四年（1819）澎湖妈宫街金兴顺、郊户德茂号购置店屋一间，作为失水难民栖身之所，德茂号是郊户，是商人，金兴顺大概也是商号。道光十八年（1838），广州缙绅富民捐钱建惠济仓，平准米价，捐款人中，有不少都是十三行商人。

不仅商人个别赞助社会公益事业，工商业行会也以集体的力量赞助社会公益事业。有些行会在向政府呈请立案时，会强调具有善堂的功能，举办各项善举。照顾同业、减轻他们生活上的困难，原本就是行会组成的动机之一，许多行会为了使同业乐于缴会费，加入组织，也以此为号召。道光二十三年（1843）苏州诸绸帮成立弋襄公所，规定"捐厘济助绸业中失业贫苦，身后无备，以及异籍不能回乡，捐资助棺，酌给盘费，置地设冢等善事"，济助范围仅限于绸业本行中人。行会也经常捐钱兴建庙宇，清代台北的庙宇，很多都与行郊有关，例如万华龙山寺，泉郊和北郊曾经先后出资增建。兴建庙宇也可以说是事关行会本身，因为行神都崇奉在庙中，庙宇又常用作行会的聚会所。

对于行会本身范围之外的公益事业，行会也做了不少。乾隆十年（1745），湖北巡抚晏斯盛曾经让汉口"盐、当、米、木、花布、药材六行以及他省会馆各建社仓，择客商之久住而乐善者，经理其事"。乾隆十六年（1751），常德各会馆也出钱帮修书院，捐买育婴堂。嘉定府乐山县从乾隆六十年（1795）起有八省长生会，这是外来商人的联合组织，共同捐钱，设置救生船，前后一百多年，相沿不改。晚清重庆八省会馆所主持兴办的地方事业中，包括育婴、掩埋、救生、赈灾、济贫、积谷、善堂管理等慈善救济事业。乾隆四十五年（1780），台湾府学重修明伦堂，士绅、商人纷纷捐输，其中捐得最多的便是北郊、南郊和糖郊，其他士绅所捐的经费和他们相去甚远。道光十六年（1836），台湾大甲溪设义渡，台北、新竹的行郊都慷慨乐捐。商人对于社会公益事业这样热心，也难怪清代沈垚会感叹："睦姻任恤之风，往往难见于士大夫，而转见于商贾。"（《落帆楼文集》卷二十四《费席山先生七十双寿序》）

商人富有之后，也喜欢以他们的财力附庸风雅，从事学术文化活动。在这一方面，扬州盐商特别有名。他们不惜重资，收藏书画古董，例如马曰管家中有丛书楼，"藏书百厨"，以罕见的宋元版本闻名，收藏了许多书画和石刻的拓本。乾隆年间修《四库全书》时，马家所进藏书可备采择者有776种，并且自刻《小玲珑山馆丛书》；程晋芳"罄其赀购书五万卷"；吴绍浣收购书画，"四方名迹多归之"。这些盐商都延请文人学者，利用他们的藏书和书画，从事研究工作。又在他们的园林中开诗会，赋诗燕饮。乾嘉时代著名的文人学者，像全祖望、杭世骏、朱彝尊、厉鹗、王鸣盛、钱大昕、阎若璩、戴震、程瑶田、袁枚、蒋士铨、卢文绍、邵晋涵、焦循等人，都曾经是扬州盐商的上宾，一时扬州成为全国文化的中心。乾嘉时代考据学的发达，和商人经济上的支持有很大的关系。

富商的生活，也为社会上带来奢靡的风气。山西商人和徽州商人在初兴起时，大都很节俭，可是后来逐渐讲究享受，到清朝乾嘉时代而达于顶点。他们所建的园林，多穷极华丽，装设堂皇，彼此争奇斗妍。他们的饮食、衣着、车马也是侈靡奢华，视金钱如粪土，动辄费数十万。甚至有人纯粹为了花钱而作出令人难以想象的行为。例如有一个盐商，想一下子花掉万金，他的门下客帮他以万金尽买金箔，载到金山塔上，顺风而散；又有人以三千金尽买苏州不倒翁，流于水中，水流为之堵塞。这种奢华的生活，反映了盐商的腐化，使得累积来的资本轻易散掉，是盐商没落的重要原因。但是明清时期，也有人从不同的观点来肯定商人的奢侈生活，认为富人的奢侈足以导致交易的繁盛，交易的繁盛可以创造小民就业的机会。

明清时代的工商业者和雇工，也开始为了本身的利益而制造社会风潮，以实际的行为向政府、特权分子或雇主的不合理措施提出抗议。例如在明朝万历二十九年（1601），苏州发生织佣之变，织工抗议朝廷所派由宦官担任的矿监、税使滥行征税，聚众二千余人暴动。类似的事情，还在其他城市发生，最后迫使朝廷改变政策。清朝顺治十七年（1660），山西潞安当行的机户，为了政府所付的价格不敷成本以及官吏的勒索，而焚烧织机，捧着记载他们损失的账簿，准备到北京向皇帝请愿。同年，安徽芜湖的商人为了抗议税吏的勒索而发动三天罢市。这种罢市的行为，以后还在其他地方发生过。另一方面，雇主也开始受到雇佣工人的反抗，这种情形自清初以后增多。从康熙到乾隆年间，米价上涨，苏州的踹匠因为工资过低，生活不易，曾经多次集体要求提高工资，并且为此而发动罢工。康熙三十九年（1700）的一次，据次年苏州众布商共立的《遵奉督抚各宪定例永禁碑》所述，甚至于"成群结队，抄打竟无虚日，以致包头畏避，各坊束手，莫敢有动工开踹者"（《江苏省明清以来碑刻资料选集》）。这期间，类似的雇工抗争行动也在其他城镇发生。官府虽然常设法压制雇工的行动，但有时会协调雇主增加工资，有的雇主也会主动改善雇工待遇。

商人也开始编纂有关他们本行的书籍，好让有志于从事这一行业的人有入门的途径。明代的商业书有的收在类书之中，如《三台万用正宗》第二十一卷《商旅门》，也有单行的，如《商程一览》。到了清代，这一类书籍便更多了，如《士商要览》《商贾便览》《江湖尺牍分韵》《新增酬世群芳杂锦》等。这些书籍，对于路程、物产、怎样做商人、怎样做伙计、算账的方法、度量衡的计算、银钱的辨认、应酬书信的写法、在旅途上应该注意的事项，都有说明。从这些书籍里，我们也可以看出商人心目中一个好商人在社会上活动所应该有的行为。譬如说好几本书都提到了像"禁赌遏淫""戒酒保身"一类的话，也提到了"防备不测""谨慎小心"一类的话。

（二）社会地位

传统中所谓"士农工商"的社会等级，到了明清时期已经很难维持。在商人辈出的徽州和山西，商人的社会地位往往在士人之上。徽州是"右贾而左儒，盖诎者力不足于贾，去而为儒"（《太函集》卷五十四《明故处士溪阳吴长公墓志铭》），山西则是"子弟俊秀者多入贸易之途，其次宁为胥吏，至中材以下，方使读书应试"（《雍正朱批谕旨》雍正二年五月五日付山西巡抚刘于义奏折）。

虽然如此，在一般社会观念里，士人的社会地位仍然是无可超越的，尤其是仕宦的身份，更是大众追求的对象。商人在事业发达以后，依旧希望子孙读书，或者自己取得仕宦的身份。在这方面，商人的途径也比从前宽广多了。汉武帝时，曾经规定市井子孙不得仕宦为吏。宋代仍然禁止工商杂类参加科举考试，但因为又规定其中秀异者不在此限，而且对他们的子孙不加限制，实际上这道禁令已成具文。商人子弟入学、应举、仕宦者在宋代不乏其人，士、商之间的交流已经展开。元代则政府开始为盐商子弟设立学校，称为运学，入学者具有运籍。明清时代沿袭此一制度，为盐商子弟设立商籍，使盐商子弟不必回原籍应考，并且为他们保留录取名额。明代只有山西商人得以享受这种优待，到了清代，商籍更为推广，连徽州商人也可以享受这种优待。明代盐商子弟中进士者，近一百九十人，举人三百四十人，清代到乾隆末年，盐商子弟中进士者，已达四百二十余人，举人八百二十余人。其中清代两淮和两浙的盐商家庭总共不及一千家，而到乾隆末年却产生了二百八十余名进士，占全国进士总数的1.88%，比例不可谓不高。盐商后人成为高级官员或文人学者的，不知凡几，清代名学者阎若璩便出身于盐商世家。所以清代沈垚说："古者四民分，后世四民不分。古者士之子恒为士，后世商之子方能为士，此宋元明以来变迁之大较也。"（《落帆楼文集》卷二十四《费席山先生七十双寿序》）不仅商人子弟仕宦容易，商人本身也可以捐纳的方式取得官位，起先只是得到一个虚衔，后来进一步可以捐得实缺。也有一些具有科举功名的士人，在仕途不得意的情形下改行从商，弃儒就贾。例如广东十三行商人大都拥有官衔，清代台湾的郊商也有不少拥有监生、贡生等名义。

士而商、商而士的情形都愈来愈多，士、商两者已不易分。宋代以来的士人，原已多出自地主家庭；另一方面，明清时期又承继宋代已有的趋势而继续发展，地主、农民中有人从事商业活动，商人致富后则购田置产。社会的发展，确实有如沈垚所说，逐渐走向"四民不分"的方向。但是从另一方面看，商人热心地向士人转化，却也是限制资本累积的一个重要原因。

参 考 书 目

一、专著

全汉昇：《中国行会制度史》，台北：食货出版社，1978年：第六、七、八章。

何炳棣：《中国会馆史论》，台北：台湾学生书局，1966年。

何炳棣著，徐泓译注：《明清社会史论》，台北：联经出版事业公司，2013年：
　　第二章第二、三节，第四章第五节。

余英时：《中国近世宗教伦理与商人精神（增订版）》，台北：联经出版事业公
　　司，2004年：下篇。

卓克华：《清代台湾行郊研究》，台北：扬智文化事业股份有限公司，2007年。

邱澎生：《十八、十九世纪苏州城的新兴工商业团体》，台北：台湾大学出版委
　　员会，1990年。

施敏雄：《清代丝织工业的发展》，台北：台湾"中国学术著作奖助委员会"，
　　1968年：第二、三、四章。

徐泓：《清代两淮盐场的研究》，台北：嘉新水泥公司文化基金会，1972年：第
　　三、四章。

梁嘉彬：《广东十三行考：鸦片战前广东国际贸易交通史考》，台中：东海大
　　学，1960年再版：第二篇第一章、第二章。

陈慈玉：《近代中国茶叶的发展与世界市场》，台北："中研院"经济研究所，
　　1982年：第二章第二节。

陈学文：《明清时期商业书及商人书之研究》，台北：洪叶文化事业有限公
　　司，1997年。

傅衣凌：《明清社会经济变迁论》，北京：人民出版社，1989年。

傅衣凌：《明清时代商人及商业资本·明代江南市民经济试探》，北京：中华书
　　局，2007年。

赵冈、陈钟毅：《中国棉业史》，台北：联经出版事业公司，1977年：第三章。

刘石吉：《明清时代江南市镇研究》，北京：中国社会科学出版社，1987年。

二、论文

方豪：《台湾行郊研究导言与台北之"郊"》，收入其著《方豪六十至六十四自
　　选待定稿》，台北：方豪发行，1974年。

方豪：《台南之"郊"》，收入其著《方豪六十至六十四自选待定稿》。

方豪：《鹿港之"郊"》，收入其著《方豪六十至六十四自选待定稿》。

方豪：《新竹之"郊"》，收入其著《方豪六十至六十四自选待定稿》。

方豪：《澎湖、北港、新港、宜兰之"郊"》，收入其著《方豪六十至六十四自
　　选待定稿》。

方豪：《光绪甲午等年仗轮局信稿所见之台湾行郊》，收入其著《方豪六十至
　　六十四自选待定稿》。

全汉昇：《自明季至清中叶西属美洲的中国丝货贸易》，收入其著《中国经济史
　　论丛（第一册）》，香港：香港中文大学新亚书院新亚研究所，1972年。

全汉昇：《鸦片战争前江苏的棉纺织业》，收入其著《中国经济史论丛（第二
　　册）》，香港：香港中文大学新亚书院新亚研究所，1972年。

全汉昇：《清代苏州的踹布业》，收入其著《中国近代经济史论丛》，台北：稻
　　禾出版社，1996年。

何炳棣著，巫仁恕译：《扬州盐商：十八世纪中国商业资本的研究》，《中国社
　　会经济史研究》1999年第2期。

巫仁恕：《明末清初城市手工业工人的集体抗议行动——以苏州城为探讨中
　　心》，《"中研院"近代史研究集刊》1997年第28期。

林玉茹：《商业网络与委托贸易制度的形成——十九世纪末鹿港泉郊商人与中
　　国内地的帆船贸易》，《新史学》第18卷第2期，2007年。

林丽月：《"蒹葭堂稿"与陆楫"反禁奢"思想之传衍》，收入陈国栋、罗彤华
　　主编：《台湾学者中国史研究论丛（6）·经济脉动》，北京：中国大百科全
　　书出版社，2005年。

邱澎生：《由苏州经商冲突事件看清代前期的官商关系》，《台湾大学文史哲学
　　报》1995年第43期。

邱澎生：《会馆、公所与郊之比较：由商人公产检视清代中国市场制度的多样
　　性》，收入林玉茹主编：《比较视野下的台湾商业传统》，台北："中研院"
　　台湾史研究所，2012年。

清水盛光著，陈慈玉译：《传统中国行会的势力》，《食货月刊（复刊）》第15卷
　　第1、2期，1985年。

陈国栋：《懋迁化居——商人与商业活动》，收入刘石吉主编：《中国文化新
　　论·经济篇——民生的开拓》，台北：联经出版事业公司，1982年。

陈国栋：《保标考》，《食货月刊（复刊）》第14卷第5、6期，1984年。

黄仁宇：《从"三言"看晚明商人》，收入其著《放宽历史的视界》，台北：允

晨文化实业股份有限公司，1988年。

杨联陞著，段昌国译：《传统中国政府对城市商人的统制》，收入段昌国等译：
　　《中国思想与制度论集》，台北：联经出版事业公司，1976年。

刘石吉：《明清时代江西墟市与市镇的发展》，收入梁庚尧、刘淑芬主编：《台
　　湾学者中国史研究论丛（7）·城市与乡村》，北京：中国大百科全书出版
　　社，2005年。

鞠清远：《清开关前后的三部商人著作》，收入包遵彭等编：《中国近代史论丛
　　（第二辑第二册）社会经济》，台北：正中书局，1958年。

第二十五讲

秘密会党的活跃

一、秘密会党的形成

清代的秘密社会，有秘密宗教与秘密会党的不同，虽然两者在南、北都有活动，但是比较而言，秘密宗教盛行于北方，秘密会党则盛行于南方，因此有南会北教之称。秘密宗教源远流长，历史可以上溯到隋唐，秘密会党则在清朝盛世之后才引人注目，随着历史的发展而愈来愈活跃，形成对于清政权的威胁，在清末的反清活动中，扮演了重要的角色。

（一）天地会起源的几种说法

清代的秘密会党，以天地会为主流。天地会的名称，有广狭二义，广义的天地会涵盖了所有的秘密会党，狭义的天地会则仅指天地会本支。关于天地会的起源，说法纷纭：（1）天地会是郑成功的部将陈永华和其他旧部所创，创始于台湾或福建，时间在康熙十三年（1674）或雍正十二年（1734）。创会的原因是因为他们知道力量已经不足以和清廷相抗，于是借秘密团体传播反清复明思想，唤起人心。天地会文件中有故事讲，少林寺僧人协助康王战胜西鲁，回到少林寺，康王却相信奸臣谗言，放火烧寺，僧人惨遭焚死，只有五名僧人逃出，拜会结盟，以图复仇；又有故事讲，水军都统郑君达与少林僧人结拜，有谋反之意，而遭赐死。这两个故事，都被认为是用来影射郑芝龙有功于清，却全家大小在北京被杀的惨史。（2）根据乾隆五十一年（1786）台湾林爽文事件后人犯的口供，清政府追查天地会的来源，追查的结果显示，天地会创始人为洪二和尚，亦称万和尚，法名提喜，俗姓郑，乳名洪，因排行第二，所以人称洪二和尚。这一个洪二和尚，当即是天地会文件中"万大哥名持喜，法号云龙禅师"的万云龙。创立时间在乾隆三十二年（1767），有天地会腰凭上"木立斗世"的字样可资佐证（四字影射顺治十八年、康熙六十一年、雍正十三年、乾隆三十二年），创立地点则在福建漳浦县高溪乡观音寺。（3）天地会文件中多说入会的会员"以洪为姓"，又称"结万为记"。在以洪为姓以前，应当有过一段"以万为姓"的时期。天地会是"以万为姓"集团余党所建立的，地点在闽南云霄一带，时间在康熙十三年。这一年河南总兵蔡禄率部叛清，响应吴三桂，事泄之后遇难，蔡禄便是以万为姓集团中的一分子。天地会文件中少林寺僧征西鲁故事所影射的事情，是蔡禄原为郑成功部将，后来降清，而又为清所杀。蔡禄部下有人逃出，到闽南遇见其他"以万为姓"集团余党分子，建立天地会。

　　以上三种说法中，第一种和第三种说法，都根据天地会中少林寺僧征西鲁的传说来作影射。这一个文件在天地会中只是一种神话，用来吸引会员，而且这一个神话出现的时间较晚，用来探讨天地会的起源是很危险的。第二种说法虽然有清政府的调查作依据，但是将"木立斗世"拆字而断定天地会创立于乾隆三十二年，也有问题。因为在万提喜活动的时间以前，天地会传闻已久，万提喜所做的只是吸收而非创立。以下再介绍关于天地会起源的第四种说法，这个说法虽然不能充分说明天地会的起源，却比较不具神秘色彩。

秘密会党的形成是多元的，并不是出于一时、一人、一地。会党的基本性质是一种异姓结拜的团体，结拜之后，化异姓为同姓，所以天地会"以万为姓"，又"以洪为姓"。这种化异姓为同姓的习惯，并不始于天地会，从明末以来，福建地区已有这种现象。明末以后异姓结拜风气的盛行，可能是受到《三国演义》与《水浒传》两部小说的影响，这两部小说在明代十分风行，故事深入民间，桃园三结义和梁山泊大结义的行为也就成为社会大众所模仿的对象。自清初以来，对于异姓结拜兄弟，屡有禁令。据雍正十年（1732）刊《大清会典》卷一九四"奸徒结盟"条："国初，定凡异姓人结拜兄弟者，鞭一百。顺治十八年（1661），定凡歃血盟誓焚表结拜兄弟者，着即正法。"可知这种风气在清初已经盛行，引起政府的注意，而加以严禁。异姓结拜的风气和福建漳、泉地区的械斗风气结合起来，出现了一些化异姓为同姓的集团。福建漳、泉两府，大姓常常欺侮小族，小族为了自保，往往联结相抗，双方展开械斗，为了增强本身内部的团结力量，无论大姓小族，都常有合众姓为一姓的情形。例如明末崇祯年间（1628—1644），漳州地区乡绅肆虐，百姓苦之，于是众姓谋结同心，以万为姓，推张要为首，所以张要又名万礼。除了以万为姓之外，尚有其他化异姓为同姓的集团。清朝顺治年间（1644—1661），泉州李、陈、苏、庄、柯诸大姓合为包姓，各小族则合为齐姓，互相对抗。以后泉州又有以同为姓、以海为姓、以万为姓的情形。无论以包、以齐、以同、以海、以万为姓,都取其大众同心协力的意义。天地会以洪为姓,含义可以说是完全相同。异姓结拜,化为同姓,不一定立有会名,但秘密会党实际上是由这些化异姓为同姓集团发展出来的。

(二)天地会名称在官方文书中的出现

台湾自从归入清朝版图之后,闽、粤人民渡海而来,由于土地与水源的关系,发生争执。漳、泉与粤籍移民之间,械斗经常发生,结盟拜把的风气十分盛行,成为秘密会党发展的有利环境。除了械斗的因素之外,驻台士兵军纪的败坏,也是导致秘密会党形成的重要因素。台湾的驻军,常常结伙欺侮民众,强买强卖,打毁房屋,甚至于放枪凶斗,于是民众也各联同类,以相抵制。

在康熙年间(1662—1722),福建、台湾地区已经屡次发生异姓结拜组织扩大而与清政府发生冲突的事件,但是尚未立有会名。到了雍正年间(1723—1736)以后,各种会党名称便层出不穷,地方官屡次破获会党的结盟案件。例如福建有一钱会、边钱会、小刀会,台湾有父母会、铁鞭会、小刀会、添弟会、雷公会,广东也有父母会。会党与政府之间的冲突、会党与会党之间的械斗经常发生,而且规模愈来愈大。会党与会党之间的械斗,又往往会转变为与政府之间的冲突;为了抗拒官方欺压而组成的会党,有时也会变为地方械斗的主角。这些会党中,小刀会的事件尤其多,小刀会是民众为了抗拒士兵的欺侮而成立的,因为各持小刀而得名,在福建、台湾都有,数目颇多,可是并非创自一人,彼此之间也不相统属。天地会的发展,也在这一段时间,但是在乾隆五十一年(1786)林爽文事件以前,官方文书中并没有天地会的名称。

结盟拜把与秘密会党的活动，原先并不具有反清复明的宗旨。康熙五十九年（1720），凤山县百姓合伙谢神唱戏，地方官以百姓无故拜把为由而禁止，导致朱一贵起事。一贵姓朱，因此自称明朝后裔，才开始揭出反清复明的旗号。但是朱一贵起事虽然和结盟拜把有关，却尚未有会名。以后秘密会党活动愈来愈盛，与清政府的冲突时有所闻，会党反清的思想自然也就与日俱增。到林爽文在彰化以天地会起事，以反清复明为号召，反清复明自此便成为天地会的宗旨。

林爽文加入天地会，是由一个叫严烟的人所吸收，而严烟则是由福建借卖布为名，渡海至台湾来传会的。可知台湾的天地会，传自福建。根据严烟和其他被捕天地会人的供词，可知他们所了解的天地会，据说最早是朱姓、李姓两人发起的，年份已远，后来有一个万和尚提喜起会，派人在福建、台湾传会。他们倡导结会的好处是入会后有同会之人相护，开赌不怕有人搅扰。可知天地会是以民间自卫组织的形态而传播的，所保障的包括开赌场的人。这些人于乾隆三十二年（1767）入会，可知天地会在乾隆三十二年以前已经存在。林爽文被严烟吸收入会后，回到家乡，在乾隆五十一年和众人结拜天地会，约誓有难相救，有事相助，他们武断一方，官吏不敢过问。这一年，彰化发生添弟会和雷公会的械斗，官府处置不当，便导致了添弟会、雷公会与天地会结合，推林爽文领导起事的事件，小刀会也起而响应。林爽文事件震动全台，清廷数度派大军渡海镇压，历时一年有余，才将乱事平定。在清廷围剿林爽文的过程中，获得会党旗一面，上面写五个雷字，四角写天地日月，以日月隐喻反清复明的宗旨，日月以后便成为会党的暗号，会中腰凭也常见有日月字样。天地会的八拜仪式中，"一拜天为父，二拜地为母"，而此种跪拜天地又是各会党结盟之誓的共同仪式。天地二字最能涵盖会党的含义，再加上林爽文事件以后，天地会在民间已耳熟能详，于是天地会便成为秘密会党的通称。

二、秘密会党的扩散

（一）林爽文事件后会党名称的层出

林爽文事件使会党的势力遭受到一时的挫折，但是会党的活动并没有因此而中止，反而因为会党残余分子潜逃各省，继续活动，而使会党蔓延日广，声势日盛。

嘉庆、道光年间（1796—1850），天地会、添弟会、小刀会等会党的势力，从福建、台湾扩大到广东、广西、江西、四川、浙江、云南等省，入会人数也不断增加，每会少者数十人，多者数万人。各地又陆续出现许多新的会党，名称不下数十种。这些会党，有的是天地会的别名异支，所传授的诗句隐语和口诀暗号都和天地会相同，所以使用新的名称，或是因为官方查禁，为了避人耳目，所以改易名称；或是因为天地会名称已经久远，沿用旧名，缺乏号召力，于是改易新名。此外，添弟会与小刀会也蜕变出各种新名称的团体。

举些例子来说，江西有添刀会，又名千刀会，是由添弟会演变而来，每添兄弟一人，即添刀一把，兄弟众多，所以名为添刀，又名千刀；三点会起于福建，传至浙江、江西、广东等地，亦为天地会的别名；三合会最早见于广东，后来传布于福建、广东、云南、湖广、浙江多省，与天地会、添弟会、小刀会均有关联；又如活动于上海的三刀会，则有小刀会的分子在内。一方面新会名层出不穷，另一方面，各个会党经过长期的发展，似乎也显示出互相融合的现象，上举三合会即是一个例子。

（二）会党势力的发展

秘密会党的群众，主要来自贫苦的民众和外出谋生的各种人，他们入会的目的，无非是为了聚众自卫和解决生活的问题，因为这两类人群，一方面生活困难，一方面人单势孤，容易受人欺侮，入会对他们来说一方面有实际的帮助，另一方面也获得心理上的支持。清代中叶以后，人口大增，而耕地增加有限，每人平均拥有的耕地面积愈来愈小，农民生活困难，离乡外出的人口大量增加，这种情况为会党吸收群众提供了良好环境。清政府破获的会党，有很多起会或入会的原因都是由于"贫苦难度"或数人"共谈贫苦"，因而纠伙结会。例如广东海康有林添中，在嘉庆六年（1801）六月因为贫苦难度而纠伙结天地会；次年五月，广东新会人郑嗣韬与朋友共谈穷苦，因而起意结天地会。类似的例子，不胜枚举。因为外出而谋生，感到孤单，而起意结会的例子也有不少，例如嘉庆二十年（1815）十一月，广西迁江县人黄有为遇见巫老三，谈及孤身出外，恐人欺侮，于是邀人结拜添弟会；道光十五年（1835）六月，贵州黎平府人李顺成和朋友们谈及在外寄居，难免受人欺侮，所以起意结会。所以会党的成员，有很多都是佣工或是小本的生意人，也有很多无业游民，以乞丐为主体而组成的会党也有不少。

会党所容纳的群众，不仅是社会下层的人。道光年间以后，官府中的胥役兵丁，也大半与之交结，表里同仇。较富有的阶层，也并非没有人加入会党，例如福建同安县人黄德美，在龙溪县置有田地，常受强佃抗租，越境控告追讨，而地方官不为伸理，于是加入小刀会，借会党的力量来对付强佃。因此会党的势力在南方社会已有盘根错节之势。

外出人口的增加，也导致会党地理上的扩散。例如闽、粤、两湖等省的人口，流入江西颇多，而这些地方的会党，亦扩散及于江西境内。自嘉庆年间以后，江西会党盛行，江西会党的原籍，多为邻近之省份，江西会党的分布，亦多与邻省的地缘有密切关系。又如闽、粤民众为生计所迫，很多人赴海外谋生，会党也随之而移置海外，所以晚清华侨有不少是天地会分子。

会党的传播，大多由会党分子借着各种名义与民众接触，讲解入会的好处，并且传授以会簿或盟词暗号，受传授的人若是有意，便纠众结会。例如前面提到的林添申，便是从一个外地到海康的陈姓相士那里获知天地会的。这一个陈姓相士，可能随后又到了广东上川岛，传授天地会的内容给当地人叶世豪，天地会也跟着在上川岛成立。出外做小生意的人，在旅途上遇到会党分子的机会尤其多，所以秘密会党的传播也特别广。但是入会的人，也并非完全出于自愿，有些是因为受到会党的劫持或裹胁而入会。例如嘉庆十六年（1811）八月，福建上杭县人陈仁从贵州前往四川的途中，被添弟会党一二十人逼令入会，经管会内名册。湖南巡抚讷尔经额在道光十九年（1839）的上奏中也指出："乡曲小民，稍有衣食，往往被匪徒逼胁入会，方免抢窃之患。"

会党所以能够吸收到群众，在于经济与自卫两方面的互助，对于穷苦的民众来说，经济上的互助，尤其具有吸引力。但是就会党内部来说是互助，对于会党以外的人来说却是不法行为，威胁到社会的治安。会党分子在吸收群众时，讲到入会的好处，常说可以互相帮助，乘机抢劫村庄，又常说可以敛钱。从这些说法，可以推想为什么许多人在贫苦无以度日时，便起意要结会，他们内部互助的资源，是来自对外界的劫掠。他们的做法，譬如江西南部的添刀会，一日之内，抢劫商贩至五十余起，又多和贩运私盐的私枭合而为一；广东各州县的三点会，"一切抢劫之事，无所不为"，每逢稻谷将熟的时候，就派下收租的家庭，按收租的比例勒索钱文，称为打单，如果不给，就将这家人所种的田禾全部破坏；江西的乞丐组成担子会，昼则行乞，夜则行窃；湖南的认异会，完全以行窃为业，只限邻近二十里内不犯。其他如开赌场，抽商人私税的情形，更是常见。这样的会党，已成欺压良民的团体，与会内所标榜的反清复明宗旨相去甚远。

会党的势力发展如此迅速，而且成为治安的威胁，而政府却不能加以有效的制止，原因在于清政府地方吏治的败坏，对于地方政治只知粉饰，而不图谋问题的解决，也就是当地人批评中所说的"历年不办会匪，不拿真贼，一味讳饰"。举例而言，道光二十三年（1843），三合会与卧龙会千余人，在广东顺德县容奇乡械斗，死亡三人，没有报案，官府也不查办。次年两会又聚众数千人在桂州乡械斗，死百余人，伤百余人，新到任的知县向省府提出报告，省府却嘱其不可声张。御史风闻，下谕查办，省府为了掩饰，捏造一份甘结底稿，要顺德县士绅出具没有会匪械斗的甘结，士绅不肯。省府再派人下乡威胁士绅，并且捏造是赛神船只碰撞，引起口角，并没有打架，以后不准人再提会匪二字。于是以后会党势力更盛，甚至有数十或上百人白日持刀入屋抢劫的事情。官府的这种化大事为无事的态度，使得会党能够毫无忌惮地发展。

会党的势力，到了太平天国事件的时候充分表现出来。太平天国与天地会究竟有无渊源，说法不一，姑且不论。不过太平天国发难以后，很快就得到各地会党的响应，使得太平天国的声势大振，直下南京。会党反清复明的宗旨在这时表现出来，像上海三合会领袖刘丽川响应太平军起事，自称"大明国统理政教天下招讨大元帅"。但是会党和太平天国之间不能推诚合作，导致会党被清军各个击破。两广则有升平天国、大成天国、大洪王国等天地会政权，历时短者数年，长者达十余年，而这些政权也以复明为号召。

（三）太平天国事件后的会党活动

太平天国覆亡以后，秘密会党的活动并没有停止，反而因为清政府内忧外患的日益严重而更为活跃。哥老会势力在这一个时期的发展，尤其值得注意。哥老会又称哥弟会，主要活动地区在长江流域，在两湖者又称江湖会。早在乾隆年间，四川已有啯噜会，为福建、广东、湖南、陕西等省入川游民结拜的会党，入会的人称为啯噜子，哥老会可能便是啯噜会的音转，起源于四川，而蔓延及长江流域各省。另外一种说法，则认为哥老会兴起、壮大于湘军之中，不过借用四川啯噜会的组织与名目。

在太平天国灭亡以前，已有哥老会起事的事件，他们的活动，也与其他秘密会党相同，有欺压良民的色彩。譬如抢劫谷米，并通令居民迁至他处，但是却打着"劫富济贫"的旗号。清廷征讨太平天国，正规军已不中用，各省多招募乡勇，勇丁中也有哥老会分子，他们在军中，更趁机广结兄弟，结盟拜会，所以哥老会的势力在军中膨胀，在湘军中势力尤其兴盛。乡勇中有些在军中不服从军令的约束，被裁撤归乡，他们回乡之后继续活动，使得哥老会传布的范围更广。到太平天国事件结束以后，一方面长江流域各省哥老会闹事此起彼落，另一方面军中哥老会分子煽诱兵勇潜逃的事情也时有所闻，尤其以陕西、甘肃两省最为严重，陕甘两省因此裁撤湖南乡勇。这群乡勇回到湖南本籍，因为在军中时间既久，剽悍成性，回乡以后既无恒产，更无法安定下来从事生产，只有继续拉人结会。他们"散则混作良民，聚则仍成股匪"，哥老会势力蔓延日广。到了光绪初年，哥老会的分子已不限于散兵游勇，保身家的百姓甚至士绅也有不少加入。清朝政府的政策，也退缩到"但当察其匪不匪，不必究其会不会"。

秘密会党发展到光绪年间（1875—1908），已经有如野火燎原，不可遏止。所以到光绪末年，保皇会与革命党进行反满运动时，便都争取这些与政府对立的民间组织为群众基础，会党也因此在近代革命史上扮演了重要的角色。

三、秘密会党的组织

（一）维系组织的精神与德目

秘密会党和秘密宗教不同，没有共同的宗教信仰，虽然如此，秘密会党仍然有一个维系组织的精神中心。这一个精神中心，在早期大概只是天地，模仿《水浒传》中梁山泊大结义的"指天地为父母"，所以入会时必须跪拜天地。随着时间的演变，会党有了反清复明的宗旨，也有了少林寺僧人征西鲁的创会神话，这一个维系组织的精神中心也跟着复杂起来。较晚的天地会文件中有八拜仪式，"一拜天为父，二拜地为母，三拜日为兄，四拜月为嫂，五拜五祖，六拜万云龙大哥，七拜陈近南先生，八拜兄弟和顺"。日月两字合为明，暗寓反清复明的宗旨，这在林爽文事件中天地会的会旗已经出现。五祖一般认为是征西鲁故事中从少林寺大火里逃出的五位僧人，但也有人认为是指仁义礼智信五字，因为天地会的洪花亭、忠义堂都拿仁义礼智信放在中央来供奉。万云龙大哥和陈近南先生都是征西鲁故事中的人物，早期的说法认为万云龙影射郑成功，陈近南影射陈永华，或者认为万云龙是影射康熙四十七年（1708）在浙江起事的张念一和尚，这些说法后来已有人不能接受。除了八拜的对象之外，在洪花亭和忠义堂上，又有太始祖朱洪英、太宗洪启胜、太子朱洪祝等人。在另外一些文件里，朱洪英是太子的名字，这几个人物大概也是较晚才发展出来的。

天地会供奉仁义礼智信五种德目，但是维系会党内部结合的道德，可以说只是一个义字，只要确定是会内兄弟，即使素不相识，也必定仗义相助。兄弟之情，是他们行义的基础，入会党之后，大家都改姓洪，所以天地会又称洪门，有如一个大家庭，会内分子都是兄弟。天地会文件中有"三十六誓"，这是会党组织逐渐复杂之后明文订出的行为规范，大概可以用一个义字来涵盖。譬如说会内兄弟有吉凶之事或者自身亡故，如果家贫，兄弟必须相赠；对于各地路过的兄弟，必须以礼接待，如果取借路费，也必须出力相助；受接待的人，必须有粥食粥，有饭食饭，不可以嫌弃无菜；兄弟如果受人欺负，众兄弟必须为之报仇；如果是兄弟与自己亲戚同胞争斗，只可以劝解，不可以帮亲戚同胞打兄弟；如果兄弟犯法，官府捉拿，必须加以掩护；不可以拐骗兄弟的钱银对象，也不可以淫辱兄弟的妻子、拐带兄弟的婢仆人口；必须严守会内秘密，也不可以贪钱财引官府来破坏团体。对于违反这些誓约的，不仅受到"雷打火烧""吐血而亡""虎咬蛇吞""乱刀分尸"等重誓的诅咒，而且会内订有处罚的规条，见于文件中的，譬如"二十一则""十禁""十刑""十八章律书"等，这些处罚的规条，大概也是会党组织逐渐复杂之后才订出的，所采用的刑罚，有死刑、刵耳、笞杖等。天地会诗歌中常提到刘、关、张桃园结义，又特别崇敬关公，也是因为重义的关系。兄弟相遇对答，则自称是"义姓洪"。但是他们所重的义，只是对会内而言，是狭隘的，兄弟之间固然有难相助，却不在乎劫掠或伤害外人。

（二）入会仪式与辨识方法

秘密会党入会，要经过结拜仪式，仪式最早是很简单的，只不过是歃血盟誓，以后逐渐复杂起来。在林爽文事件前后，也就是乾隆后期，天地会入会的仪式是对天跪地立誓，排设香案，在神前宰鸡歃血，排列刀剑，入会的人在刀下钻过，才传给会内暗号，结为兄弟。到了嘉庆年间，入会仪式更加复杂，除了歃血钻刀之外，又用桌子供奉木斗一个，斗内插五色旗五面，上面写"日月清风令"五字，插剑二口，剪刀、尺各一把，铜镜一面，并且用黄纸开写"众兄弟沐浴拜请天地日月，各人以洪为姓，患难相扶，拜天为地，拜地为母"等语。逐渐又有供奉万和尚牌位、五祖牌位、洪启胜、洪英牌位以及忠义堂的情形，又有跳火坑或过桥的仪式，过桥的人必须口诵"有忠有义桥下过，无忠无义刀下亡"的誓词，义指会党内部的互助，忠则对明朝而言。后来则发展出过三关的仪式，用竹片扎成关门三层，第一关是水关，第二层是火关，以示同赴水火，俱不畏避，第三层关门供奉洪启胜、洪英牌位，桌上安置木斗，点燃七星灯一盏，插五色纸旗二十五杆，黄纸伞一把，红纸帅字旗一面，旁边扎草人一个，众人从关门钻过，并将草人用刀砍一下，表示日后有事不来帮助，便像草人一样。各个会堂的入会仪式，大概都相近。仪式愈来愈复杂，无非是为了加重誓言的分量。

会党分子见面，为了彼此辨识，又有隐语暗号。当会党初起，人数不多时，彼此都熟识，可是到了传布渐广，人数众多的时候，便不能没有联络的方法，来表达自己的身份。隐语暗号的演变，也是愈来愈复杂。林爽文事件以前，天地会所传的隐语是"三姓结万李桃红，九龙生天李朱洪"，李、朱是相传开创天地会的两人，又将万、洪两字嵌入句中。兄弟见面时伸三只手指，不论吃茶、吃烟都是如此。又口称五点二十一，这是用洪字作暗号，将洪字拆开，便成五点二十一。如果有人问有无兄弟，便答左右俱有兄弟。此外又有"木立斗世"四字暗号，木立斗世的意义为何，说法不一，有的拆为数字，认为指乾隆某年；有的从天地会场都立旗斗解释，认为指朱明重建之世。以后见面的暗语演变愈来愈多，但举手用三指的记号一直没有改变。除了举手用三指之外，到嘉庆年间，又有开口即说"本"字的暗号。于是"开口不离本，举手不离三"，成为秘密会党的共通暗号。洪字到后来又被拆为三八二十一，所以兄弟见面不再说五点二十一，而说三八二十一。这些隐语暗号多了以后，难以记忆，于是有会簿记载。会员入会之后便传授以会簿，见于会簿中的问答，有来回几近二十趟的。

除了隐语暗号之外，会党分子又有腰凭作辨识。腰凭是会员随身携带的凭证，上面画有八卦，写有文字，例如"共洪和合，结万为记"等字眼，随着时间的推移，腰凭上八卦的层次日增，字数愈多，而且故意颠倒错乱，有时又将原字的偏旁分开重组，另造新字，使人不易识读。会党分子有时也以服饰来分辨，例如道光年间，广东三点会令会员每日上午发辫自右盘左，下午自左盘右，胸前纽扣解开两颗，折入襟内，作为暗号。种种的隐语暗号，使得会党分子彼此易于传递消息，互相照顾，即使素不相识，也能够分别出是否为兄弟，因此会党的活动范围既广，而活动力又大。

（三）组织结构

会党分子皆以兄弟相称，按照年龄或入会先后排列次序，地位是平行的，没有上下辈分的师徒关系，也没有复杂的组织结构。随着时间的推移，会党的组织逐渐细密。

这种细密化的方向，一方面是地域上的，例如嘉庆年间天地会分成五房，长房在浙江，二房在福建，三房在广东，四房在云南、四川，五房在湖广，后来的哥老会则分立山堂。另一方面则是阶层上的，即使同是兄弟，也有上下阶层之分。简单的只分为首领和会员，复杂的则可分成数级甚至十级。例如晚期的天地会组织，第一级红棍（领袖），第二级白扇（主文字），第三级先生（主传教），第五级地头（主刑罚），第六级先锋（主引见），第八级草鞋（主奔走），第九级为普通会员，第十级称为阿满。第四、第七两级因为天地曾有符四、田七两人为奸细，会中讳言四、七二字，所以从缺。哥老会早期的组织来自啯噜，也受天地会影响，可能也吸收了其他湖南地区会党的组织，从最高首领龙头（又称老帽）以下，共分十级，但四、七两级从缺，到后来则已十级俱备。这是平时的组织，如果发动起事，则模仿政府，设官分职，有各级文武官员，名称也和政府的官职相同，但也有一些官名比较特别的，例如军师，便是来自小说。

秘密会党的组织虽然日益细密，但就整体来讲，却显得十分散漫。整个组织并没有一个由上而下全盘统御的系统，而是分成许多小股，由不同的人，在不同的地点，聚众结会。各股之间的地位是平行的，彼此之间没有统属的关系，也无法有统一的号令。因此会党的起事，虽然容易风起云涌，却很难集中力量。也因此晚清革命党人最后终于觉得会党为乌合之众，不易运用为反清的武力，而改向新军渗透。

参 考 书 目

一、专著

秦宝琦、孟超：《秘密结社与清代社会》，天津：天津古籍出版社，2008年。

庄吉发：《清代天地会源流考》，台北：台北"故宫博物院"，1981年。

庄吉发：《清代秘密会党史研究》，台北：文史哲出版社，1994年。

陆宝千：《论晚清两广的天地会政权》，台北："中研院"近代史研究所，1985年再版。

二、论文

王尔敏：《秘密宗教与秘密会社之生态环境及社会功能》，收入其著《明清社会文化生态》，台北：台湾商务印书馆，1997年。

翁同文：《康熙初叶"以万为姓"集团余党建立天地会》，收入中华学术院编：《中华学术与现代文化丛书（第三册）·史学论集》，台北："中国文化大学"出版部，1977年。

庄吉发：《四海之内皆兄弟——历代的秘密社会》，收入杜正胜主编：《中国文化新论·社会篇——吾土与吾民》，台北：联经出版事业公司，1982年。

庄吉发：《清代秘密会党的探讨》，《中国历史学会史学集刊》1984年第16期。

刘铮云：《湘军与哥老会——试析哥老会的起源问题》，收入"中研院"近代史研究所编：《近代中国区域史研讨会论文集》，台北："中研院"近代史研究所，1986年。

刘铮云：《清代会党时空分布初探》，收入"中研院"历史语言研究所主编：《中国近世社会文化史论文集》，台北："中研院"历史语言研究所，1992年。

卢耀华：《上海小刀会的源流》，《食货月刊（复刊）》第3卷第5期，1973年。

萧一山：《天地会起源考》，收入其编《近代秘密社会史料》，台北：文海出版
　　社，1975年。

戴玄之：《天地会的源流》，收入其著《中国秘密宗教与秘密会社》，台北：台
　　湾商务印书馆，1990年。

戴玄之：《天地会名称的演变》，收入其著《中国秘密宗教与秘密会社》。

戴玄之：《天地会与道教》，收入其著《中国秘密宗教与秘密会社》。

第二十六讲

近代中国的社会变迁

一、商工阶层的崛起

清代中叶以后，中国社会内部已有转变的迹象，但是西方力量的冲击，才是导致清末民初中国社会巨大变迁的主要因素。为了因应鸦片战争以后西方势力的入侵，中国在政治、经济、文化各方面都不能不有所改变，接受西方政治、经济、文化的影响，在这种情况之下，中国的社会也随之而变化。西方力量的东来，原以经商为其主要目的，西方的商业制度、工厂制度与银行制度随着西方商人的到来而介绍入中国，西方商业的强劲冲力，刺激了近代中国商工阶层的崛起。

在近代中国的商工阶层中，外国商人是一股重要的力量。他们的人数也许不多，影响力却不容忽视，他们在中国活动，构成了中国社会的一部分。中国历史上也曾有外国商人的活动，不过和清末民初时期比起来可以说是微不足道。新兴企业中，由外商经营出资的占很高比例。以棉纺织业来说，在光绪二十三年（1897），华厂纱锭占63.3%，欧美厂占36.7%；民国二年

（1913）华厂占60.2%，欧美厂占26.9%，日厂占12.9%。单以上海而言，光绪二十三年年底，十五家纱厂中，由外国人拥有的就有八家，其余的纱厂中又有五家是华洋合资。其他各业的情况也大抵相似，外商资本所占比例甚高。外国商人来华集中于租界，尤其以上海租界为多。在租界内他们有自己的政府，例如上海公共租界的工部局、法租界的公董局，他们享有治外法权，不受中国法律的制裁。大洋行的行东，大多十分富有，在租界内过着十分享受的生活，他们是租界社会的上层人士，使租界社会成为中国社会中的一个特殊部分。

沟通外国商人与中国市场的买办，是晚清新兴的一类商人。买办商人源起于鸦片战争以前广东十三行商的雇员，专代洋商买办食物、料理薪水等琐务，以后功能扩大，成为洋商所雇用的捐客、经理人或承包人。并且随着通商口岸的开辟而扩展到各地，取代了十三行的地位。外商不了解中国的市场概况、语言习俗，必须借重买办的力量，才能拓展商务。买办一方面为外国人做事，成为外国工商产品在中国拓销的助力；另一方面，他们也有人在这一个过程中，学习到许多西方经商的经验，累积了许多财富，此后成为独立的企业家，他们甚至可以说是中国工业化的先锋。譬如中国第一家航运公司招商局的成立，就是唐廷枢、徐润和郑观应等买办的功劳，唐廷枢还独自成立一家公司开采开平煤矿。此外如怡和洋行买办祝大椿和上海东方汇理银行买办朱志尧，也都投资了多种近代企业。

传统的士绅阶层也出来公开地经营近代企业，出现了所谓商绅阶层。明清以来，士绅和商人已逐渐有合流的趋势，士绅化名或幕后经商者颇多。清代中叶以后，捐纳制度盛行，也使商人能够以金钱买得功名。但是晚清以前，由正途出身的士绅并不公开地从事商业。西方商业势力的强烈冲击，使得朝野开始重视商业，社会对于商人的评价上升，追求商业利益成为正当的行为，甚至认为不讲求实业是士人的缺点，唯有商业成功才能导致国家的富强。于是士绅或为了理想，或为了利益，公开地投身于工商业。最有名的如周学熙与张謇，号称"北周南张"，周学熙中过举人，做过道台，曾经创办开滦煤矿公司、启新洋灰公司以及其他许多企业。张謇则更中过状元，创办了许多纱厂以及盐垦公司。

买办与商绅，是清末中国新式企业经营者的两大来源，他们的努力，使得商人势力不断发展。光绪二十九年（1903）商部的设置，以及此后各地商会组织的纷纷成立，说明商人已经成为一股重要的社会力量。商人的子弟，在接受过新式的中学、大学教育之后，有许多仍然继续投身于商业，成为民初商人的一大特色，这和从前商人子弟大多视往官宦之途发展为正途，已经大不相同。

随着新式工商业的发展，工人也成为一个重要的社会阶层。根据估计，民国元年（1912），中国产业工人总数最低限度有一百五十万人，到民国十六年（1927）已有二百七十五万人。工人大多数来自农村，由于农村的衰敝而必须到城市谋生。他们在城市工厂里的工作环境并不好，工资也很低，工作时间又很长，而且女工、童工在工人中占了很高的比例。除了产业工人之外，又有人数众多的服务业工人与手工业者。工人的工作条件虽然恶劣，但是他们为了生活，不得不努力工作，提供给工商业廉价的劳力。工人数量既多，他们逐渐也有组织性的行动，清末以来，罢工事件屡有所闻，成为社会变革的根源之一。

尽管从清末以来，中国工商业已经逐渐发展，但是到民国初年，和其他各国相比，仍然很落后。根据统计，民国十五年（1926）到十八年（1929）各国每年每人消费工业品的价值，美国254美元，英国112美元，日本28美元，而中国只有2美元。而且大部分的新式工商业，集中在东南沿海地区的通商口岸，尤其以上海为最大的集中地。这种情况，对于提供中国广大地区众多人口的就业机会，自然十分有限。

二、新旧知识阶层的交替

中国自宋代以来的知识阶层，是以科举考试为进身之路的士人，他们研读诗、文、经典，出则为官宦，在乡为士绅。晚清由于西方文化的冲击，知识阶层发生了很大的转变，科举考试废除，士绅没落，接受近代新式教育的知识分子代之而兴。

在鸦片战争之前，龚自珍已对科举考试以四书文取士深感不满，认为败坏人才。鸦片战争以后，论科举人才无补于实用者渐多。英法联军之役以后，开始学习西法，对于人才应如何培育，议论众多，而皆以八股取士不足以获取人才。维新运动时，一时言论无不主张废科举、兴学校。到光绪二十四年（1898）戊戌变法，改革科举与教育制度成为新政的要项之一。在科举制度方面，所采取的措施是废除八股文，改试策论，但科举制度本身仍然存在。新政不过百日而罢，到光绪二十八年（1902）八国联军之役以后，才因时势所迫，再废八股，以经义、时务策问试士。再过四年，到光绪三十二年（1906），科举考试完全废罢，旧士人进身之路从此断绝。

科举考试既废，代之而兴的是新式学校教育。清末最早出现的新式教育机构，是专门学堂。如同治元年（1862）成立的北京同文馆，次年成立的上海广方言馆，两所机构都着重培养外国语言人才，并从事译书，北京同文馆后来又添设天文算学馆。此外如福建船政局设有船政学堂，教授制造、驾驶诸术；江南制造局设有工艺学堂，训练军火制造人员；又有训练轮机和驾驶人才的水师学堂，训练陆军人才的武备学堂，训练电报人才的电报学堂，训练医官的医学校，训练矿冶人才的矿冶学堂等。这些学校，大多规模狭小，课程简单，所授课程以西方科学技术为主，超出了中国传统教育之外。由于当时人心未变，招生颇为不易。

至于普通学堂的设立，则始于西洋传教士。例如创设于同治十三年（1874）的上海格致书院，便是其中之一。自甲午战争前后，到戊戌变法之前，地方官员和士绅，也颇有设立普通学堂的。如武昌的两湖书院、自强学堂，天津的头二等学堂，上海的南洋公学，长沙的时务学堂，杭州的求是书院。至戊戌变法，下令设立京师大学堂，将各地书院分别改为高等、中等及小学堂，中西之学兼习，于是普通教育的体系完备。百日维新失败，其他新政中断，唯独学校制度仍然继续存在，此后并且继续推广。科举制度废罢之后，学校便成为新知识分子的养成所，使近代知识日渐普及。学堂数与学生人数，自清末到民初增加十分迅速。

除了国内学堂之外，留学也成为接受新式教育的途径。派遣学生出国留学，始于同治十一年（1872）派幼童三十名赴美留学，其后陆续派遣学生赴美、欧、日留学，人数都不多，目的在造就自强人才，所习以军事、机械为主。八国联军之役以后，出国留学风气大盛，官费与自费的留学生都有，学习法政者占了很大的比例，而以在日本的留学生为最多。

由于科举制度的废除与新式学校教育的普及，新知识分子取代了士绅成为构成知识阶层的主要分子。但是士绅和新知识分子两者并不是截然可分的，有不少的士绅，重新进入了学校，接受近代教育，或者出国留学，因而兼具了两种身份，例如蔡元培便以翰林之尊，仍然出国留学。也有新式学堂的学生，仍不放弃攻取功名的，像蒋梦麟便是一面在新式学堂读书，一面考取秀才。但是无论如何，新知识已使得这些读书人面对新世界，他们不再将出路限制于宦途，而可以分向各种事业发展。

新知识分子受到西方政治制度与思想的影响，对于中国传统的帝制政体有所不满，再加上清政府内政的腐败，应付外患的失策，他们因而纷纷投入了改革或革命运动。清末立宪派人士的背景，虽然大多出身于士绅阶层，但是留日或受过新式教育者已有20%左右。革命党人则大多为新知识分子，尤以留日学生为主，有传可考的革命党人328人中，具有科举功名的不过43人。在立宪运动与革命运动相互激荡之下，导致了清朝的灭亡，结束了帝制政体。这是中国社会的一个大转变，宋代以来的科举社会，由皇帝与科举出身的士人相辅相成，现在两者都已不再存在。

民国建立以后，受过新教育的知识分子仍然一方面扮演着改革者的角色，另一方面，他们也成为社会变革的根源之一。自清末以来，新知识分子数量不断增加，他们所受的新教育，主要是介绍西方进步的知识与观念，这些知识与观念和他们所来自的乡村环境有很大的距离。知识与环境的脱节，使他们不愿意像过去的士绅一样回到乡村去。科举制度已经废除，学校毕业不能保证他们能够就业，工商业发展的程度仍然有限，也提供不了多少就业的机会。他们只有挤在人浮于事的都市里，费尽九牛二虎之力才找到一个小职位，甚或接受朋友的接济。这种情形使他们的心理遭受很大的挫折，于是他们对于现实更加不满。

三、妇女地位的提升

传统中国妇女所遭受的不平等待遇，在晚清也开始发生转变，造成这一个转变的因素，有内在的，也有外来的。

早在鸦片战争以前，便已有男子为妇女所受的不平等待遇打抱不平，像袁枚、李汝珍、俞正燮、龚自珍，都对妇女表示同情。其中影响较大的是李汝珍，他所写的《镜花缘》，是一部讨论妇女问题的小说，这本书借武则天的时代做背景，在一个妇女地位甚为低落的时代里，勇敢地主张男女平等，反对缠足、涂脂抹粉、双重道德标准、纳妾、算命合婚，提倡女子教育，主张女子参政。这本书写成之后，一刻再刻，流传甚广，接受李汝珍主张的人应颇为不少。这是内在的因素。

外来的因素，则是受到西方文化冲击的影响。西方传教士到中国来传教，设立女学是他们的活动之一。譬如在上海，从咸丰十一年（1861）到光绪八年（1882），便至少有四所教会女学成立，给予中国妇女受教育的机会。同时传教士也反对妇女缠足，同治十三年（1874），厦门的传教士组织天足会，作全国性的宣传，几个大城市先后响应，也组织了天足会。此后维新派的人物受到外国社会风俗的影响，有感于追求富强的需要，也起来提倡妇女地位的改善。

对于提升妇女地位的实际努力，最早是戒缠足与兴女学。继西洋传教士之后，康有为于光绪九年（1883）在家乡广东南海县，与一位邻乡人区谔良合办不裹足会，未能成功。甲午战争失败的次年，他再和其弟康广仁合办不缠足会，此后由维新志士倡导的不缠足会,在各地纷纷成立。在倡导不缠足的同时,他们也倡导兴女学,光绪二十三年(1897),康广仁在上海倡办中国女学会,并且设立了一所女学堂。百日维新虽然失败,可是废缠足与兴女学已经成为一时的风气,并且从民间的倡导转而为政府的政策。譬如湖广总督张之洞便曾颁布命令,凡在光绪二十年(1894)以后出生的女子,缠足者罪其父母。清朝政府在光绪三十二年(1906)将女学列入学部职掌,次年学部拟订《女子师范学堂章程》和《女子小学章程》,于是各地女子学堂相继成立。八国联军之役以后,留学日本的风气兴盛,也有不少女学生前往留学,秋瑾便是其中之一。女生留学,最初都是自费,后来地方政府也以官费派遣。

戊戌变法以后,倡导女权的刊物纷纷出现。据统计,晚清重要的倡导女权报刊至少有27种之多,而以上海与东京为两大中心。最早有光绪二十四年(1898)沈静英在上海创《女学报》,光绪二十八年(1902)陈撷芬在上海创另一《女学报》。光绪二十九年(1903),金天翮署名爱自由者金一,出版了一本小书《女界钟》,提倡男女平等,并且倡导妇女参加革命。在东京,则有秋瑾于光绪三十年(1904)所办的《白话报》,燕斌于光绪三十二年(1906)创办的《中国新女界杂志》。这些书刊所要求的妇女权利,已远比戒缠足、兴女学宽广得多,他们攻击缠足、婚姻不自由、不许改嫁、不许妇女受教育,否认男尊女卑、女子无才便是德、夫为妻纲;进而警醒女界,认为国家将亡,男子且不保,妇女当自求振作。早期为妇女争取地位改善的都是男子,这时妇女开始出来要求自己的权利。

清末妇女已经成为一股新的社会力量,她们在受过教育之后,走出家庭,投入社会的各行各业。她们的活动,以教育文化事业为主，也有不少人参加了革命运动。她们除了个别的活动之外，也组织妇女团体，譬如留日学生组织中国留日女学生会，宣统三年（1911），上海有世界女子协会、女子国民会，辛亥革命爆发之后，更有女子参政同盟会的组织，谋求妇女参政。

民国成立以后，同盟会以男女平权为政纲之一，妇女也积极运动参政。《临时约法》公布时，没有男女平等条文，妇女一度冲入南京参议院，打碎玻璃窗，掌击宋教仁。后来经孙文调停，答应向参议院提议增修，风波才平息下来。自袁世凯和军阀当权后，改革的趋势暂时停顿，只有妇女教育仍然继续发展，使一些妇女获得新知识和新思想。民国四年（1915），全国各级学校女生有180 949人，人数虽然不能算多，但是已比15年前，也就是光绪二十六年（1900）多出40余倍。新文化运动中对于传统的检讨，家族制度和贞节观念都是其中的要点，由西方传入的个人主义，也宣传妇女解放。五四运动时，有不少女学生参加，北京女校并且组织北京女学界联合会。因此五四运动之后，妇女解放的呼声响彻全国，一方面有许多刊物在鼓吹，一方面有许多妇女团体在活动。她们的主张，有男女教育、职业机会、参政权和财产继承权的平等、婚姻自由、一夫一妻制、小家庭制度、节制生育等，比起清末的要求又更进一步。民国九年（1920），北京大学招收了两名女生，这是中国大学招收女生的开始，一直要到国民政府时期所颁布的民法，才在法律上对男女平等有比较完全的保障。

在妇女有较多机会获取新知，从而自立能力增加、自主性增强并导致社会地位提高的同时，中国传统的婚姻制度以至于家庭和家族内部的关系，在西方知识、西方社会的冲击以及国内改革人士的倡导下，也逐步出现一些变化。妇女地位的提升，只是此一全面性变化中比较显著的一面，而这一面的改变，势必也会在某种程度上影响到其他方面的改变。

四、农村社会的衰敝

晚清以后的农村社会，也由于内在和外来因素的影响而有了变化，逐渐走向衰敝之途，使得农民生活日益困苦，农村经济一天一天地在瘫痪。

从清朝盛世以来，中国人口数量大增。乾隆十八年（1753）全国人口是一亿八千余万人，乾隆三十一年（1766）是二亿余人，嘉庆十七年（1812）是三亿六千余万人，道光十三年（1833）达到三亿九千余万人。八十年之间，人口增加已超过一倍。在这同时，耕地的数量并没有增加多少，从乾隆十八年到道光十三年，始终在七亿余亩到八亿余亩之间，所以每人平均能有的田亩数愈来愈少。乾隆十八年每人平均有3.86亩，乾隆三十一年是3.56亩，嘉庆十七年是2.19亩，道光十三年是1.86亩。每人平均3.86亩的土地已经很难维持生活，到了只有1.86亩的时候，自然使农家生活更加困苦。传统农家的收入，除农业之外，尚有手工业。自明代以后，尤以棉纺织业为主。但是自从五口通商以来，外国的工业产品，一方面有进步的工业技术、大规模生产的工厂制度，另一方面享受协议关税的优惠待遇，因此价廉物美，中国农村的手工业产品无法与之竞争。市场既被洋货所夺，农家的收入更为减少。道光二十年（1840），包世臣已经指出："松、太利在棉花、梭布，较稻田倍蓰。……近日洋布大行，价才当梭布三之一。吾村专以纺织为业，近闻已无纱可纺。

松、太布市，消减大半。去年棉花客大都折本，则木棉亦不可恃。"（《齐民四术》卷二《答族子孟开书》）郑观应在清末也观察到："通商大埠及内地市镇城乡，衣大布者十之二三，衣洋布者十之七八。"（《盛世危言》卷七）外国商人虽然一直抱怨打入中国市场的艰难，但是每年中国进口的棉纱和棉布数量甚巨，对于中国的农村手工业不可能不发生影响。包世臣和郑观应的观察，应该都是事实。学者也指出，中国农村生产的土布在清末民初对于输入的洋布表现出极其坚强的抵抗力，不过这种竞争力有一部分来自土布生产过程逐步有所变化，先是农民从市场上购买机纱来织布，不再自己纺纱，而机纱起先自国外进口，后来则为国内通商口岸的本国和外国工厂所制造，然后农民又采用传自西方的改良织机来取代旧式织机。然而无论如何，到了20世纪30年代，在各种因素的影响之下，土布业终于走向大衰退。

从清代中叶以来，中央政府权力衰弱，再加上列强的入侵，使得战争连续不断。民国建立之后，中央权力无法重建，军阀割据，战争更是连年不断，范围几及全国。尽管在这段时期，新教育和新建设也渐次从城市向乡村推展，但是长期的动乱对于农村经济和农民生活是进一步的打击。这不仅因为战争本身所带来的直接破坏，也因为随战争而形成的赋税繁重。譬如清末对外战争失败，使得清朝政府负担了数量甚巨的赔款，这些赔款，自然必须由国民来承担。清末的田赋，在光绪十七年（1891）是2 366万两，到宣统三年（1911）增加到4 810万两。20年之间，达一倍之多。军阀割据的时期，赋税的繁重更令人不敢相信。田赋的预征，在四川省有已经预征到100年后的；田赋的附加税，也有的县达到正税的73倍。四川的农民，因此有衣不蔽体的情形。

战祸之外，天灾也对农村社会施加打击。清末民初许多地方都发生长期的灾荒，尤其以北方为严重。河北省的大名县，从民国二年（1913）到民国二十二年（1933）的21年间，有17年发生天灾；新河县从民国二年到民国十七年（1928）的16年间，有14年发生天灾。民国十七年到民国二十年（1931）四年间，平均每年发生天灾波及800县，占全国总县数的四分之一，受灾人口达一亿一千余万，占全国总人口四分之一。农业生产因天灾而无法进行，农家财产又因天灾而蒙受损失。

农村里的资金运转，由于新工商业的兴起而发生了问题。以往农民所需要的生活费用与生产资金，常可在本地借贷。但是新工商业的兴起，使得许多乡间富家转而投资于工商业。农村的不安定，也使得他们不愿意将资金存放于乡村，而改存于银行，而银行集中于通商口岸与大都市，尤其是上海。农村资金外流的结果，使得农民借贷愈加困难，农村利率也更加升高，农家负担因此更重。

士绅阶层的没落，对于农村社会也是一个不利的因素。以往士绅多居住在乡里，他们领导农民从事各种建设，对于农村社会有安定的作用。现在新知识分子集中到都市，不愿意再返回乡村，乡村无人领导，建设不能进行，挽回不了衰敝的趋势。农村衰敝的结果，造成农民的外移，他们除了迁移往东北和海外之外，有许多进入都市，成为劳工，新兴的工厂为乡村人口解决了一部分的就业问题。但是新工商业发展的程度仍然有限，容纳不了那么多失业的农民。于是他们有的成为都市里的无业游民，有的投入了军阀的军队，壮大了军阀的声势；还有的成为土匪，以河南一省为例，民国十四年（1925），河南比较有名的土匪在五十股以上，每股人数少的有二三百人，多的达五六千人，总计在五万人以上，其中仅临汝一县便有土匪一万二千人。民间为了自保，也组成一些乡团，但是有时这些乡团也会变质，成为破坏地方的根源之一，华北的红枪会就是一例。土匪、军阀、乡团交相为害，使得农村经济愈来愈恶化。

参 考 书 目

一、专著

王德昭：《清代科举制度研究》，香港：香港中文大学出版社，1982年：第六章。

吴圳义：《清末上海租界社会》，台北：文史哲出版社，1978年。

吴蕙芳：《民初直鲁豫盗匪之研究（一九一二～一九二八）》，台北：台湾学生书局，1990年：第一、五、六章。

李剑农编著：《最近三十年中国政治史》，台北：台湾学生书局，1975年：第十二章。

郝延平著，李荣昌、沈祖炜、杜恂诚译：《十九世纪的中国买办——东西间桥梁》，上海：上海社会科学院出版社，1988年。

高达观：《中国家族社会之演变》，台北：九思出版社，1978年：第三章。

张仲礼著，费成康、王寅通译：《中国绅士的收入——中国绅士（续篇）》，上海：上海社会科学院出版社，2001年：第六章。

陈东原：《中国妇女生活史》，台北：台湾商务印书馆，1965年：第九、十章。

陈端志：《五四运动之史的评价》，香港：香港中文大学近代史料出版组，1973年：第六编。

费孝通：《乡土重建》，收入"民国丛书"编辑委员会编：《民国丛书第三编第十四册》，上海：上海书店，1991年。

费慰恺（Albert Feuerwerker）著，林载爵译：《中国近百年经济史：1870—1949》，台北：华世出版社，1978年：上篇第三章、下篇第五章。

贺跃夫：《晚清士绅与近代社会变迁——兼与日本士族相比较》，广州：广东人民出版社，1994年：第三、四章。

杨懋春：《近代中国农村社会之演变》，台北：巨流图书公司，1980年：第三章。

赵冈、陈钟毅:《中国棉业史》,台北:联经出版事业公司,1977年:第八章。
戴玄之:《红枪会》,收入其著《中国秘密宗教与秘密会社》,台北:台湾商务
　　印书馆,1990年。

二、论文

李又宁:《"中国新女界杂志"的创刊及内涵》,收入李又宁等编:《中国妇女史
　　论文集》,台北:台湾商务印书馆,1981年。
林建发:《白狼军性质分析》,《食货月刊(复刊)》第15卷第9、10期,1986年。
张朋园:《清末民初的知识分子(1898—1921)》,收入李恩涵等著:《近代中国:
　　知识分子与自强运动》,台北:食货出版社,1972年。
黄克武:《清季重商思想与商绅阶层的兴起》,《思与言》第21卷第5期,1984年。
赵凤喈:《中国妇女在法律上之地位补编》,收入其著、鲍家麟编:《中国妇女在
　　法律上之地位:附补编》,台北县板桥市:稻乡出版社,1993年。
罗尔纲:《太平天国革命前的人口压迫问题》,收入包遵彭等编:《中国近代史论
　　丛(第二辑第二册)·社会经济》,台北:正中书局,1958年。
苏云峰:《民初之商人,1912—1928》,《"中研院"近代史研究所集刊》1982
　　年第11期。
苏云峰:《论清季中国社会阶层之变迁》,《中国历史学会史学集刊》1984年第
　　16期。